노래에 담긴 한국교회

－1957년 『백합화』 이야기 －

이 저서는 2022년 대한민국 교육부와 한국연구재단의 지원을 받아
수행된 연구임 (NRF-2022S1A5A2A0104865212)

아시아종교연구원 총서 05

노래에 담긴 한국교회

-1957년 『백합화』 이야기 -

이 혜 정 저

박문사

1957년 한국인의 신앙고백을 만남

살면서 연구과제를 만나는 것도 인연인 듯하다. 내가 『백합화』와 처음 만난 것은 2013년 4월이었다. 그때는 이 주제로 한 권의 책을 엮게 되리라 짐작하지 못했다. 이렇게 시작된 연구는 꼬리에 꼬리를 물고 이어지다가 2024년 봄을 즈음하여 드디어 마무리되었다. 이 책은 지난 11년 동안의 연구를 한 권으로 엮은 결과물이다.

『백합화』는 1957년 경주성서학원 신학생들이 펴낸 노래책이다. 신학생들은 경주성서학원에서 공부하면서 인근 지역의 각 교회를 사역하였다. 그들은 자신들의 사역 현장인 교회에서 성도들과 함께 부를 수 있는 노래를 모아 악보 없는 한글 가사집을 만든 것이다. 신학생들은 교회에서 노래를 가르치고 인도자 역할을 하던 리더들이었다. 이들을 보며 나 역시 그들처럼 청년의 때에 교회에서 봉사하던 지난날이 떠올랐다.

『백합화』에 실린 노래는 한국인의 노래이고 신앙고백이다. 한국인만이 부를 수 있고 표현할 수 있는 언어와 표현들이 노래에 담겨 있다. 그 속에는 나라와 민족을 위한 노래, 기도의 노래, 성경의 내용을 전하는 노래, 그리고 애국계몽가와 시국한탄가, 신세한탄가, 희망가 등이 함께 있다. 신앙과 애국, 삶이 어우러진 노래들이 『백합화』에 함께 담겨 있다.

『백합화』의 노래들은 한국교회의 이야기이다. 노래를 부르면 마치 내가 1957년 영남의 시골 예배당에 들어가 성도들과 함께 있는 것처럼 느껴진다. 한국전쟁이 그치고 그 여파가 가시지 않은 1950년대 한국교회의 교인들은 어려운 형편에 팍팍한 삶이었지만 신앙에 의지하고 때로는 시대를 한탄하면서 하루하루를 견디는 삶을 살았다.

나는 이 연구를 계속하면서 이야기들을 만날 수 있었다. 그중 하나가 경주성서학원의 역사이다. 1943년, 일제의 탄압이 극심할 때 경동노회는 경주성서학원을 설립하였다. 이는 성경교육을 통해 미래의 기독교 인재를 양성하기 위한 일종의 간접적인 저항운동이었다.

또한, 연구 과정에서 나는 『백합화』에 관련된 이들을 만날 수 있었다. 독립운동가 강도룡 목사는 신사참배로 옥고를 겪고 난 후 경주성서학원의 스승이 되었다. 부례문(Provost, Raymond Clair Jr.) 선교사도 이 일에 동참하여 경동노회와 경주성서학원을 위해 사역하였다. 그리고 당시 유명한 부흥사였던 유재헌 목사가 작사·작곡한 노래 여러 편이 『백합화』에 실려 있다.

노래 중에는 신학생들이 직접 창작한 노랫말도 여러 편이다. 그중 얼마 전 작고하신 권성조 장로님이 경주성서학원에 재학했던 21세에 지은 노래가 여러 편 있으며, 열아홉에 과부가 되어 경주성서학원에 입학한 손혜옥 전도사의 이야기도 만날 수 있었다. 강도룡 목사의 장남인 강대권 목사님과 강도룡 목사의 제자 안백수 목사님, 그

리고 손혜옥 전도사의 외아들 권용근 목사님과의 인터뷰를 통해 그
들의 이야기도 실었다.

　연구를 진행하는 동안 새로운 이야기를 발견하는 즐거움을 누렸다.
11년에 걸쳐 노래에 담긴 역사와 사람들의 이야기를 풀어내었다. 마
치 노래가 이야기를 풀어나가는 것만 같았다. 나는 그 이야기들을 추
적하면서 하나씩 적어 나간 것이 이 한 권의 결과물이다.

　그리고 노래는 노래로 살려야 했다. 모든 노래는 박정기 장로님의
육성으로 녹음하여 유튜브에 공개할 예정이다. 어린 시절,『백합화』
책을 붙들고 혼자 노래 부르고 놀던 아이는 이제 원로의 장로가 되어
어린 시절에 부르던 노래를 다시 불렀다. 여전히 힘찬 목소리로 녹음
해 주신 박정기 장로님께 감사를 드린다.

　부록에 실은『백합화』노래 가사는 원문 그대로 실었다. 지금과는
맞춤법과 표현이 다소 차이가 있지만 이 또한 시대 배경이라고 생각
하였다.

　나는 종교학자의 관점으로 한국개신교를 바라보려고 모색하는
연구자이다. 나에게 종교학자의 본을 보여주신 강돈구 선생님께 늘
감사를 드린다. 선생님을 대하면서 언제나 제 몫을 담당하는 제자이
자 한 사람으로 서기 위해 애쓰고 있다. 그리고 좋은 스승이자 때로
는 벗으로, 동료로 대해주시는 손산문 목사님께도 감사를 전한다.
그리고 경주성서학원의 자료를 찾는 데 도움 주시고 조언해 주신
'경동노회의 역사지킴이', 신영균 목사님께도 감사함을 전하고 싶다.

이혜정 교수
(영남신학대학교)

추천의 글

손산문 목사

(대한예수교장로회(통합) 총회역사위원회 전문위원, 영남신학대학교 특임교수)

해후상우(邂逅相遇)라 했던가요? 살다 보면 때론 예기치 않은 만남이 주어질 때가 있고, 이를 통해 얻는 새로운 경험과 지식이 우리 삶에 의외로 많은 유익함을 제공하기도 합니다. 이는 사람과의 만남 외에 또 다른 만남을 통해서도 가능합니다. 인간의 과거지사(過去之事)를 연구하다 보면 그 가운데는 많은 사료(史料)가 있고, 이 사료들과의 만남이 또한 그렇기도 합니다.

역사 연구에서 사실(fact), 사료(historical materials), 해석(interpretation)은 중요한 의미를 갖는 요소들입니다. 과거의 사실(있는 그대로의 역사)은 해석의 주체인 연구자를 통해서 그 역사적 함의(含意)가 현재로 전달됩니다. 이때 현재 시점에 있는 연구자는 시공간의 장벽으로 인해 과거의 사실을 직접적으로 대(對)할 수 없습니다. 대신 사료(기록된 역사)를 매개로 하여 접촉하는데, 여기서 연구자와 사료와의 만남이 이루어집니다.

이러한 만남 가운데 연구자는 전혀 예상치 못한 새로운 사료를 우연히 만나기도 합니다. 그리고 이 새로운 사료는 연구자에게 '사료 발굴'이란 업적과 함께 과거 사실에 대한 더 깊은 지식과 역사 해석의 지평(horizon)을 넓혀 주게 됩니다. 더불어 이렇게 해서 과거에서 현재로 전달된 역사는 연구자를 넘어 우리 모두에게까지 또 다른 역사 경험과 인식의 차원을 열어주는 유익함을 제공합니다.

이혜정 교수의 『노래에 담긴 한국교회』는 바로 이러한 점에서 아주 의미 있는 저작이라 하겠습니다. 이 저작은 이혜정 교수와 『백합화』의 우연한 만남에서 출발합니다. 저자는 평소 한국 교회 노래와 이야기에 많은 관심을 갖고 있던 터라 『백합화』라는 찬양집과의 만남은 우연 이상의 특별한 의미가 있었습니다. 그래서 각고(刻苦)의 학문적 분석과 연구에 매진한 결과, 그동안 역사의 창고에 묻혀 있었던 『백합화』가 이제 세상에 알려지게 되었습니다.

『백합화』는 교회에서 불린 찬양집이기 때문에 이에 대한 연구는 우선 교회사적으로 몇 가지 중요한 의미가 있습니다. 그동안 한국 교회 노래 연구는 거의 정규 찬송가에 치중되어 왔습니다. 이는 선교 초기부터 선교사들이 들여온 외국 찬송가에 우리말로 번역한 것들이 대부분이었습니다. 그러나 서양 음악으로 된 찬송가로는 한국인들의 심정을 제대로 담아낼 수 없었습니다. 그래서 게일(J. S. Gale) 같은 선교사는 "우리 음악 스타일은 아직은 한국인들에게 무의미하다"라고 말하기도 했습니다.

이런 연유로 한국 교회 성도들은 예배 때 부르는 정규 찬송가 외에 한국인의 정서가 담긴 좀 더 쉽고 대중적으로 부를 수 있는 노래들을 지어 부르기 시작했습니다. 그중 많은 노래가 4.4조의 운율, 민요 가락 등 우리 고유의 음악 요소들과 개화기 창가(唱歌) 형식을 빌려 만들어졌습니다. 이런 노래들이 갖는 의미는 한국적 찬송, 즉 찬송의 토착화에 있다고 하겠습니다. 그리고 그 노랫말에는 한국 교인들의 독특한 신앙심이 표현되어 있기 때문에 한국 교회의 다양한 신앙 양태와 특징들을 엿볼 수 있는 신학적 의미도 있습니다. 이뿐만 아니라 노래가 가지는 시사성, 문학성, 음악성은 교회 공간을 넘어 일반 학계와 사회에까지 그 의미 영역을 확장할 수 있습니다.

이처럼 한국 교회 노래 역사 가운데는 찬송가와는 또 다른 의미를 가진 노래들이 있었습니다. 지금까지 전해지는 노래집으로는 1920년 배위량 선교사 부인 안애리가 편집한 『창가집』, 1930년 주일학교 학생들 교육을 위한 『신수안 노래집』, 1938년 마산문창교회 이일래 선생이 편찬한 『조선동요작곡집』, 1944년 장전리교회 김요섭 목사가 편집한 『창가장』 등이 있습니다. 하지만 대부분 학문적 연구는 거의 이루어지지 않았습니다. 이런 가운데 『백합화』는 새롭게 발굴된 노래집으로서 학문적 연구까지 더해졌다는 점에서 더욱 각별하다 하겠습니다.

또한 『노래에 담긴 한국교회』는 『백합화』에 수록된 노래 연구뿐만 아니라 그 노래집의 출처인 '경주성서학원' 및 그 관련 인물까지 연구의 깊이를 더하였습니다. 이는 지극히 미시사적 담론(談論)으로서 거시적 한국 교회사 및 지역 교회사 연구를 더욱 세밀하고 풍성하게 하는 의의가 있습니다. 따라서 이 저작은 단순한 이야기책 이상의 의미와 성과를 보여주고 있다 하겠습니다. 그리고 이러한 의미 선상(線上)에서 이 책을 한국 교회와 독자 제위(諸位)께 추천을 드리고자 합니다.

경주제삼교회 **신 영 균** 목사

(경동노회 노회장 역임, 성서신학원장 및 유지재단 이사장 역임,
영남신학대학교 특임교수)

저희 경동노회 역사자료실에 이혜정 교수가 찾아온 것은 약 3년 전 겨울이었습니다. 경동노회 역사자료실에는 역사적 가치를 담고 있는 희귀한 자료들이 많은 덕분에 종종 한국 교회사에 관심 있는 분들이 찾아오긴 하지만, 이혜정 교수의 방문은 남달랐습니다. 진지한 모습으로 묵은 자료들을 뒤적이던 모습이 지금도 생생히 기억에 남아 있기 때문입니다. 아주 추운 겨울날이었지만 낡은 전기난로 하나에 의지해 손을 비벼가며 며칠 동안 찾아낸 것이, 바로 1957년도에 보석같은 찬양집 『백합화』를 발간한 경주성서학원에 관한 것이었습니다. 그리고 이어 『백합화』 정신을 담은 『노래에 담긴 한국교회』라는 책을 발간되었기에 축하의 말씀을 드립니다.

역사가 에드워드 핼릿 카(E.H.Carr)가 '역사는 현재와 과거의 끊임없는 대화'라고 하였듯이, 이혜정 교수는 역사 속에 묻혀 잠자던 『백합화』를 흔들어 깨워서 오늘 우리가 진솔한 신앙을 학습할 수 있도록 대화의 가교역할을 해 주었습니다. 그래서『백합화』는 1957년 무렵 경동노회 경주성서학원 학생들이 애창했던 복음적 선교적인 찬송가인 동시에 오늘 우리에게도 영적인 산 교훈을 주는 찬양입니다.

『백합화』는 당시 서양 찬송가를 수입하여 사용하던 시절에 순수 한국 찬송가로 토착화한 신앙의 고백이었으며, 특히 폭넓은 신앙의 면모를 시원하게 보여주고 있어 아주 감동적입니다. 복음적 헌신을 다짐하는 '주님과 못 바꾸네', '성신의 능력'이라는 찬송가와 전도에 역점을 둔 '전도가', ,'나아가자 결사적으로'', '환영 찬송' 뿐만 아니라 가정과 효도를 중시하는 찬송가로 '어머님 은혜가', '낙원의 가정'이 있었습니다. 특히 관심이 집중되는 찬송가는 사회 선교적인 찬송가로 아리랑 곡에 맞춘 '자모풀이' 와 '6·25동란가', '청년행로가', '방앗간 지기의 노래' 등도 있습니다. 한마디로 통전적 신앙을 찬송으로 보여주기에 충분한 책이었습니다.

나아가『노래에 담긴 한국교회』는『백합화』의 모체인 경동노회와 경주성서학원 태동에 산파 역할을 하신 부례문 선교사 내외분과, 당시 학생들에게 철저한 복음적 스승이셨던 강도룡 목사님 그리고『백합화』를 만들고 함께 즐겨 부르던 경주성서학원 학생들을 함께 연구하여 수준 높은 연구 서적의 면모를 갖추었습니다. 부례문 선교사 내외분과 강도룡 목사, 그리고 당시 19세 나이에 과부의 몸으로 전도사 사역을 충직하게 감당하셨던 손혜옥 전도사와 유재헌 목사 등이『백합화』를 중심으로 영적 네트워킹을 구축했던 점을 심도 있게 연구하였기에 높이 칭송하지 아니할 수 없습니다.

당시 경동노회의 성서학원은 총회와 나아가 국내외 교계 지도자를 많이 배출한 선지학교로 그 졸업생들은 우리 경동노회와 한국교회의 큰 자랑이었습니다. 지난 2000년도에 경동노회회관을 리모델링 증축하면서 역사관을 신축하고 그동안 보관해 온 자료들을 시대별로 전시해 두었는데, 경동노회 성서학원의 자료들을 전시하는 특별코너를 마련하였습니다. 이러한 역사 깊은 경주성서신학원의 당시 찬양의 능력과 더불어 복음 정신, 선교 정신의 깊은 영성까지 『노래에 담긴 한국교회』 책으로 잘 정리해 주셔서 더욱 감사한 말씀을 드립니다.

더구나 이혜정 교수는 종교학에 갇혀 있는 종교학자가 아니라 기독교를 기반으로 한 교회의 사회적 책임을 연구하고 역설하는 학자로서, 금번 『노래에 담긴 한국교회』의 출간은 숭고한 기독교 신앙적 가치를 우리 사회에 다시 한번 강하게 던져 주신 것입니다. 그래서 『노래에 담긴 한국교회』는 읽으면 읽을수록 가슴이 뭉클하기까지 합니다.

더욱 감사하기는 이혜정 교수는 『백합화』와 관련된 심도 있는 연구가 학문적으로도 인정받아 한국연구재단의 연구지원을 받는 영광을 차지하였고, 이어서 『노래에 담긴 한국교회』라는 값진 서적을 출판하셨습니다. 이런 학문적, 신앙적 열정에 뜨거운 박수를 보내드리며, 아울러 경동노회 성도들뿐만 아니라 한국교회 모든 성도들에게 뜻깊은 서적이 될 것을 기대하면서 감히 추천의 말씀을 드립니다. '과거를 공부하면 현재가 아름답게 변한다'는 스피노자(Spinoza)의 말처럼 이혜정 교수의 『노래에 담긴 한국교회』가 오늘 우리와 한국교회를 보다 아름답게 변화시키는 촉매제가 되기를 바랍니다.

목차

제1장
『백합화』와 만남[*]

『백합화』와 만남

　필자가 『백합화』를 발견한 것은 2013년 4월이다. 인터뷰차 들렀던 포항중앙교회에 들렀을 때, 안내해 주시던 한 장로님이 소장한 찬송가 이야기를 들었다. 평소 한국개신교의 초기 찬송가에 관심이 있던 필자는 흥미가 생겼다. 장로님은 찬송가 내용을 한글파일로 소장하고 있었고 필자가 이메일로 전송받아 내용을 살펴볼 수 있었다. 이후 『백합화』 원본은 포항중앙교회 교회역사관으로 옮겨졌고 현재까지 전시되고 있다.

---

*　본 논문이 완성되기까지 도움을 주신 박정기 장로님께 특별히 감사를 전합니다. 이 글은 2017년 발표된 논문을 재구성하였습니다. 이혜정, "『백합화』찬양집의 발굴과 의의," 『신학과 목회』47(2017), 239-259.

『백합화』 찬양집 표지   『백합화』 찬양집 목차와 머리말

『백합화』는 가로 12cm, 세로 17cm 크기의 제본된 책이다. 발행연도는 1957년이며 발행인은 어느 신학교 학우들이 공동으로 참여하였다. 현재 남겨진 자료는 책의 앞뒷장이 분실되어 세부적인 서지사항을 확인할 수가 없다.

필자가 『백합화』의 원본을 직접 확인한 것은 2017년 2월이다. 손을 쓴 글씨를 등사기로 찍어 제본한 찬양집은 어느 신학교 학생들이 제작하였다. 곡마다 악보없이 가사만 적혀있는 찬송가집이며 목차에는 총 113곡이 수록되어 있다. 목차에는 130번째 곡까지 표시되었지만 목차에서 확인 가능한 것은 99곡이며 가사를 확인할 수 있는 곡은 82곡이다. 책의 후반부가 소실되어 내용을 확인할 수 없어 총 17개의 곡이 내용을 확인할 수가 없는 상태이다.

책의 보관 상태는 좋지 않았다. 앞장과 뒷장이 소실된 채 실로 묶어놓은 제본형태가 흐트러지고 있었다. 사진 속의 표지는 소장자가 임의로 종이를 입혀 붙여놓은 상태이다.

『백합화』의 소장자는 포항중앙교회의 박정기 장로이다. 그가 어

포항중앙교회 역사관과 박정기 장로   『백합화』 찬양집 본문

릴 때 집안에 이 노래책이 있었다. 찬송을 좋아하던 어린 시절의 박
장로는 수시로 책을 가지고 노래를 불렀다. 찬양집의 시작부터 끝까
지 한 번에 쉬지 않고 부르며 놀곤 했다. 혹여 찬송가집이 어느 신학
교의 것인지, 박장로의 집안에 누군가 신학교에 재직하거나 진학한
적이 있는지 확인하였지만 당시 박장로의 친인척 중에 신학교와 관
련있는 사람은 없었다.

　필자가 『백합화』에 주목하는 이유는 두 가지이다. 첫째, 『백합화』
는 한국개신교 토착화의 사례이다. 한국교회는 선교사를 통해 서양
의 찬송가들이 보급되었으나 처음에는 음계와 분위기가 낯선 서양
음악에 조선인들이 쉽게 동화되지 못했다. 그러다가 점차 조선인의
심성에 맞는 음악이 등장하였다. 조선인에게 익숙한 곡조에 조선인
이 직접 쓴 가사로 바꾸어 부르는 형태가 유행하였다. 『백합화』의 수
록곡들은 대부분 한국인이 쓴 찬송가사이다. 한국인의 심성으로 표
출된 한국인의 신앙고백이다.

　둘째, 『백합화』는 한국개신교의 찬송가 역사를 고찰할 수 있는 자
료이다. 『백합화』는 1957년 당시 교회에서 부르던 찬송가를 수록하

였다. 공식으로 발행된 정규 찬송가책이 아니라 지역의 한 신학교에서 신학생들이 여러 노래를 엮어서 편집한 풀뿌리 노래들이다.

이 책을 통해 1950년대에는 어떠한 노래가 불리고 교회에서 활용되었는지 살펴볼 수 있다. 노래가사가 그 시대의 노래로 되살아나면 한 시대를 풍미한 한국교회의 모습을 추적할 수 있을 것이다. 이러한 이유로 필자는 『백합화』에 관심을 가지고 연구를 시작하였다. 이어 필자는 2017년에 『백합화』의 발굴과 의의를 소개하는 논문을 발표하였다.

이후 흥미로운 일이 생겼다. 필자가 근무하는 신학교의 총장실로 제보를 받았다. 필자의 논문을 본 어느 제보자가 『백합화』를 제작한 주체가 경주성서학원 신학생이라는 것을 알려주었다. 또한 『백합화』의 작사가 중 권성조는 당시 경주성서학원 학생이었고 현재 울산 ○○교회의 장로라고 알려주었다.

경주성서학원은 평신도 훈련기관으로 1943년 조선예수교장로회 경주읍교회(현 경주제일교회)에서 시작하였다. 현재에는 명칭이 변경되어 대한예수교장로회 경동노회에 소속된 평신도훈련원이다. 필자가 경동노회의 협조를 얻어 역사자료를 살펴본 결과, 학생명단에서 『백합화』의 작사가인 '권성조'라는 이름을 발견하였다. 이후 수소문하여 울산 ○○교회에 소속된 권성조 장로의 본인확인을 할 수 있었다.

이러한 제보는 연구를 더욱 확장하게 만들었다. 그래서 필자는 자연스럽게 다음 연구주제를 '경주성서학원'으로 삼았고 경주성서학원의 역사에 대해 살펴보았다. 그렇게 다음 연구를 진행하다가 또 다른 다음으로 이어지고 수년째 계속되다가 이렇게 한 권의 책으로 나오게까지 이른 것이다.

『백합화』는 왜 만들어졌을까?

『백합화』의 현재 자료 상태는 책표지에 해당하는 앞, 뒷장이 소실되었다. 다만 책의 머리말을 통해 저자와 편찬 목적을 확인할 수 있다.

> 우리 교계 내에 제성가들이 돌고 있었으나 그것이 하나의 책자로서 되어 나오지 못함을 유감으로 생각하던 차 다행히도 부흥성가집과 복음성가집이 나와서 여러 교인들의 기대에 다소 도움이 되었으나 역시 그 성가집도 개인의 저작임으로 편벽된 점과 일반 통용성가들이 기재되어 있지 않았음으로 좀 더 완만한 성가집을 요하던 차 이번 우리 학우회에서 위의 몇몇 성가들 중 발췌하고 다른 일반적으로 부르는 성가와 본교 목사님들과 학우들의 작품을 수집하여 백합 성가집 제 일집을 우선 여러분들 앞에 내어놓게 됨을 무한히 기쁘게 생각하는 바입니다.
> 본집에 기재된 성가는 시적이나 문학적으로 보다 순수한 신앙에서 우러난 것이오니 이 성가들이 당도하는 곳마다 여러분의 신앙생활에 도움이 된다면 큰 영광으로 생각하는 바입니다. 1957년 7월 편집부 백[1]

머리말을 통해 몇 가지 서지사항을 확인할 수 있다. 우선 당시 여러 찬송가가 유행하고 있었다는 사실이다. 당시 유행하던 찬송가들

---

1 경주성서학원 신학생, 『백합화』(경주성서학원, 1957), 1.

은 책자형태로 된 것도 있었지만 여러 곡들이 나뉘어져 분리된 채 유통되고 있었다. 1950년대에는 지금보다 종이가 귀해 모든 교인이 책자로 된 찬송가를 가지지는 않았을 것이다.

노래는 책을 통해서만 전달되는 것은 아니다. 노래책이 없다고 해서 노래를 부를 수 없는 것도 아니다. 노래는 사람들의 귀를 통해 전달되고 입으로 구전되어 유행한다. 출처를 알 수 없고 남겨진 문서 자료도 없지만 사람들에게 불린 노래도 있다.

당시 출판된 찬송가 중에는 개인이 만든 찬송가도 있었다. 『백합화』의 머리말에 나오는 개인이 만든 찬송가집은 '부흥성가곡집'과 '복음성가집'이다. 이 중 '복음성가집'은 1947년 유재헌 목사(劉載獻, 1905~1950)가 발간한 『복음성가(Gospel Hymns)』이다. 『백합화』에는 유재헌 목사의 곡이 다수 실려있다. '부흥성가곡집'은 1930년과 1937년에 조선예수교성결교 이명직 목사가 출판한 『부흥성가(Holy Revival Hymns)』이다.

『백합화』를 만든 이들은 경주성서학원의 신학생들이다. 이들은 주중에는 학교에서 공부하고 주말에는 각 교회로 흩어져 교회에서 봉사하던 신학생 전도사들이었다. 각 교회에서 사역하던 전도사들이 그들의 원하는 찬송가책을 기획하고 제작한 것이 『백합화』이다. 여기에는 당시 유행하던 찬송가와 경주성서학원의 목사와 학생들이 쓴 찬송가도 포함되었다. 신학생들은 『백합화』를 가지고 교회에서 실제 활용하기 위해 제작하였다.

『백합화』에는 어떤 노래가 실렸을까? 수록곡은 다음과 같다.

『백합화』의 수록곡 1

면	찬송제목	곡조	지은이	면	찬송제목	곡조	지은이
1	예수의탄생과고난가	-	-	33	환영찬송	합동6장	유재헌목사
2	권면가	클레멘트곡	-	35	요일가	90장	유재헌목사
3	방앗간지기의 노래	(현전)	-	36	낙심마라	75장	유재헌목사
4	영문밖의 길	(현전)	-	37	용사들아 올라가자	부흥성가 255장	화단
5	임마뉴엘	-	-	38	기독소년가	118장	화단
6	목자가	-	-	39	낙원의 가정	269장	유재헌목사
6	나아가자 결사적으로	307장	-	40	속죄함 받았다	170장	유재헌목사
8	주님과 못 바꾸네	526장	-	41	성신의 능력	162장	-
9	인생4시절	-	-	42	초군가	456장	양성은목사
10	인생모경가	-	-	43	성신의 경고	163장	-
11	베드로의 실패가	클레멘트곡	-	45	회개와 신앙	-	이성봉
13	유리바다	-	-	43	성신의 경고	163장	-
15	길가의 무화과	313장	-	45	회개의 신앙	-	-
16	천국사모가	오동나무곡	-	46	전도가	90장	양성은목사
17	고국강산 느헤미야	오동나무곡	-	48	시집살이가	-	-
18	고난의 주	-	-	49	어머님은혜	307장	-
19	보은가	566장	-	50	항상찬송	-	-
20	이처럼 사랑하사	-	-	51	오직 나는 여호와를 앙망하리라	454장	-
20	God의 권능가	룻가곡	-	52	인생가	435장	-
22	나는 너를 치료하는 여호와	목차에 있음 본문은 없음		53	어머님은혜가	오동나무곡	-
22	양들아			55	헌신찬송	308장	유재헌목사
24	조심가	90장	권성조	56	금주가	-	-
28	노아방주가	나아가자 동무들아곡	-	57	공중의 새를 보라	65장	유재헌목사
29	전도가(일이로다)	90장	양성은목사	58	신앙의 사시절	-	-
31	농촌가	-	-	60	미신 타파가	-	-
32	청년경계가	-	-	61	六·二五동란가	오동나무곡	권성조
-	-	-	-	64	자모풀이	아리랑곡	-

면	찬송제목	곡조	지은이	면	찬송제목	곡조	지은이
65	효도가	-	권성조	99	예수고난가	-	-
69	탕자회개가	-	-	101	청년행로가	543장	권성조
69	감사가	90장	권성조	102	에스더 노래	90장곡	
70	성학가(聖學歌)	313장	신상규	104	낙원세계	479장	이영수
71	절개가	-	-	105	내 갈 곳은 하늘나라	507장	이영수
71	예배당으로 가는 길	-	-	105	주 나를 부르네	196장	이영수
72	나일강의 모세	-	-	106	전도가	-	-
73	룻가	-	-	108	주 앞에 갑니다	475장	이영수
75	자모풀이	-	양성은목사	109	유대지리 공부	-	-
78	묵시록대지가	344장	-	112	信者의 병명가	유리바다곡	-
81	베드로후서가	90장	김용진	114	아사셀 산양	456장	-
82	천로역정노래	456장		116	주님 재림가		
88	고생하는 그날	목차에 있음, 본문은 없음		117	재림가		
88	고대하는 그날	200장		118	어머님 은혜		
89	베드로가	-	-	118	부활		
90	주님고난가	오동나무곡	권성조	119	맘에는 원이로되		
92	주님고통 생각하고	성불사곡	-	120	푸른책	목차에는 존재하지만 책 후반부가 소실되어 내용이 없음	
93	사도행전가	-	-	120	모두 주의 은혜		
94	천성에 이를까	344장	-	121	기도를 하자		
96	주린 양떼위하여	305장	-	122	주는 생명		
97	추모가	362장	-	123	허사가		
97	언제나 오시려나	-	-	126	네가 나를 자랑하느냐		
98	죄악의 三·八선	310장	-	129	겟세마네 주님		
-				130	생각할제면		

위의 표에는 수록곡의 현황을 제시하였다. 원본의 페이지와 곡명, 명시된 곡조와 작사가를 표시하였는데 원본에 페이지가 빠진 부분도 있다. 각 노래는 곡조가 제시된 것과 제시되지 않은 것, 작사가가

명시된 것과 명시되지 않은 것으로 구분할 수 있다. 가사의 내용은 그 구성에 따라 신앙적 내용과 비신앙적 내용으로 구분할 수 있다.

곡조를 보면, 기존 찬송가의 곡조에 따라 부르는 노래가 많다. 기존 찬송가의 곡조를 다른 가사로 바꾸어 부른 형태이다. 곡조 중에는 전통 민요나 서양곡, 동요 등의 곡조에 가사를 넣어 부르는 형태도 있다.

작사가는 미상인 경우가 많다. 작사가가 명시된 이는 유재헌 목사, 이성봉 목사, 양성은 목사가 있으며 직분이 명시되지 않은 작사가 권성조, 이영수, 김용진, 신상규 등이 있다. 머리말에 제시된 대로 이들 중에는 신학생도 있다. 그러나 작사가가 명시되지 않아 작사가를 정확히 알 수 없는 곡들이 더 많다.

그렇다면 질문이 생긴다. 왜 기존의 찬송가를 두고 또 다른 찬양집을 만들었을까? 『백합화』의 많은 곡들이 기존 찬송가 곡조를 그대로 부르면서 가사만 달리하고 있다. 왜 기존 찬송가 대신 다른 노래집이 필요했을까?

그 원인분석에 대해 소장자인 박정기 장로의 증언을 토대로 필자가 유추한 바에 따르면 『백합화』와 같은 책이 필요했던 이유는 대략 다섯 가지로 정리할 수 있다.

첫째, 일반 신자들이 쉽게 부를 수 있는 노래집이 필요했다. 당시 교인 중에는 문맹자가 많았다. 그래서 기존 찬송가는 글자를 모르는 이들에게는 그리 효율적이지 못했다. 악보도 교인들에게 어렵고 생소하였다. 그래서 당시 교회에서 활용하는 찬양은 가사만 있는 찬양집이 유용하였다.

찬송가 괘도(한국기독교역사박물관 소장)[2]

　일반적으로 당시 한국교회에서 유행하던 형태는 큰 종이에 한글 가사만 적어놓은 괘도(掛圖)를 보면서 노래하는 모습이다. 교회뿐 아니라 학교에서도 괘도는 학습용 교재로 사용되었다.

　둘째, 찬송가책 보급이 대중적이지 않았다. 일찍이 개신교계에서는 찬송가를 편찬했지만 1957년 당시에도 여전히 찬송가 보급률은 높지 않았다. 교인 중에는 찬송가 구입이 여의치 않아 찬송가를 가지고 있지 않은 교인들도 있었을 것이다.

　셋째, 찬송가를 함께 부르는 것은 한글 교육에 도움이 되었다. 물론 문맹자들에게는 글자가 어렵게 보이지만 쉬운 노래를 여러 사람이 반복해서 부르다 보면 자연스럽게 글자를 익히기도 하고 저절로

2　"평양장대현교회 복원(한국기독교역사박물관, 이천)," <Joyful의 뜰>(2010.10.7) https://parklanda.tistory.com/15730764 최종접속일 2024.01.29

외우기도 하였다. 필자가 어린 시절에 다닌 교회에서도 괘도를 보고 함께 노래 불렀던 기억이 있다. 노래가사는 대부분 쉽고 반복되는 어구가 많이 등장하여 누구라도 쉽게 따라 부를 수 있었다.

당시 교회에서 부르는 노래 중에는 한글교육을 위한 노래들도 있었다. 『백합화』 중에 한글교육을 위한 곡이 몇 곡 있는데 그 중 '자모풀이'[3]가 대표적이다. 이 노래는 가나다라로 시작하는 자모순서에 맞추어 가사를 지어 부르는 유희요이며 전체 14절 중 일부를 소개한다.

자 모 푸 리

작사 양성은 목사

1   가슴속에 거룩하신 약속지니고
    고락간에 구주예수 전파합시다
    그 보다도 기쁨될 것 전혀 없으니
    가갸거겨 고교구규 그기야로다

2   나아갈 때 너무나 두려워말라
    노아방주 누구아니 비방않했나
    느릿느릿 니르면은 기회지나리
    나냐너녀 노뇨누뉴 느니나로다

3   다름박질 더디하면 지고말찌니
    도를듣고 두말말고 예배당가자
    드러서서 디디는 날 복 받으리니

---

3 경주성서학원 신학생, 『백합화』, 75.

다댜더뎌 도됴두듀 드디다로다

4   라팔소리 러루렁렁 들려오누나
    롯의 때를 루차생각 하여보세요
    르닷없이 리별하고 속히나오라
    라랴러려 로료루류 르리로로다

'자모풀이'는 한글교육에서 기초적인 모음과 자음규칙변화를 살려 노래가사로 만들었다. 이러한 노래는 당시 교회노래 중 한 형태이다. 비록 문맹자들이라도 쉽고 반복적인 가사를 따라 부르면서 자연스럽게 한글을 익히는 경우가 많았다.

넷째, 정규 예배시간 이외에 부를 수 있는 노래가 필요했다. 당시 교회에 따라서는 정규 예배시간에 사용하는 찬송가와 예배시간 이외 기타 모임에서 사용하는 찬송가의 성격이 달랐다. 정규 예배시간에는 엄숙하고 진지한 찬송가를 대부분 불렀다. 그러나 예배시간이 끝나면 교회에는 부서별 모임과 친목과 교제모임이 이어진다. 이러한 시간에 다함께 즐겁게 부를 수 있는 노래가 필요했다. 그러나 예배시간 이외에는 찬송가를 사용하지 말도록 하는 교회도 있었다. 1963년 한국복음선교회에서 발행한 찬양집의 서문에서 황성택 목사는 당시 교회의 구별된 찬송가 사용에 대해 언급하고 있다.

이런 중요한 찬송이 일반적으로는 엄숙한 정식 예배시간에만 사용되고 교회를 떠난 그리스도인의 모임에는 어떠한 찬송도 들을 수가 없다.······ 찬송은 객관적인 그 시대와 주관적인 여건에 의한 산물임을 물론임으로 현재 사용하고 있는 찬송가 외에 각계각층의 집회에 적용시킬 새로운 성가가 시급히 요청되는 것이다.······ 이 성가집의 특징은 가사가 간단하고 그 내용이 복음진리에 중심하였으며 쾌활하고 흥미진진한 곡으로 엮어짐으로서 곧 익혀 나의 찬송으로 만들 수 있다는 점이다.[4]

황성택 목사는 당시 교회에서 정규예배시간 이외에는 찬송가를 금지했다고 언급하고 있다. 이러한 사례는 또 있다. 1965년에 설립된 이사벨여학교의 초대교장을 지낸 유금종은 미국유학 후 귀국하여 학생들에게 복음성가를 가르쳤다. 당시 "교회에서는 예배시간 외에는 절대로 찬송가를 부르지 못하게 했다"[5]고 한다. 물론 모든 한국교회에서 그랬던 것은 아니었으며 교회나 교단에 따라 차이가 있을 것이다. 그러나 대부분 한국교회에서는 정규 예배시간에 사용되는 찬송가와 기타 모임에서 활용하는 노래는 분위기와 성격이 달랐음을 알 수 있다.

다섯째, 당시 유행하던 찬양을 수록한 책이 필요했다. 기존 찬송가는 엄숙하고 장엄한 분위기라면 『백합화』 수록곡은 대부분 쉽고 대중적인 분위기이다. 그래서 『백합화』 제작자들은 기존 찬송가 이외에 교회에서 많이 불리고 교인들이 좋아하는 노래를 모아 수록했다.

『백합화』의 머리말에는 이러한 내용을 분명히 확인할 수 있다.

---

4 황성택, 『gospel songs 복음성가집』(한국복음선교회, 1963), 서문 참조.
5 이상일, 「한국 복음성가의 역사고찰(1950년대 이후 1990년대까지)」, 장로회신학대학교 신학대학원(1996), 5.

'우리 교계내에 제 성가들이 돌고 있었으나 그것이 하나의 책자로서 되어 나오지 못함을 유감으로 생각하던 차'에 부흥성가집을 비롯하여 몇 개 찬양집들이 나왔지만 이것도 개인이 지은 경우가 많고 '일반 통용성가들이 기재되어 있지 않았음으로 좀 더 완만한 성가집'이 필요했다.

경주성서학원 신학생들은 당시 유행하던 찬양들을 수록한 노래책을 만들어 교회에서 활용하려고 하였다. 그래서 학우회에서 『백합화』발행을 기획하였다. 그러므로『백합화』는 실제 교회사역을 하는 신학생들의 필요에 의해 제작되었다. 현재에도 그렇지만 신학생들이야말로 교회사역의 현장에서 주로 찬양을 주도하는 이들이다.

가사 바꿔 부르기: 콘트라팍타를 활용한 곡조

『백합화』는 한글가사만 있고 악보가 없다. 그러면 어떻게 독자가 부를 수 있을까? 대부분의 곡에는 특정 곡조가 명시되어 있다. 전체 99곡 중에서 52곡은 곡조가 명시되어 있다. 곡조가 표시되지 않은 노래들은 어떻게 부를 수 있을까? 곡조가 없지만 필자가 아는 노래도 두 곡 있는데 '방앗간지기의 노래'(3장)와 '영문밖의 길'(4장)이다. 이 노래는 지금도 부르는 노래이다. 곡조가 명시되지 않아도 노래를 기억하는 이가 있다면 지금도 재현될 수 있다.

면	찬송제목	곡조	면	찬송제목	곡조
2	권면가	클레멘트곡	52	인생가	435장
3	방앗간지기의 노래	(현전)	53	어머님은혜가	오동나무곡
4	영문밖의 길	(현전)	55	헌신찬송	308장
6	나아가자 결사적으로	307장	57	공중의 새를 보라	65장
8	주님과 못바꾸네	526장	61	六·二五동란가	오동나무곡
11	베드로의 실패가	클레멘트곡	64	자모풀이	아리랑곡
15	길가의 무화과	313장	69	감사가	90장
16	천국사모가	오동나무곡	70	성학가(聖學歌)	313장
17	고국강산 느헤미야	오동나무곡	78	묵시록대지가	344장
19	보은가	566장	81	베드로후서가	90장
21	God의 권능	룻가곡	82	천로역정노래	456장
24	조심가	90장	88	고대하는 그날	200장
28	노아방주가	나아가자동무들아곡	90	주님고난가	오동나무곡
29	전도가(일이로다)	90장	92	주님고통 생각하고	성불사곡
33	환영찬송	합동6장	95	천성에 이를까	344장
35	요일가	90장	96	주린 양떼위하여	305장
36	낙심마라	75장	97	추모가	362장
37	용사들아 올라가자	부흥성가 255장	98	죄악의 三·八선	310장
38	기독소년가	118장	101	청년행로가	543장
39	낙원의 가정	269장	102	에스더노래	90장
40	속죄함받았다	170장	104	낙원세계	479장
41	성신의 능력	162장	105	내갈 곳은 하늘나라	507장
42	초군가	456장	105	주 나를 부르네	196장
43	성신의 경고	163장	108	주앞에 갑니다	475장
46	전도가	90장	112	信者의 병명가	유리바다곡
51	오직 나는 여호와를 앙망하리라	454장	114	아사셀 산양	456장

『백합화』 중 52개 곡은 곡조를 알 수 있고 지금도 부를 수 있다. 『백합화』의 소장자인 박정기 장로는 지금도 모든 수록곡을 부를 수 있다. 곡조가 명시되지 않은 노래도 자신이 기억하는 멜로디로 부른

다. 사실 『백합화』의 노래에 활용되는 곡조는 다양하지 않고 몇 개 멜로디가 반복된다. 『백합화』 노래들을 명시된 가사와 곡조로 부른 다면 1950년대 당시 한국교회의 찬양하는 모습이 재현될 것이다.

가장 많은 곡조는 찬송가이다. 기존의 찬송가 곡조에 맞추어 가사를 바꿔 부른다. 『백합화』의 가사는 정규 찬송가보다 좀 더 대중적이고 쉬운 내용을 담고 있다.

이러한 형태를 일반적으로 '콘트라팍타'(Contrafacta)[6]라고 부른다. 콘트라팍타는 한 곡에 노래가사를 바꾸어 만드는 작업이다. 이것은 종교개혁 당시 유행하던 음악형태로서 라틴어 성가와 독일어의 혼합성가에 활용된 형태이다. 즉 세속적 가요에 대한 종교적 가요가 발달하였던 시대이다. 한국교회에도 이러한 콘트라팍타 형태가 널리 활용되었다.[7] 대표적인 노래들은 남궁억의 <일하러가세>, 한국교회 50주년 기념찬송 <희년찬송>, <방언찬미가>(1934), <성경목록가>, <예수탄생> 등이 있다.

『백합화』는 세속가요의 곡조도 활용하였다. 이것도 역시 전형적인 콘트라팍타의 구조를 따르고 있다. 찬송가 이외의 곡조로는 클레멘트, 황무지, 나아가자 동무들아, 오동나무, 아리랑, 성불사, 유리바다 등이 있다. 서양노래도 있고 한국의 가곡, 민요, 동요와 같이 다양한 노래가 활용되었다. 이들 노래는 모두 곡조가 단순하고 쉽게 따라

6　윤여민, "한국교회 초기 부흥성가 — 이성봉 목사와 유재헌 목사를 중심으로," 『부경교회사연구』27(부산 · 경남기독교역사연구회, 2010), 54.

7　문성모, "콘트라팍타, 그 끈질긴 생명력," 『기독교사상』672(대한기독교서회, 2014), 214~220.; 문성모, "'콘트라팍타'로 만들어진 기념비적 찬송가들," 『기독교사상』691(대한기독교서회, 2016), 120~129.

부를 수 있는 특징을 가지고 있다.

이처럼 『백합화』 찬양집에 활용된 곡조는 쉽고 대중적인 곡조를 주로 활용하였다. 찬송가 중에서도 인기있는 몇 개 곡조가 반복되어 다양한 가사로 활용된다. 세속적인 유행가, 동요, 민요를 활용하기도 했다.

재미있는 것은 곡조가 명시되어 있어도 가창자가 임의로 곡조를 바꿀 수도 있었다. 실제 박정기 장로는 몇 개 곡조만 가지고도 모든 노래를 부를 수 있다고 이야기한다. 부르는 사람에 따라 얼마든지 다른 곡조와 가사로 부를 수 있었다.

작사가: 부흥사, 목사, 신학생

작사가가 명시된 곡의 목록

면	찬송제목	지은이	면	찬송제목	지은이
24	조심가	권성조	57	공중의 새를 보라	유재헌목사
29	전도가(일이로다)	양성은목사	61	六·二五동란가	권성조
33	환영찬송	유재헌목사	65	효도가	권성조
35	요일가	유재헌목사	69	감사가	권성조
36	낙심마라	유재헌목사	70	성학가(聖學歌)	심상규
			75	자모풀이	양성은목사
38	기독소년가	화단	81	베드로후서가	김용진
39	낙원의 가정	유재헌목사	90	주님고난가	권성조
40	속죄함받았다	유재헌목사	101	청년행로가	권성조
42	초군가	양성은목사	104	낙원세계	이영수
45	회개의 신앙	이성봉	105	내 갈곳은 하늘나라	이영수
46	전도가	양성은목사	105	주 나를 부르네	이영수
55	헌신찬송	유재헌목사	108	주앞에 갑니다	이영수

『백합화』에서 본문을 확인할 수 있는 수록곡 중에 작사자가 명시된 곡은 25곡이다. 작사가의 빈도순으로 살펴보면 유재헌 목사가 7곡, 권성조 6곡, 양성은 목사 4곡, 이영수 4곡, 화단(火檀) 1곡, 심상규, 이성봉, 김용진 1곡씩이다. 이 중에서 화단(火檀)은 아호가 화단(火檀)[8]인 유재헌 목사와 동일인물이다. 그렇다면 유재헌 목사의 작사곡은 『백합화』에서 8곡에 이른다.

유재헌 목사는 1947년에 그가 활동하던 대한수도원에서 『복음성가』[9]를 발행하였다. 이 책은 총 114곡을 수록하였는데 거의 대부분 노래가 유재헌 목사가 작사한 가사이다. 이때 활용한 곡조는 거의 모두 찬송가 곡조이며 역시 콘트라팍타 형태를 활용하고 있다.

유재헌 목사는 당시 인기있는 부흥강사였다. 유재헌 목사는 청년시절부터 우렁찬 바리톤 음색으로 복음성가를 은혜롭게 부르는 것으로 유명했다. 1945년에는 강원도 철원군 갈말면 군탄리에 '대한수도원'을 설립하여 부흥사로 활동하였다. 『복음성가』에는 대한수도원에서 활용하던 찬양들이 다수 수록되었다.[10]

『백합화』 45쪽의 노래, '회개와 신앙'의 작사가 이성봉도 당대에 유명한 부흥강사였다. 이성봉 목사는 설교 중에 찬양을 자유자재로 활용하였다. 설교내용과 연결시켜 찬양을 수시로 불렀고 이러한 형태의 설교는 이후에 여러 목회자에게 영향을 끼쳤다.[11]

---

8 유재헌 목사의 아호인 화단(火檀)은 엘리야의 '불의 제단'을 의미하기도 하고 그가 설립하고 활동했던 대한수도원을 부르는 말이기도 했다.
9 유재헌 편, 『복음성가』(기독교대한수도원, 1947).
10 이상규, 「복음성가의 아버지 화단(火檀)」, 『부경교회사연구』18(부산 · 경남교회사연구회, 2009)
11 정인교, 『이성봉 목사의 생애와 설교』(성결신학연구소, 1998), 133.

『백합화』중에는 부흥회, 사경회와 같은 특별집회에서 불렀던 노래가 다수 포함되었다. 교회의 공예배에 부르는 노래와 부흥회나 사경회에서 부르는 노래는 다소 차이가 있다. 대한수도원이나 기도원과 같은 곳의 집회 분위기는 열정적인 특징이 있다. 이러한 집회 분위기를 조성하는데 빠지지 않는 것이 노래이다. 집회 때 부르는 노래는 기존 찬송가와 달리 좀 더 박자가 빠르고 가사가 반복적으로 되풀이되며 좀 더 쉬운 가사이다. 『백합화』에는 교인들이 좋아하는 곡, 유행하는 곡들이 수록되었다.

작사가 양성은은 경주중앙교회 제7대 목사로 1955년 9월 4일부터 1959년 8월 16일까지 시무하였다. 그리고 경주성서학원의 시간교사(강사)로 1956년과 1958년에 시무하였다. 그 외 작사가로는 권성조, 신상규, 김용진, 이영수인데 이들은 경주성서학원의 신학생이거나 목사이다. 이름만 있고 직책이 없어 신학생으로 보는 것이 무난할 것이다. 이미 머리말에서 작사가들 중에 목사와 신학생이 함께 있다고 명시하였지만 가사의 내용만으로는 신학생과 목사의 구분이 거의 불가능하다. 가사를 살펴봐도 목사와 신학생의 차이가 거의 느껴지지 않는다.

한국인이 함께 부르는 노래

『백합화』의 수록곡은 신앙적 내용이 대부분을 차지하고 있다. 신앙을 고백하거나 다짐하는 내용이 있는 한편 성경의 이야기를 토대로 한 가사가 많다. 또한 성경과 믿음에 관한 내용을 재구성한 가사들이 많다. 주로 신앙에 대한 교훈, 권면, 격려를 담고 있다.

특이한 점은 비신앙적 내용도 포함되어 있다는 점이다. 가령 수록곡 중 '보은가'는 어머니의 은혜를 보답하자는 내용의 가사인데 가사 중에 신앙적 내용은 찾아볼 수 없다. 수록곡 '시집살이가' 역시 며느리로서 느끼는 시집살이의 애환과 설움을 노래하고 있는 가사인데 신앙적 내용은 없다.

'보은가'와 '시집살이가'는 왜 수록되었을까? 왜 비신앙적 노래가 찬양집에 포함되었을까? 아마 교인들은 인간적 삶의 차원에서 이 노래들을 부르며 위로받지 않았을까? 교인들도 생활인이고 며느리이고 아들딸들이다. 비록 신앙적 내용은 아니지만 이 노래를 부르면서 부모님의 은혜와 시집살이의 어려움을 토로하는 마음을 노래에 실어 교인들의 아픔과 슬픔을 공감하고 위로받을 수 있었을 것이다.

수록곡 중에는 계몽운동, 절제운동의 노래도 다수 있다. '금주가'는 민족의 고난시기에 술을 끊고 절제하여 동포를 구하자는 시국적 내용이다. '절개가'도 이와 유사한 내용으로 민족의 어려운 현실을 감안하여 술과 담배를 근절하자는 내용의 가사이다. 역시 비신앙적 내용의 가사이다.

이러한 노래들은 개화기에 유행했던 절제운동의 노래들이다. 개화기의 지식인들과 계몽운동가들은 종교를 막론하고 모든 조선인들이 애국하고 금주하고 절제하여 나라에 기여하자고 전파하였다. 개신교는 개화기부터 사회정화에 앞장섰다. 그 어떤 종파보다 구습을 타파하고 미신을 없애고 쇄신하는 등 사회정화에 많은 노력을 기울였다. '금주가'와 '절개가'는 당시 절제운동의 일환으로 교회에서 수용되었다.

당시 교회는 사회적 역할을 기꺼이 감당하는 곳이었다. 교회는 단순한 신앙공간에 머물지 않았다. 앞서 '금주가', '절개가'에서 살펴보았듯이 사회의 구습과 악습을 퇴치하고 계몽하는 사회정화운동을 전개하는데 교회는 앞장섰다.

이 노래들은 비신앙적 내용이지만 애국적인 민족의식을 고취시키고 나라와 민족을 위한 신앙을 일깨웠다. 개화기의 한국교회가 민족의식을 고취시키는 역할을 했다. 특히 일제하에서 한국교회는 민족의식과 독립의식을 깨우치는 산실이었고 해방 이후에 기독교의 민족의식은 민족의 번영을 기원하는 방향으로 전환되었다.

『백합화』에는 대중가요도 있다. 여기서 한 가지 주목할 점은 1960년대 교회 분위기이다. 1965년 설립된 이사벨여학교의 초대교장을 지낸 유금종은 1960년대 미국유학을 마치고 돌아와 학생들에게 복음성가를 가르쳤는데 당시 교회에서는 예배시간 외에 찬송가를 절대 부르지 말도록 했다고 한다.

교회에서는 예배 시간 외에는 절대로 찬송가를 부르지 못하게 했기 때문에 60년대만 해도 일반 교회에서는 예배시간 외의 모임에서 부를 만한 노래들이 마땅치 않았다. 그래서 교제모임에서 그 당시 유행가를 공공연히 불렀다. 1964년도 전국대학생(CCC) 하기수양회 악보집에도 이러한 실정이 잘 반영되어 있다. 거기에는 총16곡이 수록되어 있는데, 그 중에서 기독교적인 색채를 띠는 곡은 'Hallelujah'와 'Kyrie'뿐이다. 나머지는 거의 다 외국 민요이고 그것도 주로 원어로 불렀다. 한

국 노래로는 '한오백년', '사공의 노래' 등이 있다.[12]

인용에 따르면 1960년대 교회는 예배시간 이외에는 찬송가를 금지시켰다. 물론 모든 교회가 그렇지는 않았을 터이지만 대부분 교회에서는 예배의 찬송과 그 외 노래는 구별되었다. 그리고 예배 이외 시간의 교회모임에서는 좀 더 자유롭게 찬송 이외 노래를 부르게 되었다. 교회의 각 부서별 모임이나 교제모임, 구역모임 등에서 오락과 유흥, 교제를 위한 목적으로 찬송 이외에 다양한 노래를 불렀다.

교회공간은 예배의 공간이면서 동시에 교제와 오락, 유흥의 공간이기도 하다. 그렇다면 찬양집에 비신앙적 내용의 곡이나 유행가가 수록된 것은 당시 일반적인 현상이었음을 알 수 있다. 이러한 특징은 교회와 교단마다 차이가 있을 것이다.

『백합화』 수록곡의 성격은 정규 예배시간에 부르는 찬송가와는 다르다. 이 책에 담긴 노래들은 정규 예배시간이 아닌 이외 시간에 활용하는 노래들이다. 즉 예배 이후의 활동들, 소모임, 부흥회, 사경회, 찬양 시간에 부를 수 있는 곡들로 구성되었다.

『백합화』의 노래는 엄숙한 예배시간에 부르는 노래는 아니다. 정규 예배시간이 끝난 후 여전도회 모임, 남전도회 모임, 청년회, 중고등부, 구역모임 등이 있을 때에 부르던 노래들이다. 또는 기도회, 친목회, 야유회, 수양회, 수련회 등의 행사에서 다함께 부르던 노래들이다. 예배시간보다 자유롭고 편하게 부를 수 있는 노래들이다.

---

12 이상일, 「한국 복음성가의 역사 고찰」 장로회신학대학교 신학대학원석사학위논문(1996), 5.

그래서 『백합화』의 노래들은 풀뿌리적이다. 1957년을 살았던 한국인의 신앙을 자유롭게 표현하였다. 때로는 어머니의 은혜와 시집살이의 고단함도 부르면서 공감과 위로를 얻기도 하였다고 대중가요와 민요를 부르기도 하였다. 정규 찬송가보다 다양한 노래들이 수용되어 있다.

필자는 『백합화』의 노래가사를 살펴보면 1957년 경주지역 한 교회로 가는 것같은 기분에 젖는다. 교회의 예배당뿐 아니라 교회 곳곳을 들여다보는 것같은 느낌이 든다. 그 속에서 1950년대 시대를 노래하는 사람을 만나고 삶에 고단한 교인들의 이야기를 듣기도 한다. 마치 노래를 통해 1957년 경주의 한 교회로 시간여행을 하는 듯하다.

제2장

민요와 개신교의 만남:『백합화』의 민요*

근대, 민요의 재발견

이 글은 근대 조선의 시공간에서 일어난 민요와 개신교의 만남의
이야기이다. 사회변혁기의 근대 조선은 민족의식이 강화된 시기였
다. 밖으로는 세계열강들의 개방 압력과 안으로는 개혁해야 할 당면
과제를 접하면서 우리 민족의 현실과 의미를 새롭게 재인식하게 되
었다.

근대 조선인들은 민족의식을 정립하면서 민요의 가치를 새롭게
재인식하였다. 그리고 민요를 통해 새롭게 발견한 민족의식을 표현

---

* 이 글은 필자의 논문을 재구성하였습니다. 이혜정, "민요와 개신교의 만남:『백합
화』(1957)를 중심으로,"『근대이행기 대구경북지역의 전통사상과 기독교의 만남』
2023학년도 한국학연구원 학술대회(계명대학교, 2023), 51-73.

하였다. 필자는 '민요'와 '개신교'의 만남이 어떻게 근대 민족의식을 재인식하고 표현했는지 살펴보았다. 그리고 『백합화』의 민요를 통해 민요와 개신교의 만남이 융합되고 어우러지는 양상을 제시할 것이다.

민요(民謠)는 가장 한국적인 소리이자 노래이고 문학이다. 또한 민요는 가장 민중과 가까이 있는 노래로서 그들의 삶과 애환을 담고 있다. 오랫동안 민중을 통해 구전으로 전승된 민요는 한계 없이 자유로운 표현으로 현실세계의 희로애락을 나름의 방식으로 수용하고 승화하는 역할을 해 왔다. 이처럼 한민족의 정체성을 담고 있는 민요는 근대에 강화되기 시작한 민족의식에 힘입어 가치가 새롭게 인식되고 유통되었다.

민요는 시대를 드러내는 정치이기도 하다. 민요가 민중들의 삶에 깊이 스며들어 민중의 애환을 표출하는 데만 그친 것이 아니라 나아가 역사와 사회, 문화, 정치를 드러내는 장치이기도 하다. 오히려 양반층의 문학과 음악이 고도로 정제된 것이라면 민중의 자유로운 표현은 날것 그대로의 생생한 시대묘사가 담겨 있다. 민요 중에 노동요는 민중의 일상을 나타내고 정치요는 위정자들에 대한 비판을 풍자와 해학으로 풀어내었으며, 유희요에는 삶의 정서가, 의식요에는 삶의 철학이 나타나 있다.[1]

한민족은 항상 민요를 가까이하였다. 이에 홍사용은 '조선은 메나리(민요)의 나라'(1928)[2]라고 하였고, 정인보는 "조선(朝鮮)은 가국(歌國)

---

[1] 이혜정, 『한국민요의 회중찬송적용에 관한 연구』(백석대학교 기독교전문대학원 기독교음악학전공 박사학위논문, 2014), 39. 이 논문 저자는 필자와 동명이인이다.

이다. 노래 질기든(즐기던) 민족(民族)"³이라고 하였다. 조선은 노래의 나라이고 노래를 즐기는 민족이다. 그래서 민요는 문학과 음악갈래(장르)에도 영향을 끼쳤다. 국문학자 조동일⁴은 민요에서 나온 갈래들이 이후 다양한 한국문학갈래로 발전하였을 가능성을 신빙성 있게 평가하였다.

근대 민요의 재발견은 민족의식에서 나온 현상이다. 또한 일제에 대한 반작용이라 할 수 있다. '민요'라는 용어가 처음 사용⁵된 것은 일본 학자 시다 기슈우(志田義秀, 1876~1946)가 쓴 『일본민요개론(日本民謠概論)』이다. 이후 일제는 식민지정책 일환으로 1912년부터 1935년까지 몇 차례 민요조사를 실시하였다. 민요조사는 조선통독부를 통해 이루어졌고 전국민요의 동향을 파악하였다. 일제는 조사 내용의 일부를 일제에 유리한 내용으로 변형⁶하기도 하였지만 민중의 소리를 바꾸지는 못했다.

조선민요의 정서가 한(限)이라는 고정관념⁷도 이즈음에서 시작되

---

2 조동일, 『한국문학통사』5(서울: 지식산업사, 2005), 278

3 이혜정, 『한국민요의 회중찬송적용에 관한 연구』, 74

4 "민요에 있는 형식 가운데 어느 것을 택해 다듬어 향가, 경기체가, 시조, 가사가 이루어졌다고 하는 것은 자료 자체에 근거를 둔 대안이다. 기존의 시가에 불만을 가진 새로운 문학담당층이 민요의 형식 가운데 적절한 것을 다시 선택해 기록문학 영역의 시가 갈래를 재정립했다고 보면 창조의 원천과 주체, 과정과 결과를 밝힐 수 있다. 문학사의 전개에 관한 많은 의문을 풀 수 있다." 조동일, 『한국문학통사』1, 156.

5 '민요'라는 용어는 독일의 역사철학자인 헤르더의 'Volkslied'라는 용어로부터 직역되었다. 이혜정, 『한국민요의 회중찬송적용에 관한 연구』, 18.

6 조동일, 『한국문학통사』5. 267.

7 조동일, 『한국문학통사』5, 268-269.; 이혜정, 『한국민요의 회중찬송적용에 관한 연구』, 45.

었다. 본래 민요는 자유로운 민중의 표현으로 한의 정서에 머물러 고정되지 않는다. 암담한 현실에 함몰되지 않고 제한이 없는 표현을 노랫말에 입혀 풍자와 해학으로 풀어내는 해법을 갖추었다.

애조가 우리 민요의 특색이라는 것은 사실의 일면을 고의로 확대한 견해이다. 한탄스럽거나 원통한 곡절이 쌓여 슬픈 노래를 불러왔으면서도 무엇이 문제인지 되돌아볼 여유가 있어 슬픔에 빠져들지 않도록 익살이나 해학으로 슬픔을 차단했다. 유식한 척하며 늘어놓는 향락주의로 기울어진 듯하지만 주어진 사고 형태를 받아들이는 척하면서 뒤집어 엎는 것이 상례이다. 그 두 가지 전통이 새 시대의 고통을 이겨내고 일제에 항거하는 민요에서 줄기차게 계승되었다.[8]

오히려 일제강점기는 새로운 민요운동이 발생하는 토양을 마련해 주었다. 근대 조선에서는 애국가사, 애국창가가 유행하였다. 일제강점이 시작되면서 민족의식이 고취된 민중은 일제에 대한 저항을 애국적 노래로 표출하였다.

일제는 이를 통제하기 위해 학교교육으로 일본어 교육과 일본 창가를 정규과목으로 실시하였다. 그리고 조선 동요와 민요를 금지했지만 조선 노래들은 더욱 퍼져나갔다. 1926년 5월 10일 『동아일보』에는 평북 강계보통학교 5학년 학생들이 "나라를 사랑하는 마음으로 몰래 우리 동요와 구한말 시절의 애국창가를 부르다가 경찰에 잡혀 고된 고행을 치르고 이것을 가르친 교사가 구속되었다"[9]는 기사

---

8 조동일, 『한국문학통사』5, 268
9 한용희 『창작동요 80년』(도서출판 한국음악교육연구회, 2004), 61-62.

가 실리기도 했다.

또한 1920년대에 이르면 '민요시'[10]와 '민요개작운동'[11]이 등장하였다. 3·1운동 이후 강화되기 시작한 민족의식을 민요로 풀어내는 움직임이 1930년대까지 확장되었다. 한편 전통문학갈래에서도 근대 민중의 소리인 민요를 재인식하게 되었다. 조선 후기 국문시가와 한시는 민요의 가치를 담기 위해 전통문학과 민요의 접점을 시도하기도 했다. 민요운동은 동요운동과 함께 전개되었는데, 본래 동요는 민요의 한 갈래이다.

1924년 발표된 최초의 민요집은 엄필진의 『조선동요집』이다. 이 책은 전래민요를 수록[12]하고 있다. 『조선동요집』은 전국의 동요와 함께 부녀요, 노동요, 외국 동요 등 80여 편을 실었다. 첫 번째 동요 앞에 "하늘이 가르치신 동요"[13]라는 제목이 붙어있다.

이것은 동요가 곧 천심(天心)이라는 의미이다. 동요는 곧 하늘이 가르치고, 하늘의 뜻을 알 수 있는 천심(天心)이요 민심(民心)에서 나온다는 것이다. 여기에 민요에 대한 인식이 나타난다. 즉 아이들이 무심코 부르는 노래에 정치적 변화가 숨어있다는 참요(讖謠)[14]가 바로 그것이다.

---

10 민족문화대백과사전에서 민요시는 1920년대 민요의 정서와 운율을 계승하고자 했던 근대시의 경향이며 민요조 서정시로 정의하였다.
   https://encykorea.aks.ac.kr/Article/E0066422(최종접속일 2023.11.15.)

11 조동일은 조선후기에 민요에서 표현과 소재를 수용한 한시, 시조, 가사가 다수 나타나 문학사의 새로운 양상이 되었다고 설명하며 이러한 경향을 통칭하여 '민요개작운동'이라고 부른다. 조동일, 『한국문학통사』4, 71-76.

12 조동일, 『한국문학통사』5, 268.

13 최은숙, "「대한매일신보」의 민요 수록 양상과 특성," 『한국민요학』11집(2002), 204.

14 동요가 아동이 부르는 노래라는 개념은 아동개념이 형성된 1920년대 이후 등장하였다. 권오경, 『참요의 기능과 유형적 특성』(경북대학교 석사학위논문, 1990).

이 시대 민요의 기능은 '민중의 지하방송 역할'[15]이었다. 조선 후기에 누구보다 민중은 괴롭고 서러운 시간을 보내고 있었다. 국권을 빼앗긴 민중들은 강제노동과 강제동원, 강제이주에 내몰렸다. 이러한 민중의 소리는 민요를 통해 표출되었다.

『대한매일신보』는 1907년부터 순국문판을 발행하여 좀 더 민중의 접근이 쉽도록 하였다. 그리고 '잡보'란에 민요사설을 게재하기 시작[16]하였다. 『대한매일신보』는 개화기 언론 중 가장 항일적 논조를 띤 신문이었다. 이처럼 당시 신문은 민요 기사를 실었다. 1924년부터 해방 전까지 신문의 민요 기사는 약 40여건[17]으로 그 내용은 조선민요의 조사, 연구, 창작에 관한 것이다.

민요는 형식과 내용 면에서 시대적 변화가 있었다. 오랫동안 한민족과 함께 구비전승되었지만 정리된 체계를 갖지 못하다가 근대에 이르러 재인식되었다. 근대 민요에는 전통민요에 근대문학과 근대음악의 영향이 혼용된 특징[18]이 나타난다. 당시 민요를 부르는 명칭

---

15 조동일, 『한국문학통사』4, 64.

16 최은숙, "『대한매일신보』의 민요 수록 양상과 특성," 206.

17 이영수, 『한국민요합창편곡 발전과정연구』(광주대학교 음악학과 박사학위논문, 2021), 8, 9.

18 "창가는 1894년 전후에 개신교에서 불렸던 노래로 1906년 이후에는 제도권 교육에 수용되었는데, 이로부터 창가는 교회나 학교의 노래, 즉 신제도의 붙은 노래를 칭하게 되었다. ……(중략)…… 신민요의 양식적 원천이 창가에서 찾을 수 있기 때문에 1910년대 창가의 음악 양식을 검토해 보면, 간단한 형식과 박자 그리고 기능화성을 전제로 한 7음 음계 선율을 주로 하되 계통이 다른 각종 5음 음계도 사용하는 짧은 유절형식의 노래라고 할 수 있다. 그러나 가창 실천에 있어서는 반음이나 이끈음(leading tone)등을 생략함으로써 화성과 무관한 5음 체계(pentatonicism) 선율로 전환되었고, 요성, 추성, 퇴성 등을 사용하는 (전통적인) 민요 창법을 구사했다." 이영수, 『한국민요합창곡집 발전과정연구』, 17.

도 다양해서 1990년대 연구자들은 '창작 민요', '개화기 민요', '민요체 변용', '민요조 시가', '민요시', '민요조 서정시' 등 여러 이름으로 불렀다[19]. 문학갈래이자 음악갈래로서 근대 민요는 가사, 시조, 창가, 신체시 등과 공존[20]하고 혼용되었다.

1957년 발표된 『백합화』에는 민요풍 노래가 있다. 여기서는 먼저 민요와 개신교의 만남의 역사에 대해 살펴볼 것이다. 그리고 『백합화』의 민요 노래를 소개하려고 한다. 이것은 1950년대 말까지 남아 있는 민요의 흔적을 추적하는 작업이다.

이 작업을 위해 먼저 작업가설적으로 민요의 범주를 설정[21]하려고 한다. 『백합화』의 민요 노래가 어떤 기준으로 설정되었는지 밝히는 일이다. 우선 민속으로서 민요는 민중생활과 밀접한 관련이 있으며 집단행위를 통해 가창 기회가 많아 구비전승되었다. 음악으로서 민요는 전문적 수련이 필요없이 민중이면 누구나 부를 수 있는 쉬운 노래이다. 문학으로서 민요는 입에서 입으로 전하는 구비문학(口碑文學)으로 일정한 율격을 지닌 단형시이다.

여기에 비추어 보았을 때 『백합화』는 1957년 당시 교회에 모인 사람들이 함께 집단으로 자주 부르던 노래이다. 전문적인 음악훈련을 받지

---

19 심선옥, "애국계몽기와 1910년대 '민요조 시가'의 양상과 근대적 의미," 『민족문학사연구』20(2002), 32-33.

20 심선옥, "애국계몽기와 1910년대 '민요조 시가'의 양상과 근대적 의미," 34.

21 조동일에 의하면 민요는 체계적 정리가 없고 그 형식도 일정한 율격을 지닌 단형시라는 점 이외에 규정하기가 어렵다. 다만 본고에서는 1957년 노래 중에 민요영향을 받은 작품을 선별해야 하므로 작업가설적 틀로서 민요의 범주와 기준을 설정하였다. 한국민족문화대백과사전
https://encykorea.aks.ac.kr/Article/E0020212(최종접속일 2023.11.22.)

못한 이들에 의해 창작되고 가창되었다. 또한 형식에 자유로우나 일정한 율격을 지니고 있어 나름의 민요적 요소를 갖추고 있다.

'무엇이 민요인가?'는 매우 어려운 질문이다. 민요는 본래 글을 배우지 못한 민중들의 소리로 전해져 기록도 없고 체계도 없는 그저 소리이기 때문이다. 민요는 일정한 율격을 지닌 단형시라는 점 이외에 특정 형식을 규정하기 어렵고 민요의 실상은 어디에도 정리되어 있지 않다[22]. 그러므로 '무엇이 민요인가'에 대한 복잡한 형식논쟁은 불필요하다. 그래서 필자는 『백합화』노래 중에서 민요형식논쟁이 없을 만한 무난한 곡들을 선정하였다.

『백합화』수록곡 중에서 민요 노래 7곡을 소개한다. 그중 1곡은 민요에서 흔히 볼 수 있는 <시집살이가>이고 다른 6곡은 동일 주제를 나열하는 말풀이류 노래로서 숫자풀이 2곡, 자모풀이 2곡, 요일풀이 1곡, 병이름을 나열하는 병명풀이 1곡이다.

민요와 개신교의 만남

근대 한국교회에서 토착적 노래운동이 시작되었다. 외국 선교사들은 선교사업을 하면서 서양 문화를 도입하는 한편 조선의 토착적 문화를 고려하였다. 그 결과 서민 언어인 한글을 활용하여 성경과 찬송을 보급하였다. 그리고 서양 찬송가를 번역하여 보급하는데 그

---

22 조동일, 『한국문학통사』3, 241.

치지 않고 조선인의 심성을 담은 노래가사를 창작하도록 독려[23]하였다. 한편 조선인들은 교회 주일학교와 기독교학교를 중심으로 토착적 노래운동을 전개하였다.

조선인들은 서양음악을 활용하여 전통음악에 접목하였다. 서양음악을 보급한 기관은 기독교학교였다. 당시 기독교학교에서는 서양음악을 교육하였다. 특히 평양 숭실전문학교, 서울 이화전문학교와 연희전문학교는 한국 서양음악의 1세대를 구성하는 핵심 인물들이 많이 배출되었다.

평양 숭실전문학교 출신의 음악가로는 박태준, 김동진, 안익태, 김인식, 김영환, 김형직, 김세형, 현제명, 강신명 등이 있었다. 연희전문학교 출신 음악가로는 안기영, 이피득, 황재경, 이유선, 신원근[24], 이화전문학교 출신 음악가로는 채선엽, 박양무, 임배세, 윤성덕, 윤심덕, 김활란 등이 있으며 평양 요한학교의 장수철, 박재훈, 구두회 등이 있다. 이들 중에는 서양음악을 활용하여 조선의 민요와 동요를 발굴하고 창작하는 작업을 전개한 이들이 있었다.

여기서는 근대 한국개신교의 토착적 노래운동을 소개할 것이다. 대표적으로 안기영, 강신명의 음악활동을 소개한다. 이들은 기독교학교에서 교육받고 토착적인 음악활동을 하였다. 각각 민요운동과 동요운동을 통해 조선의 토착적 노래운동을 전개하였다.

안기영은 민요의 가치를 되살리고 조선민요합창을 대중에게 소

---

23 문옥배, 『한국 교회음악 수용사』(서울: 예솔출판사, 2004), 103.

24 정운형, "연희전문학교의 음악교육−한국인 교수와 연전음반을 중심으로," 『신학논단』 99(2020), 300.

개하여 호평을 받았다. 강신명은 일제강점기에 전통 동요를 잃어버린 조선의 어린이들에게 조선의 동요를 돌려주고자 창작동요를 작곡하고 보급한 동요운동가이다. 두 사람의 사례를 통해 한국교회의 민요운동과 동요운동이 어떻게 전개되었는지 살펴볼 것이다.

▌안기영의 민요합창

안기영(安基永, 1900~1980)은 충남 청양출생으로 조선민요 부흥에 공헌이 있으나 1946년 월북하여 그동안 평가가 중단되었다. 이후 1988년 '월북음악가 작품해제조치'[25]로 재평가되고 있는 인물이다. 그는 공주 영명학교를 거쳐 배재학당, 연희전문학교에서 서양음악을 배웠다. 이 세 학교는 모두 선교사가 설립한 기독교 사립학교이다.

안기영은 1919년 3·1운동 당시 독립선언문 등사와 연락책으로 활동하다가 체포되었다. 안기영은 태형 30대 처벌을 받고 퇴학하였다. 이후 상해로 가서 독립신문사를 도왔으며 1923년 이화여자전문학교 음악과 조교가 되었다. 이후 선교사의 후원으로 미국 유학을 다녀와 1928년부터 이화여전 경성고등음악학원에서 성악가, 교육자, 작곡가로 활동하였다.

안기영은 민요연구와 민요합창을 부흥시켰다.[26] 이화여전 글리클럽을 맡은 그는 교내 발표와 전국순회 연주활동을 전개하여 민요합창을 대중에게 소개하였다. 민요합창은 대중적인 인기를 얻었다.

그는 서양음악가로서 최초로 민요를 체계적으로 연구하였다. 그리

---

25 이강숙 외, 『우리 양악 100년』(현암사, 2001), 142.
26 이영수 『한국민요합창편곡 발전과정연구』, 36.

고 서양음악에 민요를 융합하여 음계이론을 독자적으로 정립하였다. 또한 한국의 전통 설화를 오페라타(operetta, 작은 오페라 음악극)로 풀어내어 '향토가극'이라는 새로운 장르를 개척하였다. 가극으로 「콩쥐팥쥐」·「견우직녀」·「에밀레종」 등이 있으며, 동요로는 대표작으로 「그리운 강남」, 가곡으로 「작별」·「마의태자」 등이 있다.

안기영은 1931년 『조선민요합창곡집』[27]을 발간하였다. 이 책에는 이화여전 교수인 메리 영(Mary Elizabeth Young, 美理英)[28]과 함께 여성 3성부 합창곡으로 편곡, 편집한 민요합창곡 7곡이 수록되었다. 메리 영이 편곡한 「도라지타령」, 「이팔청춘가」, 「방아타령」과 안기영이 편곡한 「자진산타령」, 「농부가」, 「한양의 봄」, 「양산도」 4곡이다.

이 노래들로 안기영은 이화전문합창단의 공연을 지휘하였다. 이화여전 학생들로 구성된 이화전문합창단은 전국순회연주회[29]를 하였다. 민요합창공연은 1930년 12월 26~27일 진남포와 평양 첫 순회음악회에서 공연하였고 1932년 12월 22일부터 이리, 군산, 전주, 광주, 목포와 부산 등지에서 공연하였다. 민요합창이 인기를 얻자 미국 콜롬비아레코드사의 첫 합창곡 음반으로 취입되었다. 조선민요

---

27 美理英, 『朝鮮民謠合唱曲集 第1集』(이화여자전문학교 음악과, 양악사음악출판사, 1931).

28 Mary Elizabeth Young, 美理英, 1920년 1월 미국 미감리회 여성해외선교회(WFMS) 콜로라도부 파송으로 입국하여 이화학당 음악교사로 사역하였다. 1925년 이화전문학교 음악과 초대 음악과장을 역임했으며 1940년 11월 총독부의 추방명령으로 귀국하였다. 공저, 『내한선교사사전』(서울: 한국기독교역사연구소, 2022), 847-848.

29 『동아일보』 1930년 12월 29일; 『조선일보』 1932년 12월 19일; 『조선일보』 1932년 12월 28일 (신수정, "『조선민요합창곡집(朝鮮民謠合唱曲集)』 연구," 『음악과 민족』50, 287쪽 재인용)

합창에 대한 당시 언론의 총평을 살펴보자.

1930. 12. 29일자 동아일보에는 "신여성의 조선곡"이라는 제하의 공연 리뷰가 실려있다. 26일과 27일 양일에 걸쳐 열린 음악회 중 평양 공연에서는 "천오백 명 이상의 청중이 모인 가운데 《양산도》,《방아타령》,《아리랑》,《농부가》등을 불러 더욱 만장의 환영을 받았으며" 진남포에서도 "안기영씨의 지휘하에 조선민요 《도라지타령》 합창으로 막이 열리어 심취한 청중은 재청 또 재청 四五次를 거듭한 후 산회"하였다고 그날의 반응을 소개하고 있으며, "조선사람은 결국 조선민족 고유의 예술이 보다 더 아름답다는 것을 여실히 말하였다"고 총평을 내리고 있다.[30]

조선민요합창에 대한 반응은 호평과 혹평, 두 가지로 나뉘었다. 극찬을 받은 것은 언론과 대중의 반응이요, 혹평은 음악계와 기독교계이다. 대중은 일제강점기에 금지된 한민족 고유의 노래를 공개적으로 부르고 듣는 것에 박수를 보냈다. 친숙한 조선의 전통 선율이 아름다운 합창곡으로 되살아나자 대중들은 환호하였다.

반면 음악계 인사들은 민요합창이라는 새로운 시도에 생소함을 느꼈고 혹평을 내렸다. 구왕삼은 민요를 서양악보화하여 3부, 4부 합창하는 것은 "마치 상투있는 신사가 양복입은 것같이 기형적 별계물"[31]이라 하였다. 홍난파도 "사이비의 혼혈아"[32]라고 혹평하였다.

---

30 이영수,『한국민요합창편곡 발전과정연구』, 30-31.
31 구왕삼, "梨傳 음악과 간행 민요합창곡집,"『조선일보』(1931.8.10).(김은영, "이화여전 글리클럽 연구: 1927~19345년의 활동을 중심으로,"『이화음악논집』 23(2019), 120. 재인용)
32 홍난파, "동서음악의 비교,"『신동아』(1936. 6), 64-68.(김은영, "이화여전 글리클

더욱 심각한 것은 음악과 상관없는 남존여비(男尊女卑) 사상에서 나온 선입견이었으니 당시 민요는 고상하지 못한 것으로 여겨졌다. 기껏해야 기생집에서나 부르는 소리로 인식되었다. 이화여전에 민요 악보 채보를 제공한 김형준은 예배 중에 조선찬양을 준비하였는데 그에게 온 피드백은 고정관념에 찬 것이었다. "이런 소리는 요정이나 놀이터에서나 부를 것이지 신성한 교회당에서는 절대 노래할 수 없소."[33] 이화여전 학생들로 구성된 이화전문합창단은 기생집을 의미하는 이화권번(梨花券番)[34]이라 칭하는 수모를 받았다.

> "조선민요라 하면 조선사람들이 오래동안 두고 부르던, 또 부르는 또한 부를 노래이다. ……(중략)…… 조선 냄새가 나는 노래들을 조선사람들이, 그중에서도 더구나 점잖고 유식하다는 이들이 눈살을 찡그리고 천대하고 있으니 이것이 얼마나 죄악된 일이냐? 그 이유는 물론 노래라 하면 가사에 관계가 많이 됨으로 과거로부터 조선민요는 가사가 난잡하고 부도덕한 것이 많아서 좋지 못하였고 하겠다. 그러면 그 음악, 즉 '멜로디'는 무슨 흠이 있는가? 외국인들도 그 노래들을 듣고 다행히 가사는 알아듣지 못하여 어떻다고 논평하지는 못하지만 훌륭한 음악적 지식을 가진 그들로서 조선민요 '멜로디'의 음조(音調)와 박자가 아름답다고 얼마나 칭송하는지 모른다. 그 노래의 주인되는 조선사람들보다도 오히려 외국인들이 '명주를 돼지에게 주어서 짓밟히게 됨'을 매우 애석하게 생각한다. 우리는 모든 것이 다 그러하였지만 얼마나 우리의 민요를 무시하여 왔는가? 그 귀하고 고상한 노래를 다만

럽 연구: 1927~19345년의 활동을 중심으로," 122. 재인용)

33 "謝恩音樂會 意義," 『대한매일신보』(1941.11.27).(김은영, "이화여전 글리클럽 연구: 1927~19345년의 활동을 중심으로," 123. 재인용)

34 이영수, 『한국민요합창편곡 발전과정연구』, 54.

음란하고 방탕한 시간의 유전물로 만들어 버렸으니 우리의 죄가 얼마나 심한가."[35]

안기영은 조선민요가 처한 현실을 안타까워하였다. 민요의 의미와 아름다움을 제대로 평가하지 못하는 이들을 향해 항변하였다. 그러나 여론을 금세 바꾸지는 못했다.

급기야 민요 채보자인 이상준은 자신의 악보를 무단 사용한 저작권침해로 이화여전 교장 아펜젤러와 교수 안기영과 메리 영을 고소하였다. 이 사건은 이상준이 승소하였고 조선음악가협회의 중재로 이화여전측이 500원 배상 취하하는 것으로 마무리되었다. 지금에서야 민요를 악보로 옮겼다고 문제되지는 않지만 민요를 악보로 처음 채보(採譜)한 시절의 일이다.

이 시기에 안기영은 개인적인 스캔들로 이화여전을 사임하였다. 이화여전에는 안기영 교수를 대신할 새로운 음악 교수가 부임하였다. 이후 이화여전의 민요합창은 중단되었고 1935년부터 이화여전의 음악활동은 일제찬양에 동원되었다. 1940년에 이르자 메리 영을 비롯한 선교사 대부분이 본국으로 귀환하였고 민요합창 작업도 중단되었다.

▎강신명의 조선동요운동

안기영이 민요를 연구하고 민요합창을 알린 인물이라면 강신명은 동요창작운동, 동요보급운동을 전개한 인물이다. 강신명(姜信明,

---

35 안기영, "조선민요와 그 악보화," 『동광』21(1931. 5월), 66-67.(이영수, 『한국민요합창편곡 발전과정연구』, 46. 재인용)

1909~1985)[36]은 대한예수교장로회 통합교단의 목사이다. 강신명의 동요창작, 동요보급 활동이 조명된 것은 최근 연구를 통해서이다.

그는 경북 영주출생으로 한글보급운동과 농촌계몽가로 활약한 강병주(姜炳周, 1882~1955) 목사의 장남이다. 그의 교육과정은 공교육과 함께 다양한 교단의 기독교학교를 여럿 다녔다. 기독내명학교, 풍기초등학교, 숭실중학교, 공주 영명학교, 배재중학교, 계성중학교를 거쳐 평양 숭실전문학교를 졸업하였다. 이후 평양과 선천에서 전도사로 시무하였으며 선천교회, 영락교회, 새문안교회에서 목사로 시무하였다.

강신명은 전문적인 음악교육을 받은 경력은 없지만 남다른 음악활동을 전개했다. 그는 계성중학교 재학시절 음악교사 박태준을 만났다. 박태준(朴泰俊, 1900~1986)은 대구출생으로 계성학교를 졸업하고 평양숭실전문학교에 재학하는 동안 선교사들로부터 서양음악 교육을 받았다. 이후 「오빠생각」, 「가을밤」 등 150여 곡의 동요를 작곡하였고 미국에서 합창지휘를 공부하여 국내에서 합창지휘자, 숭실전문학교 교수로 재직하였다. 강신명은 박태준에게 음악적 영향을 받았으며 박태준은 강신명이 쓴 가사에 작곡하여 발표한 적이 있다.

강신명도 박태준의 음악활동을 이어받았다. 강신명은 평양 숭실전문학교에 진학하여 선교사에게 음악교육을 받았다. 평양신학교 재학 시절에는 어린이성가대를 지휘하였고 평양방송국을 통해 동요

---

36 강신명 목사의 생애와 활동 전반에 관해서는 다음을 참조. 김명구, "강신명 목사 연보," 『소죽 강신명 목사 – 교회와 민족을 위한 한 알의 밀알이 되어』(광주: 서울장신대학교 출판부, 2009), 355-356.

를 보급하는 활동을 했다.

또한 강신명은 1936년 평양합창협회를 조직하였고 선천지역의 교회연합성가대를 조직하였다. 선천교회연합성가대는 강신명의 지휘로 헨델의 메시아를 수차례 공연하였다. 그리고 자신이 작곡한 동요와 당시 유행하던 동요를 모아 두 권의 동요집을 발간하였다. 『동요99곡집』(1932), 『아동가요곡선 삼백곡』(1936, 1940)이다.

필자는 강신명 인물연구를 하면서 동요보급운동에 주목하였다. 강신명의 창작동요 중에는 주일학교에서 활용하는 노래들이 있지만 일반 동요들이 훨씬 더 많다. 또한 동요집 발간의 목적은 조선의 어린이들에게 잃어버린 노래들을 돌려주기 위함이었으니 주목적은 동요보급운동에 있었다.

필자는 강신명이 동요보급운동을 한 목적을 두 가지로 분석[37]하였다. 첫째는 어린이를 인격적으로 대우하고 순수한 정서를 함양하는 것이다. 강신명이 동요보급으로 활동한 1930년대는 한국동요의 황금기라고 부른다. 이는 1920년대에는 방정환이 설립한 '색동회'와 박태준과 같은 이들의 동요운동을 전개했는데 1930년대에는 또 다른 음악가들이 동요보급운동을 이어갔다.

둘째는 동요보급운동은 일제에 대한 간접 저항운동이다. 강신명의 동요보급운동의 목적은 어린이들에게 어린이다운 노래를 들려주고 순수한 동심을 찾는 것이었다. 그는 조선의 동요, 조선의 어린이다운 동요를 작곡하고 보급하였다. 강신명의 자신이 작곡한 동요

---

[37] 이혜정, "강신명 목사의 활동에 관한 연구―정치적 태도와 인식, 에큐메니컬 운동, 동요보급운동을 중심으로," 『한국기독교와 역사』54(2021), 258-264.

와 동요보급활동이 일제정책이 반대된다는 것을 알고 있었다.

당시 일제는 조선의 동요운동을 탄압하였다. 일제는 식민지정책의 일환으로 민요수집조사를 통해 민요의 현황을 파악하는 한편 학교교육으로 일본창가를 보급하여 조선동요를 금지하였다. 그러나 일제 의도와는 달리 애국창가는 더욱 유행하였다. 조선사람들은 일본창가를 개사하여 애국창가를 불렀다. 일본창가, 서양노래 할 것 없이 조선이들은 곡조를 그대로 가져오되 가사는 조선의 심성으로 바꾸어 불렀다.

강신명은 동요집 발간이 빌미가 되어 1937년 투옥되었다. 감옥에서 고문을 받았고 최종적으로 벌금형을 받았다. 그의 죄목은 노래가사가 너무 희망적이고 조선의 어린이와 청년들의 일치단결과 독립 전진을 호소한다는 것이었다. 남궁랑 작사, 권태호 작곡의 「조선아기의 노래」가 그것이다. 이 노래는 「우리아기의 노래」라는 제목으로 불린다. 이에 굴하지 않고 강신명은 1940년에 일본 동경에서 같은 책을 재발간하여 일제 압박에 굴하지 않는 면모를 보여주었다.

> 꽃피는 삼천리 방방곡곡에
> 조선의 아가야 우리 아가야
> 손과 손을 잡고서 손과 손을 잡고서
> 꽃피는 동산에 봄마중을 갈까나
> 얼싸얼싸 좋구나 앞날의 조선은 우리의 것
> 얼싸얼싸 좋구나 저얼씨구 좋구나.   <조선아기의 노래>[38]

---

38 강신명 편, 『아동가요곡선 삼백곡』 (평양: 농민생활사, 1938), 53.

안기영과 강신명은 각각 조선의 민요운동과 동요운동을 전개하였다. 기독교교육을 받은 그들은 선교사들로부터 서양음악을 배워 조선의 노래를 서양음악의 방식으로 풀어내었고 토착적 노래운동을 전개하였다.

이들이 만든 노래들은 기독교적 색채가 담기지 않은 그저 조선의 노래였다. 동요창작과 동요보급운동은 강신명을 비롯한 많은 이들이 함께 참여하였으나 민요합창의 소개와 개척은 안기영의 독보적인 공헌이라고 하겠다. 안기영으로 말미암아 민요합창이 대중에게 소개된 것은 큰 공헌이지만 그 영향력이 지속되지 못했다. 1930년대 저작권소송에 패소한 이후 안기영은 활동을 접고 해외도피하였고 그 후 월북하여 남한에서 음악활동이 중단되었다. 안기영 이후 이화여전의 음악활동은 일제찬양에 동원되어 민요합창은 이어지지 않았다. 민요는 일제강점기와 근대화에 밀려 사라졌다가 1970년대가 되어서야 다시 주목받기 시작하였다.

강신명의 동요창작과 동요보급운동은 해방 이후 중단되었다. 우선 개인적인 이유는 그가 목회활동에 전념했기 때문이다. 외적 이유로는 해방 이후 서양음악이 보편화되고 전문 음악인이 증가하여 기독교학교와 교회가 가진 음악적 이점이 사라진 것이 원인이었다.

근대 초기 한국교회는 개화의 선봉이자 민족의식의 산실 역할을 했다. 그러나 해방 이후부터 한국교회는 사회변혁을 선도하는 역할에서 보수적 성향으로 선회하였다. 해방 이후 한국교회에는 점차 토착적이고 대중적인 음악이 사라지고 세속음악과 구분된 교회음악만 남게 되었다.

『백합화』의 민요 노래

경주성서학원 학생들이 만든 『백합화』 수록곡 중 민요풍의 노래를 소개한다. 민요 노래는 7곡으로 이 중 말풀이류 노래[39] 6곡과 시집살이 노래가 1곡이다. 먼저 말풀이 노래는 숫자풀이 2곡, 자모풀이 2곡, 요일풀이 1곡, 나열식 풀이 1곡이 해당한다. 말풀이류 노래는 한글, 숫자, 성씨, 요일, 지명 등의 나열과 풀이를 해학적인 내용의 사설로 노래하는 것으로 언어유희적 특징을 가진다.

> 말풀어내기 유형은 한글, 숫자, 성씨, 요일, 지명 등의 풀이를 해학적인 내용의 사설로 노래하는 것이다. 내용이 창자에 따라 즉흥적 요소가 부분적으로 개입되기 때문에 언어 유희성에서 독특한 구조를 가지고 있으며 대개 수사상 반복법이나 연쇄법을 이용하여 노래를 불러나가기 때문에 외우기가 쉽고 길게 노래할 수 있는 특징이 있다. 말놀이라는 측면에서 언어의 교육적인 성격을 강하게 띠고 있다.[40]

말풀이 노래는 높은 문학성을 지니기보다는 대중이 이해하기 쉬운 내용을 담고 있어 쉽게 구비전승되는 특징이 있다. 노래가사는 동일주제의 단어가 연쇄적으로 나열되어 반복법, 연쇄법으로 구성되어 리듬감이 있고 낭송하기에 적합하다. 같은 가사가 반복되는 구성은 아무리 긴 노래라도 한번 듣기만 하면 따라 부를 수 있을 정도로

---

39 말풀이 노래 유형으로는 數謠, 字母謠, 標題謠, 동음이의어, 단어풀이 등이 있다. 김영철, "개화기 시가에 나타난 알레고리의 미학," 『한국시학연구』35(2012), 56.
40 손정, 『한국어교육에서의 전래동요 활용방안 연구: 말놀이노래를 중심으로』(서울: 건국대학교 대학원 석사학위논문, 2013), 27-28.

귀에 들어온다. 노랫말 구조가 가진 지속적 암기를 통해 화자가 전달하고자 하는 내용이 강조된다.

말풀이 노래는 숫자나 자모음이 순서대로 나열되고 거기에 맞추어 말을 만들어 낸다. 그래서 말풀이 노래는 언어적 재미와 흥을 느낄 수 있으며 이것을 언어유희적 특징이라고 한다. 이러한 작법 방식은 많은 교육을 받지 않은 일반 대중에게도 쉽게 이해되고 전달되었다. 그래서 말풀이 노래 형식은 결과적으로 전달력이 높다.[41]

흥미로운 점은 민요에서 언어유희적 특징이 본격적으로 나타난 것은 조선 후기이다. 이러한 배경[42]은 다음과 같이 정리할 수 있다. 첫째, 조선 후기에 들어 그동안의 엄격한 한시(漢詩) 작법에서 벗어나 파격적인 작법을 사용한 작품이 등장하였다. 19세기 전후에 봉건체제가 와해되는 과정에서 나타난 문예풍조이다. 둘째, 언어유희는 민요, 판소리, 타령에 나타나는 고유의 표현방식 중 하나이다. 조선 후기에 민중의 등장으로 문학갈래와 음악갈래가 확장되는 현상이 일어났다. 즉 조선 후기에 나타난 민요의 언어유희적 특징은 민중의 소리가 노래에 반영된 결과라는 것이다.

언어유희는 지적 활동의 산물이다. 단순히 말장난이나 언어의 유흥을 넘어 전하고자 하는 바를 풍자하는 고도의 언어적 장치이다. 민요는 대중들이 쉽게 부르는 노래이므로 말의 사용은 해학적이지만 풍자성이 담겨있다.[43] 또한 독자가 시의 본질인 다의성과 애매성

---

41 하경숙·구사회, "숫자노래의 전승 맥락과 새로운 근대가사 <數字歌>의 문예적 검토," 『동방학』43(2020), 220-221.

42 하경숙·구사회, "숫자노래의 전승 맥락과 새로운 근대가사 <數字歌>의 문예적 검토," 226-227.

을 다시 한번 생각하도록 사용하는 다양한 언어 구사방식 중의 하나이다. 민요에 구사된 언어유희의 해학은 청자로 하여금 긴장완화의 효과를 가져옴으로써 심미적 쾌감을 느끼는 가운데 지적 인식을 수행한다.[44] 즉 언어유희는 민중의 비판적 인식과 속내를 드러내는 장치이다.

바로 여기에 개화기 시가에 나타난 언어유희의 진정한 의미가 있다. 개화기는 어느 시대보다 가치관의 혼효(混淆, 여러 가지가 뒤섞임)와 갈등, 구조적 모순이 심화되던 혼란기였고, 격동기였기 때문이다. 이러한 카오스, 아노미의 시대를 맞아 개화기 시가는 날카로운 비판정신과 풍자정신이 절실히 요구되었다. 그러한 비판과 풍자의 칼날을 예리하게 하기 위한 시적 방책이 바로 언어유희였던 것이다. 언어유희로 독자들에게 흥미를 유발하여 관심을 끌고, 이를 매개로 지적 인식에 도달케 하는 방법을 구사했던 것이다. 그런 점에서 언어유희는 문학의 교시적 기능을 제고하기 위한 시적 전략으로 볼 수 있다.[45]

즉 말풀이 노래는 단순한 말장난에 그치지 않는다. 언어유희적 장치에는 화자가 바라는 바가 반영되어 있으며 그 속에는 노래의 주체인 민중의 뜻이 담겨 있다. 민요의 주인은 민중이며 이들은 단순한 가창자가 아니라 민요의 전달자이자 창작자이다.

그래서 민요는 지역과 가창자에 따라 가사가 자연스럽게 변형되기도 한다. 또한 참요(讖謠)처럼 민중의 소리에는 하늘의 뜻이 있고

43 장성남, 『대한매일신보 시가의 표현양상과 주제 표출방식』(대전대학교 박사학위논문, 1985), 229.
44 김영철, "개화기 시가에 나타난 알레고리의 미학," 『한국시학연구』35(2012), 55.
45 김영철, "개화기 시가에 나타난 알레고리의 미학," 56.

때로는 숨은 정치적 변화가 있다. 민요는 민중이 느끼고 원하는 바를 담고 있다. 민중이 근대의 주체로 떠오른 당시에 민요는 민중의 바램과 의식을 드러내는 장치였다. 그러므로 근대 조선 후기에 등장한 언어유희적 민요는 사회비판기능이 강화된 애국계몽운동의 산물[46]이라 할 수 있다.

▌숫자풀이 노래

『백합화』에서 숫자풀이 노래는 <전도가(일이로다)>, <전도가(하나로다)> 두 곡이다. 모두 양성은 목사가 작사하였고 모두 찬송가 90장 곡조에 맞추어 부른다고 명시되어 있다. 작사가인 양성은 목사에 관한 정보는 알려진 바가 없다.

숫자노래는 일정한 숫자배열에 맞추어 노래가사를 지어 부르는 일종의 언어유희 노래이다. 역사적으로 숫자노래는 고대 중국과 고려시대에 나타난다. 중국은 고대부터 명절이나 절후(節候)[47] 숫자를 활용하여 노래하였고 고려가요 <동동>은 1년 12달을 각각 연으로 삼아 매달 돌아오는 명절을 중심으로 상사(想思)의 내용을 담았으며 조선시대의 <월령체(月令體)> 노래들은 12달 순서에 따른 시가 형식을 담았다.[48]

　　1　　一이로다 一天之下 万民들이여

---

46 김영철, "개화기 시가에 나타난 알레고리의 미학," 40.
47 한 해를 24로 나눈, 계절의 표준이 되는 것
48 하경숙·구사회, "숫자노래의 전승 맥락과 새로운 근대가사 <數字歌>의 문예적 검토," 223.

一位이신 하나님을 공경합시다.
一生一死 인생들의 公道 아닌가
日求月尋 하나님을 찾아나오소

2   二로구나 二神奉位 큰 죄악이니
     異邦神도 이런 것은 원치않는다
     이 세상에 살고있는 형제들이여
     이와 같은 큰 죄악을 회개하시오

3   三이로다 三位一体 우리하나님
     三干方을 求하려고 전도자 보내
     三千里의 금수江山 방방곡곡에
     三千餘의 재단들을 세웠답니다.

4   四로구나 四方에서 울리는 소리
     사람들을 부르시는 종소리로다
     사신우상 다버리고 주앞에 오면
     사회복락 국가행복 우리 받겠네

5   五로구나 오랜동안 죄악에 빠져
     오죽이나 가진 고생 다했던 가요
     오늘에도 회개하고 주께 나오면
     오주예수 기쁨으로 맞어준다오

6   六이로다 六大洲에 사는 만민들
     六十六권 하나님의 말씀보세요
     육신입고 세상오신 하나님 아들
     육과 영을 구원하려 오신 주라오

7 　七이로다 七轉八起 애쓰는 이여
　　七十年이 우리인생 壽限아닌가
　　七十平生 수고하다 멸망할턴가
　　七日中에 主日날을 직혀보세요

8 　八이로다 팔만여리 지구상에서
　　八字打령 하지말고 예수믿어요
　　八成청신 전세계의 죄인 위하여
　　팔리워서 十字架를 지셨답니다.

9 　九로구나 구로하는 죄인들이여
　　구주예수 바라보고 나아오세요
　　九方長天 그보다도 더 높은 곳은
　　구주예수 십자가의 피공로라오

10 　십이로다 十字架는 우리의 자랑
　　十字架가 아니면은 멸망이로다
　　十二사도 七十문도 모다 힘다해
　　十字架를 자랑하며 天國 갔다오

<전도가(일이로다)>(29)[49]
작사 양성은 목사 곡 90장곡(10절)

　　<전도가(일이로다)>는 숫자의 한자음 一부터 十까지의 수를 나열한
형태이며 청자들을 기독교 신앙으로 초청하고 설득하는 전도가이
다. 숫자의 한자음을 글 첫머리에 쓰니 이어지는 말에도 자연스럽게
한자가 섞여 있다. 각 행의 말머리가 모두 숫자음으로 시작하고 있으

49 　경주성서학원 학우회, 『백합화』(경주성서학원, 1957).

며 문장 곳곳에 숫자음을 넣으니 동음 반복되어 말의 리듬감이 잘 살아난다. 전체적으로 어려운 내용은 없으나 1절은 몇 개의 한자 어구가 있어 풀어쓰면 다음과 같다.

1.　하나로다 같은 하늘아래 거하는 백성들이여
　　한 분이신 하나님을 공경합시다
　　한 번 살고 한 번 죽는 것이 인생들의 공통된 길이 아닌가
　　날마다 찾고 생각하여 하나님을 찾아 나오소

1절 가사는 말머리에 '일'이 반복된다. 한자음 숫자 '一(일)'을 우리말 '하나'로 바꾸어 풀어보았다. 그리고 다른 한자도 우리말로 바꾸어 보았다. 그런데 우리말로 바꾸니 '하나'가 반복되어 또한 언어유희적 특징이 나타나니 신기한 일이다.

1절 종행에 나오는 "日求月尋"은 본래 같은 동음의 한자어구인 "日久月深"에다가 두 글자를 바꾸어 놓았다. 그래서 본래 뜻은 "날이 오래고 달이 깊어간다, 또는 세월이 흐를수록 더하다"라는 의미인데 이것을 "날마다 찾고 생각하여"라고 바꾸어 놓았다. 이처럼 기존의 어구에 일부 글자를 바꾸어 살짝 의미를 뒤트는 행위도 언어유희에 속한다.

2절에서는 이방신 섬기는 죄악 회개하기를 요청하고 있으며, 3절은 삼위일체 하나님이 삼천리강산에 전도자를 통해 삼천 제단을 세웠다고 노래하여 한반도에 하나님의 계획하심이 있음을 암시하였다. 4절은 우상을 버리고 하나님을 섬기면 사회복락, 국가행복을 받는다고 노래한다. 즉 하나님을 믿음으로 민족과 나라가 복을 받는다

는 신명기신학의 흔적을 발견할 수 있다.

6절은 육대양의 전 세계인들을 향한 복음을 선언하고 있으며 8절은 "八成청신"의 의미가 모호하다. '八成'이란 본래 조선시대 사직(社稷) 지기(地祇)의 제향(祭享)에서 강신악(降神樂)을 여덟 번 연주하는 일을 의미한다. 노랫말에 청신은 한글로 명시되었는데 한자어로는 '맑고 깨끗함'(淸新), '신을 청하여 부르다'(請神), '맑은 첫 새벽'(淸晨)으로 해석될 수 있다. 노랫말에 한자어가 표기되지 않아 정확한 뜻을 짐작할 뿐이다. 이것을 최대한 자연스럽게 필자가 적용해 보면 8절 3행은 "강신악으로 신에게 청하여 전 세계의 죄인 위하여"로 해석할 수 있다. 또한 9절의 "구로하는 죄인들이여"의 의미도 모호하다.

10절의 "九方長天"은 사전에 없는 용어이지만 장천, 구만리장천이란 유사한 용어가 있으며 그 뜻은 '아득히 높고 먼 하늘'을 가리킨다. <전도가(일이로다)>에는 한자어가 많고 언어유희적 요소를 활용한 문장 구사가 매끄럽다. 유학의 내용이 보이는 한자어구가 있고 한자를 바꾸어 쓰는 기술을 고려하면 작사가의 배경이 유학자 또는 식자층이 아닌가 짐작해 본다.

1   하나로다 한국민족 배달의 자손
       하나님을 한이없이 섬기던 민족
       한마음과 한뜻으로 조상뜻 따라
       하나이신 참하나님 섬겨봅시다.

2   둘이로다 두리둥둥 나의 동포여
       두루 두루 둘러바도 너는 내사랑

두말 말고 두 신을랑 섬기지 말고
둘도 없는 독생예수 믿어봅시다.

5   다섯이라 다정하신 우리 예수보
     다른 사람 다 내놓고 우리 부르네
     다시없는 다행한일 이것 아닌가
     다아같이 구주예수 찬양합시다.

8   여덟이라 여보시오 우리주님이
     여덟가지 여러 복을 가르쳤다오
     여러분도 여덟 복을 받아가지고
     <u>여러 복을 여러 사람 받아봅시다(누락, 필자 보완)</u>

9   아홉이라 앞에가신 우리 주님은
     아모때나 아량으로 너 맞어주며
     아직까지 아르킴을 못받었으면
     아무쪼록 귀한말씀 지금 배우세

10   열이구나 열심히 주를 섬기자
     열조들이 열중해서 봉사함같이
     열열하게 열매맺이 소원하면은
     열리리라 성신열매 많이 열리라

                          작가 양성은 목사 곡 90장 (10절)
                                    <전도가(하나로다)>

    <전도가(하나로다)>도 전도가이자 신앙독려가이다. <전도가(일이로
다)>와 동일하게 90장 찬송가 곡조에 부르고 양성은 목사가 작사하
였다. <전도가(일이로다)>가 숫자의 한자음을 써서 일, 이, 삼, 사의 음

가에 시구를 맞추었다면 <전도가(하나로다)>는 우리말 숫자음을 표기하여 하나, 둘, 셋, 넷의 음가에 시구를 맞추어 배열하였다.

1절은 한국의 민족성을 드러내는 가사로 시작한다. '한국민족 배달의 자손'은 하나님을 섬기던 민족이니 '한마음과 한뜻으로 조상 뜻 따라' 하나님을 섬기자고 제안한다. 비록 개신교가 늦게 전래되었으나 이미 우리 조상들은 하늘님을 숭상하고 하늘 무서운 줄 알고 섬기던 심성을 가지고 있으니 조상님 뜻을 따라 하나님을 섬기자고 노래하고 있다. 개신교 전래 전의 순수한 하늘신앙이 하나님 섬김과 무관하지 않다는 점을 상기시킨다.

가사에 나오는 '배달의 자손'이란 우리 민족을 지칭하는 역사적 용어이다. 단군의 단(檀)을 박달, 혹은 배달로 부르는데 기원한다는 설[50]이 있다. 지고지순한 신을 섬기는 한민족 정체성을 드러내는 저자의 의도를 알 수 있다.

<전도가(하나로다)>는 숫자음의 반복, 배열이 매우 규칙적이어서 말의 율동감이 살아나는 맛이 있다. 각 행의 첫 말머리와 중간 말머리도 동일한 숫자음이 반복되며 종행의 두 번째 말머리에만 변칙이 나타난다. 8절의 종행은 자료상태의 불량으로 가사가 누락되었는데 필자가 운을 맞추어 '여러 복을 여러 사람 받아봅시다'를 첨가하였다.

본래 민요는 가창자에 따라 가사와 곡조, 방식이 다소 유동적이며 가창자의 재량이 반영되는 특징을 따랐다. 9절 3행에 '아르킴'은 가

---

50 조선 숙종,『규원사화(揆園史話)』에 따르면 단(檀)을 박달, 백달로 읽다가 이후 배달로 읽어 오늘에 이르렀다. 한국민족문화대백과사전 참조.
    https://encykorea.aks.ac.kr/Article/E0021854(최종접속일 2023.11.23.)

르치다, 가리키다의 비표준어로서 충북 방언에 해당한다. 그래서 작사가의 출신이 충청도가 아닐까 짐작해 본다.

▌자모풀이 노래

자모풀이 노래는 <자모풀이>, <자모푸리> 두 곡이다. 64번 <자모풀이>는 작자 미상에 아리랑 곡으로 명시되어 있고 75번 <자모푸리>는 양성은 목사가 작사가로 명시되었으며 곡조는 표시되지 않았다.

자모풀이는 자모요(字母謠), 한글풀이라고도 부른다. 시구가 우리말 자모의 순서에 따라 연쇄적으로 반복되어 언어유희적 특징이 나타난다. 자모풀이 노래는 특히 교육적 효과가 커서 한글교육용으로 활용[51]된다. 'ㄱ, ㄴ, ㄷ' 또는 '가, 갸, 거, 겨'의 순서에 따라 말을 꾸며나가는 어희요인 자모풀이 노래는 외우기 쉬운 내용을 가창할수록 익숙해지고 거침없이 외어나가는 흥취를 느낄 수 있다.

1   가갸갸 거겨겨 가슴우에, 거룩한 십자가 삭여보세
     고교교 구규규 고락간에, 구원의 복음을 전파하세

2   나냐냐 너녀녀 나아갈 길, 너무나 멀다고 염려말라
     노뇨뇨 누뉴뉴 노아방주, 누구나 비방을 아니했나

3   다댜댜 더뎌뎌 다름박질 더디게 하면은 떨어진다
     도됴됴 두듀듀 도를 듣고 두말을 말고서 따라오라

---

51 손정, "한국어교육에서의 전래동요 활용방안 연구: 말놀이노래를 중심으로," 24-27.

4   라랴랴 러려려 나팔소리 러루렁 러루렁 들려오네
     로료료 루류류 롯의 안해 루가만 재산에 못살었네

5   마먀먀 머며며 마귀진에 머물지 말고서 빨리가세
     모묘묘 무뮤뮤 모진광중 무서워 말고서 어서가세

6   바뱌뱌 버벼벼 바라보니 버러지 형상인 우리이나
     보뵤뵤 부뷰뷰 보배피와 부활의 주님을 의지하세

7   사샤샤 서셔셔 사랑하세 서양과 동양이 서로서로
     소쇼쇼 수슈슈 소나무는 수절이 세상의 제일이라

8   아야야 어여여 아이들아 어려서 예수를 굳게 믿자
     오요요 어여여 오랑조랑 우리의 친목을 이뤄보세

9   자쟈쟈 저져져 자랑하세 저십자 공로를 자랑하고
     조죠죠 주쥬쥬 졸지말고 주예수 붙들고 구원얻네

10   차챠챠 처쳐쳐 차세상에 처하여 살기가 어렵구나
     초쵸쵸 추츄츄 초로인생 추풍에 낙엽이 가련하다

11   카캬캬 커켜켜 카인이 아벨컥찔러 당장에 죽였고나
     코쿄쿄 쿠큐큐 코를 골며 쿨쿨쿨 잠일랑 자지마라

12   타탸탸 터텨텨 타락말고 터닭은 우에다 집을 짓고
     토툐툐 투튜튜 토색질과 투기와 간사는 장비물들

13   파퍄퍄 퍼펴펴 파도같이 퍼저서 나가는 십자가에

포표표 푸퓨퓨 포로죄인 풀어서 놓아줘 자유하세

14   하햐햐 허혀혀 하나님의 허락한 천당에 들어가서
      호효효 후휴휴 호호탕탕 후세의 복락을 누리겠네
                          <자모풀이>(64) 아리랑곡 (14절)

전통민요 아리랑 곡조에 맞춘 <자모풀이> 노래는 저자 미상의 노
래이다. 내용은 기독교 구원과 신앙생활 정진을 내용으로 개사한 전
도가이자 신앙교훈가, 권면가이다. 아리랑은 전국에 퍼진 민요로서
특정 지역에서만 부르는 고정민요가 아니라 전국 어디서나 부르는
유동민요에 속한다. 언문풀이, 자모풀이 유형에 속하는 가사는 자모
의 순서대로 같은 발음이 반복, 중복되어 언어유희적 특징이 잘 나
타난다.

1절은 가슴에 거룩한 십자가를 새기고 구원의 복음을 전파하자는
권면이며, 2절은 노아의 방주처럼 세상의 비방을 받거나 신앙의 길
이 멀다 해도 염려 말라는 권면이며 3절은 도(道)를 듣고 따라오라고
권면한다. 유교와 도교, 불교와 같은 동양종교에서 도(道)는 지켜야
할 이치로 중요하게 여겨 왔으며 이와 같은 원리로서 기독교 역시 도
(道)로 빗대어 설명하고 있다.

4절은 롯과 아내의 이야기와 교훈을 언급하며, 5절은 마귀진에 머
물지 말며 무서워 말고 갈 것을 권면하고, 6절은 벌레같은 우리가 부
활의 주님을 의지하자는 권면이다. 7절은 서양과 동양이 서로 사랑
할 것을 당부하지만 다음에 '소나무는 수절이 세상의 제일이라' 언
급하여 동양은 서양과 다른 우리만의 길을 갈 것이라는 행간의 의미

를 숨겨 놓았다.

8절은 어려서 예수를 믿고 친목을 이루자는 권면이고, 9절은 십자가 공로를 자랑하고 졸지 말고 구원을 얻자는 독려이다. 10절은 초로인생(草露人生), 즉 '잎에 맺힌 이슬과 같은 인생'이 허무하고 덧없으며 신앙없는 인생의 허무함을 토로한다.

11절에는 창세기의 가인과 아벨의 이야기가 등장하며, 12절은 믿음의 반석 위에 집을 지어야 한다는 마태복음 7장의 교훈을 들려주는 한편 다음 행에서 '토색질, 투기, 간사는 장비물들'이라 하는데 그 의미가 막연하다. 13절은 십자가 은혜에 포로 죄인이 자유함을 노래하며, 14절은 천당에 들어가 후세 복락을 누릴 것을 권면하고 있다.

이 곡은 작자 미상이지만 내용을 살펴보면 다음에 나올 <자모푸리>와 매우 유사한 형태와 구성으로 이루어져 있어 같은 작자일 가능성이 높다. 한글자음 순서대로 노래하는 14절의 가사 내용과 표현이 거의 동일하다.

1   가슴속에 거룩하신 약속지니고
     고락간에 구주예수 전파합시다
     그 보다도 기쁨될 것 전혀 없으니
     가갸거겨 고교구규 그기야로다

2   나아갈 때 너무나 두려워말라
     노아방주 누구아니 비방않했나
     느릿느릿 느리면은 기회지나리
     나냐너녀 노뇨누뉴 느니나로다

3   다름박질 더디하면 지고말찌니
    도를듣고 두말말고 예배당가자
    들어서서 디디는 날 복 받으리니
    다댜더뎌 도됴두듀 드디다로다

4   라팔소리 러루렁렁 들려오누나
    롯의 때를 루차생각 하여보세요
    르닷없이 리별하고 속히 나오라
    라랴러려 로료루류 르리로로다

5   마귀진에 머물다간 종이되리니
    모진박해 무섭다고 떨지 말어라
    므롯주를 믿는 자는 주도와주리
    마먀머며 모묘무뮤 므미마로다

6   바라보니 버러지와 같은 자라도
    보배피와 부활능력 받어가지고
    부지런히 빌고빌면 변화하리니
    바뱌버벼 보뵤부뷰 브비바로다

7   사랑하세 서로서로 주말씀따라
    소군소군 수천만의 정다운 성도
    스승말씀 시행하면 복받으리니
    사샤서셔 소쇼수슈 스시사로다

8   아이들아 어렸을 때 예수를 믿자
    오늘날에 우리들이 주님따르면
    으즛하게 이세상에 빛이 되리라

아야어여 오요우유 으이아로다

9　자랑하세 저십자가 자랑만 하면
　　좋은 복락 주님께서 우리게 주리
　　즉시즉각 지체말고 주님따르자
　　자챠저져 조죠주쥬 즈지자로다

10　차세상에 처하여서 살아가보니
　　초로인생 추풍낙엽 쓸쓸하고나
　　츠렁추렁 치말리는 정욕버리자
　　차챠처쳐 초쵸추츄 츠치차로다

11　칼을 들고 컹컹짓는 개를 쫓아라
　　코를 골며 쿨쿨 자는 자를 깨우자
　　크신 날에 키를 들고 주님오리니
　　카캬커켜 코쿄큐큐 크키카로다.

12　타락말고 터우에다 집을 잘짓고
　　토색질과 투기분쟁 밀어내치면
　　트적트적 티기는 일 없어지리니
　　타탸터텨 토툐투튜 트티타로다

13　파도같이 퍼져가는 십자가 능력
　　포로죄인 푸러놓아 자유를 주고
　　프르튼 죄 피공로로 맑앗게되니
　　파퍄퍼펴 포표푸퓨 프피파로다

14　하나님의 허락하신 약속지키고

호호탕탕 후세의복 내가 받아서
흐뭇하게 희락생활 즐겨히 되니
하햐허혀 호효후휴 흐히하로다

〈자모푸리〉(75) 작사 양성은 목사(14절)

〈자모푸리〉(75) 노래는 우리말 자음 가나다라의 순서대로 된 14절 구성이다. 각 절은 4행, 각 행은 3음보로 구성되었고 각 행의 1, 2음보가 같은 자음으로 반복되고 3음보의 첫음절은 변칙적이거나 규칙적이어서 언어유희적 요소가 잘 나타난다.

앞의 〈자모풀이〉(64)와 비교하면 같은 자모음 가나다 순서로 14절 구성은 동일하다. 〈자모풀이〉(64)는 작자 미상으로 '아리랑곡'에 맞추어 노래한다고 명시되었고 〈자모푸리〉(75)는 곡조는 없이 양성은 목사 작사만 표기되었다.

두 노래의 구성과 각 절의 가사내용이 거의 동일한 것으로 보아 같은 사람이 작사했거나 기존 노래를 살짝 바꾸었을 가능성이 있다. 〈자모풀이〉(64)는 가사 시작을 '가갸갸 거겨겨, 고교교 구규규'로 시작하였고 〈자모푸리〉(75)는 각 절 종행에 자음변화 '가갸거겨 고교 구규 그기야로다'를 넣었다.

두 노래는 거의 같은 내용을 다른 형식으로 담았다. 특히 1, 2, 3, 4, 5, 6, 8, 9, 10절은 거의 같은 내용으로 2절의 노아방주, 4절의 라(나)팔소리와 롯의 교훈, 5절의 마귀진, 6절의 버러지, 10절의 초로인생 등의 소재가 동일하다. 4절의 나팔소리가 〈자모푸리〉(75)에는 '러루렁렁'으로, 〈자모풀이〉(64)에는 '러루렁 러루렁'으로 표기되었다. 7절은 〈자모풀이〉(64)에서 서양과 동양을 비교하였으나 〈자모푸리>(75)에는 수천만 성도가 스승말씀을 시행할 것을 권면하는 내용이 다소 다르다. 또한 11절은 <자모풀이>(64)에서 가인과 아벨 이야기를 언급하였으나 <자모푸리>(75)에는 칼을 들고 컹컹짖는 개, 코를 골며 쿨쿨자는 자를 깨우라고 권면하는 내용으로 바뀌었다.

▌기타 풀이류 노래

기타 풀이류 노래는 <요일가>와 <신자의 병명가>이다. 숫자풀이 노래와 자모풀이 노래를 제외한 두 곡을 기타 풀이류 노래로 묶었다. <요일가>는 일주일의 일곱 요일을 각 절로 풀어 노래하는 구성이다. <신자의 병명가>는 교인들이 신앙생활 하는데 게을리하면 생겨나는 현상들을 병으로 비유하여 재치 있게 풀어 쓴 노래이다.

<요일가>와 <신자의 병명가>는 숫자풀이, 자모풀이 노래와 같은 동음 반복은 없다. 하지만 의미를 유추하여 연결하는 언어유희적 요소가 있다. <요일가>는 요일에 따른 신앙생활의 열심을 나열하여 교훈적 성격이 나타나는 한편 <신자의 병명가>는 신앙생활의 나태함을 13가지 병으로 비유한 내용이 기발하고 재치있으며 그 내용이 또한 교훈적이다.

1 　오늘은 월요일 달같은 신앙
　　변치말고 주님만 따라 갑시다
　　저달이 해빛을 반사함 같이
　　생활로 예수님 증거합시다

2 　오늘은 화요일 불의 날이니

성신불을 우리들은 받아가지고
어름같은 가정과 사회 속에서
불던지어 죄악을 모두 태우자

3　오늘은 水요일밤 기도화로다
목마른 자 샘에 와서 물을 마시라
이 샘이 뱃속에서 강같이 흘러
흐르는 곳곳에서 소생 식히네

4　오늘은 木요일날 나무로구나
예수님은 포도나무 우리는 가지
예수의 피진액을 마셔야 산다.
예수의 성만찬을 기억하리라

5　오늘은 金요일날 금같은 신앙
변치말고 십자가 지고나가자
주님은 날 위해 이날 죽었네
우리도 남을 위해 몸을 바치자

6　오늘은 토요일날 흙의 날이니
흙에서만 살겠다고 애쓰지 말고
불상한 영들을 방문하다가
목욕하고 주일을 마지합시다.

7　오늘은 일요일 주의 날이니
온집식구 성전에서 모두 나가서
신령과 진리로서 예배드리세
이 몸을 제물로 드리어 놓자.

34. <요일가> 작가 유재헌 曲 90장 (7절)

<요일가>는 유재헌 작사에 찬송가 90장 곡조에 따라 부른다. 유재헌(劉載獻, 1905~1955)[52]은 유명한 부흥강사로 대한수도원(1945), 임마누엘수도원(1950)을 설립하고 부흥운동을 전개하였다. 그의 노래가사는 한민족 구원을 위한 부흥운동에 초점을 두고 있다.[53] 그의 노래는 수도원을 방문하는 이들에 의해 전국 교회에서 애창되었고 <요일가>도 그중 하나이다.

요일 개념이 정립된 것은 근대이다. 조선 중기까지 시간개념은 중국 역법에 근거한 태음태양력에 따라 세시풍속인 명절을 비롯하여 생활 의례를 시행해 왔다. 그러다가 1895년 정부가 공식역법을 태양력인 그레고리력으로 바꾸었고 이것이 전 세계의 표준달력으로 사용된 것은 1911년에 이르러서이다.[54] 그러므로 <요일가>는 근대에 형성된 요일 개념을 말풀이 민요형식으로 노래한 가사로서 근대 이후부터 부르기 시작한 노래임을 알 수 있다.

이 노래는 요일별로 신앙생활을 나열하고 신앙정진을 격려한다. 숫자풀이 노래나 자모풀이 노래처럼 음절과 음운에 따른 반복, 연쇄는 거의 나타나지 않지만 요일의 한자뜻과 의미를 비유적으로 풀어 쓴 가사가 돋보인다. 요일[55]은 일월(日月)과 오성(五星)에 근거한 전통

---

52 유재헌 목사의 생애에 대해서는 다음을 참조할 것. 이상규, "복음성가의 아버지 화단(火檀) 유재헌 목사," 『생명나무』(2008년 12월호); 이상규, "복음성가의 아버지 화단(火檀)," 『부경교회사연구』18(2009); 윤여민, "한국교회 초기 부흥성가 –이성봉 목사와 유재헌 목사를 중심으로," 『부경교회사연구』27(2010).

53 이혜정, "유재헌 목사의 『복음성가』 연구: 한국 부흥운동의 관점에서," 『신학과 목회』58(2023), 285.

54 안주영, "시간에 대한 인류학적 연구 고찰: 전통적 시간과 근대적 시간의 대조를 중심으로," 『비교문화연구』19(1)(2013), 54-60.

55 서양전통으로는 고대 로마인들이 7행성에 붙인 이름에서 유래하였고 동양에서

에 따라 월요일은 달(月), 화요일은 불(火), 수요일은 물(水), 목요일은 나무(木), 금요일은 쇠(金), 토요일은 흙(土)을 상징한다. 다만 작사가는 일요일은 해(日) 대신에 주(主)의 날로 풀어 각각 노랫말로 설명하였다.

즉 월요일은 달처럼 주님만 따라가 달이 해를 반사하는 것처럼 생활로 주님을 증거하자고 권면한다. 화요일은 성신불을 받아 얼음같은 가정과 사회의 죄악을 태우자고 권면한다. 수요일은 물의 날이니 목마른 자들이 와서 마시면 생수의 강이 흘러 소생하리라는 요한복음 7장 구절[56]을 인용하여 가사를 구성하였다. 여기서 물은 예수의 구원복음을 의미하는 알레고리(allegory)적 비유로서 사용되었다.

목요일은 나무이니 요한복음 15장 5절의 구절[57]을 인용하여 예수와 인간의 관계를 포도나무와 가지로 비유한 내용을 담고 있다. 인간은 예수의 피진액을 마시는 성만찬에 참여함으로 그의 구원에 동참함을 비유한다. 금요일은 금같은 신앙으로 예수가 죽은 날이니 우리도 남을 위하여 예수처럼 목숨을 바칠 것을 권면하며, 토요일은 흙의 날로 흙에서만 살지 말고 영혼을 방문하여 구원받는 일에 정진하며 주일을 위해 목욕하고 정결히 맞자고 권면한다.

다만 일요일은 본래 오성에 따른 해(日)가 아니라 주(主)의 날로 바

는 일월(日月)과 오성(五星)에 근거하여 사실 동서양의 유래가 유사하다.

56 요한복음 7장 37, 38절을 인용. "명절 끝날 곧 큰 날에 예수께서 서서 외쳐 이르시되 누구든지 목마르거든 내게로 와서 마시라. 나를 믿는 자는 성경에 이름과 같이 그 배에서 생수의 강이 흘러나오리라 하시니"(개역개정)

57 요한복음 15장 15절 인용. "나는 포도나무요 너희는 가지라 그가 내 안에, 내가 그 안에 거하면 사람이 열매를 많이 맺나니 나를 떠나서는 너희가 아무것도 할 수 없음이라"(개역개정)

꾸었다. 주일이면 온 가족이 성전에 가 신령과 진정으로 예배드리며
우리 몸을 제물로 바치자고 권면하고 있다.

1   우리 믿는 信者들의 믿음약한 병
     몇몇가지 소개하니 들어보세요
     첫째로는 예배당에 출석부웨다
     동그래미 그렸으니 흠썩병이요

2   둘째로는 성경찬송 선반 우에다
     올려놓고 못봤으니 계름병이요
     셋째로는 아침저녁 예배 못보니
     집안식구 영혼들이 굶은 병이요

3   넷째로는 주일날을 기억못하고
     하나님께 예배안본 날병이고요
     다섯째로 예배당에 와서 앉어도
     설교할때 고개끄덕 졸음병이요

4   여섯째로 믿는 자는 오래되여도
     힘이 없어 전도 못한 벙어리 병이요
     일곱째는 헛된말과 세상이야기
     재미있게 잘 들으니 귓병이고요

5   여덟째로 야곱3장 기억 못하고
     말에 실수 많었으니 혀병이고요
     아홉째로 하나님께 드릴 연보를
     오환 한장 구했으니 인색병이요

6 열째로는 특별연보 하게 될때에
   땅만 보고 앉았으니 근심병이요
   열한째는 자녀길러 불법혼인해
   교회규측 어겼으니 혼인병이요

7 열둘째로 실수많은 술과 담배를
   몰래먹고 말었으니 입병이고요
   열셋째로 신자끼리 화목 못하고
   서로서로 미워하니 불목병이요

8 몹신병에 빠져있는 우리 신자들
   감각없어 아픈 줄도 모르십니까
   만병의원 예수 손에 진맥보시고
   이와 같은 추한 병을 고쳐서 사세

                    <信者의 炳名歌>(112) 곡 유리바다 (8절)

　　<신자의 병명가>(112)는 작자 미상에 곡은 유리바다 곡조를 따른
다. 신자들의 신앙생활에 부족함을 각종 병에 비유하여 13가지 병을
나열한다. 병을 낫게 하려면 신앙생활을 열심히 정진해야 한다는 교
훈적인 내용이다. 전체 8절 구성에 13가지 병명을 소개하며 숫자풀
이 노래나 자모풀이 노래처럼 동일한 음절이 반복, 연쇄되지는 않고
신앙생활의 나태함을 병으로 해석한 알레고리적 수사법을 활용하
였다.

　　노래 가사는 구체적인 신앙생활의 면모들이 낱낱이 나열되었다.
비신자들에게 전도하는 내용보다는 기존 신자들의 신앙생활을 격려
하는 내용이다. 이 책을 편집한 경주성서학원의 신학생들이나 교인

들을 향한 신앙권면가가 아닐까 한다.

1절은 신자들의 믿음 약한 병을 소개하고자 시작하여 첫 번째 병, 흠석(欠席)병을 소개하는데 이것은 예배당 불출석을 의미한다. 2절은 성경찬송을 읽지 않는 게으름병과 아침저녁 예배를 드리지 못해 식구의 영혼을 굶게 한 죄이다. 기독교인에게는 육체를 위한 양식보다 영혼을 위해 먹는 양식이 더욱 중요하다. 영의 양식은 바로 하나님의 말씀이며 글로 적힌 성경을 의미한다.

3절은 주일성수하지 않은 날병과 설교할 때 조는 졸음병, 4절은 오래 신앙생활을 해도 전도하지 못하는 벙어리병, 은혜로운 말씀보다 헛된 말이나 세상 이야기를 재미있게 듣는 귓병, 5절은 야고보서 3장[58] 내용을 상기시켜 말에 실수가 많은 혀병, 연보할 때 겨우 오환한 장내는 인색병을 설명한다.

6절은 특별연보할 때 모른척하고 땅만 보고 있는 근심병, 자녀불법혼인으로 교회규칙을 어긴 혼인병이다. 실제 초기 한국교회는 신자의 신앙생활을 치리(治理)하는 권징(勸懲) 제도가 엄격히 지켜졌다. 신자의 행실을 치리하여 경중에 따라 수찬금지, 예배참석 금지, 직분 박탈, 출교 등의 징계를 엄격히 내렸다. 비신앙인과 결혼하는 불법혼인, 음주, 흡연, 주일 불성수 등이 주된 치리 대상이었다. 권징제도는 해방 이후 점차 사라졌다.

---

58 야고보 3장 내용을 참조. "우리가 다 실수가 많으니 만일 말에 실수가 없는 자라면 곧 온전한 사람이라 능히 온 몸도 굴레 씌우리라"(2절), "혀는 곧 불이요 불의의 세계라 혀는 우리 지체 중에서 온 몸을 더럽히고 삶의 수레바퀴를 불사르나니 그 사르는 것이 지옥 불에서 나느니라"(6절), "혀는 능히 길들일 사람이 없나니 쉬지 아니하는 악이요 죽이는 독이 가득한 것이라"(8절), "한 입에서 찬송과 저주가 나오는도다 내 형제들아 이것이 마땅하지 아니하니라"(10절)

7절은 실수 많은 술과 담배를 몰래 한 죄, 신자가 화목하지 못하고 서로 미워한 불목(不睦)병, 마지막 8절은 병에 빠진 신자들이 감각이 없어 아픔도 느끼지 못함을 훈계하며 해결책을 제시한다. 해결책은 만병을 고치는 예수의 손에 진맥을 받는 것이며 추한 병을 고치고 살자고 권면한다.

▌시집살이가 노래

'시집살이 노래'는 전통적으로 규방가사 갈래 중 하나이며 '풍속이 잘못되어 여자의 고통이 무척 심했던 사정을 나타내는'[59] 노래이다. 괴로운 시집살이가 얼마나 보편적이었으면 하나의 문학갈래로 내려오는 것일까? 그 내용은 시집살이의 어려움을 한탄하거나 다른 것에 빗대어 비판, 풍자하여 청자로 하여금 감정이입하도록 하고 공감을 이끌어낸다.

『백합화』에는 한 곡의 <시집살이가>가 수록되었다. 노래가사에는 신앙적 내용이 전혀 없다. 비신앙적 내용의 <시집살이가>가 왜 찬양집에 수록되었을까? 즉 당시 교회는 신앙의 공간이기도 하지만 교제의 공간이기도 하다. 특히 사회생활과 외출의 기회가 제한적이었던 여성들에게 교회는 일종의 사교활동 공간이었다.

상상해 보자. 텔레비전도 없고, 인터넷도, 핸드폰도 없이 대중문화 영향이 제한적이었던 1957년 즈음, 경주지역의 한 교회에서 여자 신도들이 모여 함께 『백합화』의 노래를 부르면서 <시집살이가>를 함께 불렀을 것이다. 즉 교회는 교제와 유흥의 공간이기도 했다.

---

59 조동일, 『한국문학통사』4, 76.

1   뜬 구름이 무정한들 싀어미 같으며
     앞남산이 높다한들 싀아비 같으랴
     외나무다리 어렵단들 싀형 같으며
     갈매잎이 푸르단들 맞동서 같으랴

2   더 배 콩단이 껜다한들 싀동생 같으며
     보름달이 밝다한들 싀누이 눈같으랴
     감옥사리 괴롭단들 내싀집 같으며
     압록강수 많다한들 내 눈물 같으랴

3   금강석이 귀하단들 내남편 같으며
     황금보석 중한단들 내아들 같으랴
     월계꽃이 곱다한들 내딸 같으며
     에덴동산이 좋다한들 내잠자리 같으랴

시집살이가(48)

   <시집살이가>는 작사가도 곡조도 명시되지 않았다. 노래는 3절
로 구성되었고 한 절은 4행 4음보를 구성하고 있다. 1절은 시집살이
에서 관계의 어려움을 토로하고 있다. 시아버지, 시어머니, 시형, 맞
동서와의 관계가 너무나 어려움을 토로한다. 인간관계의 어려움을
무정한 뜬구름, 높은 앞남산, 어려운 외나무다리, 푸른 갈매잎의 시
각적 이미지에 비유하고 있다. 이것은 마치 무정하고, 멀리, 높이 떠
있으며, 서슬 퍼런 시집 사람들과의 관계가 도무지 나아질 것 같지
않은 거리감의 이미지를 전달한다.
   2절에도 관계의 어려움이 계속된다. 쉽게 깨지지 않는 콩단같은
시동생과 보름달보다 밝은 시누이 눈을 피할 수 없다고 토로한다. 그

래서 시집살이는 감옥살이보다 힘들어 내 눈물이 압록강물보다 많이 흘렀다고 과장하여 토로한다.

3절은 앞의 내용과 반대로 귀하고 중하고 고운 것을 나열하는데, 바로 내 가족들이 있어 괴로운 시집살이도 버틴다고 한다. 다이아몬드보다 귀한 남편과 황금보석보다 귀중한 아들, 장미꽃보다 고운 딸이 있어 내가 잠자는 이곳이 에덴동산보다 좋다고 행복한 결말을 맺는다. 즉 <시집살이가>는 조선시대 여성들의 규방가사, 내방가사의 흔적을 고찰할 수 있는 노래이다. 이 노래가 교회에서도 불리며 여성들의 유희요 역할을 하고 있음을 알 수 있다.

민요에 담긴 한국적 개신교

이번 장에서는 1957년 『백합화』를 통해 민요와 개신교의 만남을 살펴보았다. 민중의 소리인 전통민요는 체계적 정리없이 구비전승되어 오다가 근대 민족의식과 결합되면서 새로운 국면을 맞는다. 조선 후기의 대내외적 혼란을 맞아 민족정체성을 정립하는 과정 중에 민요는 민중의 삶과 정서를 대변하는 매개체로 새롭게 주목받기 시작했다. 이 시기에 민요시운동, 민요개작운동, 동요보급운동, 동요창작운동 등이 일어났다.

민요는 풀뿌리적 노래이다. 서구와 외세를 경험하면서 우리의 정체성을 정립하는 과정에서 발견한 우리의 노래이다. 가장 민중스러운 이들에 의해 창작되고 불리어 전해진 노래로서 가장 우리스러운 노래이다. 민요를 주로 부르는 이들은 배우지 못했고 글은 알지 못했지만 누구보다 진솔한 삶의 면면을 노래에 실어 부를 수 있는 이들이었다. 또한 쉬운 노래가사 속에 시대를 비판하고 웃음으로 승화시키는 날카로운 해학과 풍자도 잊지 않았다.

『백합화』를 만든 이들 역시 민중이었다. 이들은 각 교회의 평신도 지도자가 되기 위해 공부하는 신학생들이었다. 이들은 정규 학교에 진학하지 못한 이들이었거나 다양한 이유로 배움의 기회를 놓친 이들이 많았다. 어떤 이는 가난 때문에 배움의 기회를 잡지 못했고 어떤 이는 여자이기 때문에 배우지 못했을 것이다.

경주성서학원 신학생들은 교회에서 리더들이었다. 이들은 주중에는 학교에서 공부하고 주말이면 각자 시골교회로 흩어져 사역하였다. 이들은 평신도 지도자가 되어 교회에서 설교하고 찬양하고 각종 모임을 인도하였다.

신학생들은 교회에서 활용할 수 있는 찬양집으로 『백합화』를 제작하였다. 기존 곡조에 맞추어 일부 노래가사를 개사, 작사하여 당시 유행하던 부흥회 노래와 애창곡들을 수록하여 구성하였다. 당시 개신교계에서는 교단연합으로 편찬한 찬송가와 교단별로 발간한 찬송가도 있었지만 『백합화』는 지역교회의 평신도들이자 신학생들이 교회현장의 필요에 부응하기 위해 발간한 풀뿌리적 성격의 노래가사집이다.

그런 점에서 『백합화』에 민요 노래가 포함된 것은 어색하지 않고 자연스럽다. 개신교가 우리 땅에서 자리잡고 우리의 신앙고백이 나온 흔적이다. 한국인으로서 삶의 현장에서 나온 경험과 연륜으로 신앙을 고백하는 흔적이다. 이것은 선교사의 것과 같지 않고 미국스럽지도 않다. 지극히 조선스럽고 한국스러운 신앙고백의 흔적이 『백합화』의 민요 노래마다 묻어있다.

제3장

『백합화』 연구의 의의[*]
-교술성, 유동성, 접근성을 중심으로-

『백합화』 연구의 의의: 교술성, 유동성, 접근성

『백합화』 연구는 어떤 의미가 있을까? 1950년대 경주지역의 신학생들이 제작한 한글 찬양집이 무슨 의미가 있을까? 필자는 왜 이 주제에 파고들었을까? 이 질문에 답하면서 필자가 생각하는 『백합화』의 연구의의 두 가지를 설명하려고 한다.

첫째, 『백합화』는 한국인의 신앙고백이 담겨있는 한국개신교의 무형유산이다. 이것은 한국개신교 역사에서 선교사(宣敎史)에 대응하는 수용사(收容史)적 측면에 해당한다. 노래가사는 한국적 개신교와

---

[*] 이 글은 필자의 논문을 재구성하였습니다. 이혜정, "1957년 개신교찬양집 『백합화』연구: 교술성, 유동성, 접근성을 중심으로," 『종교연구』82(3), 37-62.

한국인의 신앙고백을 드러내는 장치이다.

선교사와 수용사는 모두 의미가 있다. 그러나 현실적으로 수용사 연구는 선교사 연구에 비해 상대적으로 뒤처져 있다. 역사연구는 남겨진 사료에 영향을 받기 때문이다. 선교사(宣教師)들은 선교보고를 위해 정기적으로 기록을 남겼고 이것은 선교역사와 한국개신교역사 연구에 중요한 자료이다.

그러나 조선인들이 개신교를 수용한 이야기는 체계적인 기록으로 남지 못했다. 특히 조선교회가 조직화되기 이전의 수용사는 기록이 없는 부분이 더 많다. 초기의 신앙인들 중에 양반이 아닌 이들이나 글을 모르는 이들은 더욱 기록을 남기기 어려웠다. 그런 점에서 한국개신교 초기역사는 선교사의 기록에 의지하는 바가 크다.

당연한 말이지만 선교사와 수용사는 모두 의미가 있다. 이 둘은 대응하는 관계이다. 선교사와 수용사는 서로를 보완하는 역할이다. 한국개신교가 짧은 시간에 급격한 성장을 이룰 수 있었던 것은 선교사가 전해준 복음을 적극적으로 수용한 조선인들이 있었기에 가능한 것이었다. 선교사의 복음을 적극 수용했던 이들, 양반이 아니었기에 글자를 알지 못했고 기록을 남기지 못했던 민중들, 이들이 개신교를 수용하고 믿음을 갖기 시작한 이야기들은 어떻게 알 수 있을까? 그들의 신앙고백은 어떤 것일까? 수용사의 이야기를 어떻게 발굴하고 풀어낼 수 있을까?

필자가 『백합화』의 노래에 주목하는 이유가 여기에 있다. 조선인들이 창작한 노래가사에는 그들만의 신앙고백이 드러나 있다. 선교사가 전하여 준 노래, 서양 찬송을 번역한 노래가 아니라 조선인들이 스스로 지은 순박한 날 것 그대로의 가사에 말이다. 조선 사람들의 신앙고백은 어떤 것일까? 어떤 하나님을 고백하고 찬양했을까? 이러한 내용을 노래가사에서 찾아볼 수 있지 않을까?

조선선교 초기에는 서구의 찬송가가 선교사들을 통해 보급되었다. 그러나 점차 조선인의 신앙고백을 담은 노래가사를 조선인이 직접 짓고 불렀다. 선교사들도 조선인의 신앙고백이 담긴 노래가사가 나와야 한다고 생각하였다.

조선에서 발행된 개신교 찬송가의 효시는 1892년에 발간된『찬미가』이다.『찬미가』를 발행한 미국감리회 선교사 존스(G. H. Jones)와 로드와일러(L. C. Rothweiler)는 발간을 마치고 나서 번역 찬송가의 불완전함을 절실히 느꼈다. 그리고 "한국인 중에서 그들 마음에 솟구치는 가락으로 노래할 찬송가 작가가 나와야 한다"[1]고 토로하였다.

필자는 존스와 로드와일러 선교사가 말한 한국 사람들의 신앙고백을 찾고 싶었다. 그래서 노래가사를 통해 한국 사람들이 고백하는 하나님이 어떻게 나타나 있는지 목도하고 싶었다. 복음이 한국인들의 마음에 어떻게 꽃피웠는지 궁금하지 않은가? 즉『백합화』는 한국인의 신앙고백이 드러난 사료이며 한국개신교의 토착화를 보여주는 자료이다.

둘째,『백합화』연구의 두 번째 의의는 전통문학과 전통음악의 근대적 변화가 나타난 사료이다.『백합화』의 노래는 음악갈래이면서

---

1 문옥배,『한국 교회음악 수용사』(서울: 예솔출판사.2004), 103.

동시에 문학갈래에 속한다. 1957년 발간된 『백합화』의 노래는 전통문학과 근대문학, 그리고 전통음악과 근대음악의 요소가 함께 혼재되어 있거나 상호영향을 받은 내용이 나타나 있다.

근대이행기에는 전통문학과 전통음악에서 변화가 일어났다. 근대문학에서는 전통시가에서 벗어나 신체시, 자유시, 민요시 등과 같은 새로운 형태의 갈래가 나타나고 음악에서는 창가, 민요, 서양음악 등이 등장하여 영향을 주었다. 근대이행기의 문학과 음악에서는 갈래의 혼재현상이 나타났다. 『백합화』의 수록곡은 이러한 갈래의 혼재와 상호영향이 곳곳에 드러나고 있다.

그래서 필자는 『백합화』의 연구방향을 세 가지 측면에서 살펴보았다. 즉 교술성, 유동성, 접근성이다. 교술성에서는 『백합화』에 나타난 시대의식을 살펴볼 것이다. 즉 노래가사에 나타나는 1957년 당시 한국개신교인의 시대인식과 신앙의식을 포착해 보고자 한다.

유동성에서는 노래에 나타난 문학갈래와 음악갈래의 다양한 혼재양상을 살펴볼 것이다. 앞서 설명했듯이 노래에는 전통문학과 전통음악에서 변화된 근대문학과 근대음악의 요소가 나타나는데, 이를 민요, 창가, 잡가, 콘트라팍타의 영향을 통해 살펴볼 것이다.

접근성은 『백합화』 노래들이 누구나 쉽게 부르고 가사창작이 가능한 점을 말한다. 곡조는 기존에 있던 노래를 활용했기 때문에 익숙하게 부를 수 있었고 누구나 가사를 새롭게 지어 부를 수 있었다.

또한 『백합화』는 교회에서 활용하던 노래책이지만 반드시 신앙적 내용만 포함하지는 않는다. 노래 중에는 신앙적 내용이 전혀 없는 비신앙적 내용의 가사도 다수 포함되어 있다. 이러한 측면을 고려하면『백합화』는 신앙적 목적 이외에도 교인들의 유흥과 오락, 신세한 탄 등의 목적을 가지고 있어 그 활용이 다양하고 역동적인 특징이다.

교술성: 신앙의 눈으로 시대를 노래하다

교술(敎述)이란 무엇일까? 조금 생소한 학술용어인데 함축적 뜻을 가진다. 교술이란 문학 대상이나 세계를 객관적으로 묘사하고 설명하는 것이다. 이 용어를 사용한 국문학자 조동일은 가사(歌辭)갈래의 주요 특징이 '작품외적 세계의 개입으로 이루어지는 자아의 세계화'라고 했다. 이것이 바로 교술성이다. 즉 교술성이란 작자가 주관적 인식에서 벗어나 객관적 묘사와 설명으로 작품을 완성하는 것이라 할 수 있다.

교술성의 특징을 상기해 보면,『백합화』노래들은 개인의 신앙이나 내면에 관한 주관적인 측면에 머물지 않고 타자를 향해 종교변증이나 신앙권면을 노래한다. 나아가 작자가 신앙의 눈으로 시대를 바라보고 노래함으로 나름의 객관적 자아인식과 세계인식을 다루고 있다. 간혹 수록곡 중에는 개인의 감정을 드러내는 서정적 요소가 나타나기도 하고 또는 서사적 요소가 나타나기도 한다. 그러나 대부분 노래의 메시지는 개인의 주관성에 머물지 않고 개신교 교리와 신앙을 시대에 비추어 노래하고 있다. 필자가 보기에『백합화』에 나타나는 교술성은 1957년 당시의 시대를 신앙의 관점으로 해석하는 것, 즉 신앙의 사회화이다.

교술성을 설명하기 위해 조동일은 시조와 가사를 대비시켰다. 그에 따르면 시조는 세계를 자아화하는 서정시이고 가사는 자아를 세계화하는 교술시이다. 시조는 스스로 즐기면서 부르는 노래이고 가사는 듣는 이에게 일러주는 말[2]이다. 이런 측면에서 교술성은 종교가사의 주요 특징으로 통용되어 왔다. 종교가사의 갈래로서 불교가사[3], 동학가사, 천주가사[4], 신종교가사[5] 연구에서도 교술성이 주요 특징으로 다루어졌다. 향후 개신교가사 연구도 여기에 하나의 갈래로 다루어질 수 있을까 기대를 해 본다.

본론으로 돌아와 보면 『백합화』 노래들은 교술성을 가진다. 즉 화자의 심경이 나타나는 주관적 토로에 그치지 않고 대상이나 세계에 대한 객관적 묘사와 설명이 있다. 나아가 종교변증과 신앙권면으로 자신의 신앙을 타인에게 전달하는 목적도 드러난다.

필자는 『백합화』에 나타난 교술적인 소재를 다음과 같이 분류하였다. 첫째, 성경과 교리를 소개하거나 설명, 묘사하는 노래이다. 둘째는 예수의 일생을 소개하고 설명, 묘사하는 노래이며 셋째, 신앙의 관점으로 시대를 해석하는 내용을 담고 있는 예언자적 노래이다.

---

2 조동일, 『제4판 한국문학통사2』(서울: 지식산업사, 2020), 195.

3 전재강, "찬불가류 불교가사의 지향적 주제와 다층적 갈래 성격." 『우리문학연구』 37(2012), 385-421.

4 박종천, "조선 후기 종교가사의 문화적 이해." 『종교연구』78(2018), 33-58.

5 박병훈, "한국 근대 신종교가사 연구-시운과 도덕의 상관관계를 중심으로." 서울대학교 대학원 종교학과 박사학위논문(2021), 155.

『백합화』 수록곡의 교술적 특징을 소재별 분류

소 재	노래 제목
성경, 교리	베드로의 실패가 / 길가의 무화과 / 고국강산 느헤미야 / 이처럼 사랑하사 / God의 권능가 / 조심가 / 노아방주가 / 성신의 능력 / 성신의 경고 / 효도가 / 탕자회개가 / 나일강의 모세 / 룻가 / 묵시록대지가 / 천로역정노래 / 베드로후서가 / 베드로가 / 사도행전가 / 언제나 오시려나 / 에스더노래 / 유대지리공부 / (21곡)
예수의 고난	예수의 탄생과 고란가 / 영문밖의 길 / 신앙의 사절기 / 고난의 주 / 주님고란가 / 주님고통 생각하고 / 예수고난가 / (7곡)
예언자적 노래	나아가자 결사적으로 / 기독소년가 / 낙원의 가정 / 헌신찬송 / 6.25동란가 / 성학가 / 추모가 / 죄악의 3.8선 / 청년행로가 / (9곡)
애국계몽가 노래	농촌가 / 금주가 / 미신타파가 / 절개가 / (4곡)

▌ 성경, 교리를 소재로 한 노래

성경과 교리를 소재로 한 내용이 잘 드러나는 수록곡은 약 21곡이다. 이 노래들은 성경에 나오는 인물, 사건, 교리를 소개하고 설명한다. 노래 내용은 전반적으로 성경을 통해 신앙을 권면하고 신앙생활을 열심히 하도록 격려하는 내용이다.

이 노래들은 성경과 교리를 소재로 하지만 노래의 메시지는 시대적이다. 비록 한국의 시대상황이 힘들지만 신앙으로 어려움을 회복해야 한다는 바람이 공통적으로 깔려있다. 여기에는 신앙과 민족의 운명이 하나라는 인식이 전제되어 있다. 민족이 신앙으로 굳건히 서게 되면 구원을 얻을 것이라는 신학적 메시지가 나타난다.

성경, 교리를 소재로 한 노래를 다시 자세하게 재분류하면 다음과 같다. 첫째, 성경의 인물이야기를 풀어쓴 노래, 둘째, 성경의 비유와 사건이나 성경구절을 소재로 한 노래, 그리고 셋째는 성경내용을 요약한 노래이다.

1) 인물 이야기 노래

1   수산궁 넓은 들에 홀로 앉아서
        고국소식 듣고져 기다립니다
        내동무 세사람이 오는 인편에
        고국소식 들으니 눈물 납니다

2   고국도성 원수 손에 함락이 되고
        기근의 울음은 거리 거리에
        이 소식 듣고서 피가 끌그니
        내 동포도 한가지 통곡합니다

3   원수의 총소리가 산을 울리니
        내 동족의 죽음은 쌓을 곳 없네
        사천년의 고토를 이별을 하고
        철사줄에 무낀 내몸 떠나갑니다

4   오 주여 굽어보사 이 江山을
        원수손에 빼앗아서 자유강토로
        포로된 우리민족 손벽을 치며
        호산나라 부르면서 오게 합소서

17. <고국강산 느헤미야> 오동나무곡(4절)

<고국강산 느헤미야>는 구약의 인물인 느헤미야의 이야기에 한국상황을 유비시킨 가사 내용이다. 유대인 느헤미야는 페르시아의 관리가 되었다. 자신은 페르시아의 관리가 되어 편안하게 살지만 늘 동족 유대인의 소식에 가슴 아파하며 눈물 흘리는 민족주의자이다.

느헤미야는 나라 잃은 동족의 소식에 눈물 흘리며 안타까워하고 포로된 고국을 위해 기도한다. 작사가는 느헤미야의 마음으로 한국의 분단상황을 바라보고 있다.

가사에서 한국전쟁의 영향과 1950년대 시대배경을 읽을 수 있다. '총소리, 내 동족의 죽음, 철사줄에 묶인 내 몸, 포로된 우리 민족' 등의 표현에서는 전쟁을 겪은 세대의 경험이 녹아있음을 알 수 있다. 작사가는 동족 유대인을 위해 눈물 흘리며 기도하는 모습에서 북한 동포를 위해 기도하는 한민족의 모습을 오버랩시켜서 보고 있다.

느헤미야는 후에 유대총독이 되어 성전을 재건하고 종교부흥을 일으킨다. 작사가는 한국에도 느헤미야 같은 인물이 나와서 신앙으로 나라의 운명을 회복해 주기를 바라는 희망을 기원하고 있다. 이 노래의 핵심은 느헤미야를 설명하는 데 있는 것이 아니라 느헤미야를 통해 한민족의 상황을 대입하여 느헤미야처럼 민족을 위해 기도하는 데에 있다.

1   새벽공기 희미할때 가야바의 궁전에
무죄하신 예수께서 잡혀들어 가셨네
창생들아 창생들아 너위하여 죽는다
십자가를 등에지고 골고다로 가노나

2   3년 동안 주와 함께 온갖 고생 다하여
생명까지 허락하는 베드로의 뒷모양
내사랑아 내사랑아 나의 사랑 시몬아
내사랑아 내사랑아 나의 사랑 시몬아

4   주여 주여 나의 주여 닭 울기전 세 번에
    세상 사람 무서워서 모른다고 했어요
    내 사랑아 내 사랑아 나의 사랑 시몬아
    날버리고 너가 가면 괴로웁다 내 마음

6   우리예수 교우들도 主의 가슴 아프게
    다시 배반하지 말고 결심해서 나가세
    내 사랑아 내 사랑아 나의 사랑 시몬아
    영원무궁할 때까지 결심해서 나가세

                    11. <베드로의 실패가> 클레멘트 곡(6절)

<베드로의 실패가>는 베드로의 한 사건에 집중한 가사이다. 베드로는 예수의 12제자 중 한 사람이다. 그는 예수를 따르는 이들 중에서도 수제자라 불리는 충실한 제자였지만 예수가 로마 군인에게 잡히자 자신도 체포될까 두려워 예수를 알지 못한다고 세 번이나 거부하였다. 그러나 베드로는 이를 후회하면서 회개하였다.

이 노래는 베드로가 예수를 세 번 부인하고 회개한 사건을 소재로 하였다. 베드로는 이후 변화된 삶을 살았다. 노래가사에는 없지만 그는 죽음을 두려워하지 않고 예수의 복음을 전하는 인물로 거듭났으며 복음을 전하다가 죽음을 맞았다. 그리고 작사가는 청자들에게 당부하기를 베드로의 실패를 교훈삼아 예수를 거부하지 말자고 권면한다.

1   배드로야 배드로야 어데로 가느냐
    날생각 아니하고서 어데로 가느냐

환란과 핍박당하여 옥중에 가치어
그 모진 형벌 무서워 도망해 갑니다.

2   주님이여 주님이여 어데로 갑니까
     연약한 나를 버리고 어데로 갑니까
     나는 너를 대신하여 로마로 드러가
     미진한 고통받어서 죽으러 가노라

3   주님이여 주님이여 용서해 주서요
     제모든 잘못한 것을 용서해 주서요
     나는 이길로 또다시 로마로 들어가
     주님께 몸을 바치어 죽으려 합니다.

89. <베드로가>(3절)

또 다른 베드로 노래인 89. <베드로가>도 역시 베드로의 부인과 회개사건을 소재로 하였다. 특히 예수의 수제자 베드로의 일생 중 말년을 집중하여 소개한다. 베드로는 복음을 전하다가 순교하였다. 한때 예수의 제자임을 부인하며 신앙이 흔들린 때도 있었지만 부활한 예수를 만난 이후에 그는 복음의 전도자가 되어 고난을 두려워하지 않았다.

베드로는 기독교 박해를 피해 로마를 떠나다가 예수의 환상을 보고 다시 로마로 돌아갔다. 노래가사는 순교를 각오하고 로마로 가는 베드로의 마음을 일인칭 시점으로 이야기하고 있다. 결국 베드로는 로마에서 죽음을 맞았다.

2   오랜 세상 충성하던 노아식속들

만경창파 뜬배위에 찬송부른다
성낸 파도 모진 바람 불어날 때에
노아방주 용기내어 잘도 떠난다

4 고해같은 이세상에 우리 신자들
　 믿음에 배를 타고 건너갑시다
　 우리주님 사공되여 운전하리니
　 의심말고 이 배안에 들어갑시다.

28. <노아방주가> 나아가자 동무들아 곡(4절)

　<노아방주가>는 창세기에 등장하는 노아 방주 이야기를 소재로
하였다. 하나님은 세상에 죄가 만연한 것을 보고 홍수로 심판할 것
임을 노아에게 알리고 방주를 짓게 하였다. 세상 사람들은 하나님의
심판의 예언을 믿지 않았고, 방주를 짓는 노아를 비웃었지만 노아는
하나님 말씀을 믿고 묵묵히 방주를 지어 심판을 피할 수 있었다. 작
사가는 노아처럼 우리 신자들도 믿음의 배를 타고 나아가자고 권면
한다.

1 물결치는 나일강변 인적은 적적
　 욱어진 갈대밭을 해치고 나가
　 <u>애닲다 어린애를 던져버릴려</u>(반복)

2 버리려 가는 나를 무정타 마라
　 바로의 命令이라 할수없구나
　 <u>이스라엘 하나님께 오직 부탁코</u>

3   애기누은 갈대상자 노아두고서
     뒤에 숨어 눈물흘려 기도합니다
     <u>오주여 우리 애기 살려주서요</u>

4   바로王의 공주님이 시녀와 함께
     목욕하려 강가로 다가오누나
     <u>이 일이 어찌될까 도와주소서</u>

5   애기담긴 갈대상자 찾은 공주는
     귀여워서 양자삼아 기르러하네
     <u>공주시여 제가유모 알려드리죠</u>

                          72. <나일강가의 모세>(5절)

  <나일강가의 모세>는 구약성경 출애굽기에 나오는 모세 이야기
에서 아기 모세가 나일강에 버려지는 장면을 가사로 구성하였다. 이
집트왕 파라오는 날로 증가하는 노예 히브리인 세력을 경계하였다.
혹여 그들의 인구가 늘어 폭동이라도 일으키지 않을까 하는 두려움
에 왕은 히브리 산파들에게 남자아이가 태어나면 죽이라는 잔인한
명령을 내렸다.
  그럼에도 불구하고 히브리인들이 줄어들지 않자 파라오는 히브
리 남자아이가 태어나면 나일강에 버리라고 명하였다. 아기 모세는
갈대 바구니에 담겨 나일강에 띄워졌고 이집트의 공주에게 구해져
양자가 되었다. 그리고 모세의 어머니가 유모가 되었다. 그리고 모
세는 후에 노예인 유대인을 이집트에서 구출하여 이집트를 탈출하
게 한 출애굽의 지도자가 되었다.

이 이야기는 하나님의 계획하심과 섭리의 교훈을 준다. 그러나 작사가는 교훈을 직접 말로 설명하진 않는다. 작사가의 의도는 직접적인 교훈을 이야기하지 않고 그저 아기 모세 이야기를 생생하게 전달하려고 하는 것 같다.

가사를 읽어보면 아기 모세의 이야기가 영화의 장면처럼 눈앞에 펼쳐지는 것 같다. 노래가사는 성경의 장면을 시각적으로 묘사하고 있으며 대화체가 등장하여 청자들이 감정이입하는데 도움이 된다. 1절에서 아기 모세가 나일강에 던져질 때의 두려움은 무사히 공주에게 구출되는 장면에서 안도감으로 바뀐다.

2   모압땅 근처에 다달으니 인심이 좋기는 별천지라
    영감과 두아들이 꾸친짐 풀고서 살아가네
    장막살림 차려놓니 깻내가 나도록 즐겁건만
    人生의 화복을 누가 알랴 영감이 별세해.

3   홀엄마 모시고 사는 형제 밤낮을 쉬쟎고 수고하니
    모압땅 사람이 칭찬하여 사위를 삼으니
    룻이란이 맞동서요 오르바는 적은 동서
    人生의 화복을 누가 알랴 두아들 또죽어

5   시어미 며나리 동정키를 아가 내 딸들 말들어라
    나혼자 본국에 돌아가서 죽던지 살던지
    너희는 각각 자유하여 본국에 돌아가 평안하리
    人生의 화복을 누가 알랴 변통을 해야지

7   세상을 생각한 오르바는 자기본가로 돌아가고

철석과 같은 룻의 마음 변할수 없어서
싀어미를 붙들고서 벨레헴 본가로 돌아오니
人生의 화복을 누가 알랴 앞길이 막막해

9 하나님 굽여서 살피심으로 동족 보아스 밭에 가서
아침에 시작해 저녁까지 부지런히 주어서
서말곡식 기쁜 듯이 싀모에 돌아오니
人生의 화복을 누가 알랴 소망 있고나

10 하로는 싀모와 며누리가 기업상속을 의논한다
인륜과 천륜을 직힐 작정을 가지고 산후에
수아상에 죽은 발로 싀모의 명령을 순종하네
人生의 화복을 누가 알랴 다윗의 증조모

73. <룻가>(10절)

    <룻가>는 구약성경 룻기를 소재로 하였다. 룻기는 4장의 짧은 책
이다. 짧은 이야기 안에 여인 룻의 생애가 한 편의 소설처럼 펼쳐진
다. 노래는 룻의 이야기를 10절의 가사에 촘촘히 설명하고 있어 노
래를 부르면 룻기의 전체 내용을 이해할 수 있다.

    남편과 두 아들을 잃은 시어머니와 두 며느리는 살길을 찾으러 떠
난다. 한 며느리는 고향으로 돌아가고 시어머니와 룻은 베들레헴으
로 돌아온다. 시어머니의 뜻에 따라 룻은 동족 보아스에게 식량을
구하게 되고 이것이 인연이 되어 나중에는 혼인하게 된다. 룻은 보아
스와 결혼하여 후사를 낳았는데 우헤 룻은 다윗의 증조모가 되었고
이는 예수의 족보가 되었다.

    작사가는 룻의 이야기를 통해 구체적인 교훈이나 결론을 전달하

지는 않는다. 성경의 룻기를 이야기로 풀어 자세히 설명하는데 일차
적 목적이 있는 것 같다. 룻기의 교훈은 궁지에 몰린 두 여인에게 하
나님의 선한 계획이 있음을 이야기한다. 작사가의 숨은 의도를 짚어
본다면 신앙생활 중에 어려운 일이나 고난을 만나더라도 하나님의
뜻이 있음을 믿고 살아가라고 권면하는 것 같다.

1   노아방주 나리든날 여덟 식구는 기뻐했네
        노아가 보낸 비닭이는 소식을 전했네
        누추하고 음란하든 아 -- 아 이세상 웬일인가
        사십주 사십야 홍수나려 정결케 되었네

2   소돔성에 롯을 보소 뒤를 돌아다 보지않고
        천사따라 바삐가서 피할 곳 찾았네
        누추하고 음란하던 소돔고모라 형벌받아
        유황불 속히 내리어서 사해가 되었네

3   이스라엘 백성 육십만명 인도하는 모세로다.
        권능많은 지팽이는 홍해를 갈랐네
        바로압박 벗어나서 가나안 복지를 향할 때
        뒤따라오던 애급병정 홍해에 장사했네

4   아브라함은 믿음으로 독자아들 제사할 때
        난데없는 양의 살기 대신 죽었네
        모범하세 모범하세 아브라함의 충성자취
        백세 얻은 귀한 아들 제물로 들었네

5   부름받은 요나선지 위내성으로 가라할 때

다시스로 항해갈 때 풍랑을 맞났네
정금하세 정금하세 회개한 요나를 정금하세
악하고 악하던 웨네성이 하나님 찾게되네

6 사자입이 무서위도 다니엘을 못삼키고
   풀무불이 뜨거위도 세 청년을 못태웠네
   남아있네 남아있네 주님의 권능이 남아있네
   원마와 총칼이 들어와도 걱정이 없도다

                                    20. <God의 권능가> 룻가곡(6절)

　　<God의 권능가>는 룻가 곡조라 명시되었는데 곡조를 알 수 없다.
이 노래가사는 성경 구약의 주요 이야기들을 소재로 하여 여러 명의
인물이 등장한다. 1절은 노아의 방주 이야기이고 2절은 소돔성의 롯
이야기, 3절은 모세가 홍해를 건너는 이야기, 4절은 아브라함이 아
들 이삭을 하나님께 제물로 드린 이야기이며 5절은 선지자 요나의
이야기, 6절은 다니엘과 세 친구의 이야기를 소개한다.

　　노래가사는 한 절당 한 인물의 이야기를 담고 있다. 4행의 짧은 가
사이지만 성경 이야기의 핵심내용을 담았다. 작사가는 노래에서 교
훈이나 권면을 직접 드러내지는 않지만 이야기의 공통적인 교훈은
역시 신앙이다. 작사가는 성경의 인물 이야기를 통해 하나님을 의심
하지 말고, 죄를 짓지 말고, 오로지 믿고 따라야 한다는 교훈을 간접
적으로 행간을 통해 전한다.

1 창세후로 지금까지 살펴여 보니
   타락한 인생들의 흔적뿐일세

타락흔적 찾아보니 분명하고나
방종생활 조심없이 죄지었도다

6   유다지파 아간이를 찾아가보니
     조심없이 불의재물 마구취타가
     아이성에 유대선민 패전패사요
     가족멸망 저도멸망 모두가 멸망

7   다윗왕을 찾아서 내용을 본적
     안락에 조심없이 칠계명범죄
     죄값으로 임한고통 기억되나요?
     웬말이뇨 아달반역 궁중에 음광

16   조심하세 성도들아 돈조심하세
     여기두면 좀과동록 도적해친다.
     영원한 그 나라에 보관해두면
     할렐루야 영원토록 나의것되네

17   조심하여 신부들아 옷조심하세
     세마포로 흰옷단장 준비됐나뇨
     때묻은 옷 성신물에 세탁했나뇨
     신랑오면 더러운 옷 한탄하리라

18   조심하세 말세교인 모다 조심해
     주님 앞에 설 때에 주님맞으셔
     천년동안 주와 함께 왕노릇하며
     할렐루야 영원토록 즐기여보세.

              24. <조심가> 작사 권성조 곡 90(18절)

<조심가>의 교훈은 하나님을 따르고 죄를 경계하자는 권면가이다. 이 노래는 전체 18절의 매우 긴 노래이다. 인간이 조심해야 할 죄악이 이리도 많은가 싶다. 1절에는 인간의 죄성을 이야기하고 2절부터 7절까지는 구약에 등장하는 범죄 이야기를 소개하여 아담과 하와, 노아, 소돔성, 발람 선지자, 유다지파 아간, 다윗이 등장한다.

8절과 9절은 남자와 여자가 짓기 쉬운 죄를 나열하였다. 작사가는 남자에게 주색잡기가 망본의 원천이라 경계하라고 권면하고 여자에게는 허영심과 질투시기가 잠재성 죄악이라고 한다. 10절에는 세상사람들에게 시간이 빨리 가니 어떻게 살 것인지 질문하고 11절부터 18절까지는 신약의 요한계시록의 소재를 사용하여 시간을 아껴 예수의 재림을 맞이할 준비하자고 권면한다.

노래가사는 경주성서학원 권성조 신학생이 작사하였다. 당시 21세의 권성조 청년이 지은 가사라고 하기에는 조숙한 느낌이 든다. 특히 남자와 여자의 죄악에 대한 8, 9절의 가사는 나이에 비해 지나치게 성숙하다. 그러나 요즘의 21세 청년과 1957년의 21세 청년은 매우 다른 상황과 처지임을 생각해 보면 이해하지 못할 바도 아니다. 그를 통해 한국전쟁을 겪은 21세 청년이 짊어진 책임감과 무게감을 생각해 보게 된다.

3   호랩산 올라간 모세에게 능력의 지팽이 들림같이
     황폐한 이강산 내나라 위하여 내손에 주권능 주옵소서

4   시내산 올라간 모세에게 언약의 돌비를 주심같이
     흑암에 헤매는 내민족 위하여 내손에 주말씀주옵서서

6　선지야 엘리야 받은 성신 엘리사 갑절을 구하였네
　　혼란한 이사회 내교회위하여 갑절의 성신을 주옵소서

7　내친척 골육과 동포위해 내진정 애원을 들으소서
　　노하신중에도 자비를 베푸는 주님의 사랑을 믿습니다.

41. <성신의 능력> 162장곡(7절)

<성신의 능력>은 성경에 등장하는 인물과 사건을 소재로 가사에 실었다. 오순절의 이른비와 늦은비, 모세의 여러 이적들, 선지자 엘리야와 엘리사의 이야기가 실렸다. 작사자의 의도는 각 절의 2행과 7절에 있다. 각 절의 2행 가사는 이 강산, 내 나라, 내 민족, 내 겨레, 내 교회를 위한 기도이다. 가사 첫 줄에 등장하는 성경의 인물과 사건들처럼 하나님의 능력과 성신(聖神)이 지금 이 나라와 민족, 겨레, 교회에 임하기를 기도하고 있다.

마지막 7절은 작사자의 핵심적인 결론이고 기도이다. 내친척 골육과 동포를 위한 나의 애원을 주님이 들어주시기를 간청하고 있다. 작자의 소망은 민족 구원이다.

2) 비유, 사건, 교리를 담은 노래

1　길가에 있는 무화과 서있는 곳이 좋아도
　　열매를 맺지 못하여 주님께 책망 받았네

후렴　무화과 나무된 우리 열매를 많이 맺히세
　　　열매를 많이 맺히세

3   길가에 있는 무화과 그 잎은 무성하여도
    열매를 맺지 못하여 주님께 책망 받았네

4   길가에 있는 무화과 그 책임 귀중하건만
    열매를 맺지 못하여 주님께 책망 받았네

13. <길가의 무화과> 313곡(4절)

<길가의 무화과> 노래는 성경에 나오는 무화과 이야기를 소재로 구성하였다. 무화과 이야기는 예수행적을 기록한 복음서 중에서 마태복음 21장과 마가복음 11장에 등장한다. 예수는 때가 맞지 않아 잎사귀만 있는 무화과 나무를 저주하여 앞으로 영영 열매맺지 못하도록 말씀하셨다.

일반적으로 성경에서 무화과 나무는 성도에 비유된다. 그리고 무화과 열매는 신앙의 결실을 의미한다. 무화과 나무가 열매가 없다는 것은 신앙생활을 해도 결실이 없음을 뜻한다. 이 노래가사 후렴에 나타나듯 '무화과 나무된 우리 열매를 많이 맺히세'라고 격려한다. 노래후렴이 곧 결론이고 교훈이다. 성도는 열매맺는 신앙생활을 해야 한다는 교훈이다.

1   하나님은 독생자를 주시기까지 원수죄인 사랑하여 희생하셨네
    주홍같은 붉은죄 눈같이 씻고 너는 내 것이라 인쳐주셨네

2   성자예수 그 머리에 가시관 쓰고 못박히어 돌아가셨네
    할렐루야 부활승천 성부우편에 나 위하여 대신기도 항상하시네

3   신령하신 성신님은 내안에 계셔 중생성결 각양은사 모두주시네

하나님의 자녀로서 부끄럽잖고 그리스도 신부로서 단장하시네

4   이와 같이 넓고 깊은 크신 사랑에 아직 감복않는 자여 사람이랄까
     죄인괴수 이사랑에 녹아지어서 이 몸드려 이 사랑을 전하렵니다
                                    20. <이처럼 사랑하사> (4절)

<이처럼 사랑하사>는 교리를 담은 노래이다. 성부 하나님, 성자 예수님, 성령의 핵심적인 역할을 각 절에 설명하였다. 성부, 성자, 성령은 모두 같은 하나님이며 삼위일체(三位一體)에 속한다.

가사는 삼위일체 하나님의 각각의 역할을 설명하였다. 성부 하나님은 죄인들을 사랑하여 구원하기 위해 독생자를 아낌없이 보내어 대신 인간의 죄를 속죄하게 하셨다. 성자 아들 예수는 죄인된 인간을 구원하기 위해 십자가에서 죽으셨고 부활승천하여 하나님 우편에 앉아 우리를 위해 중보자가 되신다. 성령님은 우리 안에 계셔서 하나님을 믿는 사람으로 거듭나게 하고 각종 은사를 선물로 주셔서 하나님의 자녀로 살아가게 하신다.

매우 교리적이고 신학적인 노래가사는 삼위일체 하나님의 속성을 간결하게 설명한다. 마지막 4절은 인간의 대응을 노래한다. 이렇게 넓고 큰 하나님 사랑에 감복하지 않을 수 없다. 이 사랑에 감동하지 않는 이는 사람이 아니라고 작사가는 감히 선언한다. 하나님 사랑에 감동을 받아 그 사랑을 전하는 자가 되자고 권면하는 노래이다.

3   하나님의 십계중 인간상대 첫계명
     부모께효 하라고 분명말씀 했으며
     부모께효 하면은 장수한다 했으나

효도하지 못한자 결코 장수못하리

4   노아아들 셈 야벳 부모님께 효하여
     영육간에 대 축복 자손까지 받았고
     효도못한 함이는 축복대신 저주로
     후손까지 형제의 종의종이 되었네

5   이방여인 효부룻 싀모님께 효하여
     부모형제 친척과 고향산천 떠나서
     걸인생활 하면서 싀모봉양 함으로
     하나님이 돌보사 다윗조상 되었네

6   효순자는 반다시 환생효순 자하고
     불효자는 반다시 불효자식 낳아서
     부모에게 한대로 자식에게 받으니
     자기뒤를 보아도 효도하고 살리라

7   부모님 살았을제 섬기여서 다하라
     어버이 이별후는 봉양치를 못하네
     다른 모든 일들은 다시할 수 있으되
     부모님 떠난후는 섬기지도 못하네

8   본받으세 본받아 예수님의 그효를
     십자가상 쓰라림 고중에도 주님은
     어머니를 제자께 부탁하신 그효를
     본받아서 우리도 부모님께 효하세

               65. <효도가> 작사 권성조 80장 (8절)

효도를 소재로 한 <효도가>는 성경의 교훈과 동양고전의 교훈을 조합하였다. 1, 2, 6, 7절은 한국의 전통적인 효의 교훈을 소개하였다. 1절은 우리가 부모 은혜로 이 세상에 왔으니 효도함이 옳다고 하고 2절은 부모를 원수처럼 대하는 자, 학대하는 자는 어리석고 미련하다고 한다.

6절은 명심보감의 효행편 1장 구절이 등장한다. "孝順은 還生孝順子요 五逆은 還生五逆者하나니" 그 뜻은 "효도하고 순종하는 사람은 도로 효도하고 순종하는 자식을 낳고 거스리는 사람은 도로 거스리는 자식을 낳나니"라는 뜻이다. 7절은 정철의 <훈민가(訓民歌)>[6] 중 유명한 시구를 인용하였다.

迨我親在堂 謂當善事之	어버이 살아신 제 섬길 일란 다하여라.
於焉過了後 雖悔亦何追	지나간 후면 애닯다 어찌 하리.
平生不可復 只此而已哉	평생에 고쳐 못할 일이 이뿐인가 하노라.

7절 가사는 정철의 훈민가를 쉽게 풀어서 쓴 것이다. 노래가사가 동양의 교훈과 성경의 이야기를 자유롭게 넘나들면서 구성된다. 3, 4, 5, 8절 가사는 성경에 등장하는 효의 이야기이다. 3절은 십계명 중에서 5계명의 부모공경을 소개하고 4절은 노아의 세 아들 이야기를 소재로 삼았다. 5절은 이방 여인 룻의 시어머니 공경을 이야기하고, 8절은 예수가 십자가에 매달려 고난 당할 때에 어머니를 부탁한 예수의 효심을 이야기한다.

---

6 "정철 : 시조 <어버이 살아신 제>," 2013. 10.16.
　https://m.blog.naver.com/kwank99/30177749737 최종접속일 2024.02.16.

이 노래가사는 경주성서학원의 신학생이었던 21세 권성조가 지었다.

1   금가락지 끼던손에 돼지채찍 웬말이며
    깃도구두 신던발에 볏짚신발 웬말이냐

4   고량진미 먹던입이 핏껍질이 웬말이며
    향내맡던 코구멍이 돼지냄새 웬말이냐

5   원앙벼개 베던머리 돼지방울 웬말이며
    양단이불 덥던몸이 짚북덕이 웬말이냐

7   지은 죄를 생각하면 돌아갈수 없지마는
    부끄러움 무릅쓰고 아버지를 찾아가니

8   죄를 짓고 돌아온 놈 친절환영 웬말이며
    패가망신 하고온놈 입맛춤이 웬말인가

10 누덕옷도 아까운 놈 비단옷이 웬말이며
    순경불러 잡아갈 놈 사랑잔치 웬말인가

                              67. <탕자회개가> (10절)

<탕자회개가>는 탕자의 비유를 소재로 가사를 구성하였다. 탕자의 비유는 신약의 누가복음 15장에 나오는 이야기이다. 이 노래의 초점은 탕자 이야기를 전달하는 데 있지 않고 가창자가 이야기를 상상으로 재현할 수 있도록 시각적으로 생생하게 묘사하는 데 있다. 노래의 각 절은 탕자가 아버지 집에 편안히 부귀영화를 누릴 때의 모

습과 아버지 집을 떠나 탕자가 되어 초라해진 모습이 대비를 이룬다. 4·4조의 노랫말은 마치 민요의 타령처럼 말의 리듬감이 살아나고 우스꽝스러운 묘사가 해학을 느끼게 한다.

이 노래는 교훈을 직접 설명하지 않는다. 다만 탕자 이야기를 실감나게 묘사하고 있다. 탕자 이야기를 통해 독자들은 아들이 그를 사랑하는 아버지 집을 떠나지 말아야 한다는 교훈을 얻는다. 이것은 곧 우리는 인간을 사랑하시는 하나님 곁을 떠나지 말고 하나님의 말씀을 지키며 사는 것이 가장 행복한 일이라는 교훈을 행간의 의미로 전하고 있다.

3) 성경을 요약한 노래

1   처음사랑 내버린 예배소 교우들아
　　어디에서 잃었는가 찾으라
　　이기는자 낙원에 생명과를 주리라
　　일곱별 가지신 주 말씀

후렴　성신이 외친다 여러교회 하시는 말씀
　　귀가 있어 들은자 누구던지 들어라
　　때가 가까왔음이로라

3   진리를 잃어버린 버가모 교우들아
　　발람이와 니골라를 버리라
　　이기는자 감췄던 만나와 흰돌 주리
　　날센검 잡으신 주말씀

4   순결을 잃어버린 두아디라 교회여
　　　음행하는 여인같은 죄 회개
　　　이기는자 만국을 다스리는 권세와
　　　새벽별 주리란 주말씀

5   살았으나 실상은 죽은 서머나 교회여
　　　너는 항상 깨여 일어나거라
　　　이기는자 흰옷입고 영원히 살리로라
　　　풍성한 생명의 주말씀

7   성신없는 가련한 라오디계야 교회
　　　칭찬없고 책망뿐이로구나
　　　회개하라 이기면 보좌에 같이 앉네
　　　신실한 약속의 주말씀

43. <성신의 경고> 163장곡(7절)

　　<성신의 경고>는 신약성경의 마지막 책인 요한계시록 2장과 3장을 소재로 하였다. 요한계시록을 기록한 저자는 요한은 일곱 교회에 편지를 보내어 신앙을 권면하였다. 요한계시록에 나오는 일곱 교회는 에베소, 서머나, 버가모, 두아디라, 사데, 빌라델비아, 라오디게아인데 가사에는 서머나가 두 번 반복되었고 사데가 빠졌다. 아마 5절은 오타가 아닌가 싶다.

　　<성신의 경고> 가사는 성경의 핵심을 요약하고 있다. 전체적인 핵심주제나 교훈을 직접적으로 언급하지는 않지만 일곱 교회에 주는 권면을 노래를 듣는 이들에게 전하고 있는 작사가의 속내를 알 수 있다. 일곱 교회가 받은 권면은 신앙생활의 권면이다. 에배소교회는

하나님에 대한 처음 사랑을 회복하라는 권면을 받았고, 서머나 교회는 죽도록 충성하면 생명의 면류관을 받으리라고 하였다. 버가모 교회는 진리를 잃어버렸고 두아디라 교회는 신앙의 순결을 잃었다고 책망받았다. 사데교회는 살았으나 실상은 죽은 자와 같다고 책망받았고 빌라델비아 교회는 형제사랑이 불타는 교회이며 라오디게아 교회는 칭찬이 없고 책망뿐인 교회라고 책망받았다.

이 노래는 초신자가 아니라 교인들을 향한 권면이라 할 수 있다. 신앙생활에 대한 권면과 책망의 내용이기 때문이다.

1 밧모섬 축복에 주의 날 요한이 묵시를 보았네
   읽고듣고 행하는 자들 주앞에 복있는 자로다

후렴 주님이 오신다 흰예복 입고서 맞으라
     주님이 오신다 등불을 켜들고 맞으라

2 에배소 사랑을 버렸고 서머나 환난을 당했네
   버가모 세속화 되었고 두아디라 이세벨 용납

11 두증인 증거를 필하고 부활해 하날로 올린후
    일곱째 나팔을 불으니 영광의 나라가 오도다.

12 아해로 보좌로 올린후 마귀는 땅으로 쫓았네
    사단이 큰분을 발하여 땅위에 큰환란 있도다

13 바다와 땅에서 나아온 두즘생 큰천세 얻었네
    믿음과 인내를 가지고 즘생과 우상을 이기라

14   시온산 십사만 사천명 어린양 뫼시고 노래해
      믿음의 정조를 지키고 흠이 없는자들 뿐일세

후렴   세 천사 경고를 발하니 주를 높이다 죽을지라
      리한낫 땅에 휘둘려서 곡식과 포도를 걷우네

15   불석긴 유리바다가에 승리자 개가를 부르네
      진노의 금대접 받은후 성전에 연기가 차도다

22   보좌앞 생명강 흐르고 생명과 다달이 맺히네
      보혈로 그옷을 씻는자 영생복락을 누리겠네
      영광의 묵시가 끝난후 예수친히 증거한 말씀
      진실로 속히 오리로다 아멘주여 예수여 옵소서
                              78. <묵시록 대지가> 344곡 (22절)

<묵시록 대지가>, 이 노래는 요한계시록의 전체 내용을 담고 있
다. 다른 노래들은 성경의 일부 사건이나 인물, 이야기를 노래가사
에 담았는데 이 노래는 요한계시록의 책 전체 내용을 담았다. 그래
서 전체 22절의 긴 가사는 요한계시록의 각 장의 핵심을 요약하고
있다.

요한계시록은 예수의 계시를 받은 요한이 기록한 책이다. 계시를
기록으로 남겼기 때문에 사실이 아닌 환상의 내용이 많고 이해하기
쉽지 않은 내용들이 많다. 노래가사를 통해 독자들은 요한계시록의
분위기를 짧게나마 느낄 수 있다.

1   장망객을 떠난객이 천성향해 가는길에

갈래길이 많음으로 그릇들기 쉽다
그러하나 우리구주 천성가는 길이되고
성신우리 인도하니 안심하고 따라가세

2   장망성에 살던죄인 도망하여 나왔구나
좁은문을 두다리며 사는길을 바라도다
구세주의 인휼하심 사는길로 인도하네
그큰사랑 찬송하니 노래소리 높았도다

4   큰 구원의 담모퉁이 십자가에 나아가세
오래동안 지고다닌 중한 죄짐 풀리었네
너는 내것이라 하는 세천사의 증표받아
나마음에 이세상도 천국같이 감각되네

5   간난산이 높다마는 어려운줄 모르겠네
이리가세 저리가세 생명길이 여기로다
왼편길로 가는이야 멸망함을 면할소냐
천신만고 한연후에 무진복락 누리리라

82. <천로역정 노래> 456장곡 (15절)

<천로역정노래> 노래는 기독교의 고전소설인 <천로역정>을 소
재로 구성하였다. 존 번연(John Bunyan, 1628~1688)의 <천로역정(天路歷程,
The Pilgrim's Progress)>(1678)은 1895년 한글로 번역되었다. 주인공 크
리스천이 멸망의 도시에서 태어나 천국으로 가는 긴 여정의 스토리
이다. 그 과정에서 크리스천은 다양한 지역과 사람을 접하면서 신앙
의 다양한 면모들을 경험하고 깨달음에 이르게 된다. 후반부에 이루
면 주인공은 죽지만 그의 죽음으로 인해 가족과 친척들이 신앙을 갖

게 된다.

<천로역정>은 15절의 긴 노래이다. 노래가사만으로 소설 원작을 이해하기는 한계가 있다. 이 노래는 원작소설을 축약한 내용이다. 이 노래를 부르는 사람은 원작 소설이 어떤 내용인지 궁금해할 것이다. 그러면 경주성서학원의 신학생들이나 목회자가 원작 소설에 대해 설명해 주지 않았을까 상상해 본다.

1   베드로가 쓰신 책이 배드로 전후
     둘째번의 쓰신 책이 배드로 후서라
     쓰신 목적 살펴보니 분명하고나
     정통신앙 주장하고 이단을 경계

2   일－장을 들고보니 신앙론인데
     보배중에 참 보배는 믿음이로다
     믿음에 덕을 딱고 지식과 절개
     인내경건 화목사랑 날로 더하세

4   이장으로 넘어가니 이단논인데
     거짓선생 거짓교훈 이러하도다
     예－수는 부인하고 색욕쫓으며
     탐심위해 지어낸 말 가지가지라

7   삼－장에 다달으니 예수재림도
     믿음지킨 성도들의 유일한 소망
     우리주님 더디온다 의심말어라
     하루같은 천년이요 천년이 하루
                    85. <베드로후서가> 김용진 작사 90장곡(10절)

<베드로후서가>는 신약의 베드로후서를 소개한 내용이다. 베드로후서는 전체 3장인데 그 내용을 상세히 풀어 전체 10절의 노래가사로 구성하였다. 작사가는 어떤 교훈을 제시하거나 현실세계에 신앙적 적용을 하지는 않고 성경의 내용을 충실하게 요약하고 있다.

작사가 김용진은 누구인지 밝혀지지 않았다. 이름 뒤에 직책이 없는 고로 경주성서학원의 신학생일 가능성이 크다. 권성조의 경우도 이름 뒤에 직책이 없기 때문에 같은 신학생이라 유추하게 된다.

성경을 요약한 노래가사가 꽤 많은데 신학생들이 작사한 것이라 생각이 든다. 이들 노래는 성경 내용을 요약하고 있으며 노래의 교훈이나 결론을 직접 이야기하지 않는다. 이러한 형태의 노래는 초신자들을 대상으로 한 것이 아니라 기존 교인들이나 신학생들을 위한 가사일 것이다.

또는 성경 시험을 대비한 요약노래일 수도 있겠다. 경주성서학원은 성경이 주된 과목이고 테스트하기 위한 시험도 있었다. 외우기 어려운 내용이라도 노래로 외우는 효과가 대단하기에 신학생들도 이렇게 활용하지 않았을까?

1   예수승천 하신 후에 제자기도로
2   성신받어 삼천명식 회개하였고
3   그리스도 이름으로 안즌방 뛰니
4   교회부흥 일어날 때 핍박이로다
5   아나니아 삽비라는 벌받아 죽고
6   일곱집사 택해세워 구제일하니
7   처음으로 순교한다 스데반이요

15	예루살렘 공의회선 안수직히고
16	빌립보선 옥사장을 구원하였네
17	아덴에선 참된 신을 가라쳐주고
18	고린도선 일년반을 전도하니라
26	보내기로 작정하고 출발하였네
27	풍파맞나 파선되나 주님보호로
28	평안하게 로마성에 들어갔도다

93. <사도행전가> (28절)

<사도행전가>은 독특한 노래형식을 갖추었다. 노래는 28절로 긴 노래이지만 가사 한 절이 한 줄 가사로 구성되어 실제로는 그리 길지 않다. 노래는 사도행전의 각 장의 핵심을 한 줄로 요약하였다.

아무래도 이러한 방식은 신학생들의 공부 방법이 아닐까 생각이 든다. 이 노래는 사도행전의 핵심내용을 요약하고 암기할 때 매우 유용하게 사용되었을 것이다. 경주성서학원은 성경을 중점적으로 교육하던 기관이었다. 그러므로 성경을 공부하는 방식 중에 통으로 외우고 암기하는 이와 같은 방식이 활용되었을 것이라 상상해 본다. 신학생들이 과제나 시험을 위해 <사도행전가>를 달달 외우는 장면을 연상하면 마치 그 시절로 들어가 함께 하는 것처럼 친숙하게 느껴진다.

2	모르드개 양녀로 고아 에스더
	파사왕에 황후로 택함받았네
	여호와를 경외하고 심령좇드니
	고진감래 영화로다 하나님 섭리

4   우국지사 모르드개 금식기도로
    자기 민족 위하여 애통하였네
    에스더를 권장하여 모험적으로
    위기일발 자기 동포 구원하였네

5   애국투사 에스더 희생적으로
    하만이와 싸워서 승리하였네
    그 지혜와 용감기도 하는 중에서
    진심으로 하나님을 신뢰합니다.

7   백절불굴 모르드개 정치잡으니
    파사나라 평화시대 일우웠도다
    우리주님 세계를 통치하실 때
    영원무궁 신천신지 태평시대라.

102.. <에스더 노래> 90장곡 (7절)

<에스더 노래>는 구약성경의 에스더서를 이야기로 풀어 쓴 가사이다. 주인공 에스더는 유대인의 포로시대에 페르시아 왕의 왕비가 되었다. 여기에 악당이 등장하는데 바로 재상 하만이다. 하만은 유대인을 말살할 계획을 세우고 왕에게 허락을 받았다. 유대인 에스더는 위기의 순간에 기지를 발휘하여 유대인을 구한다. 에스더는 자신의 친척이며 페르시아왕의 신하인 모르드개와 의기투합하여 하만의 계획을 막고 도리어 하만을 처단하였다.

에스더 이야기는 포로인 유대인의 승리를 보여주는 사이다같은 통쾌한 이야기이다. 약소국 출신인 에스더가 왕후가 되어 원수들을 이기는 이야기는 하나님의 섭리를 일깨우는 교훈을 준다. 특히 에스

더와 모르드개가 유대인을 처단하려는 하만을 이긴 것은 유대인의 승리로 비추어진다.

비록 페르시아의 포로된 유대인이지만 에스더 이야기를 통해 나라사랑, 민족사랑의 교훈을 전한다. 그리고 1950년대의 약소국인 한국인들에게도 나라사랑과 민족사랑의 교훈을 전해준다.

1   옛일에는 그이름 가나안이오
      지금에는 그이름 팔레스타인

3   남과 북의 기리는 백팔십키로
      동과 서의 기리는 칠십오키로
      그 면적이 이만삼 천평방키로
      강원도에 비하면 작은 셈일세

10   갈릴리해 근처에 가버나움은
      예수님의 제2의 고향이고요
      고라신과 마가단 듸베랴들은
      갈릴리의 중요한 도시랍니다.

15   곳곳마다 주님이 남겨놓으신
      거룩하신 자취를 찾어봅니다.
      우리들의 맘에도 주님오시사
      거룩하신 자취를 남겨놉소서

109. <유대지리공부> (15절)

<유대지리공부>는 성경에 등장하는 지명을 이야기와 엮어서 설명하였다. 마치 신학생들이 성경을 공부하고 외우기 위해 만든 가사

같다. 아마 이렇게 외워서 시험을 치르지 않았을까? 오늘에도 주일학교나 신학교에서 이렇게 외운다면 재미있지 않을까 잠시 상상에 빠져본다.

1절부터 15절 가사에 등장하는 지명은 다음과 같다. 가나안, 팔레스타인, 수리아 베니게, 요단강, 갈릴리, 사마리아, 베뢰아, 갈멜산, 그리심산, 에발산, 감람산, 시온산, 헤브론, 가버나움, 벳세다, 가다라, 수가성, 베들레헴, 여리고, 베다니, 엠마오, 겟세마네, 갈보리 등이다. 이 지명은 모두 성경에 등장하는 배경이다. 예수가 죽은 갈보리 언덕이 마지막에 들어있다.

마지막 15절에 노래의 결론격인 작사가의 의도가 나타난다. 작사가는 각 지역에 예수의 자취가 남겨진 것처럼 예수님이 우리의 마음에도 찾아오시기를 교훈으로 남겼다.

▌예수의 고난을 노래

『백합화』 수록곡 중 예수를 소개하는 내용은 7곡이다. 모두 십자가 고난의 예수를 중점적으로 묘사하고 설명하고 있다. <예수의 탄생과 고란가>, <신앙의 사절기>, <주님고란가>는 예수의 탄생부터 죽음까지 예수의 인생 전체를 설명하였다. <영문밖의 길>, <고난의 주>, <주님 고통 생각하고>, <주님고난가>는 예수의 십자가 고난을 집중한 노래이다. 사실상 7곡이 모두 예수의 고난에 초점을 맞추고 있다.

이 노래들은 공통적으로 예수가 십자가에서 죽음이 곧 나를 위한 죽음이라는 점을 강조하고 있다. 예수가 겪은 고난과 육체적 아픔을 생생하게 묘사하여 독자와 청자에게 전달하려는 의도가 보인다. 이 것은 마치 이용도 목사(李龍道, 1901~1933)가 '고난받는 그리스도'와 자신의 연결성을 강조하는 것과 유사하다. 예수의 고난과 아픔을 곧 나의 것으로 수용하는 자세, 예수의 고통과 아픔에 공감하고 동참하려는 적극적인 자세가 공통적으로 나타난다.

1   내 주님 세상 계실 때 받은 고생은
    내 맘속 깊이 쌓였네 예수 나의 주님

후렴 갈보리산의 어린양 죄인괴수 이몸위해
    참 귀한 생명주시려 고난 당하셨네

2   저 겟세마네 동산에 예수 나의 구주
    뜨거운 눈물 피땀은 나를 위함일세

3   빌라도에 뜰에선 예수 나의 주님
    채찍과 가시관으로 악형 당하셨네

4   골고다 상의 십자가 예수 나의 구주
    원수를 위해 축복은 절대 사랑일세

5   이 버레 같은 죄인도 예수 그사랑에
    감격한 몸과 맘으로 주께 드립니다

18. <고난의 주> (5절)

<고난의 주> 노래는 예수가 겪은 고난의 내용이 담긴 가사이다. 예수의 고난과 죽음이 나를 위한 것임을 강조하고 있다. 각 절 노래

가사마다 주체인 '나'가 강조된다. 즉 작사가는 예수의 고난과 나의 고난을 대비시킨다. 예수가 고생한 것처럼 나도 믿음을 위해 고생할 수도 있다는 것을 말한다.

예수가 세상에서 받은 고생은 각 절에 나열되었다. 겟세마네 동산에서 뜨거운 피땀 눈물을 흘리며 고난을 피하기 위해 기도(2절)하였고, 빌라도의 뜰에서 억울한 재판을 받고 유죄판결을 받았으며 유대인의 왕이라 조롱당하며 채찍에 맞고 가시관을 이마에 썼다(3절).

마지막에 예수는 골고다 언덕에서 십자가에 못박혀 죽으면서 옆의 강도에게 구원을 베풀었다(4절). 5절에서 화자는 죄가 많은 벌레 같은 존재이지만 예수의 사랑에 감격하여 예수에게 자신을 바치리라 노래하고 있다.

1   독생자 예수 우리 구주님 천당영광 다버리고
    온천하 백성 우리 위하야 벨레헴에 나셨네

후렴 품에 안고서 복을 비러신 인애하신 우리구주
    나도 그품에 편히 앉히고 보배손을 앉지소서

3   열두살 때에 나이어리나 주의성전 올라가서
    육법박사와 진리문답은 선생표준이 아닌가

4   백옥같은 몸 홍포입히고 죄인같이 희롱하며
    수정같으신 머리위에다 가시관이 웬말이냐

5   골고다위에 십자가형틀 주님피로 적셨건만
    무도하도다 로마 병정아 우리주님 왜 찔럿나

7   천천만 성도 거나리시고 천사라팔 선봉세워
     영광 영광 주 재림하실 때 우리성도 환영하세
                              1. <예수의 탄생과 고란가> (7절)

    <예수의 탄생과 고란가>는 예수의 일생을 노래가사로 설명하였다. 탄생(1절)과 성장(2절), 고난(3절)과 십자가에서 죽으심(4절), 그리고 부활과 재림(5절)을 소재로 하였다. 가사의 4절부터 6절까지는 예수의 십자가 고난과 죽음을 조명하고 7절은 부활을 노래한다.

    후렴은 화자가 예수의 품에 안기어 축복을 받기를 기원하였다. 예수는 인간의 죄를 위하여 십자가에 죽음으로 대신 죄를 속죄하였다. 그 한없는 사랑안에 화자는 감싸여 축복받기를 원하고 있다. 예수는 잔인하고 고통스럽게 억울한 죽음을 맞았지만 그 죽음이 바로 인간을 향한 한없는 사랑을 반증한 것이다. 죽음으로 인간에 대한 사랑을 증명하였다. 마지막 7절에서 화자는 죽음을 이긴 예수가 재림하여 우리와 함께 있을 것이라 믿는다.

1   서쪽하늘 붉은 노을 영문밖에 비치누나
     연약하신 두 어깨에 십자가를 생각하니
     머리에는 가시관 몸에는 붉은 옷
     힘이 없이 거러가신 영문밖에 길이라네

2   한 발자욱 두발자욱 임거러신 자욱마다
     뜨건 눈물 붉으신 피 가득하게 고엿구나
     간악한 저 유대병정 포학한 저 로마병정
     거름마다 자욱마다 가진 포학 지셨구나

3   눈물없이 못가는길 피없이도 못가는길
        영문밖에 좁은 길이 골고다의 길이라네
        영생복락 얻으려면 이 길만은 걸어야해
        배곯아도 올라가고 죽더라도 올라가세

4   십자가의 고개턱이 제아무리 어려워도
        주님가신 길이오매 내가오니 가오리까
        주님제자 베드로는 꺼꾸로도 갔사오니
        고생이라 못가오며 죽음이라 못가오랴

4. <영문밖의 길> (4절)

<영문밖의 길>은 예수의 고난에 집중하여 노래한 가사이다. 필자도 기억하는 곡조는 처량하고 가사는 고통을 섬세히 묘사하여 처절하다. 십자가 고난의 상황을 공감각적으로 느끼게 해 준다. 마치 내가 십자가 고난을 경험하고 있는 듯한 분위기의 노래이다. 예수의 고난을 노래한 가사 중에 가장 고통을 세밀하게 묘사한 노래라고 할 수 있다.

예수는 재판을 받고 십자가형을 선고받았다. 십자 모양의 형틀에 매달아 천천히 죽음에 이르게 하는 잔인하고 고통스러운 형벌이다. 예수는 십자가 형벌이 이루어지는 갈보리 언덕까지 직접 십자가를 지고 이동하였다. 이미 매질과 투옥으로 쇠약해진 상태에서 무거운 십자가를 진 이동은 매우 고통스러운 일이었다. 1절부터 4절까지 전체 노래가사는 예수가 십자가를 매고 갈보리 언덕으로 이동하는 장면을 묘사한다.

베드로의 죽음은 십자가에 거꾸로 매달린 형벌이라고 한다. 5절의 "주님 제자 베드로는 거꾸로도 갔사오니"는 바로 베드로의 죽음을 의미한다. 설에 의하면 베드로는 죽음을 각오하고 복음을 전하다가 십자가형을 받았다. 그는 예수와 같이 죽는 것은 그분께 누가 되니 자신은 거꾸로 매달려야 한다고 주장했다고 한다.

이 노래에 담긴 작사가의 의도는 무엇일까? 예수의 죽음을 통해 어떤 교훈을 주려는 것 같지는 않다. 필자가 생각하기에 이 노래에 담긴 작사가의 의도는 예수의 고통을 가창자가 함께 느끼는 것이 아닐까 생각한다. 이 노래를 부르는 이들이 예수의 고난과 죽음을 상기하면서 그 고통과 아픔을 되새기며 예수의 사랑과 희생에 감동하고 감격하는 것이다. 예수가 나를 위해 이렇게 희생했으니 나도 보답을 해야겠다는 마음을 불러일으킨다.

1957년, 『백합화』가 발간되었을 때는 한국전쟁의 흔적이 남아있을 때였다. 전쟁으로 인한 트라우마가 채 가시지 않은 한국인들에게 이러한 고통과 희생의 공감각은 뼈에 사무친 상처였을 것이다. 무너진 산업기반을 살리기 위해 이를 악물고 살았을 이 세대들에게 마음의 상처와 트라우마를 살펴볼 정신적 여유는 없었다.

전쟁세대의 트라우마는 이러한 노래를 따라 부르면서 터져 나왔을 것이다. 『백합화』의 수록곡 중에는 전쟁의 흔적이 남아있는 노래가 꽤 있다. 사람들은 예수의 고난과 고통의 가사를 생각하면서 자신의 겪은 고통과 상처를 함께 떠올리며 눈물을 흘리고 기도하면서 치유의 길로 나아갔을 것이다. 고통과 고난의 노래가사를 통해 전쟁세대의 일종의 종교적 승화와 스스로 치유를 이루지 않았을까?

1   광야에 잘 있느냐 우리주님이
    몇번이나 시험에서 이기였드냐
    아- 나는 주와 함께 광야로 가리
    신앙의 첫 걸음은 쓸쓸한 광야

3   예루살렘아 잘 있드냐 우리 주님이
    몇번이나 울고울고 하셨다 드냐
    오 나는 주와 함께 다녀보리라
    신앙의 여름녹음 시원할 때에

4   겟세마네 잘 있드냐 우리주님이
    몇번이나 피땀흘려 기도하드냐
    오 나는 주와함께 힘써보리라
    신앙의 가을단풍 곱게 들때에

6   믿는자여 잘 있드냐 우리주님이
    신앙의 사철통해 인내함 같이
    승리의 남긴 자취 바라보면서
    주님의 발자취를 따라 가리라

58. <신앙의 사절기> (6절)

이 노래는 사계절을 예수의 생애에 비유하여 구성하였다. 1절은 예수가 광야에서 사탄에게 시험받은 이야기를 소개하고 2절은 갈릴리에서 자란 예수의 성장기를 봄에 비유하였다. 3절은 예수가 본격적인 사역의 시대인 공생애를 시작하고 예루살렘성에 입성할 때를 여름에 비유하였다. 4절은 겟세마네 동산에서 십자가 고난을 앞두고 예수가 간절히 기도할 때를 가을로 비유하였고 5절에서는 갈보리 십자가에 죽으심을 겨울로 비유하였다.

작사가는 각 절에서 장소를 이동시켰다. 1절은 예수가 마귀에게 시험받은 광야이며 2절은 예수가 성장한 갈릴리이며 3절은 공생애에 예수가 입성한 예루살렘이다. 4절은 예수가 기도한 겟세마네 동산이며 5절은 예수가 십자가에 못박혀 죽으신 갈보리 언덕이다. 마지막 6절은 청자에게 남기는 결론과 교훈이다. 작사가는 예수가 사철 동안 고난을 인내하며 믿음으로 승리하였듯이 예수님의 발자취를 따라가자고 권면한다.

> 1   일천구백 육십년전 돌이켜보니
>   우리주님 죄인위해 벨레헴성에
>   고요한밤 말구유에 강보쌓인채
>   우리주인 위하여서 탄생하셨네
>
> 2   해롯왕의 악한 정책 배치고보니
>   불상하다 두살아래 죽고 말았네
>   우리구주 주예수도 마상위에서
>   타향애급 수천리에 피란이 웬말
>
> 6   골고다로 향해가는 십자가짐에
>   창든 군병 매든 군병 후려갈기며
>   귀한 몸에 뚱땅소리 못망치 웬말
>   여보세요 주님죽음 뉘때문인가
>
> 8   세상만민 구속하려 오신예수는
>   탄생부터 죽음까지 쓰라린 고생

거처할 곳 하나없이 죄인위해서
핍박조롱 당한것은 뉘때문인가
90. <주님고란가> 권성조 작사 오동나무곡 (9절)

<주님고란가>는 예수의 탄생부터 죽음까지의 여정과 의미를 설명하는 노래가사이다. 특히 이 노래는 예수가 겪은 고난에 집중하고 있으며 부활은 언급하지 않는다. 1절은 예수의 탄생, 2절은 헤롯왕의 유아살해정책으로 애굽피난, 3절은 30년간 가정생활의 어려움을 노래하였다.

여기서 3절의 내용은 작사가의 시적 상상력에서 나온 것이라 여겨진다. "삼십년간 가정살림 말도마세요 쓰라리던 육적고통 누가 알리요 구차하게 사는 가족 생애파란에 우리 주님 그 고생도 말도 못하리" 성경에는 예수가 공생애(公生涯)를 시작하기 전의 가정생활에 대해서는 언급이 없다. 그러나 작사가는 이 부분을 상상력을 더하여 3절에서 예수가 30년 동안 가정생활로 육적 고통과 구차한 살림으로 고생하였다고 썼다. 이 부분은 작사가의 상상력에서 나온 표현이다.

<주님고란가>는 제목 그대로 예수의 괴로움과 어려움을 담은 가사이다. 4절은 바리새인의 학대, 5절은 빌라도의 불법심판, 6절은 골고다 십자가 고난, 7절은 십자가 매달린 예수가 신포도주를 입에 대는 장면, 8절은 위의 내용을 종합하여 죄인을 위해 고난받은 예수를 부각시키며 마지막 9절은 예수에 감사하며 천국가서 뵈오리라는 희망을 노래한다.

1   유월절 지키시며 세우신 언약의식
     살과 피 주신말씀 이제 더욱 새로워라
     언제나 잊지 못하리 주님몸과 그 피를

2   감람산 깊은 밤에 만물은 고요한데
     쓴잔을 앞에 놓고 피땀흘려 비신주님
     이 몸도 주님따라서 무릎꿇고 업대리

4   죄없이 내죄위해 죄인이 되시여서
     십자가 높이 말려 손과 발에 못을 박혀
     피흘린 주님고통을 내가 어찌 잊으랴

5   오늘 또 이시간도 주님고통 생각하고
     눈물을 흘리면서 꿀어 엎대였나이다
     하늘에 계신주님 나를 굽어봅소서.
                    92. <주님고통 생각하고> 성불사곡 (5절)

<주님고통 생각하고>도 예수의 고난에 집중한 노래가사이다. 1
절은 유월절 언약이 등장한다. 예수는 로마군에 잡히기 전날 밤, 제
자들과 유월절 식사를 나누었다. 빵과 포도주를 나누며 이것은 '자
신의 살'이며 '피로 세울 새 언약'이라고 하였다. 곧 예수의 육체적
죽음과 피흘림으로 인간의 죄를 사하는 속죄가 이루어졌음을 의미
한다.

2절은 감람산에서의 기도가 등장한다. 예수는 잡히기 직전에 감
람산 겟세마네 동산에서 기도하였다. 그는 자신을 기다리는 고난과
죽음을 예견하고 하나님께 쓴잔을 비켜가게 해 달라고 기도하였다.

그러나 하나님의 뜻이면 그대로 따르리라고 결심하였다. 4절은 십자가에 피흘리는 예수의 고통이 등장한다. 결국 예수는 로마군에 잡혀 십자가에 못박혀 죽음을 맞이하였다.

마지막 5절은 예수의 고통을 생각하고 기도하는 작사가를 묘사하였다. 작자는 예수의 고통과 희생에 감복하는 모습이다. 고통과 희생에 대한 강렬한 공감과 거기에 대응하는 보상심리가 나타난다. 예수의 고통에 대한 묘사가 세밀할수록 사람들에게 강렬한 공감을 불러일으키고 신앙심을 북돋는다.

<blockquote>

1   예수께서 다니시며 전도하실때
      백만여명 유대인은 피박만했네
      해는 지고 어두워서 도라오실때
      고단하고 주린 사정 누가 알리요

2   세월은 여류하여 잠간이로다.
      삼십삼년 사월이 당도하였네
      앞길을 생각하니 아득하고나
      태산같이 중한 짐은 십자가 형틀

6   십자가를 지고가는 그의 모양은
      우리들은 참아서 볼수없고나
      주의모친 마리아와 믿는 성도들
      애통함을 못이겨서 통곡하느나

8   종일토록 십자가에 달리셨으며
      오고가는 뭇사람의 침뱉음 받고

</blockquote>

주님 무삼 죄가 있어 참혹히 죽어
나의 죄를 위하야 짊어지셨네

99. <주님고난가> 99장곡 (8절)

<주님고난가>는 예수의 마지막 고난과 죽음의 과정을 묘사한 노래이다. 특히 등장인물에 대한 작사자의 감정이입이 잘 드러난다. 1절에서 예수가 복음을 전하다가 유대인의 핍박을 받고 해가 지고 귀가하실때에 작사가는 '고단하고 주린 사정 누가 일리요'라고 가사를 붙였다. 마치 예수의 심정을 대변하는 듯한 입장이다. 2절은 곧 십자가 고난이 닥칠 예수의 상황이 등장한다.

3절과 4절은 겟세마네의 배경이다. 예수는 고난을 앞두고 무거운 마음으로 기도할 때 제자들은 잠에 빠져있는 모습이다. 작사가는 "평생에 노가 없는 우리 주님이 소리를 높이어서 통곡하였네"(4절)라고 하였다. 5절은 로마병정들이 창검으로 예수를 결박하고 빌라도 앞에서 재판을 받는 사건이 등장한다.

6절에서 8절은 십자가 형벌을 받고 죽어가는 예수를 이야기한다. 예수는 십자가를 직접 끌고 형장으로 이동하였고 어머니 마리아와 성도들이 애통해하며 이 장면을 지켜보았다(6절). 예수는 십자가에 손발이 못박혀 고정되어 고통을 겪었다. 하나님께 기도하니 "해와 달이 빛을 잃고 캄캄할 때에 산천이 움직이며 진동하느냐"(7절)라고 가사에 표현되었다.

8절에서 작사가는 예수는 자신의 죄가 아니라 나의 죄를 위해 십자가를 짊어지셨다고 노래하고 있다. 예수의 고통을 이토록 자세하고 감각적으로 묘사하는 것은 곧 내가 겪는 것처럼 하기 위해서이다.

예수의 고통을 나의 고통으로 공감각적으로 느껴지도록 하는 것이다. 그래서 그렇게까지 인간을 사랑한 예수에 감동하고 신앙으로 응답하기를 의도하고 있다.

▌예언자적 노래

예언자란 미리 앞으로 일어날 일을 알려주는 사람이다. 성경에는 하나님의 뜻을 계시받아 전하는 선지자들을 예언자라고 부른다. 이들은 이스라엘 민족이 곤경에 처했을 때, 이민족의 핍박을 받을 때 나타나 대안을 제시한다. 하나님 앞에 회개하고 신앙을 다시 새롭게 할 때 하나님이 민족을 구원하고 축복하시리라고 대언한다.

이처럼 '예언자적 노래'란 한민족에게 필요한 하나님의 계시를 전하는 노래이다. 1957년의 한국은 전후 정치적으로 불안하고 경제적으로 낙후한 상황이다. 교육과 문화를 비롯한 사회 전반의 체계가 혼란하여 민중들의 삶도 역시 불안정하였다. 이러한 때에 『백합화』에는 시대적 대안을 제시하는 예언자적 노래를 실었다. 신앙의 관점으로 시대를 바라보고 대안을 제시하는 노래들이다.

> 1   칠년전에 六 · 二五를 생각해 볼 때
>   우리들의 역사상에 피어린 상처
>   한피받은 동족들의 골육상쟁이
>   웬말이뇨 형제들아 한숨나누나
>
> 3   어머니와 동생들이 폭탄에 맞고
>   정던그집 화염속에 불타는 광경

고향산천 떠나면서 울던 그참상
지금와서 그참상을 기억합니까

5   우리동족 못된사상 살펴보세요
     북쪽하늘 적기아래 있는 형제들
     하나님의 우로지택 받고 살면서
     무신론의 역천죄로 동란은 발생

6   우리동족 못된추행 살펴보세요
     경재도란 빠진우리 사치만하고
     술집창녀 이곳저곳 가득히 차서
     청년들의 음탕죄로 六·二五폭발

9   이땅위에 벌어진주 이것모두가
     하나님께 덕죄한 징계이니까
     통일성업 삼팔선을 없이하려면
     죄에장벽 쳐부시고 예수께갑세

10   앞으로도 이런전쟁 없이하려면
     하나님의 사랑으로 동족들 보고
     총검뿌서 농구하야 산업발전코
     무기대신 복음탄만 준비해두세
              61. <6.25동란가> 권성조 작사 오동나무곡(10절)

<6.25동란가>의 작사자는 당시 21세인 경주성서신학원 학생인 권성조이다. 이 노래에는 1957년 당시 전쟁을 겪은 이들의 생생한 묘사가 담겨있다. 작사가는 21세의 젊은 청년이며 아마 그는 14살에 전쟁을 겪었을 것이고 전쟁에 대한 생생한 기억을 가지고 있었을 것

이다.

노래의 1절에서 4절은 한국전쟁의 비참함을 묘사하고 있다. 한민족은 전쟁을 통해 '동족들의 골육상쟁'(1절)과 '북한땅 내동포가 공산당의 마수안에 살이 찢기고 철의 장막 학정아래 뼈녹는 고통'(2절)을 겪고 있다. 전쟁으로 인해 '어머니와 동생이 폭탄에 맞고 정든 집이 화염속에 불타는 광경'을 보고 '고향산천 떠나면서 울던'(3절) 기억, 그리고 '한술 밥과 단벌옷을 얻지 못해 길거리에 방황하는 고아와 남편 잃은 청춘과부 한숨짓는'(4절) 상황을 시각적으로 묘사하였다.

이어서 작사가는 5절부터 9절에서 한국전쟁의 원인을 설명한다. 그 원인은 공산주의의 무신론으로 하늘을 거스른 역천죄(逆天罪)(5절), 청년의 음탕죄(6절), 방탕함(7절), 하나님께 범죄한 징계(9절)의 결과이다. 학생이 본분을 잃고 방탕한 죄, 신사들이 계집을 끼고 술집만 찾은 죄, 정치인들이 정권싸움을 하고 양민을 착취한 죄, 형제끼리 원수가 된 죄이다.

이 노래에서 한국전쟁의 원인은 이념과 국제정치의 역학관계가 아니라 우리 민족의 죄에 있다고 설명한다. 소련과 미국의 냉전체제나 미국과 소련에 의한 남북분할 통치와 주도권 싸움 등의 배경은 등장하지 않는다. 작사가는 전쟁의 원인을 민족 내적 요인으로 설명한다. 국민들이 자기 역할을 하지 못한 죄, 하나님을 섬기지 못한 죄, 정결한 생활이 아니라 방탕하고 음란하고 싸움한 죄를 열거한다. 여기에 작사가의 신앙적 관점이 나타난다.

그렇다면 작사가는 한국전쟁을 극복하는 대안을 어떻게 제시하는가? 어그러진 죄를 짓지 않고 바로 잡아야 한다. 정치인이 바른 정치를 하고 학생이 본분을 다하며 청년이 방탕하지 않고 형제끼리 화목한다면 가능하다고 말한다. 그러므로 전후 한국의 비참한 상황을 벗어날 수 있는 대안은 죄의 장벽을 쳐부수어(9절) 통일을 이루도록 무기대신 복음탄을 준비(10절)하자는 내용이다. 한국전쟁을 극복하는 것은 하나님의 사랑으로 민족을 바라보고 무기를 내려놓고 농기구를 들어 산업을 발전시키고 복음을 받아들일 때 가능하다고 한다. 즉 시대상황을 신앙적 사고로 전환시켜서 신앙이 회복되어야 한민족이 회복된다고 말하고 있다.

'6.25동란가'는 자체적인 구조를 가지고 있다. 먼저 한국전쟁의 비참한 현실을 묘사하였고 다음으로 전쟁의 원인을 나열하였다. 마지막에는 전쟁을 중지하고 극복하는 대안을 제시하였는데 작사가는 신앙의 관점으로 죄에서 돌이키기를 제시하고 있다.

1   주의 용사 이러나 나가자 결사적으로
     복음들고 나가서 회개하라 외치며
     구하자 살리자 삼천만 동족

후렴   성신의 불이여 성신의 불이여.
     성신의 불이여 강림 하옵소서

2   주의 용사 일어나 나가자 나가자 결사적으로
     남은 때가 없으니 한가히 놀지 말고
     일터로 나가서 힘써 일하자

3 주의 용사 일어나 나가자 나가자 결사적으로
세상 염려 걱정과 헛된 영화 버리고
주님만 따라가 승리를 하자.

4 주의 용사 일어나 나가자 나가자 결사적으로
물러가지 말고서 앞만 향해 전진해
최후의 승리로 면류관 쓰자

5 주의 용사 일어나 나가자 나가자 결사적으로
원수 마귀 때들은 최후 발악하는데
어찌해 가만히 보고 있으랴.

6 주의 용사 일어나 나가자 나가자 결사적으로
이때 죽지 못하고 언제 피를 손으랴
순교의 피흘려 천국 세우자
6. <나아가자 결사적으로> 370장곡 (6절)

<나아가자 결사적으로>는 마치 전쟁에 참여하는 것 같은 분위기의 전진가이자 개선가이다. 마귀와 대적하는 주의 용사의 무기는 복음이다. 구호는 '회개하라'이며 싸움으로 지키는 대상은 '삼천만 동족'이다. 6절에 '순교의 피흘려 천국 세우자'는 가사가 있다. 이 싸움에 목숨을 바치는 결사적인 각오로 임하고 있다. 이 싸움에 목숨을 걸고 결사적으로 하지 않으면 물러날 곳이 없다는 절박함이 담겨 있다.

가사에서 말하는 싸움은 영적 전쟁이다. 이 싸움은 총과 칼을 비롯한 무기로 싸우는 전쟁이 아니라 하나님의 말씀을 듣고 영적으로

무장하는 영적 전쟁이다. 작사가는 오로지 신앙적 관점에서 한민족의 미래를 바라보고 있다. 한민족이 구원받고 번영할 수 있는 영적 전쟁에서 물러나거나 진다면 한민족의 미래는 없을 것이라는 삼천만 한민족의 상황이 급박함을 알려준다.

이 노래는 유재헌 목사의 작사이다. 『백합화』에는 작사가가 누락되었지만 유재헌 목사가 발간한 1947년 『복음성가』의 96. <주의 용사 일어나>와 같은 노래이다. 유재헌 작사는 노래가사를 1948년 서울 보광동에서 작사하였다. 그리고 곡조는 합동찬송가 370장, 그리고 개편찬송가 352장 '주를 앙모하는자'에 맞추어 부른다.

<blockquote>

1   우리소년들은 대한싹이니, 봄바람을 만난 우리나라에
    아름답게 자라 열매를 맺어, 에덴동산 만들자

후렴   대한아이야 기독소년아, 십자가를 높이 들고 나가자
    삼천만의 마음밭을 갖고서, 사랑의 씨를 붓자

2   새벽별과 같은 기독소년아 어두움을 쫓고 빛을 비추자
    예명기는 우리 무대이로다 독립의 태양을 받자

3   십자깃발아래 한테 뭉치자 대장 예수님의 호령소리에
    하나 둘 셋의 발을 맞춰서 용감하게 나가자

4   소년이로하고 학난성이니, 늙기 전에 배우고 힘써 일하자.
    우리가 놀면은 나라망한다. 일하기 위해 살자.

5   작은 예수되어 순간순간을 생명의 향기를 발산하여라

</blockquote>

하늘나라 땅에 건설해 놓고 평화 속에서 살자.
    38. <기독소년가> 작사 화단 유재헌 목사 118곡 (5절)

<기독소년가>도 유재헌 목사의 가사이다. 노래가사는 밝고 희망에 차 있으며 어린이들을 향한 애국계몽을 일깨운다. 유재헌 목사는 미래세대인 대한의 아이는 삼천만의 마음에 사랑의 씨를 뿌리고 일하자고 권면한다.

4절에는 고사성어가 나온다. '소년이로학난성(少年易老學難成)'은 송나라 유학자 주자의 『권학문(勸學文)』의 첫 구절이라고 한다. '소년은 늙기 쉬우나 학문을 이루기는 어렵다'는 뜻으로 작사가는 소년들이 열심히 배우기를 권면한다. 그리고 뒤이어지는 가사, "우리가 놀면 나라 망한다. 일하기 위해 살자"는 구호는 한민족을 위한 책임감을 소년들에게 일깨운다.

작사가가 말하는 책임감은 형이상학적인 차원을 일컫는다. 단순히 공부하고 돈을 벌거나, 기술을 연마하거나, 훌륭한 사람이 되거나 하는 세속적 차원이 아니다. 가사에서 작사가가 소년들에게 하는 권면은 '아름답게 자라 열매를 맺어, 에덴동산 만들자', '사랑의 씨를 붓자', '어둠을 쫓고 빛을 비추자, 독립의 태양을 받자', '십자깃발아래 한데 뭉치자, 용감하게 나가자', '생명의 향기를 발산하여라, 평화 속에서 살자' 등이다. 유재헌 목사의 권면은 소년들에게 '사랑과 평화의 생명이 있는' 한반도를 이루는 것이다.

    1   우리 주님을 호주로 상석에 모시고
         대소사 모든 일들을 었쭈어 행하네

| 후렴 | 주님과 식구한방에 감사찬송 기도하니 |
| | 젓과 꿀 흘러 넘치는 가나안 복지 천당일세 |

| 2 | 성경말씀 돌려보고 감화를 받으니 |
| | 모든 식구 불평없이 서로 사랑하네 |

| 3 | 웃음으로 아버지는 직장에 가시고 |
| | 학교가는 어린동생 찬송하며 가네 |

| 4 | 어머님 골방제단에 기도향 올리고 |
| | 오빠 언니 마주앉아 성경토론하네 |

| 5 | 하루의 일을 마치고 단란한 식탁에 |
| | 둘러앉아 담의하니 에덴 낙원이라. |

39. <낙원의 가정> 작사 유재헌 목사 269장 (5절)

<낙원의 가정>은 유교 경전 중 『대학』의 '수신제가치국평천하(修身齊家治國平天下)'가 떠오르는 가사이다. 이 말은 스스로 몸을 깨끗하게 하고 집안을 가지런히 한 다음에야 나라를 다스리고 천하를 평정할 수 있다는 고사이다. '제가(齊家)', 즉 집안을 바로 다스림에 관한 노래이다.

이 노래는 이상적인 기독교 가정을 묘사하고 있다. 가사에 제시된 가족 역할에도 시대영향이 보인다. 지금은 폐지된 호주제에 입각하여 주님이 호주되고 아버지가 직장인이며 어머니는 기도하는 사람으로 역할이 구분되어 있다. 가족이 성경을 읽고 토론하는 단란한 신앙가족이다.

노래가사에는 '제가(齊家)'만 다루었지만 작사가는 '제가' 다음의 '치국평천하'를 염두에 두고 있다. 이것은 유재헌 목사의 다른 노래 가사를 통해 유추할 수 있다. 그는 한민족의 부흥운동을 위해 평생을 목회하고 사역한 목사이다. 한민족을 구원하고 부흥케 하는 과정으로 올바른 가정생활의 본을 <낙원의 가정>에서 보여주고 있다.

1   나의 의식과 형식을 가죽을 벗기오며
    정과 육의 각을 떠서 육과 성별하옵고
    주님피로 내장씻어 단위에 놓습니다.

후렴 태워 연기 되게하사 흠양하며 주옵소서
    흠양하여 주옵소서

2   교만하고 냉정하며 불의한 이 마음을
    심판대에 올려놓고 여지없이 죽이여
    산제물로 제단위에 번제로 바칩니다.

3   영혼육체 재주기능 물질도 바치오며
    살을 찢고 피를 쏟고 뼈를 모다 갈아서
    십자가의 제단위에 지금 바치옵니다.

4   주님명령 내리시면 아멘하고 갑니다.
    사자굴과 풀무불도 요단강물 속에나
    갈보리산 십자가도 기쁨으로 갑니다.

5   반만년전 단군께서 하나님께 나아가
    제단쌓고 기도하여 이 나라 세웠으니

조선제단 이 몸드려 기도향 올립니다.
55. <헌신찬송> 작사 유재헌 목사 308장 (5절)

<헌신찬송>은 유재헌 목사의 신앙과 헌신을 소재로 한 가사이다.
마치 유재헌 목사 자신을 하나님께 번제를 드리는 설정을 하고 있다.
번제는 구약의 레위기에 등장하는 제사의 일종인데 신에게 바치는
제물을 하나도 남김없이 태우는 의례이다.

유재헌 목사는 노래가사에서 과격한 표현을 하고 있다. 자신의
'의식과 형식, 가죽을 벗겨 각을 떠서 육과 성별하여 주님의 피로 내
장을 씻어 단위에 놓는'(1절)다는 표현을 하고 있다. 과격한 표현은
가사 곳곳에 등장하는데 그는 하나님에게 자신을 '산제물로 번제로
바치'고, '살을 찢고 피를 쏟고 뼈를 모다 갈아서' 제단 위에 바치고,
'사자굴과 풀무불, 요단강'이라도 뛰어들겠다는 헌신의 각오를 다
지고 있다. 과격한 표현은 자신의 전부를 하나님께 바치겠다는 결연
한 의지를 나타낸다.

작사가는 자신의 모든 것을 하나님께 바치겠다고 결심한다. 자신
의 의식과 형식, 가죽, 내장을 단위에 놓고, 교만하고 냉정하며 불의
한 마음도 번제로 바치며, 영혼, 육체, 재주, 기능, 물질도 바치고, 살
과 피와 뼈도 제단 위에 놓는다. 그리고 하나님이 명하시는 어떤 곳
이든 가리라고 고백한다.

그는 왜 이렇게까지 헌신하는가? 그 원인은 5절에 나타난다. 그가
헌신하는 이유는 조선민족을 위한 구원이다. 자신의 몸을 드려 조선
을 대표로 기도하고 있는 그는 조선의 제사장이다. 그는 스스로 자
신을 기도제단의 기도의 용사라고 부른다. 마치 조선의 시조인 단군

이 하늘에 제사드리고 조선의 왕이 된 것처럼 자신도 예언자적 선지자같은 인물임을 설명한다. 유재헌 목사가 말하는 제사장은 종교적 제사장이지 세속적 왕은 아니다.

1 진리의 동산 학도는 은혜가 더욱 충만해
   복음의 말씀 배워 세상의 소금 되리라

후렴 열심히 배워 나가서 세상을 구원하리라
     세상을 구원하리라

3 말세를 당한 이민족 그 누가 구원하리요
   하나님 파수 우리들 그 직책 담당하리라

4 세상의 도를 더 깊이 배우고 실행하면서
   광야와 해골 된 세상 生命水 먹여 주리라

70. <성학가(聖學歌)> 신시주 작사 313장곡 4절

<성학가(聖學歌)>는 성경을 배워 이 세상을 구하자는 내용의 가사이다. 제목의 성학(聖學)은 성인(聖人)이 가르치는 학문으로 일반적으로 성인들의 말씀을 공부하는 유학(儒學)을 의미한다. 가사에서 말하는 진리는 기독교의 복음(福音)인 성경을 배우는 것이 곧 세상의 도를 배우고 실행하는 것이라고 말한다. '여호와를 경외하는 것이 지식의 근본'이라는 성경 구절도 2절에서 인용하고 있다.

작사가 신시주는 누구인지 밝혀진 바가 없다. 이름 뒤에 직책이 없는 것으로 보아 신학생일 가능성도 있다. 작사가는 '말세를 당한 민족'을 구원하는 것은 '우리들'의 직책이라고 인식하고 있다. '우리

들'은 기독교인, 신학생, 학생 모두가 해당될 수 있겠다. 이 노래제목의 성학(聖學)은 유학보다는 기독교 신학(神學)으로 해석하는 것이 적절하겠다. 기독교학문을 배우기를 권면하는 내용으로 신학교에 어울리는 노래이다.

> 1 삼팔선도 무너져서 할일많은 이 땅위에
>   삼천만을 남겨두고 어이홀로 홀로 가셨나
>
> 후렴 평생소원 순교제물 순교제물 두아들을
>   앞세우고 예수따라 예수따라 가셨나
>
> 3 칼과 총을 기쁨으로 매와 채찍 웃음으로
>   원수에게 사랑으로 그의 갈길 갈길 다갔다
>
> 4 게세마네 동산넘어 골고다에 골짝넘어
>   갈보리 산상위에 예수따라 예수따라 가셨네
>
>   97. <추모가> 362장 (4절)

<추모가>는 손양원 목사를 추모하는 노래이다. 노래가사에 손양원 목사의 이름은 언급되지 않았지만 한국개신교에서 그의 이름과 행적을 잘 알려져 있기에 노래가사를 보고 손양원 목사임을 유추할 수 있다.

가사에는 손양원 목사의 공헌을 설명하고 있다. 그는 두 아들을 공산당에게 잃었다. 손양원 목사는 예수님의 사랑을 본받아 자신의 아들을 죽은 이를 양자로 삼았던 일화로 유명하다. 원수를 사랑하라는 예수의 가르침을 본받아 그는 또한 병자돌봄사역과 감옥생활도

마다하지 않았다. 작사자는 원수에게 사랑을 베푼 손양원 목사의 삶을 갈보리 십자가의 예수를 따른 삶이라고 비유한다.

기독교인의 삶은 이처럼 겉으로는 비참하고 허무한 삶일 수도 있다. 기독교인의 가치가 세속적인 삶에 있지 않기 때문이다. 물론 모든 사람이 예수처럼, 손양원 목사처럼 사는 것은 아니다. 그러나 변하지 않는 기독교인의 가치는 세속적 삶에 있지 않다는 것, 하나님 나라의 확장을 위한 삶, 예수를 따라 사는 삶에 있다는 것을 일깨운다.

1   죄악의 三八선으로 하나님 뵈올수 없고
      천국과 인연끊어져 슬픔 고적뿐입니다.

후렴   주님은 십자가로서 성전휘장 찢으셨네
      오늘또 이 삼팔선을 무너뜨려 주옵소서

3   오늘교회 신자중에 3·8선이 가로놓여
      시기원망 분열되고 통일이 없사옵니다.

5   금수강산 우리대한 3·8선이 허리잘라
      남북이 양단되여서 도탄에 빠졌습니다.
             98. <죄악의 三八선> 310장곡 (5절)

<죄악의 三八선>의 작사자는 38선을 죄의 결과로 해석하고 있다. 예수의 죽음으로 성전을 가로막은 휘장이 찢어졌듯이 하나님이 38선을 무너뜨려 주기를 기도하는 마음을 노래하였다. 이 노래에서 38선은 이중적 의미를 가지고 있다. 38선은 남북한을 가로막는 벽이기

도 하고, 하나님께 나아가지 못하는 마음의 벽을 의미하기도 한다.

이 노래의 작사가는 유재헌 목사이다. 유재헌 목사의 『복음성가』의 68번 노래와 같다. 곡조는 합동찬송가 310장, 개편찬송가 501장에 부른다고 명시되어 있으며 '저 높은 곳을 향하여'에 맞추어 부른다. 유재헌 목사는 1948년 3월 10일 청단에서 38선을 바라보면서 이 노래가사를 지었다.

유재헌 일생에 세 번 기도원을 지었다. 첫 번째는 1940년 일본에서 설립한 조선수도원이고 두 번째는 1945년 12월에 설립한 대한수도원이다. 한국 최초의 수도원인 대한수도원은 강원도 철원군 갈말면 한탄강 골짜기에 지었다. 그 곳을 기도의 처소 삼고 한민족을 위한 기도제단으로 쌓으려 했지만 38선이 가로막혀 북한땅에 자유롭게 왕래할 수가 없었다. 이에 유재헌 목사는 1950년 5월 서울 종로구 삼각산 아래에 임마누엘 수도원을 세 번째로 설립하였다.

유재헌 목사는 38선을 바라보면서 이 노래가사를 지을 때, 두고 온 대한수도원을 떠 올렸을 것이다. 두고 온 기도의 제단을 생각하면서 어서 통일이 이루어지기를 기도했으리라.

> 1 혈기방강 청년들아 너 가는 길 어덴가
>   너가 가는 그 앞길이 절벽이냐 평지냐
>   너의 앞에 놓인 길이 사막이냐 수로냐
>   어떤길이 있드래도 너갈길을 살피세
>
> 6 요동하는 바다같은 변함많은 세상에
>   항해하려 나선청년 암초흑암 겁나도

청년생활 승리하신 예수등대 빛보고
갈릴리해 풍랑이긴 예수믿고 노져라.
101. <청년행로가> 작사 권성조 543장곡 (6절)

<청년행로가>는 청년들이 가는 길을 육로, 사막길, 바닷길로 비유하였다. 1절에서 4절까지는 청년의 길에 여러 어려움과 고난이 가로막고 있음을 묘사하였다. 2, 3, 4절은 육로와 사막길, 밤바다의 험한 고난을 나열하며 청년의 두려움을 비유하였다.

청년이 가야할 길의 어려움과 고난은 외부의 어려움도 있지만 내부의 어려움도 있다. 험한 육로에 밀림과 절벽길이 가로막고 청년 마음속의 물욕과 애욕이 울창한 삼림이 되고 색욕경(色慾慶)이라는 욕망의 골짜기와 쓸데없는 세상근심도 청년의 발걸음을 주춤하게 만든다(2절). 또한 끝도 없는 사막길에 갈증과 모래에 매장될 위험과 색마유혹같은 신기루(3절)도 청년의 길을 유혹한다. 험한 밤바다길은 세상폭풍과 사회노파, 가정근심이 거친 암초(4절)가 되어 청년의 길을 뒤덮으려 하고 있다.

5절과 6절에는 작사가는 청년의 대안을 제시한다. 그 어떤 길이든지 하나님의 성신검으로 청년을 유혹하는 죄를 베어버리고 하나님을 의지하고 갈 길을 헤쳐가자고 신앙으로 권면하고 있다. 그리고 오아시스같은 생명의 샘, 주님만 바라보고 가자고 격려한다. 비록 세상은 요동하는 바다처럼 암초흑암이 겁나지만 청년의 등대는 예수라고 선언한다.

전후의 청년세대에게 닥친 시대환경은 매우 혹독했을 것이다. 작사자인 경주성서학원의 신학생인 권성조는 1957년 당시 고작 21세이다. 대학생의 나이에 청년의 시대사명에 대한 열렬한 결심을 담은 가사를 쓴 그가 애처롭게 느껴진다. 권성조는 저와 같은 청년들에게 힘을 내어 맡은 역할에 힘쓰자고 이야기하면서 자신도 두려움을 이기고 믿음으로 극복하기를 기도하였을 것이다.

▌ 애국계몽가 노래

애국계몽가는 나라를 사랑하는 마음을 민중들에게 권면하는 노래이다. 애국계몽가는 민중의 의식을 일깨우기 위한 계몽적 목적으로 지어진 노래이다. 조선의 근대화는 외세라는 외적 동인에 의해 많은 영향을 받았다.

애국계몽가는 일제강점기에 유행하였다. 이것은 조선의 민족의식의 성장과 함께 이루어졌다. 조선의 지식인들은 중세를 벗어난 변화와 개혁의 필요를 감지했지만 외세의 침입과 개방압력의 거센 변화를 이기기에는 충분하지 못했다. 따라서 조선의 근대화는 일제강점기에 더욱 급진적으로 이루어졌으며 그 와중에 조선에 대한 민족의식이 강화되어 갔다.

『백합화』에는 개신교적 애국계몽가 4곡이 있다. 이 노래들은 신앙의 관점으로 애국계몽현실을 조망하고 있다. '청년행로가', '전도가', '금주가', '미신타파가'가 해당하며 모두 작자미상의 노래들이다. 이 중에 '금주가'와 '절개가'는 개신교적 내용이 없다. 그런대도 찬양집 안에 자연스럽게 수록되어 있다.

1957년 당시 교회에서 애국계몽가를 부르는 것은 일반적이었다. 당시 기독교인들에게 신앙생활을 한다는 것은 애국과 거리가 멀지 않았다. 한국의 기독교인이라면 나라와 민족을 위하고 기도한다는 것이 당연한 일로 간주되었다.

한국의 기독교인들은 신앙생활을 투철히 하면 하나님이 우리 민족을 구원해 주시리라는 믿음이 전제되어 있었다. 즉 신앙과 애국이 마치 하나처럼 결합되어 그 구분이 쉽지 않았다. 이러한 특징은 초기 개신교계에 나타나는 독특한 신앙 양태이다.

> 2 말못하는 생나무에 왠색기를 느리고
> 만반진수 다해놓고 복달라고 비노나
> 정관제복 입은 선비 꼬박꼬박 절하나
> 달라는복 주지못해 나무속만 다썩네
>
> 4 하얀눈알 부릅뜨고 손도발도 다없는
> 말못하는 몽두깨비 웃뚝세워 놓고서
> 유일무이 천하지상 대장군을 삼으니
> 이것이다 우리민족 부꾸러움 아닌가
>
> 5 산재고사 다지내고 성주단지 해놓고
> 굿도점도 다 이르고 좋단노릇 다했네
> 이러고도 한가지의 소원성취 못하고
> 한번한번 하는 것이 오늘까지 속았네
>
> 6 여보시오 내동포여 이러고도 우리가
> 반만년의 역사가진 문화민족 이랄가
> 우리들의 복받을길 한길밖에 없으니
> 생사화복 좌우하는 하나님 믿읍시다.

<미신타파가>(6절)

'미신타파가'는 6절의 노래이며 미신을 타파하자는 계몽가이다. 각 절은 미신타파의 비합리성을 하나씩 비판하고 있다. 1절은 가난에도 불구하고 굿이나 푸닥거리하며 귀신에게 바치는 쌀밥이 아깝지 않으냐고 책망한다. 2절과 3절은 나무와 바위에 색기를 띄우며 비는 것을 책망하며 4절은 장승에게 비는 것과 5절은 고사와 굿하기를 비판한다. 노래의 결론에 해당하는 6절은 반만년 역사를 가진 우리 문화민족이 복받을 길은 미신이 아니라 하나님뿐임을 교훈으로 제시하였다.

신앙적 대안이 제시된 6절을 제외하면 일반적인 미신타파가와 다르지 않다. 6절을 빼면 개신교적 내용이 없다. 그렇다면 대중적으로 유행하던 미신타파가를 교회에서 수용하였다고 볼 수 있다. 교회는 근대 계몽운동을 가장 적극적으로 지지했던 집단이므로 계몽가류의 미신타파가를 수용하고 부르는 것이 전혀 어색하지 않다.

1   하나님이 우리에게 주신 동산은
     기름져서 농사짓기 적당하고나
     밭도 갈고 논도 푸러 오곡백과를
     풍성하게 심고 메고 거두어보세

2   앞뒤산에 수목과목 우럴창창코
     넓은 들에 화축들이 소리치누나
     남녀노소 물론하고 우리농촌은
     젓과 꿀이 흐르도록 만들어보세

3   삼천리의 강산 안에 아들 딸들아

네가 할일 네가 하고 굳게 나가라
힘쓰는 자 하나님이 복주시나니
이 네몸을 모두 바쳐 힘써 일하세

<농촌가>(3절)

31. <농촌가>의 가사는 개화기에 유행하던 계몽운동가에 기독교
신앙을 접목하였다. 삼천리 강산의 아들딸들이 하나님 주신 농촌을
위해 일하면 하나님이 복을 주시리라는 내용이다. 농촌을 젖과 꿀이
흐르는 기름지고 복된 땅으로 만들어 보자는 내용은 가나안 복지를
향해 가던 히브리 유대민족을 떠올리게 한다.

유대민족은 애굽의 노예에서 모세를 통해 출애굽하였다. 노예와
포로된 유대민족이 하나님이 약속한 땅 가나안으로 가는 여정이 바
로 구약성경의 출애굽기이다. 한국인들은 출애굽기를 읽으면서 우
리 민족의 상황을 유비시킨다. 유대민족이 노예에서 자유케 되었듯
이, 한민족에게도 자유가 임하기를 기원하게 된다. 또한 유대민족이
젖과 꿀이 흐르는 가나안 복지를 향해 가듯이 한민족도 부귀와 번영
이 약속된 가나안 땅을 희망하게 된다.

그러므로 한반도의 청년들이 열심히 일할 명분이 세워진다. 농경
사회의 흔적이 남아있는 1950년대 말에도 <농촌가>가 여전히 불린
다는 것을 알 수 있다.

1   우리나라 동포여 이말 들어보오
    술을 먹는 사람은 자세 들어보오
    개인이나 나라가 망하는 것은
    술을 인해 그렇다 하는 말일세

2   보기좋고 맛좋은 술일지라도
        마쉬는 자 얼굴은 홍동주로다
        제아무리 점잖다 하는 자라도
        비틀비틀 하는꼴 못보겠도다

3   여보시오 동포여 내말 들어보오
        술을 먹고 성공한 사람 없도다
        우리민족 구하는 길이 있으니
        여보시오 동포여 금주합시다.

56. <금주가>(3절)

56. <금주가> 는 3절 노래이며 신앙적 내용이 없는 가사이다. 핵심 교훈은 술을 끊어 민족을 구하는데 일조하자는 내용이다. 가사에는 음주가 개인과 나라를 망치는 일이며 점잖치 못한 일이라고 비판하고 있다. <금주가>와 매우 유사한 노래로 71. <절개가>가 있다.

음주가 나라를 망치는 일이라는 표현은 현재의 관점에서는 비약이라 할 수 있다. 그러나 해방과 전쟁이 얼마 지나지 않은 1957년에는 전후복구의 절박함이 생생하던 시절이었다. 개인의 작은 행위라도 그것이 나라와 민족의 일과 연결되던 시절이었다. 교회는 신앙적인 이유로 금주와 금연을 더욱 성실히 지키고 강조하였다.

1   꿈을 깨어라 동포여 지금이 어느 때라 술먹나
        개인과 민족 멸망케 하는자 그 이름 알콜이라

후렴   술잔을 깨치라 담배대를 꺽어버리라
        삼천만 민족 살길은 절개운동 만만세

　　입에 더러운 담배대를 왜 물이 담대하라 형제여
　　　몸과 정신을 마비케하는자 담배란 독약이라

71. <절개가>

　71. <절개가>는 2절의 짧은 노래이다. <금주가>와 마찬가지로 신 앙적 내용이 전혀 없는 계몽가이다. 다른 점은 음주와 담배를 금하 라는 내용이다. 노래가사에서 음주는 개인과 민족을 멸망케 하는 것 이며 담배는 몸과 정신을 마비시키는 독약이라 한다. 금주와 금연의 목적은 삼천만 민족의 살길이라고 노래한다. <금주가>와 동일한 것 은 금주와 금연이 민족을 구하는 길임을 강조하고 있다는 점이다.

　<절개가>의 노래가사와 제목의 절개는 절제와 같은 의미로 사용 된다. 근대 이행기의 절제운동과 같은 내용이다. 그런데 작사가는 왜 절제라고 하지 않고 절개라고 하였을까? 당시 절제와 절개가 같 은 의미로 사용되지 않았을까 생각해 본다. 작사가가 절제를 잘못 쓴 것인지, 작사자가 의도를 가지고 절개라고 썼는지 궁금하지만 크 게 상관은 없다.

유동성: 다양한 갈래가 함께 하다

　『백합화』는 형식과 내용 측면에서 유동성(流動性)이 나타난다. 여 기서 유동성이란 노래 안에 음악적으로, 문학적으로 유연한 변화가 나타나는 것이다. 근대이행기에는 우리나라의 문학과 음악에 많은 변화가 일어났다. 전통음악에서 근대음악으로, 전통문학에서 근대문학으로 변화하는 과정에서 전통과 근대의 요소가 서로 상호영향을 주고받아서 독특한 갈래가 나타나기도 하였다.

근대이행기에는 종교가사가 나타났다. 새롭게 등장한 동학, 천주교는 비교적 형식이 자유로운 가사갈래를 활용하여 종교교리를 전하였다. 기존에 불교가사, 유교가사도 있었지만 동학과 천주교는 민중들에게 포교하기 위해 가사갈래를 적극 활용하였다. 개화기에는 동학가사와 천주가사를 이어 개신교가사도 존재했다. 그러나 근대문학과 근대음악의 급변으로 가사갈래는 점차 사그라들었다.

기존의 곡조에 가사를 지어 붙이는 가사(歌辭)갈래는 노래가사의 형식과 닮았다. 가사는 본래 시가와 산문의 중간형태이며 문학갈래 중에서 비교적 형식과 내용이 자유롭다. 『백합화』노래 중에는 10절, 20절까지 이어지는 긴 노래가 있는데 이렇게 길게 이어지는 노랫말 가사(歌詞)는 가사(歌辭)갈래를 닮았다.

물론『백합화』의 노래가 곧 가사(歌辭)라고 하기에는 접점이 좀 멀다. 시대적으로도 형식적으로도 가사갈래와는 거리가 있다. 그러나 필자는『백합화』의 노래에서 가사갈래의 영향을 감지할 때가 많다. 1950년대에 오면 가사를 넘어 다양한 현대음악과 현대문학의 영향이 나타나 가사의 영향은 더 이상 두드러지게 나타나지는 않는다.

노래는 곡조와 가사로 구성된다. 곡조는 음악이요 가사는 문학이다. 그래서 노래에는 음악과 문학이 함께 있다. 1957년 발간된『백합화』에는 전통과 근대의 갈래가 혼재되어 나타난다.『백합화』는 형식 측면에서 콘트라팍타, 찬송가, 민요, 창가, 잡가, 대중가요가 나타나며 내용 측면에서는 애국계몽가, 절제가, 효도가, 숫자풀이, 자모풀이, 비신앙적 내용이 함께 수록되었다.

『백합화』는 악보 없이 가사만 있다. 실제 교회에서는 악보가 없어도 노래를 부르는 데 아무 어려움이 없었다. 이것이 가능한 것은 근대이행기부터 도입된 콘트라팍타(Contrafacta)의 영향이다. 콘트라팍타는 초기 한국개신교에서 널리 활용되던 방식으로 서양곡조와 그 외 알려진 기존곡조에 가사만 바꾸어 부르는 방식이다. 당시 애국계몽가류도 상당수가 이러한 방식에 맞추어 불렀으며 일본창가 곡조로도 애국계몽가가 불려졌다.

『백합화』의 수록곡은 곡조가 명시된 것도 있고 명시되지 않은 것도 있다. 곡조가 명시되지 않아도 가창자가 적당히 맞는 곡조를 대입하여 부를 수 있다. 『백합화』를 어릴 때부터 접했던 박정기 장로(포항중앙교회)는 곡조가 없는 노래도 자기가 기억하는 곡조로 수월히 부르곤 한다. 박장로는 2022년 현재 『백합화』의 모든 곡을 기억하고 부를 수 있는데 90여곡을 부를 때 필요한 곡조는 그에 훨씬 못 미친다. 같은 곡조로 여러 노래를 대입하여 부르는 방식을 활용하기 때문이다.

이처럼 현재 연로한 개신교인 중에는 어린 시절에 가사만 보고 노래를 불렀던 추억이 있다. 박장로처럼 가사만 보고도 노래를 부를 수 있는 이들이 꽤 많을 것임을 짐작할 수 있다. 즉 악보가 없는 것은 노래하는데 전혀 문제가 되지 않았다.

『백합화』 노래에 가장 많이 활용된 곡조는 찬송가이다. 바로 1949년 장로교와 감리교, 성결교가 함께 발행한 『합동찬송가』이다. 이 찬송가는 한국인의 손으로 편집된 최초의 연합찬송가였으며 1950년대 당시 정규 예배시간에 활용하는 찬송가였다.

1957년 발간된 『백합화』의 수록곡은 찬송가의 곡조를 가장 많이 사용하였다. 그러나 『백합화』의 노래는 정규 예배시간에 부르지는 못했다. 예배시간이 아닌 다양한 이차 모임에서 활용되어 정규 찬송가보다 덜 엄격하고 좀 더 친숙한 특징을 가지고 있다. 예배시간에는 찬송가를 부르고 이후 시간에는 찬송가 곡조에 다른 가사를 넣은 노래를 불렀던 것이다.

『백합화』 수록곡 중에서 곡조가 명시된 82곡 중 절반에 가까운 40곡이 찬송가 곡조이다. 노래제목과 함께 찬송가 해당 장이 명시되어 있다. 이 중에서도 찬송가 90장의 곡조가 7개 노래에 사용되었다. 찬송가 이외의 곡조로 제시된 것은 클레멘타인(Clementine 미국민요), 황무지, 오동나무, 유리바다, 나아가자 동무들아, 아리랑, 성불사, 룻가 곡조이며 이 중 오동나무는 5개 노래에 곡조로 사용되었다. 하나의 곡조로 여러 노래가사를 붙여 활용하였다.

『백합화』에는 민요풍 노래가 다수 있다. 조선 사람이 쓴 노래가사에 조선민요를 붙였다. 그야말로 조선적인 콘트라팍타이다. 수록곡 중에 민요 영향이 잘 나타난 노래는 7곡으로 말풀이류 6곡, 시집살이가 1곡이다. 이 부분은 이 책의 다른 장(민요와 개신교의 만남)에서 상세히 다룰 것이다.

1   이 풍진 세상을 만났으니 나의희망이 무엇인가
     부귀와 영화를 누렸으니 희망이 족할까
     공산명월 둥근달아래 곰곰이 앉아서 생각하니
     세상만사가 춘몽중에 또다시 꿈같다.

2   담속희락에 엄펑덤펑 주색잡기에 침범하야
     저청년 사업을 몰랐으니 희망이 족할까
     푸른하늘 둥근달아래 갈길을 모르는 저청년아
     무심연유로 이때까지 꿈속에 갔더냐

3   나의할일은 태산같고 가는세월은 살같으니
     어난누가 도와주면 희망이 족할까
     돋는달과 지는해야 바쁜일 없거든 가지말라
     저 청년사업을 개량토록 인도합소서

4   밝고밝은 이세상을 혼돈천지로 아는자야
     무삼 연유로 이때까지 꿈속에 자느냐
     이제부터 힘을 내여 원수의 장막을 져버리고
     구주예수 뵈옵기를 분발 하여라.

                                         32. <청년경계가>(4절)

『백합화』에는 창가, 잡가의 영향도 있다. <청년경계가>는 국문학
의 갈래로는 창가, 또는 민요에서 파생한 대중가요인 잡가로 분류된
다. 1910년대에 유행한 잡가의 또 다른 명칭은 속가, 속곡, 유행 창
가, 가곡, 가요 등으로 불렸다.

  유명한 이 노래는 일본곡조에 조선인이 붙인 가사이다. 언제부터
불렀는지 정확한 연대는 알 수 없지만 3·1운동 이후부터 불렀다고
한다. 1932년에 나온 『이십세기신구유행창가』에 실린 이 노래에
"탕자자탄가(蕩子自嘆歌)"라는 제목이 붙었다. 다른 제목으로는 "이
풍진(風塵) 세상", "이 풍진 세월" 등 다양한 제목으로 알려졌으며[7] 지

  7 문화재청 근대문화재과, 『근대문화유산 음악분야 목록화 조사 보고서』(대전: ㈜

금까지도 리메이크되어 불리는 노래이다.

『백합화』의 <청년경계가>는 4절이고 1, 2절에서는 청년의 신세한탄과 시대한탄이 주를 이루고 있다. 어지러운 시대를 만나 청년이 희망을 찾아 헤매이고 있는 모습이다. 부귀와 영화, 주색잡기에도 만족을 모르고 청년의 희망을 찾을 수 없으니 둥근 달을 보며 고민하고 갈 길을 찾고 있는 청년이다.

3, 4절에서는 청년 청년사업 개량과 신앙열심을 권면하는 내용이다. 작사가는 청년사업에서 희망을 찾는다. 청년사업이 구체적으로 어떤 것인지 가사에는 알 수 없지만 할 일이 태산같이 많은 시대에 시간이 가는 것을 아까워하고 있다. 노래의 결론격인 4절에는 신앙적 내용이 등장한다. 이 세상은 혼돈천지가 아니라 밝고 밝은 곳이니 꿈을 깨고 힘을 내어 원수장막을 벗어버리고 예수를 만나도록 분발하라고 격려하고 있다.

개신교 신앙적 내용은 4절의 마지막 한 행에만 적용되었는데 이 부분은 작사자에 의해 창작되었을 가능성이 크다. 이 노래의 다양한 버전에서는 신앙적 내용이 없기 때문이다. 일반대중에 유행하던 노래를 교회에서 수용하여 불렀을 가능성이 크다고 생각된다.

1   내어려서 자란곳은 어머님의 가슴속
       이내몸은 안기워서 춥지않고 자랐다

후렴   나를업고 안으기를 어머님의 큰은혜
       너무넓고 높고깊어 측량할수 없도다

계문사, 2010), 38.

2   내어머님 앞가슴에 나의양식 생명샘
    간단없이 흘러나와 나를 먹여 주셨네

3   내어머님 무릎위에 고단해서 누우면
    비단솜과 같은곳에 단잠들어 꿈꾼다

4   내어머님 나를안고 애지중지 기를때
    맛이있는 음식으로 국걸걸어 먹였다

5   내어머님 나를길러 학교교육 시킬때
    밤낮으로 수고하신 은공심히 크셔라

6   내어머님 품안에서 잘자라난 우리는
    잠시라도 잊지말고 은공보답 합시다

19. <보은가> 566장곡(6절)

『백합화』수록곡 <보은가>는 어머니 은혜를 기리며 보답을 다짐하는 내용이다. 가사에는 신앙적 내용이 전혀 없는 비신앙적 내용이다. 이 곡은 찬송가 566장 곡조에 맞추기 위해 율격이 4.4조, 4.3조가 반복되어 나타나며 6절로 구성되었으며 저자는 미상이다.

수록곡 중 비슷한 내용의 노래는 <어머님 은혜>(49)와 <어머님 은혜가>(53)가 있다. <어머님 은혜> 노래는 신앙인 어머니의 은혜를 기리는 내용의 7절 노래인데 6절에 정몽주의 단심가 일부를 그대로 원용하고 있다. 6절 내용을 소개하면 "이 몸이 죽어 일백번 죽어 백골이 진토가 되어도 주님향한 일편단심 변할 리가 있겠습니까"로서 익숙한 구절을 가사에 끼워 넣어 일종의 언어유희적 장치로 활용하였다. <어머님 은혜가>는 목회자 아들이 어머니 은혜를 기리는 내용이다. 어머니 은혜가류는 내용이 거의 유사한데 마치 하나의 갈래처럼 3곡이『백합화』에 수록되었다.

접근성: 누구나 따라 부르기 쉽다

근대이행기에 한글 노래는 민중들에게 쉽게 다가갈 수 있었다. 조선 후기에 등장한 종교가사가 주로 한글로 저작된 이유는 접근성을 높여서 대중에게 쉽게 다가가기 위해서이다. 가사갈래는 조선 문학 갈래 중에서 가장 쉽고 접근성이 낮은 갈래였기에 종교가사에 쉽게 활용되었다.

우리나라 최초의 가사(歌辭)도 불교가사였다. 고려말에 나온 불교가사는 두 가지로 분류된다. 하나는 한문으로 된 선시와 또 다른 하나는 우리말 노래 가사인데 한문선시는 깨달음과 지혜를 구하는 내용으로 선승들 사이에 전해졌고 아래로는 중생교화를 위해 쉬운 말로 가사를 제작하여 대중에게 널리 전파하고자 하였다. 가사가 처음 등장했을 때부터 민중들에게 접근성이 쉽다는 장점이 활용되었다.

종교가사의 대중성은 근대이행기에 등장한 동학가사, 천주가사에서도 나타났다. 동학가사, 천주가사도 모두 한글로 노래를 지어 민중에게 전파되었다. 개신교도 주로 한글을 사용하여 성경번역과 찬송가 창작이 이루어졌기에 민중들에게 전파될 수 있었다.

『백합화』 노래는 누구나 쉽게 따라 부를 수 있다. 『백합화』의 소장자인 박정기 장로는 1951년생으로 『백합화』의 편찬연도인 1957년 당시 6세 어린이였다. 그가 6세부터 10대 초반의 나이였을 때, 집에서 『백합화』 책을 가지고 혼자 처음부터 끝까지 불렀던 추억을 가지고 있다.

박장로가 어린 시절에 다녔던 교회에서는 찬양을 할 때, 악기 없이, 악보 없이 불렀다. 박자와 장단을 맞추는 것은 사람의 목소리와 박수뿐이었다. 그래도 노래의 흥은 살아났다. 간혹 분위기에 따라 박자가 빨라지기도 하고 느려지기도 했다. 그러면 박수가 빨라지고 목소리도 흥에 겨워 함께 흥겹게 박자를 타는 것이다. 때로는 슬프고 비장한 노래를 부를 때는 저절로 분위기에 맞춰 박자와 장단이 조절되었다. 이러한 특징은 흡사 민요를 부르는 모습과도 유사했다고 한다.

시간이 흘러 한국교회에 악기가 도입되었다. 악기는 교회노래에 변화를 주었다. 우선 악기의 반주에 따라 일정한 박자를 맞추게 되면서 악기 없는 상태에서 노래부를 때 자연스럽게 생겨나던 흥이나 분위기가 다소 달라졌다. 즉 악기 연주소리에 노래를 맞추어 부르면서 정확하게 박자를 맞추게 되었고 사람의 목소리나 박수 소리만 의지해서 부르던 분위기와는 달라졌다.

달리 생각해 보면 악기가 없어도 악보가 없어도 노래 부르는 데 전혀 어려움이 없었다. 그러니 한 사람이 있어도, 여러 사람이 모여서 불러도 가능한 노래였다.

『백합화』의 작사가 목록

저자	곡명(순서, 제목)	곡수
유재헌 목사	5 임마뉴엘 6 나아가자 결사적으로 8 주님과 못 바꾸네 33 환영찬송 35 요일가 36 낙심마라 37 용사들아 올라가자 38 기독소년가 39 낙원의 가정 40 속죄함받았다 49 어머님은혜 55 헌신찬송 58 공중의 새를 보라 96 주린 양떼 위하여 98 죄악의 38선 114 아사셀 산양	16
양성은 목사	29 전도가 41 초군가(하나로다 배달민족) 42 초군가(눈을 들어오곡백과) 75 자모풀이(자모푸리)	4
이성봉 목사	45 회개의 신앙	1
권성조 학생	24 조심가 61 六.二五 동란가 65 효도가 69 감사가 90 주님고란가	5
신시주	70 성학가	1
김용진	81 베드로후서가	1
박성	101 청년행로가	1
이영	104 낙원세계 105 내 갈곳은 하늘나라 105 주 나를 부르네	3
이영수	108 주앞에 갑니다	1

『백합화』 수록곡 가사는 대부분 한국인이 지은 내용이다. 당시 개신교 교회의 공식예배에서 사용하던 공식 찬송가가 대부분 서구의 것을 번역한 것이었던 반면 『백합화』의 수록곡은 한국인의 감성과 시대의식으로 창작된 것이다.

위의 표는 『백합화』의 수록곡 작사가를 분류하였다. 작자미상의 곡을 제외하고 가사 저자가 명시된 곡만 25곡이고 저자는 9명이다. 이 중 목사는 3명으로 유재헌, 이성봉, 양성은 등이다.

당시 유재헌(劉載獻, 1905~1950) 목사와 이성봉(李聖鳳, 1900~1965) 목사는 유명한 부흥사였다. 이들은 전국교회와 기도원 등을 순회하면서 집회인도와 설교를 하면서 찬송가사를 쓰고 불렀다. 특히 유재헌 목사는 그가 발행한 『복음성가』의 전 곡을 모두 작사하였다. 반면 양성은 목사에 대하여는 아직 자세한 인적사항이나 활동은 알려진 바가 없다. 당시 개신교인들은 개교회에만 머물지 않고 집회가 열리는 타 교회나 수도원, 기도원 등을 다니는 것이 관행이었으므로 그곳에서 부르는 찬송이 각 교회에 전파되었다.

작사가 중 이름이 명시된 6명 중 권성조는 경주성서학원 학생인 것이 밝혀졌다. 필자가 2017년에 『백합화』의 발굴과 의의를 논문발표 후 제보를 통해 확인할 수 있었다.

권성조(1938.5.15.~2018.6. 울산 학성교회 원로장로)가 1957년 당시 21세였다. 그는 경주성서학원 신학생으로 재학하면서 찬송가사와 시 짓기를 즐겨하였다. 『백합화』의 머리말에는 목사와 신학생이 쓴 노래가사가 다수 있다고 밝히고 있는데 작사가 중에 또 다른 경주성서학원 학생이 있을 수도 있다. 이름 뒤에 직책이 명시되지 않은 신시주, 김용진, 박성, 이영, 이영수 등이 경주성서학원 신학생일 가능성이 크다.

『백합화』의 노래가사는 작곡이나 작사를 공부하지 않아도 창작할 수 있었다. 목사와 신학생도 가사 창작에 참여할 수 있었다. 음악적 훈련이 없어도 전문작사가가 아니더라도 콘트라팍타 방식을 빌어 익숙한 곡조에 쉬운 가사를 붙였다. 누구나 따라 부르기 쉬운 형태로 어린이도 쉽게 따라 부를 수 있었다. 가사 내용도 어려운 내용이 아니라 누구나 따라 부르기에 무리가 없는 평이하고 쉬운 내용들로 구성되었다.

수록곡 중에는 비신앙적 내용도 다수 포함되었다. 그중 애국계몽가는 동시대의 한국 사람이 함께 불렀던 노래이다. 조선인들이 공유하는 민족정서와 애국계몽의 의지를 표현하는 노래가사는 기독교인도 비기독교인도 함께 공감하며 불렀다. 교회 안에서도 교회 밖에서도 불렸다.

여성들의 노래인 시집살이류, 어머니 은혜류의 노래도 교회에서 불렸다. 민요에 속하는 숫자풀이류, 자모풀이류의 노래도 있다. 대중가요, 잡가, 창가도 교회에서 불렸다.

이러한 노래들은 정규 예배시간에는 부르지 못했을 가능성이 크다. 정규예배시간 이외에 좀 더 자유로운 분위기에서 불렀을 것이다. 즉 1950년대 후반 한국교회는 신앙의 공간이기도 하지만 교제와 사교, 오락과 유흥의 공간으로 활용되었다. 신앙의 노래도 부르지만 비신앙적인 노래도 함께 부를 수 있었다.

여기서 질문이 생긴다. 대부분의 한국교회는 보수적이라고 알려져 있는데 1950년대 후반 교회에서 어떻게 비신앙적인 노래를 부를 수 있었을까? 비록 정규 예배시간과 분리되는 시간에 불렀겠지만 비신앙적 노래, 민요, 세속노래를 불렀다고 하니 신기한 일이다.

현재의 한국의 대부분 교회에서는 비신앙적인 노래나 세속노래를 부를 수 있는 곳은 거의 없을 것이다. 현재와 비교하면 『백합화』가 불리던 시대의 노래는 현재의 한국교회보다 훨씬 역동적인 측면이 있었다고 할 수 있다.

제4장
1943년 경주성서학원[*]

성서학원의 시작

성서학원은 어떤 곳일까? 성서학원은 평신도 지도자를 양성하는 기관이다. 일반적으로 교회의 지도자는 목회자들인데 이들은 교단 소속의 신학교를 졸업한 이들로서 목사, 전도사, 강도사 등이 해당한다. 반면 평신도 지도자란 집사, 권사, 장로의 직분을 받은 자로서 교회에서 교사 또는 부서의 리더 역할을 하는 이들이다.

한국개신교의 초기에는 목사가 부족하였다. 따라서 곳곳에 평신도 지도자를 양성하는 성서학원이 세워졌다. 1907년에 동양선교회는 성서학원의 전신인 성경공부반을 운영하였고 1913년에는 경주

---

[*] 이 글은 필자의 논문을 재구성하였습니다. 이혜정, "경주성서학원의 초기 역사와 신학교육," 『신학과목회』53(2020), 55-80.

인근의 대구 동산성서학원이 시작되었다. 미국 선교사들은 성서학원의 필요성과 중요성을 경험으로 알고 있었다.

성서학원은 출발은 미국에서 시작되었다. 1886년에 미국 시카고에 설립된 무디성서학원이 시작이었다. 설립자는 평신도 설교가로 유명했던 드와이트 무디(Dwight Lyman Moody, 1837~1899)이다.

무디는 가난한 집안에 태어나 초등교육도 제대로 마치지 못했다. 일찍 아버지를 잃었고 생활환경도 어려웠지만 긍정적인 마인드와 신앙을 가진 어머니로 인해 무디는 잘 성장할 수 있었다. 그는 17세부터 시카고에 있는 외삼촌의 신발가게에서 영업사원으로 일했다. 그는 성실함과 탁월한 영업능력으로 승승장구하였다. 이대로라면 성공적인 직장인의 삶이 보장되었다.

그러던 중 그는 시카고 교회의 에드워드 킴볼을 만나 일생일대의 변화를 경험한다. 주일학교 교사인 에드워드 킴볼은 무디의 신발가게를 찾아와 예수님의 사랑을 증거해 주었다. 무디는 어려서부터 신앙을 접했고 성경을 알았지만 영적 체험이나 거듭남에 대해서는 알지 못했는데 킴볼을 통해 깨닫게 되었다. 이 일은 무디 일생에 강력한 변화를 가져왔다.

무디는 자신이 겪은 바를 전하는 복음 전도자가 되었다. 그는 어린 이들에게 복음을 전하기 시작했다. 뛰어난 영업사원 출신의 그의 설교는 쉽고 명확하며 복음의 핵심을 전달하여 인기를 얻었다. 전도된 이들이 증가하기 시작하여 1875년에 시카고 빈민가에 교회를 설립하였다. 나아가 1886년에는 시카고에 무디성서학원[1]을 설립하였으

---

1 무디성경학교 홈페이지 사이트 https://www.moody.edu/(최종접속일 2024.02.19.)

며 마운트 헤르몬 학교를 설립하였다.

무디는 평신도 설교가이다. 그는 목사도 아니고 정규 신학교육을 받지도 않았다. 그런 그가 하는 설교에 사람들은 귀를 기울이고 집중하였다. 무디가 세운 성서학원은 큰 반향을 일으켰다. 무디가 불을 지핀 학생자원운동, 선교자원운동에 많은 청년들이 동참하여 오직 복음을 전하기 위한 소명만을 가지고 전 세계에 선교사로 자원하였다. 당시 한국선교 선교사들 중에 무디 영향을 받은 이들이 많았다.

성서학원은 평신도 지도자를 양성하는 기관이었다. 성서학원의 목표는 성서에 능통한 성경전문가를 양성이었다. 미국의 성서학원운동은 다음과 특징을 가지고 있었다. 첫째, 성서학원은 정규 신학교에 비해 교육과정이 짧았다. 둘째, 성서학원은 정규 신학교에서 가르치는 전통적이고 이론적인 신학교육이 아니라 성경 위주의 커리큘럼이 운영되었다. 셋째, 성서학원은 학력제한이 없었다. 정규 신학교에 입학하기 위한 학력조건보다 낮은 수준을 요구했기 때문에 입학조건이 다소 유연했다. 그리고 남성에 비해 상대적으로 진학율이 낮았던 여성들에게 교육의 기회를 제공하였다. 넷째, 성서학원를 졸업한 이들에게는 교회사역의 기회가 제공되었다. 정규 신학교를 졸업하면 목사 안수를 받고 목회자가 되지만 성서학원을 졸업하면 평신도로서 교회지도자로 세워질 수 있었다.

성서학원은 19세기와 20세기에 걸쳐 미국 개신교의 신학 교육기관으로 자리매김하였다. 그리고 미국 선교의 직접적 영향을 받은 한국 개신교에도 성서학원이 시작되었다. 조선에 들어온 장로교와 감리교 등의 교단들은 신학교를 설립하여 한국인 목회자를 양성하였지만 여전히 한국인 목사는 부족한 형편이었다. 그러므로 성서학원을 각 지역에 설립하여 평신도 사역자를 양성하였다. 경주성서학원의 설립목적은 교회지도자를 양성하는 것이었다.

왜 1943년에 설립되었나?

경주성서학원은 1943년 개교한 이후 몇 차례 이름이 변경되었다. 설립 당시 이름은 경주성경학원이었고 1948년 고등성경학교로 개설되었으며 1961년 경주성경고등학교, 1962년 경주성서학원, 1981년 경주성서신학원, 1982년 경주성서학원, 1983년 평신도훈련원으로 변경되어 현재에 이르고 있다. 1962년부터 1980년까지 경주성서학원으로 불렸다. 여기서는 가장 오래 불린 명칭인 경주성서학원으로 부르려고 한다.

경주성서학원은 왜 1943년에 설립되었을까? 한국기독교역사를 조금이라도 아는 이라면 1943년이 어떤 시기였는지 짐작할 수 있을 것이다. 국가적으로는 국권상실의 시대요 일제가 마지막 발악을 하듯이 전쟁에 열을 올리고 있었고 종교적으로는 일제의 종교탄압과 신사참배 강요가 한국교회를 무겁게 압박하던 때이다. 1943년 당시 한국교회는 강력한 기독교탄압정책 아래 사실상 교회운영이나 종교활동이 불가능한 시기였다. 그런데 이러한 1943년에 경주성서학원은 시작되었다. 아이러니하지 않은가!

새벽이 오기 전이 가장 어둡다고 한다. 해방을 2년 앞둔 가장 암울

했던 1943년, 갑자기 해방이 오리라고 예상할 수 있었을까. 1943년에 대한예수교장로회의 경주지역 교회를 대표하는 경동노회는 정기노회를 열지 못했다. 다른 지역의 상황도 이와 비슷했기에 조선예수교장로교의 전국 회의격인 정기총회도 열리지 못했다.

1943년은 무노회, 무총회의 해였다. 사실상 한국교회는 마비 상태였다. 일제에 동의하고 신사참배에 참여하는 이들만 활동할 수 있었기에 한국교회 예배에는 천황에 대한 의례가 포함되었으며 그렇게 문을 연 교회들이 근근이 이어가고 있었다. 이러한 상황에서 경주성서학원이 시작되었다.

1943년, 조선 개신교

1943년 한국교회는 어려움에 처해 있었다. 일제의 전쟁야욕과 광기는 극에 달했고 종교탄압정책은 한국교회를 빠져나오기 힘든 빈사 상태로 만들었다. 사실상 그 이전부터 일제의 한국교회 탄압은 단계적으로 시행되었다. 일제의 침탈은 정치적 주권행사를 중단시켰고 경제적 이권을 빼앗았으며 문화정치와 검열로 문화 분야를 탄압하였으며 이제 종교에까지 이르러 신사참배를 강요하였다.

신사참배는 한국교회에 결정적인 탄압이었다. 신사참배는 일본 신도(神道)의 사원을 참배하는 행위이다. 일본의 전통 민간신앙과 조상숭배, 신화 등이 혼합된 신도는 메이지 유신 때부터 국가신도라는 이름으로 정립되어 갔다. 일본제국주의는 신도를 통해 자국의 권위를 세워나가고자 계획하였다.

급기야 제2차 세계대전에 와서는 조선인들에게도 신사참배가 강제 시행되었다. 일본과 조선은 한 몸이라는 내선일체(內鮮一體) 구호를 내세워 신도로 통합하고자 하였다. 그러나 실제 목적은 조선인의 정신을 말살하고 착취하기 위함이다. 일제는 조선 곳곳에 신사를 세우고 국민의례로 참배케 하였다.

조선교회는 이를 용납하기 어려웠다. 십계명의 제 2계명인 "우상을 섬기지 말라"는 하나님의 명령을 정면으로 위배하는 행위였기 때문이다. 일제는 신사참배를 거부하는 이들과 교회에 대하여 적극 탄압하기 시작했다.

일찍이 1910년 한일합병 때부터 일제는 신사참배를 도입하였으나 기독교학교와 교회에는 강요하지 않았다. 그러나 1930년대 후반, 중일전쟁을 기점으로 신사참배를 강제 의무시행하기에 이르자 기독교계와 충돌이 본격화된 것이다. 일제는 신사참배를 거부하는 교회는 폐쇄조치하는 강력한 단속을 실시하였다. 이에 점차 신사참배를 허용하는 교회가 생겨나기 시작하였다.

1938년, 한국의 주요 개신교교단들은 신사참배를 결의하였다. 1938년 9월 3일 감리교에서 신사참배안이 결의되었다. 그리고 9월 9일 장로교에서도 결의되었다. 이 와중에 신사참배를 거부하는 이들이 나타났다. 숭실학교는 신사참배를 거부하고 1937년 10월 29일 기독교학교 중에 유일하게 자진 폐교를 선택하였다.

그러나 안타깝게도 대부분의 교회와 학교는 일제에 점차 잠식되었다. 1939년 조선예수교장로회 제28회 총회는 "국민정신 총동원 조선예수교장로회연맹" 이름으로 일본의 태평양전쟁 지지선언을 발표하였다. 1940년 3월에는 감리교의 전국 조직체인 3부 연회가 해산되고 교단이름은 기독교조선감리교단으로 변경되었다. 그해 9월에는 기독교 지도자들이 대거 검거되었고 10월에는 외국 선교사들이 자국으로 강제 출국하였다.

신사참배 결의 후의 한국교회는 친일적 교회가 되어갔다. 1940년 9월 29일 평양 창동교회당에서 열린 조선예수교장로회 제29회 총회는 일본기독교대회 사절의 축사를 받았다. 이에 화답하여 장로교는 일본기독교대회에 축하사절을 파송하였다. 또한 총회는 일제에 대한 애국주일을 지키기로 결의하였다. 1941년 제30회 장로교 총회에서는 국방헌금 203원을 모금하고 일본기독교대회와 만주총회의 축하사절을 맞았으며 또한 애국기(機) 헌납기성회를 조직하여 본격적으로 태평양전쟁을 지원하였다.

1941년 3월, 일제는 조선사상범 예비 구금령을 내렸다. 이에 천주교 외국 선교사들이 검거되었다. 그해 12월 8일 일본의 진주만 기습으로 태평양전쟁이 시작되자 감리교 선교사들이 대거 귀국하였다. 1942년 10월에는 언더우드를 비롯한 선교사를 전원 출국시켰다.

이후 일제의 종교탄압은 더욱 구체화되어 예배에 간섭하거나 방해하는 행위가 증가하였다. 1942년 6월 30일 일제는 예배의 몇 가지를 금지하였다. 즉 찬송가 가사를 변경하는 것과 구약과 신약의 계시록 봉독(奉讀, 남의 글을 받들어 읽음, 또는 예배시간에 읽는 것)하는 것을 금지하고 전쟁과 종말, 일제에 불리한 내용을 설교하는 것도 금하였다.

일제는 또한 교회의 종을 강제 공출하여 전쟁물자로 활용하였다.

교회의 종들을 모아 녹여 전쟁무기를 제조하였다. 교회마다 예배시간을 알리던 종소리가 사라졌다. 이 모습은 조선교회가 사라지는 모습을 비유하는 것 같은 아픈 역사이다.

이러한 중에 1943년과 1944년에 장로교 총회는 열리지 못했다. 일제는 1943년 1월에 각 교회에 신붕(神棚)과 봉안전(奉安殿)을 설치하도록 강요하였다. 신붕이란 일본 민간신앙에서 집안에 신을 모셔놓은 제단을 의미하며 봉안전은 신을 모신 신주이다. 그야말로 조선교회가 가장 받아들이기 힘든 우상숭배를 다시 한번 강요한 것이다. 이에 그치지 않고 일제는 9월에 교회의 주일 오후예배와 저녁예배, 수요기도회 집회를 금지시켰다.

최종적으로 일제는 한국교회 조직을 통폐합시켜 감시 아래 두었다. 1943년 5월 5일, 조선에서 가장 교세가 큰 장로교와 감리교를 조직개명하여 이른바 장로교는 '일본기독교 조선장로교단'으로, 감리교는 '일본기독교 감리교단'으로 바꾸었다. 내선일체정책으로 일본 본토와 조선을 하나의 조직으로 묶으려 한 통치정책이었다. 조선의 많은 기독교 지도자들이 검거되었으며 조선야소교 동양선교회는 해산되었다.

1944년, 일제는 개신교의 성경 중 구약과 신약 일부 폐지를 명령하였다. 성경 내용 중에 일제와 전쟁에 불리한 언급을 삭제하였다. 또한 교회를 팔아 비행기 헌납급으로 처리했으며 강제로 '종교보국회(宗敎報國會)'를 결성하여 교회의 전쟁지원을 명령하였다.

1943년, 경주의 교회들

시대의 암흑기이며 교회의 암흑기에 경주성서학원이 설립되었다는 것은 어떤 의미일까? 경주성서학원 설립배경을 알기 위해 경주지역교회의 상황을 살펴보자. 경주를 포함한 안강, 영천지역의 장로교 교회는 경동노회에 속해 있었다.

장로교 조직은 지역의 개별 교회가 소속된 노회들로 구성된다. 각 노회의 대표가 모인 상회가 총회이며 교회, 노회, 총회로 장로교 조직이 구성된다. 경주성서학원이 설립된 1943년은 당시 일제의 강력한 탄압으로 노회와 총회가 소집되지 못할 정도로 교회의 형편이 열악하였다.

『구정교회 60년사』에는 1930년대부터 1945년까지 경주지역 교회 분위기를 기술하고 있다. 이 내용은 문서자료가 아니라 구술자료(증언)를 근거로 삼았다. 구술자료는 기록 사료가 열악한 1940년대의 구체적인 교회 상황을 증언해 준다는 점에서 사료적 가치가 있다.

경주구정교회는 1930년대부터 해방까지 교세가 하락했다. 경주구정교회 교인 수는 1920년대 말에 70명에서 80명 선이었는데 1940년대에 오면 절반 수준으로 떨어져 30명에서 40명 수준이다. 교회 협의체인 당회를 구성하는 당회원 숫자도 감소하였다. 1930년대 초반 당회원 숫자는 해방까지 15년 동안 전혀 증가하지 않았다. 1920년대 경주구정교회 집사는 남자 31명, 여자 21명이었는데 이 수치도 15년간 거의 변화가 없다. 이것은 교회의 신도가 증가하지 않았다는 것을 의미한다.

일제 탄압에 교회는 근근이 명맥을 이어가고 있었다. 그러나 교회 성장의 멈추었다고 해서 곧 신앙이 멈춘 것은 아니었다. 경주구정교회 역사를 집필자는 이 점을 명확하게 지적하고 있다. "그러나 이러한 교세부진을 바로 교인들의 신앙생활 자체가 그만큼 위축되었다는 뜻으로 해석할 필요는 없다. 그것은 앞서 지적한 바와 같이 일제의 한반도에 대한 가혹한 식민 통제책에 그 원인이 있었던 것이다."[2]

가장 큰 문제는 교인들의 경제적 어려움[3]이었다. 이것은 기독교인뿐 아니라 조선 민중 모두의 고충이었다. 일제의 경제적 수탈로 조선인들의 생활여건은 날로 악화되었다.

경주지역에는 당시 성인 남성이 거의 없었다. 노동력을 갖춘 청년들은 전쟁에 징병되거나 강제노동에 차출되었다. 남아있는 여성과 노인과 자녀들이 어렵게 농사를 지으면 대부분 공출과 세금으로 바치고 남은 것은 턱없이 적었다. 그나마 남은 곡식으로는 값이 싼 만주의 잡곡들로 바꾸어 생계를 연명하였다.

경제적 어려움은 목회자에게도 마찬가지였다. 1943년부터 1945년 3월까지 경주구정교회에는 김정준 목사가 시무하였다. 이 시기는 구정교회 역사상 가장 경제적으로 곤핍한 상황이었다. 목사 사례비는 고사하고 식량수급조차 어려워지자 당회는 대책을 세웠다. 교회에 딸린 토지를 목사에게 주어 농작물을 직접 경작하도록 하였다.[4]

경주에는 구정교회보다 열악한 교회들이 많았다. 일제에 의해 폐

---

2 구정교회 육십년사 편찬위원회, 『구정교회60년사』 (경주: 대한예수교장로회 구정교회, 1984), 87.
3 위의 책, 86-87.
4 구정교회 제43회 당회록(1944. 12. 24) 참조, 위의 책, 95.

쇄 조치되고 병합된 교회가 많아 사역지를 잃은 목회자들이 많았다. 이들의 생계는 말할 수 없이 궁핍하였다.

교회를 덮친 또 다른 시험은 신사참배였다. 일제는 1938년 9월, 조선예수교장로회의 최고회의체인 제28회 총회에서 신사참배 가결안을 통과시켰다. 총회에는 일제 군경이 다수 참여하여 감시하였고 신사참배안을 강제 결의하도록 만들었다.

이러한 강압이 지역노회에도 있었다. 총회가 열리기 한 달 전, 8월 25일 오후 1시에 경동노회는 경주읍 노동리 예배당에서 제4회 임시노회를 열었다. 안건은 "시국 좌담의 대한 건"을 다루었다. 그 내용은 "시국 좌담에 대한 건에 대하야 신사는 국가의식이매 참배는 찬성하기로 가결"[5]하였다. 이렇게 8월에 경동노회를 거친 신사참배는 9월 총회에서 가결되었다.

신사참배는 1938년 9월 9일, 전국의 모든 장로교 교회에서 시행되었다. 경동노회의 교회에서도 모임과 예배에 동방요배 식순을 포함하였다. 동방요배란 일본천황의 사진을 두고 절하거나 천황이 있는 동쪽을 향해 절하는 의식이다. 9월 총회가 있은 지 석 달 뒤인 12월 6일, 영천읍 교회당에서 열린 제4회 경동노회 개회예배는 시작 전에 신사참배 의례가 거행되었다.[6]

소화13년(1938) 12월 6일 하오 6시에 본 노회가 영천읍 교회예배당

---

5 대한예수교장로회 경동노회, 『경동노회록(제1회~제35회)』 (경주: 월성인쇄소, 1987), 67.
6 경동노회 70년사 편찬위원회, 『경동노회70년사』,(경주: 대한예수교장로회 경동노회, 2009), 57

에 회집하여 **국가의식을 거행한 후(필자 강조)** 회장 권영혜씨의 인도로 찬송가 32장을 합창하고 허담씨로 기도케 한 후 박순석으로 성경 이사야 41장 8-14장을 봉독케 하고 영천읍 교회찬양대의 성가를 듣고 회장이 「주와 함께 하자」[7]

노회 개회예배에는 국가의식인 '동방요배'가 거행되었다. 그리고 회의록인 경동노회록에 처음으로 일본식 연도 표기가 등장하여 '소화13년'이라 표시되었다. 『경동노회 70년사』는 이 부분을 상세히 기록하고 있는데 '개회예배 전 동방요배와 호국영령에 대한 묵념이 선행되어야 함'을 가결하였고 식순에 일본국가(日本國歌) 봉창, 궁성요배, 황국신민 선서 제창 등이 시행되었다.[8] 신사참배를 거부하는 기독교학교와 교회는 폐교되고 폐쇄되었다.

경동노회 지역에도 신사참배를 거부한 사례가 있다. 바로 강도룡 목사와 임이순 장로이다. 강도룡 목사는 해방 전에 경동노회 지역 교회의 조사로 봉사한 사역자이다. 그는 1938년 당시 장산, 입실, 모화, 석계 등 지역교회를 순회 목회하며 설교하고 교인들을 돌보았다. 강도룡 목사는 신사참배 거부로 혹독한 고문을 당하였고 해방되기까지 금족령[9]을 당하였다. 1945년에는 경동노회 소속인 장산교회 임이순 장로가 신사참배 거부로 1개월을 감옥에서 복역[10]하였다.

신사참배에 이어 일제는 통제를 위한 교회통폐합을 시행하였다.

---

7 대한예수교장로회 경동노회, 『경동노회록(제1회~제35회)』, 67.
8 경동노회 70년사 편찬위원회, 『경동노회70년사』, 57.
9 위의 책, 59.
10 경동노회 80년사 편찬위원회, 『경동노회80년사』, 194.

이미 3·1운동을 통해 한국교회가 독립운동의 산실임을 경험한 일제는 한국교회를 일본기독교의 통제 아래 두려고 하였다. 그래서 1940년에 들어 한 면(面)에 1개 교회만 세운다는 교회통폐합정책으로 강제병합[11]하였다.

교회강제병합 방식은 교회폐쇄와 통폐합 방식으로 이루어졌다. 1942년에 '(경동)노회 내에 20교회가 폐지되었다.'[12] 경동노회는 1938년 당시 96개 교회[13]였는데 1942년까지 폐쇄된 교회가 20곳으로 전체 20% 이상의 교회가 통폐합되었다.

교회에 이어 노회도 일제에 포섭되었다. 장로교는 장로교연맹으로, 경동노회는 경동지맹으로 명칭이 변경되었다. 1939년 12월 7일, 제5회 경동노회 삼 일째 되는 날, '국민정신총동원 조선야소교 장로회연맹 경동지맹 결성식'이 열렸다. 식순은 신사참배 식순인 국가봉창, 궁성요배로 시작하였다.[14]

경동노회는 1941년과 1942년의 기록이 없다. 당해에 열렸을 제7회와 제8회의 정기노회 회의록이 존재하지 않는다. 실제 노회가 열리지 않았는지, 노회가 열렸지만 기록이 남지 않은 것인지 알 수가 없다.

경동노회 지역의 교회폐쇄 및 통폐합을 살펴보자. 1939년에 내칠교회가 폐쇄되었고, 1940년에 포석교회가 경주중앙교회와 통합되

---

11 위의 책, 277.
12 대한예수교장로회총회, "제31회 총회회의록," 『대한예수교장로회총회록 제27회~제31회 영인본』, 75.
13 대한예수교장로회 경동노회, "第七號 慶東老會 區域內 敎會名稱 一覽表," 『경동노회록(제1회~제35회)』, 93-94.
14 위의 책, 106-107.

어 폐쇄되었으며 1941년에는 모화교회가 입실교회와 통합되었다. 1942년 7월에 아화교회가 폐쇄되고 운대교회(현 합동측)에 병합되었으며 1943년 동도교회는 해선교회(현 고경제일교회)와 합병[15]되고 금호성천교회가 금호교회와 합병되었다. 1944년에 우라교회 예배가 중단되었고 금호동부교회는 대창교회와 합병되었다가 다시 성천교회, 대창교회, 대곡교회와 함께 금호교회와 합병되었다.

1942년 경동노회 보고(제31회 총회록)에는 20개 교회가 폐지되었지만 질적으로는 종전과 같고 종교교육은 '일본적 기독교 건설을 위해 매진'[16]하고 있다고 기록되었다. 그야말로 일본적 기독교로 변모했음을 알 수 있다.

일제는 본격적으로 교회간섭과 예배방해를 실시하였다. 일제는 교회통폐합, 신사참배정책을 통해 교회를 구조적 탄압하는데 그치지 않고 예배를 간섭하고 방해하기에 이르렀다. 경동노회 교회에서도 일제의 예배방해 행위는 수차례 발견된다.

구정교회 자료[17]에 의하면, 당시 내동지서(경찰지서 또는 파출소)에 근무하던 '오마가리'라는 이름의 순사가 있었다. 그는 수시로 예배당에 드나들면서 교인들을 괴롭혔다. 오마가리 순사는 예배와 설교에 대해 일일이 간섭하고 '미국, 영국은 반드시 망한다'는 독설을 늘어놓았다.

1938년 이후 예배 참석자들은 강대상을 향해 동방요배를 의무적

---

15 경동노회 70년사 편찬위원회, 『경동노회70년사』, 58-58.
16 대한예수교장로회총회, "제31회 총회회의록," 『대한예수교장로회총회록 제27회-제31회 영인본』, 75.
17 대한예수교장로회 구정교회, 『구정교회60년사』, 87-89.

으로 해야 했다. 오마가리 순사는 이 의례를 제대로 따르는지 일일이 검열하였다. 만약 어겼을 시에는 그냥 넘어가지 않았다. 동방요배를 시행하지 않았을 시에는 주재소에 목사가 불려가서 주의를 들은 적이 여러 번이었다.

일경은 찬송가도 검열하였다. 찬송가 곡 중 민족의식이 깃들어 있거나 일제통치정책에 방해되는 것들을 금지하였다. 찬송가 가사에 '왕(王)'이 들어간 것은 모두 금지되었다. '피난처 있으니 환란 당한 자 이리 오라', '삼천리 반도 금수강산' 등의 곡은 지우거나 종이를 덧붙여 보지 못하게 했다.

예배시간도 제한되었다. 1940년 12월 20일 경주구정교회는 매주 실시한 구역예배를 매월 마지막 주 금요일에만 드리기로 했다. 태평양전쟁이 시작된 1941년부터는 주일 낮예배만 허락되고 주일 저녁예배, 수요일 저녁예배는 금지되었다.

또한 교회 종을 헌납하라는 명령이 떨어졌다. 구정교회 교인들은 교회 종을 거두어 땅에 내려놓고 시한을 끌다가 결국 헌납하지 않았다. 그러나 다른 지역, 다른 교회에서 교회종은 대부분 전쟁물자로 공출당했다.

경주읍 노동교회(현 경주제일교회)에는 사이렌 소동[18]이 있었다. 1945년 7월 29일 예배시간에 예배당 밖에서 사이렌이 요란하게 울렸다. 250명의 신도와 양화석 목사는 예배를 진행하는 한편 교인 몇 명이 밖으로 나가 수습하려고 하였다.

교회밖에는 일경이 사이렌을 울리고 있었다. 일부러 예배 중에 방

---

18 경동노회 70년사 편찬위원회, 『경동노회70년사』, 58.

공훈련 경계경보 사이렌을 울렸다. 교회 관계자는 예배를 위해 사이렌을 중단할 것을 요청했지만 일경은 한 단계 더 높은 공습경보 사이렌으로 바꾸었다. 명백히 예배를 방해하기 위한 목적이었다.

곧이어 사복 차림의 순사 두 명이 예배당으로 들어왔다. 일경은 예배를 중단하고 양화석 목사와 청장년 9명을 경찰서로 연행하였다. 일경은 이들에게 '하나님이 높으냐 천황폐하가 높으냐'는 질문을 하면서 폭행을 가하였다. 구금당한 이들은 20여 일 동안 경찰서 구치소에 머무르다가 해방이 되어서야 풀려났다.

결국 1943년 당시 경주지역의 교회는 교세가 감소할 수밖에 없었다. 일제의 경제수탈로 인한 경제적 어려움과 강제적인 신사참배가 시행되고 교회폐쇄 및 교회통폐합 정책, 일경의 교회간섭과 예배방해 행위 등으로 교회는 힘을 잃었다. 이러한 상황에서 경주지역 교회는 원활한 교회운영을 할 수 없었다. 나아가 전도사업을 펼칠만한 여력이 없었다.

이처럼 1943년은 매우 암울한 시기이다. 교회조직은 약화되고 노회는 제 기능을 하지 못해 정기노회와 정기총회도 열리지 못할 정도였다. 1943년은 바로 조선예수교장로회가 일본기독교 조선장로교단으로 개명된 해이다. 교회폐쇄, 교회통폐합, 교회운영간섭, 예배방해가 성행하였다. 교회가 전쟁지원을 강요당하는 상황에까지 이르렀다.

이러한 시기에 경동노회는 경주성서학원을 개설한 것이다.

1943년, 경주성서학원 설립과정

앞서 살펴본 바와 같이 1943년 경주성서학원 설립은 열악한 상황에서 이루어졌다. 시대적 제약에도 불구하고 경주성서학원을 설립한 목적은 무엇일까? 나라의 운명이 꺼져가는 시기에 교회가 온전한 예배를 드리지도 못할 상황이었는데 왜 경주의 교회들은 성서학원을 설립하였을까?

여기에는 세 가지 요인이 있다. 첫째는 성경공부에 대한 열정이요, 두 번째는 성경에 능통한 평신도 사역자를 양성하기 위한 목적이며, 세 번째는 성경공부와 복음전도를 통해 조선민족의 앞날을 준비하기 위함이었다. 자강론(自强論)의 관점에서 보면 성서학원 설립은 일제에 대한 일종의 간접적인 저항운동이라 할 수 있다.

한국개신교 역사에서 '성경'은 단순히 한 권의 책을 의미하지 않는다. 세계 어떤 민족보다 조선인들은 성경에 대한 관심이 뜨거웠다. 일찍이 천주교와 개신교가 들어올 때 선교사보다 성경이 가장 먼저 조선 땅에 들어왔다. 이 성경을 조선땅에 들여온 이는 조선인이었다. 북으로는 압록강 국경을 통해 서상륜 일행이 로스 선교사와 함께 성경을 번역하였고 일본에서는 이수정이 한문성경을 번역하여 조선 땅을 밟았다.

조선인들은 새로운 사상과 학문에 관심이 깊었다. 기독교에 대해 알고자 하는 조선인들은 먼저 성경을 접했다. 성경을 읽고 연구하는 민족이었다. 반상(班常)의 법도가 뿌리 깊은 조선시대에 누구나 글자를 익혔던 것은 아니었지만 누구에게나 배움과 깨달음에 대한 목마름이 있었다.

권서인, 매서인은 조선의 전도자들이었다. 성경책과 기독교서적을 봇짐에 매고 전국을 돌아다니며 판매했던 이들은 복음을 함께 전했다. 이들에 의해 선교사가 조선 땅에 들어오기 전에 이미 조선말로 번역된 조선어성경이 전파되고 있었다. 성경을 읽은 조선인들은 어서 선교사들을 만나기를 고대하고 있는 상황이었다.

그야말로 책을 좋아하고 배우기를 숭상하는 민족이 아닌가! 성경에 대한 관심은 자연스럽게 성경공부로 이어졌다. 조선의 선교사업은 교회개척과 함께 성경공부반이 운영되었고 교회가 설립되기 전에 성경공부가 먼저 생긴 경우가 많았다. 경동노회의 모체가 되는 미국 북장로교 대구선교부도 선교사업을 시작할 때 남녀성경공부반이 조직되었다.

경주지역에도 일찍이 성경공부가 시작되었다. 경주지역에 노회가 설립된 것은 1936년이다. 경동노회는 1936년에 경북노회로부터 분립되어 자체적으로 노회활동을 시작하자마자 성경공부반을 운영하였다. 그리고 성경공부 지도자를 양성하였다.

1937년에 경동노회 성경공부반이 시작되었다. 교회가 운영되려면 성경을 알아야 한다는 일념이었다. 2월 15일부터 21일까지 7일간 열린 경동노회 도사경회에는 성경공부를 위한 세 개반을 운영[19]하였다. 성경공부반은 직분과 성별에 따라 제직반, 평교인반, 부인

---

19 종교교육부장 허담씨의 상황보고에 따르면 경주읍 교회예배당에서 열린 도사경회의 특별강사는 림학수 목사, 그 외 박영조 목사, 권영해 목사가 강사로 참여하였다. 대한예수교장로회 경동노회, "제2회 경동노회회의록", 『경동노회록(제1회-제35회)』, 21.

반으로 구분하였다.

사경회 기간동안 매일 성경공부반에 참석한 이는 평균 400명에서 500명이었다. 출석이 우수한 이들에게는 진급증서를 주었는데 이를 받은 이는 300여 명이었다. 매일 저녁에 열린 성경강설회에는 평균 500명 이상이 회집하였다. 여기서 우리는 경주지역 교인들의 성경공부 열의를 확인할 수 있다.

성경공부에 대한 뜨거운 관심은 목사도 마찬가지였다. 조선예수교장로교는 희년을 맞아 1940년 제20회 총회에서 한국선교 50주년 기념식을 거행하였다. 전국의 목사들은 행사를 하기 일주일 전부터 서울 피어선성경학교에 모여 한 주간 새벽기도회와 성경공부를 진행했다.[20] 성경을 알고자 하는 열기는 목사와 교인을 구분할 수 없이 똑같았다.

성경을 가르칠 교사도 필요했다. 경동노회는 1940년 주일학교 진흥년을 앞두고 주일학교대회를 준비하고 있었다. 경동노회는 1939년부터 각 교회에 교사양성을 실행하고 그 내용을 노회에 보고하도록 하였다.[21] 또한 성경공부 지도교사를 양성하기 위해 '각주일학교교사양성과(各主日學校敎師養成科) 생도를 모집하였다. 노회는 각 교회가 각주일학교 교사양성과에 지원하기를 적극 권장하였고 필요한 교과서와 책은 각 교회가 주문하도록 권면하였다. 교인들이 성경에 대해 알고 싶은 열망이 가득한데 교회마다 성경을 가르치는 교사가 부족

20　대한예수교장로회 대경노회, 『대경노회 100년사』 (대구: 하늘서원, 2018), 319.
21　대한예수교장로회 경동노회, "제5회 경동노회회의록," 『경동노회록(제1회-제35회)』, 104.

하여 교사양성을 위해 고안한 과정이었다.

드디어 성경학교 설립을 추진하기에 이르렀다. 교회의 정상적 운영이 어려웠던 시기임에도 불구하고 성경공부와 성경교사 양성은 활발하게 진행되었다. 1939년 제5회 경동노회의 종교교육부장 임종하 목사는 성경학교를 위한 기성회조직구성을 청원[22]하였고 본회 허락을 얻었다.

성경학교는 성경교육을 체계적이고 장기적으로 실시하는 교육기관이다. 앞서 진행된 '성경공부반'이나 '주일학교교사양성과'보다 장기적인 성경교육이 가능한 기관이었다. 기존의 도사경회 성경공부반은 사경회 기간에만 열린 단기과정으로 지속적이지 못했다. 이보다 더욱 체계적이고 집중적이며 지속적인 성경공부기관이 필요했다.

더구나 당시 한국교회는 목회자 수급이 매우 부족하였다. 그래서 평신도 성경전문가 양성으로 눈을 돌렸다. 특히 각 교회를 지도하는 주일학교 성경교사 양성이 시급한 문제였다.

그러나 필요에 비해 성경공부 지도자 양성기관은 매우 적었다. 장로교에는 목회자양성기관으로 유일하게 평양신학교가 있었지만 졸업기한은 3년이었고 평신도사역자를 양성하는 과정은 없었다. 교회현장에서는 속히 투입될 수 있는 평신도 지도자가 필요했다. 이러한 배경에서 성서학원은 매우 유용하고 필요한 교육기관으로 떠올랐다.

---

22 종교교육부장 임종하 목사의 청원은 다음과 같다. "성경학교에 대하야 발기회장 허담씨의 청원은 승인하고 기성회를 노회에서 완전조직하야 주시기를 바라오며," 위의 책, 107.

성경학교는 성경공부를 위한 상설기관[23]이다. 이러한 배경으로 남녀성경학원이 전국 곳곳에서 설립되었다. 특히 교육기회가 턱없이 적었던 여자들에게도 성경학원은 좋은 대안이 되었다. 여자성경학원은 1910년 평양에서, 1912년에는 대구와 안동에서 시작되었다.

경주성서학원은 1943년 설립되어 다른 지역보다 조금 늦다. 그러나 경동노회가 1936년에 설립되고 성경학원 설립을 도모한 것은 특별하다. 일제강점기 말기에 성경학원을 설립한 것은 대단한 추진력이었다. 일제의 탄압과 경제적 어려움을 헤치고 지역교회와 교인들이 성서학원 설립에 힘을 모았기에 가능한 일이었다.

1939년 제5회 경동노회에서는 성경학교 설립을 위한 기성회가 조직되었다. 그리고 이듬해에는 구체적인 설립계획이 노회에 보고되었다. 1940년 12월 4일, 제6회 경동노회가 삼일 째 되는 날, 성경학원기성회[24] 청원내용은 다음과 같다.

> 성경학원기성회위원장 허전담씨의 청원은 여좌히 받기로 가결하다.
> 일. 본노회 성경학원을 개학키하여 주시오며
> 이. 교실 급 기숙사는 경주로황남양교회당 급 부속건물로 사용하도록
>   하여 주시오며
> 삼. 실행이사는 일년간 본노회목사로 택정하여 주시오며
> 사. 경상비 오백원만 허락하여 주시오며(받어 재정부로)
> 오. 성경학원 후원회를 조직하도록 허락하여 주시오며[25]

---

23 대한예수교장로회 대경노회, 『대경노회 100년사』, 179.
24 이전까지 '성경학교'라 칭하던 학교명이 '성경학원'으로 등장하였다. 두 용어가 혼용되어 사용되고 있음을 알 수 있다.
25 대한예수교장로회 경동노회, 『경동노회록(제1회-제35회)』, 139.

이러한 청원내용은 노회 허락을 얻어 후원회가 조직되었다. 사실 노회가 열리기 전 이미 성경학교설립을 위한 구체적 계획이 차질없이 이루어졌다. 노회에서는 보고를 통해 형식적 절차를 거쳤다. 이어 종교교육부 보고에는 이사회조직과 후원회 조직이 보고되었다.

성경학교 설립 경비는 경주, 포항, 흥해, 영천지역별로 후원금을 모집하도록 하였다. 이렇게 성경학원 설립 초기자금은 경주지역 교회와 교인들의 자체 헌금과 모금으로 충당되었다. 성경학원의 개학 시기는 남자성경학교는 2월로, 여자성경학원은 9월로 결정[26]했다.

이후 1941년부터 해방 전까지 성경학원의 기록은 존재하지 않는다. 1943년 설립에 관한 몇 년간의 기록이 없는 것은 매우 안타깝다. 경주성서학원 설립에 관한 가장 오래된 자료는 필자가 경동노회 자료실에서 찾은 『1962년 경주성서학원 본교상황보고서』[27]이다.

이 보고서에 의하면 "1943년 冬? 경주성서학교(보통과) 시작"이라 기록하고 있다. 왜 "1943년 冬?"으로 표기하였을까? 1940년 노회에서 남자성경학원은 2월, 여자성경학원은 9월에 개교하기로 결의하였다. 그렇다면 2월 겨울에 남자성경학원이 개교했을 것이다. 그러나 실제 성경학원은 2월 또는 3월말에 개교하기도 했다. 1945년 제11회 경동노회는 경주성서학원에 대한 교육부 보고가 다음과 같이 올라와 있다.

---

26 이사회명단과 후원회 명단은 대부분 창씨개명한 일본식 이름으로 기록되어 있다. 위의 책, 139.
27 경주성서학원, 『경주성서학원 본교상황보고서』(1962년 12월).

교육부보고

일. 성경학교를 來 2월 1일~3월말까지 개교키로 가결하다

일. 강사는 3인으로 정하니 양화석, 허 담, 김장옥씨로 가결하다.

일. 경비는 일천원으로 하되 영일구 사백원, 경주 사백원, 영천구 이백원으로 가결하다.

일. 교장 양화석씨로 정하고 과정은 교장에게 일임키로 가결하다.

일. 이사는 강인구, 양화석, 허 담, 정해규, 김광수, 박순공, 조선출, 김병호, 안수복, 정응삼, 최현순, 강태구, 박영홍, 강철수씨로 가결하다.[28]

위의 내용을 보면 성경학교 개교가 2월 1일에서 3월말 중에 개교하기로 하였다. 2월이라면 겨울에 가깝고 3월은 봄에 가깝다. 그래서 보고서에서 경주성서학원의 개교를 봄? 겨울?로 표기하기 애매하지 않았을까 추측한다. 1962년의 보고서에는 경주성서학원의 개교시기가 '1943년(冬?)', '1951년(春?)' 두 군데에 물음표가 있다. 아마 이와 같은 이유에서 물음표를 넣었으리라 생각한다.

경주성서학원 설립의 의미

경주성서학원은 1943년 개교 운영되었다. 이후 잠시 폐교되었다가 1946년에 다시 개교되었다. 해방 후 1945년 12월 19일 열린 제11회 경동노회의 교육부 보고에서 다시 성서학원 개교를 결정하였다.

---

28 대한예수교장로회 경동노회, "제11회 경동노회회의록," 『경동노회록(제1회-제35회)』, 156.

1951년(春?)에는 경주성서고등학교로 개칭하여 고등과와 보통과를 경영하였고 1958년 3월에 보통과를 중지하고 고등과만 경영하다가 1962년 3월에 경주성서학원으로 발족하였다.

경주성서학원의 기록이 1941년부터 1944년까지 핵심적인 시기에 공백이 있어 매우 아쉽다. 아마 폐교되었을 것이라 추측된다. 그렇다면 폐교 당시의 상황에 대한 기록도 필요하다. 가능하다면 경주구정교회처럼 구술자료를 통한 자료 확보가 향후 보완되기를 바란다.

구술자료는 기록역사가 가진 한계와 관점을 보완해 주는 측면에서 중요하다. 또한 거시역사에서는 나타나지 않은 생생한 구체적인 이야기, 미시적인 작은 이야기들을 통해 다층적이고 풍부한 역사 이해를 가능하게 해준다. 특히 기록을 남기기 수월하지 않은 민초들의 이야기는 구술자료를 통해서만 복원될 수 있다.

1943년 경주성서학원 설립을 통해 우리는 어떤 교훈을 얻을 수 있을까? 필자는 경주성서학원의 의미와 교훈을 세 가지로 정리해 본다. 첫째는 성경공부에 대한 열정이며 둘째는 평신도 사역자 양성이다. 이 두 가지는 앞에서 다루었다. 한국교회의 성경에 대한 관심이 뜨거웠고 성경을 가르치고 배우고자 하는 열망이 평신도 성경교사 양성기관 설립으로 이어졌다.

경주성서학원 설립의 세 번째 의미는 소극적 의미의 국권회복운동이라 할 수 있다. 성경을 배움으로써 신앙적 민족의식을 일깨우고 믿음의 후예를 양성하여 훗날을 도모하는 것이다. 기독교적 민족의식을 가진 자를 기르는 일이다. 국권을 회복하기 위한 신앙운동의 일환이라 할 수 있다.

일제강점기에 국권회복운동은 주로 무력저항운동과 자강론적 교육운동으로 전개되었다. 무력저항운동은 의병이나 독립투사가 되어 테러, 암살 등의 직접적 저항운동에 참여하는 것을 이른다. 반면 자강론적 교육운동은 인재교육을 통해 민족의 미래를 준비하는 간접적인 저항운동이다. 일제강점기의 민족교육운동, 언론활동 등이 여기에 속한다. 교육은 시간을 투자하여 사람을 길러내는 일이므로 그 효과가 나타나기까지는 시일이 걸리기 때문에 이를 점진적 자강론이라고 부르기도 한다.

점진적 자강론은 애국계몽운동으로 구체화된다. 무력저항운동이 독립투사와 의병 등이 테러, 암살 등의 활동으로 구체화되었다면 점진적 자강론은 여러 애국계몽단체들을 통해 전개되었다. 최초의 애국계몽운동단체인 서북학회는 1908년 서북지역과 관서, 해서지역 출신인사들이 서울에서 조직한 애국계몽단체이다. 설립에는 이동휘, 안창호, 박은식 등이 참여하였고 주요 활동은 월보발행, 강연, 교육사업 등을 펼쳤다.[29]

서북학회는 국권회복을 원하는 누구나 회원이 될 수 있었다. 신지식인을 중심으로 2,300여명의 회원이 참여한 시민단체이다. 서북학회의 설립목적은 '인재양성으로 국력을 충실케 함'이다. 서북학회가 발간한 『서북월보』의 수록내용에서 가장 많이 강조된 주제는 바로 "교육구국론"[30]이다. 즉 교육으로 나라를 구하는 바이다.

---

29 서북학회의 설립배경과 구체적 내용은 다음을 참조. 이혜정, "한경직의 기독교적 건국론과 복음화운동," (성남: 한국학중앙연구원 박사학위논문, 2006), 20-36.
30 김종호, "서북학회월보에 나타난 애국계몽운동," (대구: 경북대학교 석사학위논문, 1984), 28-33.

교육구국론의 가장 중요한 실천사항 중 하나는 학교설립이었다. 서북학회 창립회원인 안창호는 시국강연을 통해 조선의 구국을 위해 교육진흥과 실업진흥을 강조했는데 그 실천사항은 바로 학교설립과 경제활동[31]이었다. 당시 서북학회뿐 아니라 애국계몽운동 단체들이 민족교육을 위해 학교설립을 강조한 것은 바로 인재양성을 통해 향후 미래의 독립을 기약한다는 의미가 있었다.

경주성서학원 설립은 한국교회의 미래를 준비하고 기약하는 일종의 자강론이다. 총회와 노회, 교회가 정상적 활동이 불가능한 상황에서 성서학원 설립은 일제에 대한 간접적인 저항이었으며 한민족의 미래를 위한 실천이었다.

한국개신교는 일제강점기 동안 기독교적 민족의식이 자라난 산실이었다. 선교사업의 일환으로 설립된 기독교학교에서는 성경과 민족의식을 심어주었다. 전국 기독교학교에서 양성된 학생들은 3·1운동의 주요 참여자들이었다. 이들은 독립만세운동을 알리고 독립선언서를 복사하여 배부하였고 전국의 3·1운동에 적극 참여하여 만세를 불렀다.

당시 성경을 읽는다는 것은 민족의식과 연결되었다. 조선인들은 히브리 민족의 역사를 통해 망국민족, 노예국가의 아픔을 고스란히 공감할 수 있었다. 조선인들은 히브리 민족을 통해 나라를 잃은 백성들, 나라의 운명을 위해 기도하는 마음을 공유할 수 있었다. 그리고 모세처럼 히브리 민족을 이끌고 출애굽할 수 있는 지도자가 나타나 일제의 압박에서 조선독립을 이끌 지도자가 나타나기를 기도하였다.

---

31 이혜정, "한경직의 기독교적 건국론과 복음화운동," 25-26.

조선의 크리스찬들은 민족을 위해 기도하였다. 당시의 신앙은 민족사랑, 나라사랑과 구별될 수 없었다. 그것은 마치 신앙과 애국이 하나처럼 결합된 모습을 보여주었다. 이것은 조선개신교가 가진 독특한 신앙의 모습이었다.

경주성서학원의 설립은 신앙과 애국심의 결합을 보여준다. 암울한 민족현실에서 핍박받는 교회가 할 수 있었던 미래지향적인 사업이자 민족과 교회의 후일을 도모할 수 있었던 방법 중 하나가 성서학원 설립이었다.

경주성서학원의 사료

현재 경주성서학원 사료들은 경동노회 평신도훈련원(경주성서학원의 현재 명칭) 역사자료실에 보관되어 있다. 보관상태도 양호한 편이다. 필자가 노회의 허락을 얻어 자료 검색한 결과 1940년대의 자료는 존재하지 않는다.

남아있는 자료 중 가장 오래된 사료는 1953년 당시 학생생활기록부이다. 1953년 입학하여 1956년에 졸업한 학생의 3년간의 수강과목과 성적이 기재되어 있다.

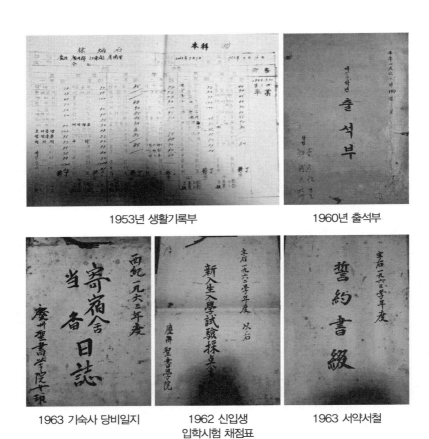

1953년 생활기록부　　　　　　　　1960년 출석부

1963 기숙사 당비일지　　　1962 신입생　　　1963 서약서철
　　　　　　　　　　　　입학시험 채점표

　　다음으로 오래된 사료는 1960년 출석부, 1963년 기숙사 당비일
지, 1962년 신입생 입학시험 채점표, 1963년 서약서철 등이다. 기숙
사 당비일지는 기숙사비용 출납장부이고 서약서는 학생이 성서학
원에 입학할 당시에 제출하는 서류이다. 여기에는 학생의 본분과 규
칙을 지킬 것을 서약하는 내용을 담고 있다. 이러한 자료들은 1950
년대와 1960년대 한국교회역사를 살펴볼 수 있다.

졸업식 청첩장(1963년 2월 15일, 강대권 목사 제공)

청첩장

주 은혜중 평강하심을 축원하오며 취 본원 제 11회의 졸업식을
좌기와 여히 거행위계오니 탐만광림하시사
하나님께 영광을 돌리시고 함께 기뻐하시면서 축복하여 주소서
기
일시 주후 1963년 2월 15일(금요) 11시
장 소 경주시 노동리 대한예수교장로회 제일교회당
주후 1963년 2월 일

경주시 서부리 경주성서학원
원장 강도룡
졸업생 귀하

　위의 사료는 1963년 제11회 졸업식의 청첩장이다. 졸업식에 참석
을 독려하는 초대장이다. 한자어를 풀어 쓰면 다음과 같다. "주은혜
가운데 평강하심을 축원하오며 본원 제11회 졸업식을 다음과 같이

거행하오니 많이들 찾아오셔서 하나님께 영광을 돌리시고 함께 기뻐하시면서 축복하여 주소서." 강도룡 원장의 서명이 있다.

경주성서학원의 학제

경주성서학원은 필요에 따라 다양한 학제(curriculum)로 운영되었다. 특히 학생들의 요구와 학력수준을 고려하여 학제가 수시로 변경, 추가되었다. 1943년에는 보통과만 시작했지만 1951년 경주성경고등학교로 개칭하여 고등과가 추가되고 1958년에는 보통과가 폐지되었으며 1962년에는 경주성서학원 3년제가 발족되었으며 1964년에 다시 2년제로 개편되었다.

1962년 경주성서학원의 학제는 예과, 별과, 분과, 청강생으로 구분[32] 된다. 예과는 일반 중학교 졸업자로서 1년제 수료과정이며 예과 수료자는 별과에 진학하여 2년제 수료과정에 입학할 수 있다. 본과는 일반 고등학교 졸업자로서 2년 수료과정이다. 그 외 청강생은 위의 입학자격에 미비한 자들로 1년간 청강 후 예과 입시 자격을 주는 과정이다.

이러한 학제운영은 다양한 학력수준의 학생을 고려하여 운영되었다. 학생에 따라 낮은 학력, 무학력, 그 외 자격 미달 요건들을 고려하여 다양한 과정에 맞추어 운영되었다. 또한 여성입학을 허용하여 여성의 교회지도자 양성도 고려하였다.

---

32 경주성서학원, 『본교상황보고서』(1962).

경주성서학원의 교육과정도 실용적으로 운영되었다. 교육내용의 핵심은 성경이었다. 66권으로 구성된 성경과목 이외에 목회학, 설교학, 비교종교학, (교회)정치 등의 과목이 있으며 교양으로는 영어, 음악 등의 과목이 추가되었다. 기초학력 보완이 필요한 예과의 경우 국어, 국사, 수학, 과학, 세계사 등을 비롯한 일반기초과목이 포함되었다. 기본적으로 성경중심의 교육과정으로 운영되었다.

경주성서학원 커리큘럼(1962년, 1974년)

연도	과정	과목	수료
1962[33]	예과	성경일람1, 2 주일학교지도법 종교교육 성지 국어1, 2 국사1, 2 영어1, 2 RE 시각 세계사 공민1, 2 과학1, 2 수학1, 2 음악1, 2	1년
	본과/별과 I	요한복음 소선지 히브리서 레위기 민수기 공동서신 구역하(역대기) 사도행전 공관복음 구사하(사무엘) 신명기 종교교육 비교종교학 중세교회사 교회사 정치 신학원론 (1, 2) 영어(1, 2) 논리 음악(1, 2)	2년
	본과/별과 II	에스겔 이사야 계시록 다니엘 욥기 목회서신1, 2 로마서 갈라디아서 목회학 비교종교학 교회사 설교학 개인전도 정치 세계사1, 2 국어1, 2 논리 영어1, 2 종교심리학 음악1, 2	
1974[34]	1학년 1학기	공관복음 사도행전 수·삿·룻 삼상하 창세기 출애굽기 평신도신학 기독윤리 종교교육 찬송가 심리학 소창 설교학 설교연습 특별지도 심방과상담 교학지도 교회사	2년
	1학년 2학기	공동서신 히브리서 왕상하 대상하 라.느.더 레.민.신 평신도신학 교회사 헌법 찬송가 심리학 소창 설교학 요리문답 특별지도	
	2학년 1학기	요한복음 로마서 갈라디아 고전후 살전후 욥기 시편 이사야 에스겔 목회학 설교학 찬송가 교회사 소창 평신도신학 문화사 예레미야예레미야애가 교학지도 특별지도	
	2학년 2학기	계시록 바울서신 잠언·전도·아가 역대상하 다니엘 소선지서 설교학 교회사 구약 세계사 상담학 찬송가 특별지도 문화사 주교지도 공관복음	

33 경주성서학원, "교수과목배당표(전후기),"『본교상황보고서』(1962).

경주성서학원의 교육내용과 제도는 시대와 필요에 따라 변화해 왔다. 즉 목회현장의 요구에 맞추어 유동적인 모습을 보여주고 있다. 1966년 『성서학원 현황보고서』에는 교육목적이 이렇게 나타나 있다. "전에는 전도사 양성을 위주하였으나 금후에는 장로, 집사, 권사, 주교(주일학교)반사, 성가대원, 하기학교 지도자, 전도인, 전도사, 신학예비교육 등 모든 지도자 양성을 목적으로 한"[35]다.

초기에는 평신도 전도사 양성이 주목적이었으나 1960년대 후반부터는 다양한 목적으로 운영되었다. 즉 교회의 직분자와 교회학교 교사교육, 전도사교육, 신학예비교육 등이 이루어졌다. 그래서 1966년에는 야간과정, 단기과정을 실시하였고 입학자격은 더욱 세분되어 초중고 졸업수준에 맞추어 별과, 본과, 신학과가 운영되었다. 그리고 학력불문으로 1년 성경연구과정인 특과도 도입하였다.

경주성서학원의 사람들

경주성서학원은 실용적인 설립목적과 운영방식을 추구하였다. 설립목적은 교회를 섬길 평신도 지도자를 양성하는 것이다. 경주성서학원을 통해 양성된 평신도 지도자들은 각 교회의 성경교사, 전도사로 활동하였다. 이들은 각 교회의 목사를 도와 부교역자로 사역하였고, 목사가 없는 교회에서는 단독전도사로 사역하였다.

---

34 경주성서학원, 『생활기록부』 (1974).
35 경주성서학원, 『성서학원현황보고서』 (1966).

부례문 선교사의 기록에 따르면 1953년 경동노회에는 목사가 없는 교회가 많았다. 1953년 당시 경동노회에는 45개 교회가 있었고 목사는 32명이었다. 목사가 없는 교회는 전도사가 시무하였고 이웃 교회 목사가 여러 교회를 순회하였다.

1958년 당시 경주성서학원의 교장은 강도룡 목사였다. 교감은 허재구 목사, 명예교장은 부례문 선교사였다. 당시 경주성서학원에서 가르쳤던 강사는 강도룡, 허재구, 부례문을 비롯하여 양성은, 박석규, 김광야, 김철인, 김인오 목사였다.

경동노회 보고에 따르면 1958년의 경주성서학원 학생은 67명이었다. 이 중 중퇴자는 11명이었고 그중 4명이 청강생이다. 1학년이 40명, 2학년 16명, 3학년 11명인데 1학년의 중퇴자 수가 8명, 2학년은 2명, 3학년은 1명인 것을 보니 1학년이 학업을 중도 포기하는 자가 많았다.

1958년도의 특별행사로는 6월 3일자로 부례문 선교사의 귀국환영예배가 있었다. 부례문은 안식년으로 미국으로 귀국하게 되어 경주성서학원의 사람들이 함께 환송예배를 강당에서 드리고 단체사진을 찍었다.

경주고등성경학교 부례문선교사환송기념[36](1958년 5월 29일, 권용근 목사 제공)

학우등산기념(강대권 목사 제공)

---

36 권용근 목사가 제공한 사진 뒷장에 메모된 날짜와 내용에 의하면 부례문선교사의
환송기념사진이다. 부례문 선교사는 1966년까지 경주성서학원에 사역하였으니
은퇴는 아니고 안식년이나 휴가로 도미한 것에 대한 환송으로 추측된다. 2째줄 왼
쪽 3번째부터 박석규 목사, 김성관 목사, 부례문 선교사, 강도룡 목사 부부이다.

옥산서원에서(4292(1959). 4. 24. 강대권 목사 제공)[37]

1958년 10월 6일에는 전교생이 야외로 소풍을 갔다. 소풍 장소는 경주의 옥산서원이었다. 옥산서원은 조신시대 유학자인 회재 이언적 선생을 모신 서원으로 2010년과 2019년에 유네스코 세계문화유산으로 지정된 지역의 명소였다.

1958년 11월 5일은 졸업반 학생들의 수학여행이자 졸업여행을 다녀왔다. 부산으로 떠난 수학여행 일행은 부산 일대를 관광하였고 용두산공원에도 들러 사진을 남겼다.

또한 1955년 10월, 경주성서학원 학우회는 경주 월성군 현곡면 나원리에 교회를 개척하였고 학우회 회장이 파송되어 봉사하였다. 그리고 학우회의 종교부가 주최하여 매일 새벽 기도회를 인도하였

---

37 사진 왼쪽 6번째 강도룡 목사. 위 사진의 메모된 날짜는 1959년 4월 24일이므로 춘계소풍일 것이다.

용두산공원 소풍(강대권 목사 제공)[38]

다. 새벽기도회는 학생들이 돌아가면서 순서를 맡았다.

경주성서학원은 멀리 떨어진 울릉도에서도 운영되었다. 계절학기로 운영된 울릉성경학교는 경동노회의 주최로 1959년부터 1961년까지는 확실히 운영되었다. 경동노회록에는 1961년 1월 3일부터 1962년 2월 10일까지 38일간 울릉도 천부교회당에서 성경학교가 열렸다. 학생은 55명이 참여하였고 49명이 과정을 이수하였다. 이들 학생 중 4명은 졸업장을 받았고 45명은 수료하였다.

울릉성경학교의 과목은 목회서신, 히브리, 설교학, 요한, 계시록, 로마서, 개인전도학, 교회역사, 종교교육, 음악이었다. 강사는 강도롱, 안대옥, 백화기, 김명기 등이었다. 울릉성경학교의 재정은 선교

---

38 뒷줄 4번째 강도롱 목사

울릉성경학교 제3회 졸업 및 4학기 수료기념식(1961년 2월 10일, 강대권 목사 제공)[39]

부 보조금과 각 교회가 부담한 노회보조금과 학생들의 학기금으로
충당하였다.

변화와 현재

이처럼 경주성서학원은 시대에 따라 변화하였다. 교회의 필요와
요청에 따라, 또한 학생들의 학력수준에 맞게 실용성과 유연성을 고
려하여 운영되었다. 이러한 운영방식은 정규신학교와 구별된 특징
으로 시대변화와 교계 흐름에 민감하게 대응한 결과였다.

---

39 사진 왼쪽 6번째 강도룡 목사

1967년에 이르면 경주성서학원의 교육목적은 다시 한번 수정된다. "농어촌과 산업전도를 위한 평신도 훈련과 전도인을 양성"함을 목적으로 두었다. 즉 농어촌전도, 산업전도 영역의 전도인을 양성하려는 목적이다.

1960년대에는 본격적인 산업화 시대를 맞아 산업선교가 새로운 전도지로 떠올랐다. 도시로 집중되는 인구를 대상으로 한 산업선교가 주요 전도지가 되었고 도시집중으로 노동력이 유출되는 농어촌 지역도 집중 전도지역으로 삼았다. 이것은 1965년 조직된 전국복음화운동의 일환이다.

전국복음화운동위원회는 초교파 전도운동단체로서 1965년 조직되었다. 7가지 전도영역을 개발[40]하여 전방위적인 전도운동을 전개하였다. 유명한 '전도의 3대 황금어장론'이 소개된 것도 바로 이때이다.

전국복음화운동위원회 명예위원장인 한경직 목사는 베를린 전도대회에서 소개된 '전도의 3대 황금어장론'을 국내에 소개하였다. 이 이론은 전도강의에서 많이 활용되었다. 즉 사람이 많이 모이는 주요 전도전략지인 학교, 직장, 군대를 3대 황금어장이라 일컬으며 전략적인 전도 집중지역으로 선포하였다.

1965년 주요 전략 전도지는 학원선교, 군선교, 산업선교였다. 농

---

40 1965년 출발한 전국복음화운동의 7가지 전도영역은 해외선교, 특수선교, 군선교, 도시산업선교, 학원선교, 전국복음화운동, 농어촌선교 영역이다. 전국복음화운동의 시작과 과정, 내용, 그리고 협동사업부 조직성립배경과 에큐메니칼적 의미에 대해서는 다음을 참조. 이혜정, 『한경직의 기독교적 건국론과 복음화운동』(성남: 한국학중앙연구원 박사논문, 2006).

어촌지역은 전도의 황금어장은 아니지만 소외지역으로 전략적 전도지역으로 선정되었다.

경동노회는 이러한 시대변화에 맞추어 농어촌선교와 산업선교를 기획하였다. 1967년 경주성서학원의 교육목적에 농어촌선교와 산업선교를 기획하였다. 경동노회는 구체적 방안으로 양재과, 이용과, 미용과, 편물과, 타자, 전기기구과 설치를 기획하고 경주성서학원을 포항으로 이전할 계획을 수립하였다.

그러나 최종적으로 포항 이전은 노회 사정으로 무산[41]되었다. 대신 경동노회는 전국복음화운동의 선교기금으로 현재 경주경동노회 부지에 교사와 기숙사를 신축하였다.

경동노회는 전국복음화운동을 기점으로 큰 변화를 맞게 된다. 여기서 전국복음화운동이 한국교회사에서 차지하는 의의에 대해 알아보자. 전국복음화운동이 시작하게 된 배경에는 바로 해외교회 선교부와 한국교회가 동등한 협력관계 구축이 기반이 되었다. 이 둘은 기존의 선교국과 피선교국의 위치를 벗어나 서로 동등한 동역자 관계에서 연합선교 사업을 함께 전개하자고 결의하였다. 그 연합선교 사업이 바로 전국복음화운동위원회 조직이었다.

전국복음화운동 이전에 한국에 있는 해외 선교부들은 각자 독자적으로 선교활동을 전개하였다. 그러나 1965년 전국복음화운동위원회 설립을 기점으로 단일 선교사업으로 일원화되었다. 이것은 각 선교부가 따로 활동하는 것보다 훨씬 체계적이고 협력적이었다.

---

41 경주성서학원,『기획보고서』(1966.11.7); 경주성서학원,『새방안시행계획』(1967.
  10.27); 경주성서학원,『기획안』(1967.12.30).

대한예수교장로회 통합교단은 총회 협동사업부를 구성해 해외교회 선교부와 한국교회의 동등한 협력관계를 구축하였다. 협동사업부는 해외 선교부와 한국교회의 대표가 소속되어 한국선교활동을 함께 논의하고 진행하는 업무를 전개하였다. 기존에 각 해외선교부가 개별 전개했던 선교사업을 일원화하여 좀 더 체계적이고 효율적으로 전개하게 된 것이다.

협동사업부의 구성은 해외선교부 대표와 한국교회 대표가 동수로 참여하였다. 협동사업부의 목적은 한국교회가 점차 독립하는 것이었다. 그래서 연차가 지날수록 해외 선교부 대표는 점차 줄어들고 한국교회 대표가 증가하도록 하여 해외선교부는 한국에서 철수하고 한국교회가 스스로의 일을 결정하는 구조로 나아가도록 기획하였다. 최종적으로는 한국교회가 이제 선교받는 교회가 아니라 선교하는 교회로 자리매김하도록 하였다.

이 과정에서 경동노회는 협동사업부에 선교자금을 요청하였다. 협동사업부는 전국복음화운동의 일환으로 경동노회 선교사업의 새 기점을 마련해 주었다. 현재 경동노회 평신도훈련원이 위치한 카버넨트관은 이러한 과정을 거쳐 협동사업부의 승인과 선교헌금으로 1969년에 설립[42]되었다. 선교자금 마련은 부례문 선교사의 주선으로 이루어졌다.

1983년에 경주성서학원은 평신도훈련원으로 명칭 변경하여 현재

---

42 카버넨트관 입구 현판의 내용은 다음과 같다. "이 건물은 경동노회 부례문 선교사 내외분의 주선으로 그의 모교회인 미국와신톤 카버넨트교회에서 모금하여 지은 집이다."

까지 이르고 있다. 평신도훈련원은 시대변화에 맞추어 교육을 시도하고자 노력해 왔다. 1960년대 이후의 사업을 대략 소개하면 다음과 같다. 1970년 농우사업 추진, 1971년 간호고등학교 설립 추진, 1973년 여자상업고등학교 설립 추진, 1982년부터 장로 피택자들을 위한 항존직반을 운영하였으며 2006년에는 중국 동북 3성 북방지역 교회지도자교육, 도서관 운영 등을 전개[43]하였다. 현재 평신도훈련원이 역점을 두는 방향은 "교회지도자(목회자) 양성보다는 평신도지도자 양성"[44]에 주목하고 있다.

향후 평신도 훈련원은 어떻게 운영되어야 할까? 필자는 앞으로 평신도가 한국교회에서 중요한 역할을 담당하게 되리라 전망한다. 교회의 역할, 전도와 선교사업은 목회자에게만 국한되지 않는다.

오늘날 교회현장에는 과거 목회자의 카리스마적 리더십에 의존했던 시대를 지나고 보다 민주적인 리더십과 교회운영이 점차 자리 매김하고 있다. 목회자와 평신도는 모두 같은 그리스도인이자 하나님의 왕된 제사장으로 교회와 세상을 섬기고 목회자와 평신도의 역할을 감당하는 하나님의 제자들이다. 경주성서학원의 학생들이 평신도 지도자로 활약하였던 것처럼 목회자와 평신도가 합력하여 교회를 세우고 세상을 변화시키는 협력관계가 계속되어 가리라 기대한다.

---

43 경동노회 80년사 편찬위원회, 『경동노회80년사』, 153-159.
44 경동노회 70년사 편찬위원회, 『경동노회70년사』, 96.

제5장
경주성서학원의 스승, 강도룡 목사[*]

강도룡 목사는 누구인가?

강도룡 목사는 1956년부터 1965년까지 만 십년동안 경주성서학원의 스승이었다. 1950년대와 1960년대의 경주성서학원에서 어떻게 교육이 이루어졌는지를 알기 위해서는 강도룡 목사를 살펴봐야 할 것이다. 당시 부례문 선교사는 경주성서학원의 후원과 재정부분을 담당하였고 강도룡 목사는 강사, 학감, 교장을 지내면서 경주성서학원의 실질적인 운영을 담당하였다. 그러므로 부례문 선교사가 학교의 후원자 역할이었고 강도룡 목사는 학생들의 스승이자 신앙의 선배였다.

---

[*] 이 글은 필자의 논문을 재구성하였습니다. 이혜정, "강도룡 목사 연구," 『신학과 목회』59(2023). 215-245.

강도롱 목사

강도롱 목사는 경주성서학원을 이해하는데 주요 인물이다. 그러
나 그가 어떤 인물인지 잘 알려지지 않은 형편이다. 필자가 살펴보니
강도롱 목사에 관한 선행연구[1]가 매우 부족하였다. 두 편의 자료를
소개하면 1987년에 편찬된『한국영남교회사』는 경동노회편에서 강
도롱 목사에 대해 한쪽 분량으로 다루었는데 강도롱의 신사참배 거
부사건을 설명하였다. 또한 강도롱의 생애에 관해서는 안강제일교

---

1 영남교회사편찬위원회,『한국영남교회사』(서울: 양서각, 1987), 316-317.; 김진
수, "영남을 일깨운 믿음의 스승들3-경건과 진실의 한 평생－고 강도롱 목사의 인
생과 삶의 자취를 소개한다,"『복음과 교육』3ㆍ4(1995), 49-54.; 김진수, "영남을
일깨운 믿음의 스승들3,"『복음과 교육』5ㆍ6(1995), 49-52.; 김진수, "영남을 일
깨운 믿음의 스승들3,"『복음과 교육』7ㆍ8(1995), 48-54.; 김진수, "영남을 일깨
운 믿음의 스승들3,"『복음과 교육』9ㆍ10(1995), 37-43.

회의 김진수 장로가 1995년『복음과 교회』잡지에 강도룡 목사 회고를 4차례에 걸쳐 연재하였다.

강도룡에 관한 학술논문은 2023년에 영남신학대학교 교수논문집인『신학과 목회』학술지에 처음으로 발표되었다. 필자가 쓴 이 논문은 강도룡 목사에 관한 첫 번째 학술논문인 셈이다. 필자는 경주성서학원과『백합화』에 관한 연구를 계속 진행하던 중 강도룡 목사에 관심을 가지게 되었다. 강도룡 목사를 통해 경주성서학원의 분위기를 다소 알 수 있었다. 나아가 그를 통해 1957년에『백합화』찬양집이 발간되었을 당시 경주성서학원의 분위기를 살펴볼 수 있었다.

강도룡 목사에 관한 부족한 자료는 인터뷰로 보완하였다. 그가 경주성서학원에 재직할 당시 그로부터 가르침을 받은 제자들을 몇 명 만날 수 있었다. 제자들에게 강도룡 목사는 곧 경주성서학원의 정체성으로 인식되고 있었다. 이들이 들려준 이야기는 연구에 매우 도움이 되었다. 가장 오래 인터뷰를 한 두 사람은 강도룡 목사의 장남인 강대권 목사와 안강제일교회에서 함께 사역을 했던 안백수 목사이다.

강대권 목사는 강도룡 목사의 2남 5녀 중 장남이다. 강대권 목사는 노년의 품위를 가진 매력적인 인물이다. 차분하고 깊이있는 목소리는 급하지 않고 온화한 분위기를 풍겼다. 아들이 기억하는 강도룡 목사는 가정교육에 엄격한 모습이었다. 그러나 무섭게 호통치고 자녀들을 혼내는 그런 아버지가 아니라 가정예배에 충실한 신앙인의 모습으로 남아있다. 강대권 목사는 아버지를 연구대상으로 삼은 필자에게 가정에서의 신앙교육이 잘 드러났으면 좋겠다는 바램을 가지고 있었다.

안백수 목사는 경주성서학원 출신으로 강도룡 목사의 제자이며 동역자이기도 하다. 강도룡 목사가 안강제일교회에 시무할 당시 안백수 목사는 6년 동안 그와 함께 전도사, 부목사로 시무하였다. 안 목사는 강도룡 목사의 학교생활과 교회생활을 가장 가까이에서 함께 한 인물이다. 안 목사는 90이 넘은 나이에도 비상한 기억력과 건강을 유지하고 있었고 경주성서학원의 이야기를 복원하는 데에 격려를 보내주었다.

필자는 강대권 목사로부터 귀중한 자료를 제공받았다. 강도룡 목사가 자신의 약력을 친필로 적은 5쪽 분량의 기록물이다. 이 문건의 작성 계기는 1977년 새마을운동 종교지도자 연수에 참여하고 난 후 청탁받아 작성한 내용이다. 본래 기록물에 제목이 없었는데 필자가 "새마을운동 성공사례(가칭)"라고 붙였다.

한 인물을 연구한다는 것은 한 사람의 생애를 총체적으로 이해하려는 시도이다. 그의 생애를 완벽하게 복원하는 것은 불가능한 일이다. 강도룡 목사처럼 자료가 부족한 경우의 인물연구는 더욱 쉽지 않다. 필자의 연구가 강도룡의 인생을 복원하지는 못하지만 경주성서학원에서 그의 역할을 조명해야 할 필요가 있다. 필자는 남겨진 자료와 인터뷰 등을 통해 강도룡 목사가 경주성서학원에 어떤 역할을 했는지 살펴보려고 한다. 그리고 스승으로서 강도룡 목사가 남긴 발자취를 드러내 보려고 시도하였다.

어린 시절의 강도룡

강도룡[2]은 1906년 9월 5일 경북 경주시 월성군 현곡면 무과리 서편에서 출생하였다. 아버지는 진주 본관의 강시영이고 어머니는 밀양 박씨 박남숙으로 형제는 6남 1녀 중 5남으로 태어났다. 그의 가정은 1908년 무렵 아버지가 기독교 신앙으로 결신하면서 신앙이 시작되었다. 이듬해 1909년에는 어머니가 믿기 시작하여 4살부터 강도룡은 부모님을 따라 현곡면의 무과교회에 출석하였다. 어린 강도룡이 집에서 목침 위에 올라가 설교하는 시늉을 하자 어머니가 그가 목사될 사람이라 믿었다.

그는 10살이 되어 한문공부를 시작하였다. 1915년 2월부터 1916년 12월까지 무과리 사숙에서 한문공부를 하였고 이후에는 기독교 학교를 다녔다. 1917년 11세에는 안강읍 강서면 양월 5리에 이사하여 안강제일교회 소아회(아동부)에 출석하였다. 그리고 안강지역 최초의 사립기독학교인 교회부설 영창소학교(초등학교)를 다녔고 1922년 3월 23일에 우수한 성적으로 졸업하였다. 강도룡은 가르치는 자질이 특출났다. 소학교를 졸업하자마자 저학년을 가르치는 교사로 일할 정도였다.

신앙적으로는 강도룡은 1923년 9월 15일 안강제일교회에서 위철

---

2 강도룡 목사의 약력은 그의 친필로 적힌 기록물을 참조하였다. "새마을운동 성공 사례(가칭)" 문건은 강도룡 목사가 친필로 기록한 5쪽의 기록물이며 1977년 당시 새마을운동 종교지도자 연수에 참여하고 난 후 주최측으로부터 새마을운동 성공 사례에 대해 청탁받아 작성하였다. 본래 본 기록물은 제목이 없으나 필자가 가제를 붙였다. 강도룡, "강도룡 목사 약력,"「강도룡 목사 기록」, 1.; 강도룡, "새마을운동 성공사례(가칭),"「강도룡 목사 기록」(1977), 1-5.

치(魏喆治, George Hinsdale. Winn, 1882~1963)[3] 선교사로부터 학습서약을 받았다. 그리고 1924년 4월 5일 같은 선교사에게 세례를 받았다. 그는 입교한 후 안강제일교회 교회학교의 반사로 임명되어 봉사하였다.

위철치 선교사는 일본 선교사로 활동한 부모님의 장남으로 태어났다. 부모님의 아시아선교 경험을 이어받아 1908년 미국 북장로교에서 목사안수를 받고 1909년 한국선교사로 내한하였다. 그가 맡은 선교지역은 부산선교부였으며 1914년부터는 대구선교부 경북 북동 지역에서 사역하였다. 그는 어린 강도룡이 살았던 지역과 대구, 경북 일대에 교회를 개척하였다.

재미있는 것은 위철치 선교사가 "경상도 기질(Kyung Sang Characteristics)"이라는 제목의 논문을 발표한 것이다. 1916년 9월 Korea Mission Field에 발표된 이 논문은 부산과는 다른 경상도 특유의 기질을 외국 선교사가 이미 파악한 것을 알 수 있다. 그는 기독교에 배타적이던 경상도에서 변화가 일어나고 있다고 설명하였다.

> 우리는 그동안 양반계층을 비판해 왔다. 그런데 하나님의 은혜로 참교인이 된 양반들은 겸손한 자세로 무식한 농부들과 같은 자리에 앉아 성경을 공부하는데 그 모습이 보기 좋다. 그들은 잘 모르는 교인들이 성경찾는 것을 도와주기도 한다. 또한 교회일을 논의하면서 목사의 결정에 순종하는 모습을 보여준다. 어눌한 한국말로 하는 서양인들의 지기를 순순하게 받아들이는 것도 놀라운 일이다.[4]

---

3 내한선교사사전 편찬위원회, 『내한선교사사전』 (서울: 한국기독교역사연구소, 2022), 925-928.
4 내한선교사사전 편찬위원회, 『내한선교사사전』, 926.

220 노래에 담긴 한국교회

강도룡은 간절히 상급학교 진학을 원했지만 어려운 가정형편으로는 그 길이 멀기만 했다. 어떻게 겨우 초등학교는 졸업했지만 취직할 곳은 없었고 장사 밑천도 없었다. 고심하다가 19살의 강도룡은 일본행을 결심[5]하였다. 그가 일본으로 간 이유는 어떻게든 공부할 수 있는 길을 찾아 고학이라도 해야겠다는 결심에서 나온 것이다.

일본 외항선에서 해상시절

19살 강도룡은 1925년 음력 7월에 일본 오사카에 도착하였다. 몇 달 살펴보니 그곳에서도 수십만 명의 한인동포가 모여있었고 취업난이 극심하였다. 들려온 정보에 의하면 배를 타고 해상생활을 하는 기관부에 들어가면 시간 여유가 많아서 공부하기 좋다는 말을 들었다. 배를 타는 선원이라도 통신과정으로 공부할 수 있다는 소식이었다.

강도룡은 고베에 가서 액제회라는 선원소개소를 찾았다. 그리고 액제회의 소개로 1925년 10월 26일에 일본 우선회사(日本郵船, Nippon Yusen K.K.)의 장야환(長野丸 : 나가노마루) 기관부에 승선하여 해상생활을 시작하였다.

그는 해상생활을 통해 세계 각국을 다니기 시작했다. 그러나 외항선 선원생활은 녹록치 않았다. 강도룡은 1925년 12월 문사(門司)를 출발하여 인도로 갔는데 현지에서 각기병에 걸렸다. 일본으로 돌아

---

5 강도룡, "새마을운동 성공사례(가칭)," 1.

와 고베 일본우선병원에서 치료를 받았다. 회복 후 그는 다른 배인 팔번환(八幡丸, 야하다마루) 기관부에 승선하였다가 이후 장기환(長崎丸, 나가사키마루)으로 상해를 운행하였다. 이후 대양환(大洋丸, 타이요마루)을 타고 남미와 미국 서해안, 밴쿠버를 운행하였으며 거기환(筥崎丸, 하고자기마루)으로 런던을 운행하였다. 그 외 뉴욕, 샌프란시스코, 폼페이, 카이로, 로마 등을 운행하였다.

해상생활은 청년 강도룡에게 새로운 눈을 열어주었다. 배움에 목마른 청년에게 세계의 도시와 문물이 가득한 현장이 눈앞에 펼쳐졌으며 그 곳에서 경험과 지식을 익혀갔다. 공부하기를 열망하는 이는 어떻게든 공부할 수 있는 길을 찾아가기 마련이다.

강도룡은 공부의 길을 찾았다. 통신과정은 강의록을 제공했기에 외항선 생활에도 중학교 과정이수를 시작하였다. 그는 일본 동경시 삼기정 3정목 제국중학회 통신과정을 공부하여 1927년 3월 15일에 중학교 과정을 졸업하였다. 일과 학업을 병행하는 고학 생활이 이어졌다.

해상생활을 접게 된 것은 뜻하지 않은 사고 때문이었다. 강도룡은 1929년 지중해상에서 맨홀 추락사고로 큰 부상을 입었다. 이집트 포드사이드 영국병원에서 70일간 치료를 받았으나 치료가 더 필요할 정도의 부상이었다. 그는 일본 고베의 우선병원에서 치료를 받았으나 완치불능 판정을 받았다. 이 일을 계기로 강도룡은 1930년 5월 17일 강도룡은 외항선 생활을 정리하고 귀국하였다. 19세에 외항선을 타기 시작하여 24세에 정리하고 한국으로 귀국하였다.

성령체험을 하다

부모님이 계신 안강으로 돌아온 24세의 강도룡은 제2의 인생을 준비하였다. 안강제일교회에 봉사하면서 십일조와 감사헌금을 드리고 부동산을 장만하고 사진술을 배웠다. 기독교 집안의 규수인 은진송공 영헌 장로의 손녀 미란(일명 경애)양을 만나 가정도 이루었다. 결혼예식은 1930년 11월 21일에 권영해 목사의 주례로 이루어졌다. 1931년 1월에는 안강제일교회의 서리집사가 되어 유년주일학교 유년부장에 임명되었다. 1933년 1월에는 평신도로서 교회지도자격인 영수로 임명되었고 강동면 유금개량서당의 교사로 2년간 봉직하였다.

안강에 정착한 강도룡은 안정된 생활을 누리고 있었다. 교회에서도 인정받아 27세에 영수가 되어 평신도 지도자가 되었으며 유금서당의 교사로 봉사하면서 가르치는 일도 함께 병행했다. 가정도 이루어 여러모로 안정되었으므로 이제 제2의 인생을 어떻게 살아야 할지 모색하던 참이었다. 공부를 더 할 수도 있고 다른 직업을 찾을 수도 있었다.

그러나 뜻밖의 일이 그를 제2의 인생으로 이끌었다. 그의 인생에 하나님이 깊이 개입하는 사건이 일어났다. 강도룡은 1935년 11월 11일 성령체험을 통해 거듭남을 체험하였다. 당시 안강제일교회의 영수로 재직하던 30세의 강도룡은 새벽기도 중 생생하게 살아있는 성령을 체험하였다.

그는 지금까지 자신의 신앙생활이 남들보다 잘되고 있는 줄 알았다. 그러나 성령체험을 통해 새로운 신앙에 눈을 뜨자 이전과는 다른 눈으로 보게 되었다. 남들보다 잘하는 줄 알았던 자신의 의로움이 성령을 알고 보니 천하에 자기보다 더한 죄인이 없음을 알게 되었다. 하나님은 죄에 민감하셔서 그가 알지 못했던 잘못들을 보여주셨다. 강도룡이 10세 당시 어머님께 거짓말한 죄까지 회개하게 하셨다.

그는 성령체험 후 양심이 민감해져서 조금도 불의를 행할 수가 없었다. 특히 5년간의 외항선 시절에 신앙생활을 제대로 하지 못한 죄가 떠올라 괴로움을 견딜 수가 없었다. 강도룡은 자복하여 하나님 앞에 무릎을 꿇고 깊은 통회의 시간을 보냈다. 그렇게 하니 견딜 수 없었던 괴로움이 바뀌어 이전에는 느끼지 못한 정신의 상쾌함과 기쁨을 누릴 수 있었다. 그는 성령체험 후 완전히 다른 새 사람이 되어 이전의 신앙을 버리고 새롭게 태어났다.

치리를 자청하다

강도룡은 성령체험 이후 이전과 다르게 행동했다. 성령은 그에게 새마음과 새행동을 부어주셨다. 우선 그는 교회에 스스로 치리를 자청하여 영수직을 물러나기를 청원하였다. 당시 그는 교회의 영수로서 평신도의 대표이자 리더를 맡고 있었다.

영수(領袖)는 초기 한국교회의 부족한 목회자를 대신하여 두었던 평신도 사역자이다. 영수는 평신도 중에서 덕망이 있고 신앙의 연륜이 있는 이가 임명되었다. 영수의 역할은 주로 설교를 담당하거나 교회의 주요 운영을 맡았다. 선교사나 목사가 여러 교회를 순회하며 영수와 함께 협력하여 교회를 운영하였다. 교회의 당회원들과 교계 인사들은 어리둥절하여 강도롱 영수의 면직을 만류했다.

영수 강도롱이 스스로 치리를 자청하자 교회와 경동노회는 혼란에 빠졌다. 한국교회에서 스스로 치리를 자원하는 일도 드물거니와 치리기간동안 영수를 대신할 이를 갑자기 마련할 길이 없었다. 무엇보다 강도롱이 마땅히 치리 받아야 한다고 생각하는 이는 아무도 없었다. 누구도 뭐라고 하지 않는데 강도롱 본인만 부득이 치리를 받아야겠다고 나선 것이다.

경동노회의 어른인 허담 목사와 권치윤 장로가 강도롱을 만류했다. 그러나 당사자의 의지를 꺾을 수는 없었다. 강도롱은 사람은 속일 수 있지만 하나님은 속일 수 없다며 물러서지 않았다. 결국 경동노회는 강도롱의 희망대로 치리를 허락해 주었다. 1935년 11월 15일 금요일 강도롱 영수는 스스로 교회봉사를 중지하고 근신하였다.

치리란 무엇일까? 강도롱은 왜 성령체험 후 가장 먼저 치리를 자청하였을까? 그리고 교회 당회원들과 교계 목사들은 강도롱의 치리를 왜 만류했을까?

치리(治理)는 장로교에서 교인으로서 교리에 불복하거나 불법한 자에 대하여 당회에서 증거를 수합·심사하여 책벌(責罰)하는 일이다. 대한예수교장로회 통합교단 헌법에 의하면 제1장 원리 제5조 치리권에서 '치리권은 하나님의 명령을 받들어 섬기고 전달하는 것이며, 오직 하나님의 뜻에 따라야 할 것'[6]이라고 규정하였다. 즉 치리는 교

---

6 대한예수교장로회 통합교단 헌법 제1장 원리 제5조 치리권

인의 잘못에 대해 책벌하는 것이다. 강도룡은 스스로 책벌받기를 자원하고 나선 것이다.

한국개신교 초기에는 대다수 교회에서 치리가 엄격히 실행되었다. 치리를 통해 교인들의 신앙생활을 당회가 지도, 권면하였다. 대표적인 치리 사례로는 축첩, 불합리한 혼사, 비신자와의 혼인, 주일 불성수, 음주 등이 있었다.[7] 이러한 행위들은 사실 조선 후기에 만연했던 사회적 풍습이었다. 그때는 이러한 풍습이 죄라고 여겨지지 않았지만 한국교회는 성경의 뜻에 위배되는 잘못된 풍습들을 죄로 여기고 끊고자 하였다. 그러므로 한국교회는 조선 후기의 만연한 사회풍습과 잘못된 인습을 고쳐나가는 사회개혁적 면모를 가지고 있었다.

치리가 결정되면 내용의 중함에 따라 처벌을 정하여 실행하였다. 예를 들면 일정기간동안 교회출석을 금지하거나 성찬참여 금지, 교회직분 면직, 봉사참여 금지 등의 벌을 실행하였다. 이후 처벌기간이 다하면 해벌되어 다시 교회로 돌아올 수 있었다. 여기에도 단계가 있는데 처벌기간에 따라 수찬, 예배출석, 교회봉사 등에 단계적으로 참여하도록 하였다.

치리가 무조건 교인을 처벌하는 제도는 아니었다. 때로는 책벌보

---

http://www.pck.or.kr/law.php?stx=%EC%B9%98%EB%A6%AC (최종접속일 2023.04.26)

7 1910년부터 1914년 사이에 새문안교회 당회에서 거론된 치리 안건은 주로 불륜 건, 음주건, 성수주일 위배 건, 축첩 건, 민며느리제 건, 불합한 혼사 건, 교회학교 남녀 학생간의 편지 건, 헌병소에 체포된 교인의 책벌 등의 사례로 나타난다. 윤경로, "1900년대 초기 장로교회의 치리와 초창기 교인들의 사회 경제적 성향: 새문안교회를 중심으로," 『한국기독교와 역사』 1(1991), 92.

다는 권면과 기도를 통해 교인의 신앙생활을 격려하는 기능도 있었다. 즉 치리의 본래 의미는 신앙생활을 유지하는 수단이면서 교인들의 죄와 허물을 그리스도의 사랑으로 권면하는 일이었다.

> 그리하여 당회 앞에 나아가 저를 치리(책벌)해 달라고 애원하니 그때 권치윤 장로님과 허담 목사님은 말하기를 "그런 정도는 대과가 아니고 사람마다 보통으로 있는 실수인데 그만치 회개하옛으니 되었고 더 책벌할 필요가 없다"고 하기에 제가 말하기를 "이제까지 믿은 것은 전부 잘못 믿은 것이기 때문에 다 찢어 버리고 깨끗한 새마음으로 새출발을 하여야 저의 기분이 상쾌하겠사오니 보통 책벌을 할 것이 아니라 아주 극형으로 출교(黜敎)를 해주시오"고 간절이 읍소(泣訴)하였드니 당회에서는 마침내 저의 소원을 허락하여 주셔서 매우 기뻤습니다.[8]

강도룡은 그의 뜻대로 치리를 받았다. 하나님 주신 성령을 체험하고 나니 이전의 신앙으로 돌아갈 수 없었던 그는 깨끗한 새마음으로 신앙을 시작하기를 원했다. 새사람으로 태어나길 원했다. 참으로 순수한 신앙이라 하지 않을 수 없다. 한국교회 역사에서도 찾아보기 어려운 매우 독특한 사례이다.

오늘날의 시선으로 보자면 더욱 독특한 사례이다. 왜냐하면 치리는 이제 한국교회에서 거의 사라졌기 때문이다. 오늘날 교회에서 음주, 흡연, 불신자와의 혼인, 교회불출석 등의 이유로 책벌받는 사례는 찾아볼 수 없다. 물론 중대하고 심각한 사안에 대한 치리는 현재에도 있다. 교회에 돌이킬 수 없는 해악을 끼쳤거나 극심한 혼란을

---

8 강도룡, "새마을운동의 성공사례(가칭)," 『강도룡 목사 친필기록』, 4.

일으키거나 교리에 어긋나는 명백한 잘못인 경우에 치리는 존재한다. 그러나 초기 한국개신교사에서 그렇듯이 개인의 신앙과 행실에 관한 원인으로 이루어지는 치리는 거의 사라졌다.

사실 한국교회에서 치리가 사라진 계기는 따로 있다. 시기적으로는 해방 이후 한국교회에서 치리는 급속히 사라졌다. 특히 일제강점기 신사참배의 영향으로 교회는 치리를 계속할 수 있는 동력을 잃어갔다. 해방 후에는 교계 안의 친일세력으로 인해 교회는 더더욱 치리를 행할 수 있는 내적 권위를 잃어갔다.

해방 후 신사참배를 거부했던 출옥성도들이 돌아왔다. 신사참배 거부로 감옥에 수감되었던 이들이 해방이 되어 풀려났으니 출옥성도라고 불렀다. 출옥성도들은 일제의 압박에도 불구하고 신앙의 양심으로 신사참배를 끝까지 거부했던 이들이었다. 출옥성도들은 개신교계 사람들을 향해 신사참배 자숙안을 내놓았다. 신사참배의 죄를 고백하고 통회하며 일정기간동안 예배와 봉사를 멈추고 자숙하자는 골자였다.

그러나 슬프게도 신사참배에 대한 반성과 자숙은 일어나지 않았다. 출옥성도의 자숙안에 대해 반대하는 이들이 나타났다. 일제강점기에 교회를 지켰던 교권세력은 출옥성도들에게 반발하기 시작하였다. 교권세력의 논리는 이러했다. 감옥에 있었던 출옥성도들도 고생이 심했지만 억지로 신사참배를 하면서까지 교회를 지켰던 그들의 노력도 있었다는 것이다.

입장차이가 커지자 출옥성도는 교단을 이탈해 고신파라는 새로운 교단을 형성하였다. 그래서 한국교회가 신사참배에 대한 회개와 친일세력 청산을 할 수 있었던 기회는 그렇게 넘어갔다. 물론 신사참배를 했던 이들이 개인적인 반성과 자숙은 있었을지도 모른다. 그러나 교권세력은 자숙을 위해 교단정치에서 물러나기를 거부했다. 신사참배와 일제의 교회탄압은 이렇게 분열의 그림자를 남겼다. 이후 한국교회에는 치리가 자취를 감추었다. 스스로 자숙하지 않는 이들이 누구를 치리한단 말인가?

강도룡이 스스로를 치리한 1935년은 일제의 한국교회 탄압이 격화되기 시작한 무렵이었다. 그는 자신의 희망대로 매우 중한 책벌을 받았다. 경동노회가 허락한 6개월의 치리기간에 더 긴 시간을 더해 스스로 근신하였다. 그는 1936년 4월 26일에 치리에서 해벌되었고 6월 7일 복권되었으며 1937년 1월 영수에 복직하였다. 치리와 근신 기간을 합하면 412일로 13개월 16일이다.

치리기간동안 강도룡은 사명을 새롭게 하는 시간을 보냈다. 치리 기간을 보낸 후 그는 복음전도자로 변화하였다. 그는 먼저 자신의 아버지에게 복음을 전하였다. 1937년 초가을, 그는 신앙에 냉담하던 부친(당시 78세)의 신앙을 위해 40일 금식기도를 시작하였다. 놀랍게도 기도한 지 3일 만에 부친이 교회에 출석하였다.

또한 강도룡은 경동노회 전도인이 되었다. 그는 1940년 10월까지 경동노회 전도인으로 월성군 외동면 4개처인 장산교회, 입실교회, 모화교회, 석계교회의 조사(助師)로 순회 시무하였다. 조사는 평신도 사역자로서 선교사를 도와 지역의 교회를 봉사하는 직책이었다. 당시 그는 안강의 자택에서 4개 교회를 자전거로 오가면서 사역하였다. 그리고 1940년에는 신사참배를 거부하여 투옥되었으며 출옥 이후에는 금족령(가택연금)으로 5년간 제한된 삶을 살았다.

치리 이전의 그는 한 교회의 영수였지만 치리 이후의 강도룡은 4개 교회의 순회조사이며 신사참배 거부를 외치는 복음수호자로 거듭났다. 하나님의 계획하심 아래 강도룡의 인생은 변화하고 있었다.

강도룡 조사, 신사참배를 거부하다

1987년에 편찬된 『한국영남교회사』에는 강도룡 목사를 투사로 소개하고 있다. 그는 신사참배를 거부하여 일제의 종교탄압에 저항하였다. 1930년대 후반부터 일제는 한반도에 신사참배정책을 강행하였다. 일제는 조선을 일본과 통합하고자 한반도 전역에 신사(神社)를 세우고 참배토록 하였다. 일본의 종교인 신도(神道)로 정신적 통일을 이루고자 한 것이다. 일제는 신사참배가 종교가 아니라 국민의례라고 회유하였지만 종교성이 짙은 신사참배에 반대자가 많았다. 특히 유일신앙을 핵심교리로 믿는 개신교의 반발이 두드러졌다.

신사참배는 강제적이었다. 여기에 순응하지 않는 개인과 단체, 학교를 일제는 억압하여 신사참배 거부자를 투옥하거나 학교를 폐쇄하는 강력한 제재를 가하였다. 서슬 퍼런 공권력에 조선인들은 두려움에 휩싸였다.

1940년 경주지역에도 신사참배가 시작되었다. 일경은 경주 관내의 교역자들을 전원 경찰서 마당에 집합시켰다. 그리고 신사를 향해 경례를 강요하는 구령을 불렀다. 경찰서 마당에 선 경주지역의 목사

강도룡 투사[9]

들은 공권력의 강요에 따라 신사참배를 할 수밖에 없었다.

여기에 반기를 든 자는 목사도 아닌 33세의 강도룡 조사였다. 강도룡은 신사와 천황을 향한 경례에 불복하였다. 그는 체포되어 감옥에서 고문과 협박을 받았다. 비슷한 시기에 손양원 목사, 주기철 목사가 신사참배를 거부하여 옥고를 치르고 있었다. 그대로였다면 아마 강도룡 조사도 그들과 함께 순교의 반열에 올랐을 것이다.

그러나 강도룡 조사는 석방되었다. 여기에는 두 사람의 조치가 있었다. 한 사람은 경동노회 간부이자 교계원로인 허담 목사였다. 허목사는 동료 교역자를 구출하기 위해 방법을 모색하고 하였다.

또 한 사람은 일본인 경찰서장이다. 경주지역을 관할한 경찰서장

9 영남교회사편찬위원회, 『한국영남교회사』(서울: 양서각, 1987), 316.

은 자신의 관할지역에 신사참배 반대자가 있는 사실이 매우 못마땅하였다. 허담 목사와 일본인 경찰서장은 강도룡을 정신이상자로 상부에 보고하고 출옥시키기로 합의하였다.

출옥 이후 강도룡은 일제의 감시대상이 되었다. 감옥 밖으로 나왔지만 감옥생활과 다를 바 없는 가택연금생활이 시작되었다. 그는 1940년 11월 1일부터 경동노회 전도사직을 박탈당하였다. 그리고 금족령(가택연금)으로 이동이 제한되어 안강 창말에서 해방되기까지 5년을 보냈다.

강도룡이 보낸 5년은 민족에게도 고난의 시기였다. 1941년부터 시작된 흉년은 1945년 해방까지 계속되었다. 더구나 일제의 미곡수탈이 이어져 굶주린 백성들을 더욱 힘들게 하였다.

강도룡의 가정에도 어려움이 닥쳤다. 1938년 5월 7일(음력 4월 8일) 모친이 71세로 별세하였다. 어머니를 잃은 슬픔이 가시기도 전에 1941년 11월 8일(음력 9월 20일)에 부친이 82세로 하나님의 품으로 돌아갔다.

그의 육체적인 고통도 극심하였다. 1939년 여름에는 여러 교회를 순회지도하는 일에 과로가 누적되어 외항선 시절의 상처가 재발하여 고통을 겪었다. 가택연금중인 1943년 여름에는 교회 예배당 증축공사를 지도하다가 또다시 같은 부상이 재발하여 힘든 시간을 보냈다.

강대권 목사는 회고하기를 아버지의 민족의식과 민족사랑은 확고했다고 한다. 신사참배 거부로 가택연금의 처지에 있으면서도 강도룡의 항일의식은 식지 않았다. 그는 자녀들을 일본인이 운영하는 학교에 보내지 않았다. 당시 조선의 모든 공립학교가 일본식 체제였기 때문에 일제가 공인하지 않은 곳은 학력미인정 학교였다. 강도롱 조사의 자녀들은 학력인정을 받을 수 없는 기독교 사립학교를 다니거나 홈스쿨링을 하였다. 그의 성정으로는 일본인이 가르치는 학교에 자녀들을 맡길 수 없었다.

당시 강도롱의 마음에는 죽음에 대한 생각이 가득하였다. 그는 신사참배를 거부한 순간부터 죽음을 각오하였다. 가택연금 중 언제든지 일경이 들이닥쳐 다시 투옥될 수도 있었다. 감옥에서 고문당하다가 순교할 수도 있었다. 감옥에서 매를 맞을 때조차 그의 마음은 오히려 평안하였다. 죽음을 각오한 자는 오히려 죽음을 두려워하지 않는다. 죽음의 가능성이 일상에 가득한 시간들을 그는 담담히 견디었다.

이윽고 해방을 맞았다. 1945년 8월 16일 목요일, 안강장터에 만세 소리가 울려 퍼졌다. 8월 19일 주일을 맞아 강도롱 조사는 교회에 출석하였다. 그는 조용히 가택연금 이전에 했던 일상으로 돌아갔다. 1945년 9월 1일부터 안강제일교회, 기계제일교회, 천북교회, 서평교회의 조사사역을 다시 시작하였다.

그 어간의 일들을 회고해 보면 기독교는 철저한 반공정신의 단결체이고 교역생활은 곧 새마음운동인줄 압니다. 특히 일제말의 신사참배를 완전히 거절하는 데 성공한 것도 1935년 11월 11일 새벽에 받은 새마음의 능력이라고 생각합니다. 그때 일제의 탄압이 너무 엄중해서 일사를 각오하지 않고는 도저히 거절할 수가 없었던 것입니다. 저는 그때 4남매의 자녀와 처까지 5식구를 버려두고 유치장에 갇혀서 곧 사형

되는 줄 알고 모든 것을 체념하였으나 중심은 매우 기쁘고 즐거웠고 그들에게 구타를 당할 때는 더욱 감격하였습니다. 일사를 각오하였으나 쉽게 죽이지는 못하고 금족령으로 귀가를 허락받고 나왔으나 생활에는 극악한 배급시대에 극심한 곤경을 5년 동안 겪는 중에도 언제든지 호출하여다가 죽일 것인가?하고 죽일 때를 기다리고 있던 차에 1945년 8월 15일 정오에 유인(裕仁)씨가 무조건 항복한 것을 방송하므로 재생과 해방의 기쁨을 얻게 되었던 것입니다. 일사를 각오하게 하는 새 맘의 능력은 참으로 위대하다고 믿습니다.[10]

훗날 강도룡은 순교의 영광을 얻지 못한 것을 아쉬워했다. 강도룡 목사는 이미 죽음을 각오하고 5년의 시간을 보냈다. 그는 평소 손양원 목사와 주기철 목사를 존경하였다. 그리고 순교의 영광을 최고 영광으로 여겼기에 기꺼이 죽음을 각오하고 있었다. 강도룡처럼 생존한 신사참배 거부자들에 대한 역사적 평가는 결코 가벼이 해서는 안 될 것이다.

강도룡의 신사참배 거부에 대한 역사적 평가는 현재 답보(踏步) 상태이다. 강도룡은 신사참배 거부자이지만 순교자가 아니기 때문이다. 한국개신교계는 신사참배 관련 연구를 꾸준히 전개해 왔다. 선행연구는 신사참배 거부자 중에서도 순교자를 중심으로 이루어지고 있다.

신사참배 거부로 투옥된 자들은 2,000명[11]에 이르고 그중 고문과 억압으로 사망한 이는 50여 명으로 추정[12]하고 있다. 신사참배 거부

---

10 강도룡, "새마을운동 성공사례(가칭)," 4.

11 Chung-Shin Park, *Protestantism and Politics in Korea* (Seattle, WA: University of Wahington Press, 2003), 156.

순교자의 명단은 선행연구마다 차이가 크다. 신사참배 순교자에 대한 기초적인 조사내용이 편차가 있고 통계적 합의가 이루어지지 않은 상황이다. 향후 기초조사의 자료화, 순교자뿐 아니라 생존자에 대한 개별연구도 필요하다.

신사참배 거부자에 대한 평가는 미완의 상태이며 아직도 진행 중이다. 하물며 생존한 신사참배 거부자에 대한 평가문제는 후순위로 밀려난다. 여기서 우리는 의문을 제기할 수 있다. 신사참배 거부자 중 순교자에게만 역사적 평가가 이루어져야 할까? 물론 그렇지 않다. 순교자뿐 아니라 생존자에게도 역사적 평가가 온전히 이루어져야 할 것이다. 강도룡은 신사참배 거부자이면서 동시에 생존자이다.

해방 이후 목사가 되다

해방 이후 강도룡은 전도인으로 복귀하였다. 신사참배 거부로 투옥되기 전에 자신이 하던 조사로 돌아왔다. 조사로서 그는 목사가 없는 여러 교회를 순회하면서 설교하고 교회운영을 돕는 역할이었다.

---

12 최상도는 신사참배 순교자 숫자에 대해 선행연구의 주장이 차이가 있음을 설명하였다. 김양선은 1955년 『한국기독교 해방10년사』에서 50여명이나 그 이상이라고 언급하였으며 Bruce F. Hunt(1977)는 30여명 이상, 김승태(2012)는 26명, 이찬영(1994)은 22명의 명단을 제시하였고 『한국국기독교순교자기념관』(2001)에 추서된 신사참배 거부 순교자는 14명, 한국기독교순교자유족회의 『한국교회 순교자』(1992)는 20명 명단을 제시하고 있다. 최상도, "일제시대 개신교인의 독립운동 참여와 순교자 추서 현상에 대한 소고:105인사건, 3.1운동, 신사참배반대 운동을 중심으로," 『장신논단』 49(2), 200-201.

그는 1945년 9월 1일부터 안강제일교회, 기계제일교회, 천북교회, 서평교회 조사로 사역하였다.

그는 목사가 되기로 결심하였다. 남은 생을 복음전하는 자로 섬기며 살기 위해서였다. 강도룡은 1947년 3월 1일에는 고려신학교에 입학하였다. 고려신학교는 1946년 9월 20일 출옥성도를 중심으로 개교하였다. 강도룡은 고려신학교가 개교한 다음해에 입학하였다. 재학하면서도 경동노회 전도인 조사시무를 계속하였다. 그리고 1948년에는 서울 남산장로회신학교에 입학하여 신학을 공부하였다. 서울 남산장로회신학교는 1948년 교단신학교 인준을 받은 신학교이다.

장로회신학교를 재학하던 중에 안강제일교회는 강도룡을 목회자로 초청하였다. 안강제일교회를 비롯하여 4개 교회를 순회하던 강도룡은 아직 신학생이었지만 조사, 복음전도자로서의 강도룡의 열정과 능력을 알아본 안강제일교회의 교인들은 그의 부임을 간절히 바랐다.

1950년 1월, 강도룡은 전도사로 안강제일교회에 부임하였다. 그리고 1950년 5월 26일 서울 남산장로회신학교를 우수한 성적으로 졸업하였다. 당시 박형룡 박사가 교장으로 재직하고 있었다. 안강제일교회 교인들은 졸업선물로 양복 한 벌을 마련해주었다. 그러나 졸업하자마자 한 달 뒤에 한국전쟁이 일어나 양복은 제대로 입어보지 못했다.

강도룡은 1950년 12월에 목사안수를 받았다. 전쟁의 상흔에서도 복음전도자의 여정은 계속이어졌다. 1950년 12월 6일 제16회 경동

강도룡 목사의 장로회신학교 졸업장(1950년 5월 26일, 강대권 목사 제공)

노회의 정기노회에서 오후 2시에 강도사 인허를 받았다. 그리고 연이어 6시 30분에 안강제일교회 임시목사 장립식을 거행[13]하였다. 목사안수와 임시목사 장립식이 같은 날에 연이어 열린 것이다. 안강제일교회 교인들이 강도룡을 얼마나 의지하고 함께 하고자 했는지 짐작할 수 있다.

그러나 강도룡은 한 교회에 머물기보다는 다른 곳을 목회하고자 했다. 더 열악한 곳, 더 가난한 곳, 그래서 목사를 더욱 필요로 하는 곳에 가고자 했다. 그는 잠시 안강제일교회 떠나 1954년 10월 1일부터 1956년 3월까지 대도교회 임시목사로 시무하였다. 또한 1956년

---

13 대한예수교장로회 경동노회, 『경동노회 회의록(제1회~제35회)』 (경주: 대한예수교장로회 경동노회, 1987), 295-296.

4월 1일부터 1965년 3월 31일까지는 경동노회 경주성서학원[14] 학감, 교장으로 근무하였다. 1965년 4월 10일부터 1970년 10월 31일까지는 경동노회가 설립한 경주기독병원의 초대 원목으로 근무하면서 무의촌 무료진료와 복음전파활동을 전개하였다.

강도룡은 1959년 3월 제31회 경동노회장에 추대되었다. 1969년 1월 4일 경주제삼교회를 설립하고 초대 목회자로 개척교회 목회를 시작[15]하였다. 그러다가 안강제일교회의 강력한 요청이 있어 1970년 11월 1일 안강제일교회에 다시 부임하였다.

강 목사는 1978년 12월 28일 안강제일교회를 정년퇴임하였다. 그리고 1978년 9월 5일 제71회 경동노회는 그를 공로목사로 추대하였다. 그는 퇴임 후에도 목사가 필요한 개척교회의 임시교역자로 일했다. 그가 경주기독병원 원목일 당시에 직원전도회가 교회를 개척하였다. 바로 내남면 망성리의 새마을교회이다. 강 목사는 퇴임 후 새마을교회의 임시교역자로 1979년부터 1981년까지 봉사하였다.

위임목사에 신중하다

강도룡 목사는 온전한 신앙을 지키려고 하였다. 그는 성령체험 이후 자신의 과거 신앙을 반성하여 스스로 치리를 자청하였다. 아무도

---

14 이혜정, "경주성서학원의 초기 역사와 신학교육,"『신학과 목회』53(2020), 57-58.
15 경주제삼교회는 경주시 성건동 178번지 경동노회의 평신도훈련원 강당을 빌려 예배를 시작하였다.

치리를 요구하지 않았지만 스스로 하나님 앞에 바로 설 수 없었던 강도룡은 긴 시간을 자숙한 후에 교회에 복귀하였다. 기독교인이 스스로 치리를 자청하는 사례는 매우 독특한 사례이다. 팔자는 한국교회역사 중에서 이러한 사례가 또 있는지 아직까지 들어보지 못했다.

또한 강도룡은 한 교회의 위임목사가 되는 것을 매우 신중하게 결정하였다. 위임목사란 교회의 청빙으로 노회의 위임을 받은 목사를 말한다. 위임목사란 한 교회의 담임목사로서 인정받는 절차이다. 위임목사가 되지 못하면 교회의 담임목사가 아닌 임시목사에 불과하다. 목사입장에서는 위임받지 못하면 임시목사에 해당하기 때문에 위임목사 되는 것이 안정적이다. 그러나 강도룡은 도리어 위임을 받지 않으려고 몇 차례나 교회를 사임하였다. 목사가 위임을 받지 않으려 한다는 사례를 들어보았는가? 필자는 들은 바가 없다.

목사가 위임받는 것을 거부하는 사례는 거의 없다. 위임목사 되기를 거부하고 임시목사를 선택하는 사례도 거의 없을 것이다. 강도룡은 위임목사를 거부하고 대신 개척교회 또는 작은 교회의 임시목사와 기독교병원, 성서학원의 기관목사를 전전하였다. 임시목사와 기관목사를 같이 병행하기도 했다. 그는 한 교회에 위임받고 정착하여 안정적인 목회생활을 하기보다는 남들이 쉽게 가지 않으려고 하는 곳에 스스로 찾아갔다.

그는 27세에 영수가 되어 전도인, 조사, 목사로 남은 평생을 사역하였다. 그는 위임목사 되는 것을 경계하였다. 그 이유는 전통적으로 한국교회에서 위임이란 평생 한 교회를 섬기는 의미였는데 그 약속을 지키지 못할까 하는 염려 때문이었다. 필자가 보기에 강도룡은 목회자가 부족한 시절에 한 교회에 매이기보다는 목회자가 필요한 많은 곳을 섬기는 방식을 선택했다고 생각한다.

강도룡과 안강제일교회의 인연을 살펴보려고 한다. 그리고 나면 강도룡이 왜 위임목사에 신중했는지 짐작할 수 있을 것이다. 강도룡은 안강제일교회로부터 세 차례 청빙을 받았다. 안강제일교회는 강도룡을 전임목회자로 위임하고자 했지만 그는 두 차례나 거절하였다. 그리고 마지막 세 번째 요청에 겨우 수락하였다. 그 이야기를 살펴보자.

안강제일교회의 첫 번째 요청은 1945년이다. 당시 안강제일교회는 조선출 목사가 미군정의 통역관으로 전출되자 새 목회자를 청빙하고자 했다. 교인들은 강도룡을 전임목회자로 초청하고자 했다. 당시 강도룡은 안강제일교회 조사이며 경동노회 전도인으로 안강제일교회를 포함한 4개 교회를 사역하고 있었다. 그러나 교회 안에는 강도룡이 전임사역자가 되는 것에 소수의 반대자가 있었다. 강도룡은 자신을 반대하는 이들이 있는 것을 알고 스스로 교회를 떠났다. 또한 자신이 전임사역자가 되면 교회의 재정부담이 늘어날 것을 염려하였다.

두 번째 요청은 1948년이다. 1948년 4월 1일 안강제일교회는 다시 강도룡을 전임목회자로 초빙하였다. 당시 그는 장로회신학교를 다니는 신학생이었다. 강도룡은 극구 사양했지만 교회의 적극적인 간청을 수락하였다. 강도룡은 1950년 1월 장로회신학교 졸업반 신분으로 안강제일교회에 부임하였다. 신학생 신분으로 교회를 전담 사역하는 생활이 시작되었다.

강도룡은 1950년 12월 6일 목사 안수를 받았다. 제16회 경동노회 정기노회가 열린 이날 강도룡의 강도사 인허와 목사 장립이 같은 날, 한나절에 연이어 이루어졌다. 오후 2시에는 강도사 인허절차가 진행되었고 이어 6시 30분에 목사 장립식[16]이 있었다.

강도룡은 안강제일교회의 전임목사가 되었지만 여전히 위임에는 신중하였다. 안강제일교회는 매년 강도룡을 위임하기를 청원하였다. 그러나 그의 신념은 매우 뚜렷했다. 그는 위임목사되는 것은 평생 목회의 약속으로 여겼다. 그리고 교인 중 한 사람이라도 반대한다면 교회를 떠난다는 각오로 임했다. 임시목사 청빙절차에 만장일치가 되지 않으면 자신이 물러나겠다고 선언하였다. 결과는 만장일치가 되지 않고 소수 반대자가 나왔다. 그는 자신이 말한 바대로 미련 없이 1954년 4월 1일 교회를 사퇴하였다. 이후 그는 포항의 외곽 대도교회 임시목사로 옮겨 1956년 3월까지 시무하였다.

강도룡 목사위임을 반대한 소수자들은 어떤 이들일까? 왜 반대했을까? 여기에 대해 장남 강대권 목사와 안강제일교회 전도사와 부목사를 지낸 안백수 목사는 이렇게 설명하였다. 강도룡 목사 청빙을 반대한 소수 반대자는 강 목사의 엄격한 신앙관에 반발하는 이들이었다고 한다.

강도룡 목사가 누구인가? 그는 성령체험 후 자신의 이전 신앙을 반성하는 치리를 자처한 자이며 죽음을 각오하고 신사참배를 거부한 자이다. 존경스러운 신앙인이지만 한편 어떤 교인들에게 부담이 되었을 것이다. 강도룡은 소수의 반대자들에 대해서 무어라 하지 않

---

16 대한예수교장로회 경동노회, 『경동노회 회의록(제1회~제35회)』, 295-296.

고 스스로 조용히 물러나는 것을 선택하였다.

이후 강도롱은 임시목사를 거쳐 경주성서학원과 경주기독병원의 기관목사로 일했다. 1956년 4월 1일부터 1965년 3월 31일까지 경주 성서학원의 학감, 교장으로 만 9년을 근무하였다. 그리고 1965년 4 월 10일부터 1970년 10월 31일까지 경주기독병원 원목으로 근무하 였다. 병원의 원목으로서 그는 무의촌 무료진료를 함께 도왔다. 그 리고 교회가 없는 곳에 교회를 세우는 활동으로 새마을교회와 경주 제삼교회를 개척하는데 앞장섰다. 그는 복음전도자로 살았다.

안강제일교회의 세 번째 요청은 1970년이다. 교회는 다시 강도롱 목사를 세 번째로 청빙하였다. 당시 안강제일교회는 내부의 혼란으 로 교회가 분열될 위기에 처해 있었다. 당회는 이 문제를 해결할 이 가 강 목사밖에 없음을 확신하고 그에게 청빙을 강권하였다.

당시 안강제일교회에 무슨 어려움이 있었는지 밝혀진 바가 없다. 아쉬운 것은 안강제일교회의 역사가 오래되었지만 교회역사서가 발 간되지 않았다는 점이다. 1906년 첫 예배로 시작한 안강제일교회의 역사는 한 교회의 역사로서도 의미 있지만 안강지역의 기독교역사 이자 강도롱 목사 연구에도 중요한 자료가 된다. 향후 안강제일교회 의 역사가 서술되기를 기대한다.

강도롱은 교회의 어려움과 요청을 외면하지 못했다. 그는 1970년 10월 말에 경주기독병원 원목과 경주제삼교회 임시목사직을 사임 하였다. 그리고 1970년 11월 1일에 안강제일교회에 세 번째로 부임 하였다. 그리고 그토록 신중하던 위임목사가 되었다.

1970년 12월 18일에 강도롱의 인생에 평생 처음이자 마지막인 위임식을 거행하였다. 그리고 정년 퇴임할 때까지 안강제일교회를 떠나지 않았다. 위임목사로서 평생을 한 교회에서 목회한다는 약속을 지켰다. 그리고 퇴임 후에는 다시 임시목사로 돌아가 경주기독병원 원목 시절 개척한 새마을교회의 임시목사로 2년간 봉사하였다.

위임목사이든 임시목사이든 강도룡의 목회인생은 한결같았다. 복음을 전하고 말씀을 전하는 목사로 살았다. 돌아보면 강도룡은 오히려 위임목사가 아니었기에 더 다양한 목회활동을 할 수 있었다. 또한 목사가 부족한 시절에 한 교회에 매이지 않고 경주성서학원, 경주기독병원, 개척교회 등 힘들고 할 일이 많은 목회지를 자원하여 맡았다.

그가 안강제일교회 위임목사가 된 것도 교회의 어려움을 해결하기 위해서였다. 교회분규를 해결하기 위해서 다른 좋은 조건을 포기한 것이다. 그는 경주성서학원 재직시절에 캐나다와 부산의 큰 교회에서 청빙이 왔지만 거절했다. 그의 목회생활은 편한 곳, 안락한 곳이 아니라 힘들고 어려운 험지를 선택해 왔다.

흔히 초기 한국교회에서 위임은 결혼에 비유하곤 했다. 목사위임은 평생 교회와 함께 하겠다는 결혼과 같은 의미로 여겨졌다. 그래서 위임예식에서는 교계 원로가 권면사를 하면서 신랑 목사가 신부되는 교인들과 함께 평생 동고동락하라는 권면을 하곤 한다.

그러나 오늘날 교회위임은 이러한 신앙적 해석보다 일종의 이권관계, 또는 권력관계, 계약관계로 수용되기도 한다. 교인들은 목사의 위임을 쉽게 허락하지 않으려고 하고 위임받은 후에도 근무연한을 20년이 되지 않게 하여 원로목사를 수락하는데 호락호락하지가 없다. 또한 목사는 위임을 권력획득, 또는 보다 안정된 생활을 보장하는 수단으로 여기기도 한다. 나아가 위임목사가 되어도 보다 조건이 좋은 교회로 청빙되면 임지를 옮기는 목사의 수평이동도 일반적인 현상이 되었다. 그러므로 위임에 신중했던 강도룡 목사의 이야기는 매우 독특한 사례이지 않을 수 없다.

신앙교육에 엄격한 아버지

강도룡은 신앙에 매우 엄격하였다. 그는 인간적으로는 온화한 성품을 가지며 아랫사람이라도 존중하는 겸손함을 가지고 있었지만 신앙에 있어서는 엄격하였다. 특히 자신에 대한 신앙의 기준은 더욱 높았다. 그러기에 성령체험 후에 스스로를 엄격한 책벌로 치리하고자 했던 것이다. 또한 조사로서 신사참배를 거부하여 고난을 받았고 여러 교회와 기관을 섬기는 복음전도자로 살았다.

강도룡의 엄격한 신앙생활은 여러 일화를 통해 나타난다. 그는 찬송가를 부를 때에도 하나님에게 극존칭의 높임말을 사용하였다. 찬송가 가사 중에 '주여 주여 내말 들으사'라는 가사는 그대로 부르지 않고 존대하여 '주님 주님 제 말 들으사'로 바꾸어 불렀다.

그러나 아버지로서 강도룡은 자상하였다. 그는 자녀에게 자주 편지를 보냈는데 편지에서 '주님, 하나님'과 같은 용어는 항상 각행 첫 단어로 줄을 바꾸어 쓸 정도였다. 사소한 일상생활 속에서 무심코 지나치지 않고 신앙의 엄격함을 지키려 하였다.

그의 목회는 설교준비와 교인과의 만남이 중심이었다. 그의 설교는 항상 성경 본문을 풀어주는 강해설교였다. 성경을 벗어나지 않는 설교에 집중하였고 설교 준비는 항상 밤이나 새벽에 혼자 있는 시간에 이루어졌다. 낮 동안에는 교인들 만나는 일에 몰두하였다. 교인들의 가정과 생활현장을 방문하고 교회에서 교인들을 만나고 심방하고 그들의 이야기를 들어주고 신앙의 권면에 힘썼다. 교인들을 대할 때에는 인자한 목회자였다. 그는 자신의 신앙에는 엄격하였지만 그것을 타인을 정죄하는데 투영하지 않았다. 오히려 다른 사람들을 높이며 존중하고 스스로에게 겸손한 모습을 보여주었다.

헌금과 십일조는 철저하게 지켰다. 십일조는 십분의 일을 넘어 넘치게 넉넉하게 드리도록 하여 세금공제금액이나 각종 수당이 포함된 금액으로 드렸다. 강도룡은 교인들에게도 십일조를 이렇게 넉넉히 하기를 동참하도록 지도하였다. 이처럼 강도룡 목사의 엄격한 신앙은 생활에도 그대로 적용되었다.

그는 가정교육에 특히 엄격하였다. 가정교육은 예배를 중심으로 가정제사장 역할에 충실하였다. 강대권 목사는 회고[17]하기를, 매일 교회의 새벽기도회가 끝나면 가정예배가 시작되었다고 한다. 가정예배는 성경읽기와 기도, 찬송부르기였다. 성경은 창세기부터 요한계시록까지 읽어나갔고 찬송은 찬송가책의 1장부터 마지막 장까지 불렀으며 민족과 국가를 위한 기도를 많이 드렸다. 그의 가정은 부부싸움이 전혀 없었으며 철저한 가정예배와 십일조를 지켰다. 강대권 목사는 아버지의 신앙 중에서 오늘날에 비추어 가장 본받을 점이 가

---

17 "구술인터뷰–강대권·안백수," (2023.02.02.)

강도롱 목사 가족(안강제일교회 사택 앞에서)[18]

정예배라고 꼽는다.

강도롱 목사의 가정교육은 신앙적으로 철저했다. 가훈은 "경건, 진실, 건강, 화목"이었다. 그의 자녀 2남 5녀 중 두 아들은 목사가 되었고 2녀는 전도사, 3녀, 4녀, 5녀는 권사이며 모두 신앙이 돈독한 장로 사위를 두었다.

안백수 목사[19]는 강도롱 목사의 제자이자 동역자였다. 안백수 목

---

18 오른쪽 뒷줄에서부터 이한나 집사(1녀-강대희 전도사의 장녀), 강문희 전도사(2녀), 강대영 권사(3녀-대구동산교회 은퇴), 강대경 권사(3녀-엄호섭 장로처/엘림전도편지 대표), 강대권 목사(1남),강대은 목사(2남), 앞줄의 오른쪽부터 김상진 장로(3녀의 4자), 강도롱 목사, 송은경 사모, 강대희 전도사(1녀), 김신진 집사(3녀의 3자)
19 "구술인터뷰-강대권·안백수," (2023.02.02.)

안백수 목사(2017년)[20]   박정기 장로, 강대권 목사, 안백수 목사(2023년 2월 2일)

사는 1955년 경주성경고등학교(경주성서학원)를 졸업하였다. 그리고 1971년부터 안강제일교회에서 강도룡 목사와 함께 전도사, 부목사로 5년 7개월간 시무했다. 안백수 목사는 그야말로 강도룡 목사의 교육활동과 목회활동을 가까이에서 목격한 인물이다.

안백수 목사가 기억하는 스승 강도룡 목사는 경건하고 엄격한 신앙인이다. 경주성경고등학교 시절, 강도룡 목사는 학감으로서 교장으로서 역임하였다. 당시 그는 학생들과 같이 기숙사에 인접한 사택에 거주하면서 숙식과 생활을 함께 했다. 당시 경주성경고등학교는 마치 수도원 생활처럼 경건하고 엄격한 신앙의 훈련장이었다. 안백수 목사는 이후 영남신학대학교와 장로회신학대학교를 졸업했지만 그 어떤

---

20 안백수, 『호명교회 80년사』(경주: 대한예수교장로회, 2017), 20.

곳도 경주성경고등학교만큼 엄격하고 경건하지는 않았다고 말한다.

강도룡 목사는 부교역자를 인격적으로 대우했으며 민주적으로 행정처리를 했다. 안백수 목사가 기억하는 강도룡 목사는 인간적으로는 칭찬도 질책도 거의 하지 않은 과묵한 성격이었다. 그러나 교회에 잘된 일이 있으면 부교역자들에게 공로를 돌리고 자신보다 아랫사람을 높여주는 인자한 어른이었다.

그러나 강도룡 목사는 교인들을 보살피는 일에는 양보가 없었다. 한번은 교회 입구에 전등이 꺼져 강도룡 목사가 안백수 전도사에게 전등을 교체하라는 지시를 내렸다. 안 전도사가 이를 깜빡하고 며칠이 지나도 전등이 여전히 꺼져있으니 강도룡 목사는 매섭게 꾸중하였다. '교인들이 어둑한 교회 입구에서 넘어지기라도 하면 어떻게 할 것인가' 염려한 탓이었다. 안 전도사는 자신이 거의 유일하게 강도룡 목사에게 꾸중을 들었던 일을 잊지 못한다. 그러나 교회의 잘된 일에 대해 목사 자신을 내세우지 않고 '안 전도사 덕분이오'라고 전도사였던 자신을 치켜 세워주던 강도룡 목사였다.

동역자이자 친구, 부례문 선교사

강도룡 목사와 부례문 선교사의 인연은 경동노회에서 이루어졌다. 부례문은 강도룡 목사를 "나의 동역자요 친구"[21]라고 일컫는다.

---

21 김진수, "영남을 일깨운 믿음의 스승들3," 『복음과 교육』 22(1995. 9 · 10), 41.

경주성서학원 학생들과 강도룡 목사, 부례문 선교사(강대권 목사 제공)[22]

강도룡 목사는 오랫동안 부례문 선교사와 동역하였다. 강 목사와 부례문 선교사는 경주성서학원과 경주기독병원에서 서로를 보완하면서 협력하였다. 두 사람을 통해 선교사와 한국목사의 이상적인 협력관계를 살펴볼 수 있다.

부례문 선교사는 1954년부터 1966년까지 경동노회에서 활동하였다. 이 기간동안 부례문 선교사는 경주성서학원에서 성경강의를 하고 구제사역과 전도하는 일에 활동하였다. 경주성서학원은 지역 교회에서 일할 수 있는 젊은 남녀학생들을 훈련하는 기관이었다. 정식 신학교가 아닌 평신도훈련기관으로서 경주성서학원은 목회자가

---

22 연도는 1959년에서 1960년으로 추정된다.

부족한 시절에 평신도 지도자를 양성하였다. 당시 경주성서학원의 상황은 여러모로 열악하였다. 부례문 선교사는 경주성서학원의 열악한 상황을 해결하기 위해 후원모금활동에 주력하였다.

강도룡 목사는 1954년 당시 임시목사였다. 강도룡은 1950년 1월, 장로회신학교의 졸업반 신분으로 안강제일교회에 부임하였다가 임시목사 청빙에 소수 반대가 있어 스스로 교회를 사임하였다. 그리고 포항 외곽의 대도교회 임시목사로 재직중이었다.

강도룡은 경주성서학원에 부임하였다. 그리고 1956년 4월 1일부터 1965년 3월 31일까지 경주성서학원의 교감과 교장으로 만 9년을 근무하였다. 목회자가 부족한 시절에 교회를 돕는 사역자들을 길러내는 일이 우선이라 여겼다. 마치 강도룡 자신이 위임목사로서 안정적인 목회를 하기보다는 자신을 필요로 하는 곳을 찾아갔듯이 말이다.

당시 경주성서학원에는 교장 강도룡 목사와 허재구 목사가 가르치고 있었다. 부례문은 강도룡과 허재구 목사 두 사람이 학교에 쏟는 정성과 열정에 감동하였다. 부례문의 눈에 비친 모습은 강도룡 목사와 허재구 목사 두 사람이 '너무나 많은 수업시간을 열악한 환경에서 가르치며 매 주일마다 시골교회를 방문하여 설교하는 것'[23]이었다. 두 사람의 헌신에 감동받은 부례문은 경주성서학원을 위한 후원모금활동에 힘을 기울였다.

경주성서학원의 교장인 강도룡은 학생들과 함께 숙식하면서 사택에서 생활하였다. 당시 학교건물은 기와집을 덧대어 확장한 모습이었다. 사택도 교실, 기숙사와 연이어 덧댄 확장건물이었다. 강대

---

23 김진수, "영남을 일깨운 믿음의 스승들3," 43.

강도룡 목사 부부와 막내아들 강대은[24], 경주성서학원 여학생들(강대권 목사 제공)

권 목사는 어린 시절에 경주성서학원 사택에서 살았던 기억을 떠올리고 옛날 사진을 보면서 추억에 젖었다. 그는 사진을 보면서 기숙사와 사택, 사무실의 위치를 설명해주었다.

경주성서학원의 교사들은 일주일 동안 쉬는 날없이 헌신하였다. 주중에는 학생들을 가르치고 주말과 주일이 되면 학생과 교사 모두 각기 시골교회로 사역을 위해 떠났다. 교회가 있으나 목회자가 없는 곳을 찾아 설교를 하고 예배를 인도하였다. 부례문은 경주성서학원의 열정에 감동되어 더욱 외부의 후원활동을 적극적으로 펼쳐나갔다.

경주성서학원의 운영은 부례문 선교사와 강도룡 목사의 공헌이

---

24 사진 속 강도룡 목사의 막내아들은 강대은 목사이다. 그는 1954년생으로 미국 샌프란시스코 은혜의빛 장로교회 원로목사이다.

컸다. 부례문은 학교운영에 어려움이 없도록 외부의 후원을 끌어오는 역할을 담당했다면 강도룡은 학생들을 지도하고 함께 생활하면서 신앙인의 자세와 경건을 가르쳤다. 부례문 선교사가 대외적인 역할을 담당하고 강도룡 목사는 학교의 내면을 다지면서 정체성을 세워갔다.

두 사람의 협력관계는 경주기독병원 사역에도 이어졌다. 부례문은 경동노회 지역에 기독병원을 설립하기 위해 모금활동을 전개했다. 그 결과 1965년 경동노회 경주기독병원이 설립되고 부례문의 요청으로 강도룡이 초대원목으로 부임하였다. 강도룡 목사는 1965년 4월 10일부터 1970년 10월 31일까지 경주기독병원의 원목으로 5년간 사역하였다. 그의 사역기간 동안 경주기독병원 선교회는 두 곳의 개척교회를 세웠다. 강도룡은 그가 있는 곳이 교회, 학교, 병원이든 항상 복음전도자의 삶을 살았다.

부례문 선교사와 강도룡 목사는 인간적으로 친밀했으며 영적 교류도 나누었다. 서로 언어소통은 원활하지 않았지만 강도룡은 가족과 떨어져 지내며 사역하는 부례문을 위로하고 격려하며 교감을 나누었다. 그리고 기도로 동역하였다.

부례문은 회고하기를 가끔 강도룡 목사의 시선에서 자신을 따뜻하게 안아주는 것을 느꼈다고 한다. 비록 한국에서는 서로 껴안는 관습이 없어서 실제 하지는 않았지만 말이다. 두 사람은 깊은 인간적 친밀감과 영적 친밀감을 나누었다.

> 해가 갈수록 나와 강 목사의 관계는 더욱더 개인적으로 깊어졌다. 한 번은 오직 기도로만 해결할 수 있는 어떤 문제에 봉착하여 의기소침하고 기운을 잃어버린 상황에 처하였다. 나는 무척 노력했지만 응답은 올 것 같지 않았다. 나는 그 문제로 강 목사에게 도움을 요청했다. 그는 앉아 있었고 나는 서있었다. 강 목사는 나에게 자기 옆으로 와서 무릎을 꿇으라고 몸짓으로 말했다. 내 머리 위에 그의 손을 얹고서 그는 몇 분 동안 기도를 드렸다. 물론 나는 그의 말을 하나도 알아들을 수 없었지만 나는 하늘에 계신 하나님 아버지 앞에 그의 간곡히 호소하는 동정심을 "느낌"으로 알 수 있었으며 따라서 나의 영혼의 무거운 짐이 가벼워졌다.[25]

강 목사와 부례문 선교사는 이처럼 기도의 동역자로 협력하였다. 부례문 선교사는 13살 위인 강 목사를 의지하였다. 강 목사가 있었기에 부례문은 경주성서학원, 경주기독병원의 운영실무를 맡기고 자신은 대외적인 후원활동에 전념할 수 있었다. 나아가 부례문은 강 목사를 존경하는 마음을 가지고 있었다. 강도룡의 장례를 맞아 회고

25 김진수, "영남을 일깨운 믿음의 스승들3," 43.

경주성서학원 교장 재임중 강도룡 목사와 부례문 선교사[27]

사를 발표한 부례문 선교사는 강도룡 목사에게 성자(saint)라는 칭호[26]를 붙이기를 원했다. 성자 강도룡!

에큐메니칼 연합노선을 선택한 강도룡

에큐메니칼 연합정신은 강도룡의 지론이었다. 그는 경동노회가 에큐메니칼 연합정신을 이어가도록 앞장선 인물이다. 에큐메니칼

---

26 김진수, "영남을 일깨운 믿음의 스승들3,"『복음과 교육』20(1995. 5·6), 50-51.
27 사진 뒷줄 인물은 왼쪽부터 미상, 이학모 목사, 이주삼 목사

연합은 하나님을 믿는 자들이 하나님 안에서 서로 협력하여 하나님의 선한 사업을 위하여 협력하고 하나님 나라를 확장하는 데에 연대하고자 하는 정신이다. 강도룡은 분열의 소용돌이 속에서 교회가 분열되지 않고 연합하고 연대하는 정신을 지키도록 권면한 인물이다.

'에큐메니칼'(ecumenical)[28]은 헬라어 '오이쿠메네'에서 기원하였다. 신약성경에서 15번 사용된 '오이쿠메네'는 '원래 사람이 사는 온 세상'을 의미한다. 고대교회는 에큐메니칼 공의회를 열어 교회의 보편성과 일치를 회복했다. 16세기 이후 개신교회가 여러 교파로 갈라지면서 에큐메니칼은 교파간의 연합과 일치를 뜻하는 말로 사용되었다. 20세기에 들어 에큐메니칼은 교회의 일치만이 아니라 분열된 세상에 대한 책임으로서 정의, 평화, 그리고 창조보전의 과제를 포함하게 되었다.[29]

대한예수교장로회 통합교단을 비롯한 여러 교단들이 에큐메니칼 정신을 지지한다. 세계의 다양한 교단과 단체들과도 서로 협력과 연대관계를 이루고 있다. 비록 교단이나 조직이 다소 다르더라도 신앙고백과 노선이 결정적인 차이가 없다면 선한 일을 위해, 하나님 나라 확장을 위해 협력하고 연대하는 일에 앞장서고 있다.

그러나 안타깝게도 에큐메니칼 노선은 한국교회사에서 분열로 기억된다. 원래 하나였던 한국장로교는 해방 이후 세 차례의 분열을

---

28 이형기, "에큐메니칼 신학이란 무엇이고 어떻게 하는 것인가?," 『에큐메니칼 신학과 운동』(서울: 한국기독교교회협의회, 1999), 63-100.

29 정병준, "21세기 세계 에큐메니칼 운동의 패러다임 변화와 한국교회 에큐메니칼 운동의 과제," 『한국교회사학회지』54(2019), 355-387.

거쳐 분립되었다. 그리고 1950년대에 한국장로교는 고신과 기독교 장로회, 대한예수교장로회 합동교단과 통합교단으로 분열되었다. 세 차례의 교단분열을 겪으면서 개교회들도 아픔을 겪었다. 오랫동안 한 교회에서 함께 신앙생활하던 교인들이 서로 다른 교단을 지지하면서 분쟁이 일어나기도 했다. 심지어 교회가 갈라진 것도 많다. 이러한 모습은 한국교회의 아픈 역사이다.

강도룡 목사는 1950년대 대한예수교장로회의 교단분열에 반대하였다. 공교롭게도 강 목사는 교단분열이 일어난 1959년에 경동노회장이었다. 그리고 노회대표로 총대가 되어 총회에 출석하였다. 1959년 한국장로교회의 세 번째 분열현장에 있었다. 총회의 분열은 노회와 교회로 이어졌다.

1959년 제44차 대한예수교장로회 총회가 파국으로 치닫자 경동노회는 대책위원회를 소집하였다. 경동노회 대책위원은 오근목, 김재철, 박두영, 강도룡, 박석규 등 목사 5인으로 구성되었고 그 목적은 분열을 방지하는 것이었다. 대책위원회는 모든 선교단체와의 관계단절을 주장하는 합동측을 이탈하여 통합측인 연동총회의 성명서를 지지[30]하기로 하였다.

1. 우리는 전임원의 불법처사를 불신임하고 규칙에 따라서 의회를 계속하여 75년의 법통을 계승한다.
2. 우리는 대한예수교장로회의 신경과 정치를 끝까지 보수한다.
3. 우리는 종래 제휴하여 오든 각 선교회와의 관계를 굳게 직힌다.
4. 우리는 분열을 원치 않으며 교회가 하나되기 위하여 어떠한 노력

---

30 경동노회 80년사 편찬위원회, 『경동노회 80년사』, 48-49.

과 방법도 아끼지 않는다.[31]

이 문제에 있어서 강도룡의 두 가지 입장이 드러난다. 첫째, 강 목사가 속한 경동노회 대책위원회는 그동안 경동노회 복음사업에 선교사와 긴밀한 협력관계를 형성해 왔다. 그러므로 선교사와 관계단절을 주장하는 합동측 의견은 수용할 수 없었다. 대표적으로 강도룡 목사는 부례문 선교사와 오랫동안 경동노회의 경주성서학원과 경주기독병원의 설립과 운영을 협력해 왔다.

둘째, 강도룡은 교단분열과 교회이탈을 반대하였다. 당시 노회장인 강도룡 목사를 비롯하여 허재구 목사, 김성관 목사 등 교계 어른들은 교단이탈과 교회분열을 반대하였다. 그들의 영향력으로 교회들의 이탈이 최소화되었다. 안백수 목사는 당시 경동노회가 전국적으로 가장 분열이 적었던 노회라고 회고[32]하였다.

구술인터뷰와 강도룡의 기록에 의하면 그의 신앙적 기질은 고신측이나 합동측과 가까웠다. 신사참배를 반대한 출옥성도로 출발한 고신측의 입장이나 보수신앙을 지지하는 합동측과 강도룡은 신앙의 결이 같았다. 그러나 교회를 분열하면서까지 함께 할 수는 없었다. 특히 모든 선교사와의 협력관계 단절을 주장하는 합동측에는 동의할 수 없었다.[33]

강도룡은 합동측의 대표인물인 박형룡으로부터 영향을 받았으나 통합측에 머물렀다. 박형룡은 에큐메니칼 노선을 반대하여 보수파

---

31 대한예수교장로회 경동노회, 『경동노회 회의록(제1회~제35회)』, 634.
32 "구술인터뷰-강대권·안백수," (2023.02.02.)
33 강도룡, "강도룡 목사 약력," 1.

를 변증했던 대표적인 신학자이다. 교단분열 당시 합동측의 대표인물이며 통합측의 대표인물이었던 한경직 목사와 대비되는 인물이다. 박형룡은 1947년 10월에 고려신학교의 1대 교장으로 취임하였다. 그리고 1949년에는 서울남산 장로회신학교의 6대 교장이 되었다. 그리고 강도룡은 1947년 3월 1일, 경동노회 전도인으로 조사시무하면서 고려신학교에 입학하였고 1948년에는 장로회신학교에 입학하였다.

강도룡이 박형룡으로부터 직접 가르침을 받았을 가능성은 낮다. 강도룡이 고려신학교와 장로회신학교에 재학당시에 박형룡은 교장으로 취임하였기 때문에 직접 강의를 했을 가능성은 크지 않다. 강도룡이 박형룡에게 얼마나 어떻게 영향을 받았는지는 정확히 파악하기 어렵다. 다만 분명한 것은 그가 에큐메니칼 노선에 관해서는 박형룡과는 반대입장에 섰다는 점이다.

강도룡은 교회분쟁 해결에 특출했다고 평가받는다. 그는 부례문 선교사와 오랫동안 협력연대하여 사역하였다. 그리고 그는 교회분쟁에 시달리던 안강제일교회의 문제를 해결하기 위해 그토록 신중하던 위임목사 청원을 수락하고 교회혼란을 수습하였다. 또한 1959년 교단분열 당시 경동노회의 교단이탈을 최소화하는데 기여하였다. 강도룡은 당시의 상황을 이렇게 기록하고 있다.

"1959년 3월 정기노회에서 노회장에 당선되어 9월 총회에 갔을 때 통합측과 합동측이 분열되었는데 저는 합동측을 동정하면서도 분열을 원치 않는 성격 때문에 끝까지 통합을 지켜 노회의 분열을 방지함,"

저는 가능한 한 자주 시골 교회를 방문했습니다. 다른 장로회에서 교회 분열이 있었음에도 불구하고, 저는 그 어느 때보다 환영을 받았습니다. 총회 분열로 심각한 피해를 본 교회는 경동노회 145곳 가운데 5곳뿐입니다. 이것에 대해 우리는 모두 하나님께 감사합니다.[34]

부례문은 1960년도 선교보고서에서 경동노회가 교단분열에 거의 영향받지 않았음을 감사하고 있다. 여기서 강도룡 목사의 영향력이 어느 정도였는지 객관적 자료증빙이 궁금하긴 하지만 그 점을 밝히기는 현재로서는 어렵다.

강도룡은 안강제일교회의 분열위기를 해결하는 데에도 기여하였다. 1970년 그가 경주기독병원 원목을 사임하고 안강제일교회 위임목사가 된 것은 당시 교회의 위기를 해결해 줄 이가 강 목사 밖에 없었다는 당회원들의 판단과 강권 때문이었다. 당시 안강제일교회 교섭위원이었던 김진수 장로는 강 목사가 다른 좋은 자리를 마다하고 어렵고 복잡한 문제를 가진 안강제일교회 청빙수락하지는 않을 것이라 여겼다.[35] 안강제일교회는 수차례 그를 설득하였다. 그리고 드디어 강 목사는 일생에 단 한 번의 위임목사직을 수락하였다.

강 목사의 목회지 선택지는 항상 편안한 곳이 아닌 어려운 곳, 개

---

34 부례문 선교사의 1960년 선교보고서 일부를 원용함. "As often as I could I have made trips to the country churches. In spite of church splits in other presbyteries, I have been made more welcome than ever. Only five churches out of the 145 in Kyung Dong Presbytery have been seriously affected by the split of the General Assembly. For this we are all grateful to God." Raymond C. Provost, "Personal report of Raymond C. Provost, Jr.," *Presbyterian Church in the U.S.A.(PCUSA) Board of Foreign Missions Korea Mission Reports* (June, 1960).(한국기독교역사연구소 소장본)

35 김진수, "영남을 일깨운 믿음의 스승들3," 『복음과 교육』 22(1995. 9 · 10), 40.

척하거나 시작되는 곳이었다. 경제적으로 더 윤택하고 자녀교육에 도움이 되는 임지를 마다하고 경주성서학원, 경주기독병원, 분쟁 중인 교회, 개척교회 등의 험지를 선택하였다. 강 목사는 화평한 곳이 아니라 분쟁이 있는 곳, 어려움이 있는 곳을 찾아 화평을 이루는 자로 평생 목회활동을 하였다.

경주기독병원 원목시절

강도룡 목사는 1965년 경주기독병원이 설립되자 원목으로 부임하였다. 경주성서학원에 이어 경주기독병원에서도 부례문 선교사와 강도룡의 협력관계가 이루어졌다. 부례문의 활약으로 경주기독병원 설립이 완성되자 그는 강도룡 목사를 원목으로 초빙하였다. 강도룡은 경주성서학원에서 그랬던 것처럼 부례문과 협력하기로 결심하였다.

부례문은 미국 머릴랜드주 컴버랜드교회에서 재정지원을 받아 경주기독병원 설립을 시작하였다. 또한 대구동산병원의 하워드 마펫 (Dr. Howard F. Moffett, 마포화열, 1917~2013)과 선교사의료장비 지원을 받았다.

경주기독병원은 경주시 서부동 147번지 소재하였다. 1964년 11월 4일에 재단법인 경주기독병원 유지재단 설립 허가를 얻어 1965년 4월 6일에 개원식 예배를 거행하였다. 그리고 한 달 뒤에 보건사회부로부터 종합병원 개설허가를 얻어 1965년 5월 8일에 병원 봉헌예배를 드렸다. 경주기독병원은 비영리 의료기관을 허가를 받았으며 경동

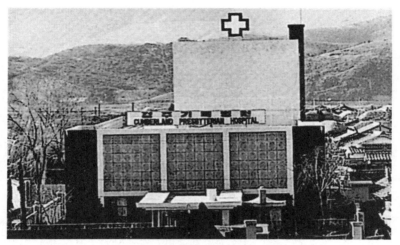

1965년 경주기독병원[36]

노회 의료공제회를 창설하고 의사수련병원으로 승인받는 등 지역의
종합병원으로 빠르게 자리를 잡아갔다. 1968년 3월에 경주기독병
원의 의사 및 직원은 총 56명에 이르렀고 침상은 총 40대였다. 진료
과는 내과, 소아과, 서무과, X광선실, 병리시험실, 외과, 안이비인후
과, 산부인과, 약제과 등이었다.

경주기독병원은 병원이면서 복음전도처였다. 부례문과 강도룡은
이 점에 서로 동의하였다. 병원은 몸이 병들고 아픈 이를 치료하는
곳이면서 영혼을 치유하고 구원하는 곳이 되기를 원했다. 강도룡은
경주기독병원 원목으로 근무하였다. 1965년 경주기독병원 부임 당
시 60세였던 강도룡은 나이가 무색하게 활발한 전도활동을 펼쳤다.

36 "다시보는 동산역사," <계명대학교 동산병원> 2023.01.31
   https://m.blog.naver.com/dsmc7551/223000224909 최종접속일 2024.01.27.

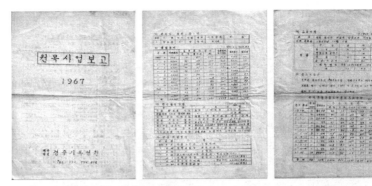

〈원목사업보고서〉(경주기독병원, 강도룡 원목, 1967)(강대권 목사 자료 제공)

위의 문건은 강도룡이 1967년 제출한 "원목사업보고" 내용이다. 원목과의 직원은 강도룡 혼자뿐이다. 이 문건에는 원목의 활동을 꼼꼼하고도 체계적으로 보고하고 있다. 월별통계와 원목활동상황, 연중특별행사, 교회개척, 전도의료반 활동을 상세하게 기록하였다. 그리고 연도별 입원환자와 보호자, 결신자 숫자를 월별통계로 기록하였다.

〈원목사업보고서〉(경주기독병원, 강도룡 원목, 1967)(강대권 목사 자료 제공)

원목활동상황	기록사항
아침경건회 인도	과거 1개년간 267회
특별예배 인도와 월례회 설교	과거 1개년간 22회
성구암송 예배인도	매월 1차 첫 수요일 연간 12회
병실 위문과 전도	1개년간 결신자 1,299명
결신 통고증 발부	결신자에게 주어서 인근교회를 찾아가게 함
결신자를 교회에 연락	결신자의 인근교회에 연락서신을 발송하여 인도케 함
개척교회 감독	춘추순행과 수시방문 및 협조
개척교회 중·재건 모금	4월부터 8월까지 10처 교회 125,062원

경주기독병원 전도회 성탄예배 순서지(1965년 12월 21일, 강대권 목사 제공)

강도룡은 경주기독병원의 유일한 원목이었다. 보고서의 원목 활동내용을 보면 그가 얼마나 열심히 예배와 전도에 힘썼는지 알 수 있다. 그는 주말을 제외한 매일 아침경건회를 병원직원과 환자들과 함께 드렸고 1달에 한 번 월례회를 드렸고 거의 매달 특별예배와 매달 첫 수요일에는 성구암송을 위한 예배도 드렸다.

경주기독병원에는 전도대가 있었다. 강도룡 목사가 중심이 되어 병원의 의사와 직원으로 구성된 전도대는 강 목사와 함께 전도와 심방, 교회개척을 함께 전개한 복음의 일꾼들이다. 사람의 병을 살리고 영혼도 살리는 사역을 함께 이루어 나갔다.

1965년 병원이 시작되고 첫 성탄절을 맞아 경주기독병원 전도대는 함께 성탄예배에 참여하였다. 1965년 12월 21일 화요일 밤 7시에

새마을 개척교회 봉헌예배 식순 1967년 10월 1일(강대권 목사 제공)

열린 성탄예배에서는 성탄헌금을 드려 불우한 이웃과 고아들을 위해 나누었다. 그리고 예배 후에 선물교환 시간이 있어 각 사람이 200원 이상의 선물을 마련하여 상대방의 이름을 쓴 후 총무에게 제출하도록 하였다.

놀라운 것은 병원전도 결과, 전도결신자의 숫자이다. 일 년간 병실위문전도로 1,299명의 결신자를 얻었다. 강도룡은 매달 결신자의 현황을 자세히 통계치로 기록하고 있다. 강도룡은 결신자 관리도 소홀히 하지 않았다. 결신자들에게는 결신 통고증을 발부해서 각 사람의 거주지에 있는 인근 교회로 찾아가 등록하도록 유도하였다. 또한 결신자의 인근 교회에 직접 연락서신을 보내 결신자들이 교회로 연결되도록 하였다.

또한 경주기독병원은 개척교회를 설립하였다. 교회가 없는 마을에 교회를 새로 개척하여 감독하였고 춘추로 순행하고 수시로 방문하고 협조하였다. 새마을교회는 1965년 10월 1일 경주시 월성군 내남면 망성2리 새마을에 김득신 전도사를 파견하여 개척전도로 시작하였다. 1966년 1월 18일에는 대지 98평에 건평 23평의 구락부회관을 13만원에 매입하여 예배당으로 사용하였다.

경주기독병원 초대원장 송창화 박사 퇴임기념(1969년 2월)(강대권 목사 제공)[37]

　　일년 후 1967년 3월 1일 김득신 전도사가 사면하고 이틀 후 이웃 방앗간에서 일어난 불이 붙어 예배당이 완전히 연소하였다. 이에 경주기독병원 전도대는 새마을교회 건축헌금 40만원을 목표로 모금운동을 시작하여 한 달 뒤인 4월 28일에 예배당 기공식을 거행하였다. 그리고 새로운 목사도 부임하여 빠르게 교회는 안정을 되찾았다. 전도대는 새마을에 무료순회 진료를 하여 마을 이웃을 섬기는 봉사를 함께 하였다.

　　위의 사진은 경주기독병원의 초대원장인 송창화 박사의 송별을 기념한 장면이다. 송창화 박사는 소아과 전문의로 1965년 1월 초대

37　1줄 왼쪽 3번째 강도룡 목사, 왼쪽 5번째 송창화 원장, 왼쪽 6번째 하워드 마펫 동산병원 원장

원장에 취임하여 1969년 2월까지 재임하였다. 경주기독병원은 지역의 종합병원으로 운영되어 오다가 경영상의 어려움으로 1988년 9월 19일 폐업되었으며 이후 계명대학교가 인수하여 1991년 3월 15일 계명대학교 의과대학 부속 경주동산병원으로 새롭게 개원하였다.

새마음에서 새마을운동까지

필자는 강대권 목사와 인터뷰를 진행하면서 자료를 제공받았다. 그중에는 강도룡 목사의 친필기록물이 포함되었다. 친필기록물의 내용은 기독교인의 삶을 새마을운동과 연관시키는 내용으로 강도룡 개인의 소회를 적은 글이다. 그러므로 필자가 강도룡 목사를 연구하는데 이 부분을 한 꼭지로 다루게 되었다.

본 글은 강도룡 목사가 바라본 새마을운동과 기독교의 연관성에 대해 살펴보고자 한다. 새마을운동은 군사정권이 주도한 1970년대 정신적, 물질적 혁신운동으로 대한민국 역대 정책 중 가장 성공적 정책으로 선정되었다. 새마을운동에 관한 선행연구들은 새마을운동의 성과와 함께 한계와 비판도 제기[38]하고 있다.

새마을운동의 평가는 경제적 측면과 정치적 측면으로 구분된다. 경제적 측면에서 새마을운동은 전세계에 유례없는 성과를 거두어

---

38 김선영, "새마을운동 관련 사회적 이슈 탐색 및 의미에 관한 연구: 뉴스 빅데이터의 LDA기반 토픽분석을 중심으로," 『사회적경제와 정책연구』12(2)(2022), 152-153.

호평을 받는다. 반면 정치적 측면에서는 국민의 정치적 자유와 인권을 탄압하고 제한하였다는 점에서 비판받는다.

종교계에서도 새마을운동은 적지않은 파장을 일으켰다. 전통가치는 폐습, 구습으로 치부하여 배제되었고 무교와 민족종교들은 국가로부터 탄압을 받았다. 반면 기독교는 서구 선진국과 동일시되어 긍정적으로 수용되어 상대적인 혜택을 누렸다. 새마을운동이 전개된 시기에 한국개신교는 유례없는 교세확장[39]이 이루어졌다. 당시 한국교회 인물들은 새마을운동을 적극 지지하였으며 강도룡도 마찬가지였다.

강도룡 목사가 새마을운동에 대한 글을 쓰게 된 배경은 다음과 같다. 그는 1977년 3월 17일부터 19일까지 경상북도 농민교육원에서 열린 종교지도자 대상 새마을운동 연수에 참여하였다. 강 목사는 새마을운동에 관련된 강의를 듣고 새마을운동의 성공사례에 대한 글을 청탁받았다.

필자가 확인한 기록물은 강 목사가 친필로 남긴 5장의 문서이며 첫장은 본인을 소개하는 본적, 주소, 생년월일, 서론으로 구성되었고 이후 목차는 1. 저의 내력, 2. 저의 새마음의 내력, 3. 새마음의 활동, 4. 새마음의 능력, 5. 새마음의 효과, 결론으로 구성되었다. 이 문건을 통해 강도룡이 바라보는 기독교와 새마을운동의 관련성을 살펴볼 수 있다.

---

39 방하윤, "국가정책과 종교 지형도 변화의 상관성 연구: 1970년대 새마을운동을 중심으로," 서울신학대학교 신학대학원 석사논문(2013), 22-23.

종교지도자 새마을연수기념(1977년 3월 19일)[40]   강도룡 목사 친필기록[41]

강도룡은 새마을운동은 곧 새마음운동이라고 정의한다. 여기서 새마음이란 중생, 거듭남, 참된 기독교인을 의미한다. 그래서 그는 새마을운동의 성공사례로서 자신의 신앙내력에 대해 설명하고 있다. '1. 저의 내력'에서 강도룡은 출신가문과 자신의 생애에 관하여 이야기한다. 그의 증조부, 조부, 부친 세대의 간략한 가정형편과 자신이 어린 시절에 어떻게 공부했는지를 설명하고 일본에서 귀국하

---

40 사진 속 인물 중 오른쪽 뒤편 강도룡 목사를 원으로 표시(필자).
41 강도룡, "새마을운동 성공사례(가칭)," 1.

기까지의 여정을 간단히 소개한다.

'2. 저의 새마음의 내력'에서는 1935년 11월 11일 새벽기도회 당시 성령체험한 사건을 소개한다. 성령체험 후 그는 이전의 형식적 신앙을 버리고 예민한 양심으로 다시 신앙생활을 시작하였다. 여기에 그치지 않고 스스로 치리를 자처하여 자숙기간을 가진 후 열정적인 복음전도자로 거듭났다. 강도룡에게 있어 성령체험은 새마음을 얻게 된 계기이다. 또한 형식적 신앙인에서 벗어나 열정적이고 헌신적인 복음전도자로 변화한 계기이다.

강도룡은 '3. 새마음의 활동'에서 새마음을 얻게 된 이후 첫 활동을 소개한다. 바로 그의 아버지를 교회출석하게 한 일이다. 그의 부친은 오래전에 기독교로 결신했으나 교회에 다니지 않아서 안타까웠다. 강대권 목사에 의하면 강도룡 목사의 부친은 "부덕한 교인으로부터 상처를 받은 후 '가나안 교인(교회에 '안 나가'를 거꾸로 말하는 풍자어)'이 되어 교회 불출석을 고집하였다"고 한다. 강도룡은 부친을 위해 40일 금식기도를 작정하였다. 금식기도를 시작한 3일째 주변인들과 함께 강권하며 노력하여 부친을 교회로 인도하였다. 강도룡은 이 일을 새마음의 성공사례로 소개하고 있다. 즉 그에게는 전도가 곧 새마음운동이다.

'4. 새마음의 능력'에서 그는 자신의 목회활동이 모두 새마음의 능력임을 재차 강조한다. 즉 경동노회 전도인으로 4개 교회를 순회조사로 시무한 일, 신사참배를 거부하여 감옥에서 죽음을 기다리던 일, 신학공부를 하면서 교회를 섬기던 일, 목사가 되어 경주성서학원과 경주기독병원과 여러 교회를 사역하던 목회활동이 모두 새마음의 능력에서 비롯되었다고 고백한다.

'5. 새마음의 효과'에서 강도룡은 자신과 같이 무학력에 가진 것 없는 이가 큰 교회의 목사로 활동하는 것이 곧 새마음의 효과라고 설명[42]한다. "저는 학력도 없고 재력도 없고 무능한 사람이지만 남녀노유를 통합하면 천여명이 되는 큰 교회일 뿐 아니라 고향교회인데도 불구하고 거듭 청빙을 받게 된 것도 위에 말한 새 마음의 효과라고 생각합니다."

결론에서 강도룡은 새마을운동에 관한 몇 가지를 조언[43]하고 있다. 강도룡에게 새마음운동은 곧 기독교운동이다. 새마을운동은 물질적 부흥을 기대하는 경제정책이다. 그 밑바탕에는 물질적 변화는 정신적 변화에서 시작된다는 사회진화론적 발전론이 깔려있다. 그러므로 새마을운동은 정신혁명운동이며 기독교는 바로 이 지점에서 연결된다. 1970년대 당시 한경직 목사를 비롯한 한국개신교계의 목사들은 이러한 사고방식에 적극 동의하였고 새마을운동을 지지하였다.

> 예수교의 근본 취지는 천국과 영생에 있으나 외관상으로 보면 기독교의 교역자는 새마음 운동자라고도 할 수 있고 기독교 예배당은 새마

---

42 강도룡, "새마을운동 성공사례(가칭)," 4.

43 "결론 전번 3월 17 - 19일까지의 교육수료 후 소감과 새마을운동 성공사례의 결론을 겸해 몇 자를 기록해봅니다. ① 새마을운동도 꼭 필요하고 새마음운동도 매우 좋은 것이니 이에 대한 교육도 필요한 줄 아오나 그렇게 거액의 비용을 드리지 않아도 좀 더 효과적인 교육을 시킬 수 없을까?고 생각됩니다. ② 목사들에게는 대학교수나 어떤 석학자의 강의보다 신앙계의 거장으로 인정되는 신학자의 강의가 필요하고 ③ 성경을 하나님의 말씀으로 믿고 전하는 목사들에게는 성경을 근거한 교육과 운동이 더욱 유효할 줄 믿습니다. ④ 전도와 중생 운동이 ??적인 새마을운동(인) 고로 복음전파를 복음화운동과 적극 협력요함 (갑자기 쓰고 다듬지 못하여 문맥이 옳게 통하지 않는 데가 많은 줄 인정하고 양해를 구합니다.) 위의 글, 5.

음 훈련소 또는 새마음 도야장(陶冶場)이라고도 할 수 있겠습니다. 그래서 일찍 김구 주석(金九主席: 1876~1949)은 교회 한 곳 세우는 것이 경찰서 열 곳 세우는 것보다 낫다고 하였습니다.[44]

강도롱은 목사는 자신이 새마음운동가라고 설명한다. '정신혁명'이라는 말은 새마을운동과 기독교를 잘 연결시켜 준다. 새마을운동은 곧 정신혁명운동으로 비유된다. 국민정신이 변해야 잘 먹고 잘 살게 된다는 믿음을 심어주었다. 국민의 정신을 무장시켜 공산주의 침입을 막고 남한경제의 부흥시키리라는 기대를 세워나갔다. 새마을운동, 반공사상, 경제발전은 마치 하나처럼 뭉쳐서 새마을운동에 적극 동참하는 사회적 분위기를 쌓아갔다.

　　사실 한국에 다른 종교가 있다 하더라도 기독교가 없었다면 공산도배가 얼마나 더 강성하였을 것이고 공산주의를 막기 어려웠을 것이 아닌가 하고 생각합니다. 그래서 공산도당들은 기독교를 꺼리고 욕하고 우리와 같이 피차간에 최대의 대적으로 싸우는 것입니다. 저 인면에 수심(人面에 獸心)을 뽑아 때리고 새 마음을 심어서 양민이 되게 하는 큰 사역은 기독교운동 또는 새마음운동이 절대로 필요하다고 생각합니다. 이 정도로 유지하는 것도 기독교의 효과를 말하지 않을 수 없습니다.[45]

그러므로 강도롱에게 있어 새마을운동은 곧 복음화운동이다. 기독교정신을 전파하는 것이 곧 정신혁명이며 반공사상이고 물질혁명이었다. 실제 한국 기독교는 1965년에 전국복음화운동위원회[46]를

44　위의 글, 4.
45　위의 글, 4.
46　1964년 조직된 전국복음화운동위원회에 관하여는 다음을 참조. 이혜정, "한경직

조직하여 전방위적 방면으로 전도와 선교운동을 전개하여 한국교회의 양적성장을 이끌었다. 여기에는 군사정권의 비호와 협력이 있었다. 특히 군선교 분야에서 한국기독교는 탁월한 전도효과를 이루었다. 새마을운동과 복음화운동의 성과는 시기상 같은 흐름을 가지고 있었다. 한국경제의 급속성장과 한국기독교의 양적성장 시기가 겹치는 것은 우연이 아니다.

> 모든 종교운동은 도덕운동으로 생각하나 기독교운동 즉 복음화운동은 근본적으로 인심을 새롭게 하는 운동이며 에스겔 36:26, 27의 말씀과 같이 인생을 내신 하나님의 역사이며 기독교의 교역자들은 그의 조수들이라고 할 수 있습니다. 그러므로 우리는 이렇게 보람을 느끼고 왔는데 근간 새마을운동은 도박과 낭비와 사치를 금하고 근검, 성실을 강조하므로 복음화운동과 병행하는 크게 다행한 일로 생각됩니다.[47]

> 에스겔 36장 26절 또 새 영을 너희 속에 두고 새 마음을 너희에게 주되 너희 육신에서 굳은 마음을 제거하고 부드러운 마음을 줄 것이며 27절 또 내 영을 너희 속에 두어 너희로 내 율례를 행하게 하리니 너희가 내 규례를 지켜 행할지라

새마을운동은 마치 서구 근대화의 축약된 형태가 단시간에 이루어진 것과 같다. 몇백 년의 근대화 과정이 불과 몇십 년 만에 이루어진 독보적인 사례가 되었다. 여기에는 한국기독교의 협력과 기여가 있었다.

의 기독교적 건국론과 복음화운동," 한국학중앙연구원 한국학대학원 종교학 박사학위논문 (성남: 한국학중앙연구원 한국학대학원, 2006).

47 강도룡, "새마을운동 성공사례(가칭)," 4.

강도룡은 기록물의 결론에서 새마을운동의 성공사례로 가나안농군학교의 김용기 장로(金容基, 1908~1988)와 덴마크의 니콜라스 그룬트비(Nikolaj Frederik Severin Grundtvig 1783~1872)를 꼽았다. 이 두 사람은 기독교사회운동가로서 낙후된 조국을 살기 좋은 곳으로 개선하는데 일조한 공통점이 있다. 강도룡은 이것이 새마을운동의 좋은 성공사례로서 기독교와 새마을운동의 연관성을 강조한다. 서구 선진국들 역시 기독교정신에서 출발했기에 발전할 수 있었다고 설명한다.

강도룡은 경주기독병원 원목으로 재직당시 새마을교회를 개척하고 당회장[48]을 지냈다. 그리고 안강제일교회를 은퇴한 후 1979년부터 1981년까지 새마을교회의 임시교역자로 재직하였다. 새마을교회는 그가 경주기독병원 초대 원목 당시 직원전도회에서 내남면 망성리에 개척한 교회이다. 교회이름을 새마을교회로 지을 정도로 그가 새마을운동을 지지하고 협력하였음을 알 수 있다.

강도룡에게 새마을운동은 곧 새마음운동이다. 그에게 새마음이란 기독교의 거듭남, 중생을 의미한다. 강도룡 목사의 기록을 통해 기독교가 새마을운동을 어떻게 인식하고 참여하고 협력하였는지

---

[48] 새마을교회는 1965년 10월 1일 경주기독병원 전도회에서 월성군 내남면 망성2리 새마을에 김득신 전도사를 파송하여 개척전도를 시작하였다. 1966년 1월 18일 대지 93평 건평 23평되는 구락부회관을 130,000원에 매입하여 예배당으로 사용했으며 1967년 3월 1일 김득신 전도사가 사면하고 3월 3일 밤 11시경 이웃 방앗간에서 인화되어 예배당이 완전 전소되었다. 1967년 3월 24일 새마을교회 재건건축 헌금 40만원을 목표로 모금운동을 실시하였으며 1967년 4월 5일 이종호 목사가 부임하였고 1967년 4월 28일 오후 2시 10분에 새마을 개척교회 기공식을 거행하였다. 1967년 7월 8일 경주기독병원 전도회 주최로 무료진료를 실시하였으며 7월 9일 입당예배, 9월 23일 교회당 신축준공, 10월 1일 봉헌예배를 드렸다. 강도룡 목사는 봉헌식에서 당회장으로 사회를 인도하였다. 새마을교회, "경과보고," 『새마을개척교회 봉헌예배 순서』 유인물 참조.

살펴보았다. 새마음과 새마을운동의 연결은 종교와 정치가 어떻게 결합되는지 보여주는 사례이기도 하다.

현재의 관점에서 새마을운동의 공과 과에 대한 회고와 성찰은 반드시 필요하다. 새마을운동의 성과는 한국의 경제적 가치를 높인 일등공신이라 할 수 있다. 여기에 적극 동참하여 노력한 국민들의 수고와 노고를 인정해야 할 것이다.

그러나 이 시대에 새마을운동이 다시 자리매김하려면 진정한 민주화와 시민운동으로 거듭나야 할 것이다. 새마을운동을 최우선정책으로 전개했던 군사정권으로 인해 당시 국민의 인권, 자유, 권리가 침해당하는 일이 일어났다. 향후 과거사가 정리되어 국가폭력으로부터 희생된 이들에 대한 정당한 복원과 복권이 이루어져야 한다. 이러한 점에서 새마을운동은 여전히 우리에게 과제로 남겨져 있다.

한편 새마을운동은 오늘날 마을목회의 적절한 모델로서 재조명될 가능성이 있다. 갈수록 심화되는 도시인구집중과 지역발전의 불균형을 해결하기 위해 마을목회, 마을기업사업이 전개되고 있다. '마을이 살아야 교회가 산다'는 슬로건처럼 교회가 마을살리기의 중심이 되기를 강도룡도 희망하지 않았을까 생각한다.

강도룡에 대한 평가

강도룡 목사의 퇴임예배는 1978년 12월 28일 11시에 경동노회에서 열렸다. 손명철 경동노회장의 사회로 이성규 목사가 기도하고 노회서기 최봉기 목사가 레위기 25장 1절에서 12절 말씀을 봉독하였다. 안강제일교회 성가대의 찬양 후에 이동승 목사가 "인생의 희년"이라는 제목으로 설교하였다. 그리고 이규호 목사가 강도룡 목사의 약력을 소개하였다. 순서지에 소개된 강도룡 목사의 "성력"은 다음과 같다.

강도룡 목사 퇴임예배(1978. 12. 28. 강대권 목사 제공)

사역지	직분	기 간
장산·입실·모아·석계	조사	1923.1.1. ~ 1940.10.31
안강교회	전도인	1945.9.1. ~ 1947.2.28.
기계·구지	전도인	1947.3.1. ~ 1948.3.31.
서평교회	전도인	1948.4.1. ~ 1950.3.31.
안강제일교회	목사	1950.12.6. ~ 1954.9.30.
대도교회	목사	1954.4.1. ~ 1965.3.31.
경주성경학교	목사	1956.4.1. ~ 1965.3.31.
경주기독병원	목사	1965.4.1. ~ 1970.10.31.
안강제일교회	목사	1970.11.1. ~ 1978.12.31.

그는 1923년 1월 1일부터 선교사의 조사로 활동하기 시작하였다. 그리고 1978년 은퇴할 때까지 50년 동안 사역자로 살았다. 그는 은퇴 후에도 1981년까지 새마을교회 임시목사로 사역했으니 53년을 사역하였다. 그리고 새마을교회를 사임한 이후 곧 하나님의 부르심을 받았다. 실로 그는 죽기 전까지 복음을 전하고 살았던 것이다.

강도룡 목사는 1983년 7월 27일 하나님의 부르심을 받았다. 오후 4시 7분에 78세를 일기로 인천 세광병원에서 소천하였다. 그의 장례는 경동노회장으로 치렀으며 안강제일교회 묘지에 안장되었다. 교회의 많은 이들이 강 목사와 사모를 그리워하는 마음으로 관례를 어겨가면서 부부묘지를 마련하였다. 강도룡의 묘지 비석에는 요한 3서 1장 4절의 성경구절과 다음의 글귀가 새겨져 있다.

> "대한예수교장로회목사 강도룡지묘 내가 내 자녀들이 진리 안에서 행한다 함을 듣는 것보다 더 즐거움이 없도다(요한3서 1장 4절)", "일생을 주의 일하다가 영은 하나님의 부르심을 받았으나 흙으로 빚어진 몸이 곳에서 편히 잠드시다. 주님 재림하시는 날 천군천사 나팔소리에 화답하며 다시 만나리…… 아멘 할렐루야"

그는 거듭남을 체험한 후 이전과 다른 온전한 신앙으로 복음전도자로서 헌신된 삶을 살고자 노력했으며 평생 주의 일을 하다가 잠든 목사이다. 그의 한결같은 헌신은 사명자로서의 삶을 통해 드러나고 있다.

필자는 강도룡 목사의 생애를 주제별로 살펴보고 인물평가를 시도해 보았다. 그는 신앙의 순수성을 철저하게 지키고자 했던 인물이다. 즉 일상생활과 가정생활, 교회생활, 신앙생활에서 온전한 신앙으로 살기 위해 가정제사장 역할에 충실하였고 스스로를 엄격히 치리하는 한편, 신사참배를 거부하여 고난을 자초하는 삶을 살았다. 또한 그는 내면의 신앙을 실천하려고 애쓴 인물이다. 부례문 선교사와 오랫동안 협력하여 동역하였고 교단분열을 반대하여 에큐메니칼 연합정신을 실천하였고, 새마을운동이 곧 복음화운동이라 인식하여 민중들의 삶이 개선되도록 가난을 극복하는 운동에 적극 동참하였다.

강도룡에게 구원은 다양한 층위를 가지고 있다. 즉 내적 신앙의 엄격함을 추구하는 개인적 차원, 분열이 아닌 협력을 지향하는 에큐메니칼 연합정신, 신사참배를 거부하여 국가신도에 저항하는 교회적 차원, 그리고 한민족이 가난을 떨치고 일어서도록 민족의 현실적 구원을 위해 새마을운동에 협력하는 국가적 차원까지 확대된다.

물론 이러한 신앙적 사고방식은 강도룡만의 것은 아니다. 강도룡과 같은 시대를 살았던 당대 기독교인들의 공통된 사고방식이기도 하다. 강도룡을 통해 우리는 1970년대 한국 기독교인에 나타나는 신앙의 외연화 사례를 살펴볼 수 있다.

한 시대를 살았던 인물평가는 그 시대적 맥락과 상황에 맞추어 분석되고 평가되어야 할 것이다. 그리고 우리의 시대에 강도룡에 대한 평가를 내린다는 것은 공과 과를 구분해야 할 것이다. 본고는 강도룡을 통해 신사참배 거부자에 대한 평가의 문제를 돌아보고, 가정사역의 중요함과 잃어버린 한국교회의 치리와 위임목사직에 대한 엄중함을 성찰하게 된다. 또한 에큐메니칼 연합정신을 돌아보며 한국교회의 연합 가능성에 대해 생각해 보는 한편 새마을운동과 기독교의 양적성장이 남긴 폐해와 한계를 어떻게 극복할 것인지, 우리 시대의 공적 신앙의 역할은 무엇인지 새롭게 해석하고 적용해야 할 과제를 고민하게 된다. 즉 강도룡을 통해 우리는 우리의 시대를 더욱 집중적으로 분석하고 고민해야 할 과제를 안고 있음을 다시 깨닫는다.

강도롱 목사 연혁

1906.9.5.	경북 경주시 월성군 현곡면 무과리 출생 부 강시영, 모 박남숙의 6남1녀 중 5남
1909.	현곡면 무과교회 출석
1915.2.	무과리 사숙 한문공부
1917.	교회부설 영창소학교, 안강제일교회 소아회 출석
1922.3.23.	교회부설 영창소학교 졸업, 영창소학교 교사 재직
1923.1.1.	조사로 일하기 시작하다
1923.9.15.	안강제일교회 학습세례(위철치 선교사)
1924.4.5.	안강제일교회 세례(위철치 선교사)
1925.7.(음력)	일본 오사카 도착
1925.10.26.	일본 우선회사 장야환 기관부 승선
1927.3.15.	일본 동경시 삼기정 3정목 제국중학교 졸업(통신과정)
1929.	해상생활 중 지중해상에서 부상
1930.5.17.	한국으로 귀국
1930.11.21.	송미란과 결혼(권영해 목사 주례)
1931.1.	안강제일교회 유년주일학교 유년부장 임명
1933.1.	안강제일교회 영수 임명, 강동면 유금개량서당 교사 재직
1935.11.11.	성령체험
1935.11. 15.	스스로 치리를 자청하여 근신, 영수 면직
1936.4.26.	치리 해벌

1936.6.7.	치리 복권
1937.1.	영수 복직
1938.1.	경동노회 전도인(조사) 월성군 외동면 4개 교회(장산, 입실, 모화, 석계) 시무
1938.5.7.	모친 별세(71세)
1940.11.1.	신사참배 거부로 가택연금
1941.11.8.	부친 별세(82세)
1945.9.1.	전도인 복귀 4개 교회 시무(안강제일, 기계제일, 천북, 서평)
1947.3.1.	고려신학교 입학
1948.	서울남산장로회신학교 입학
1950.1.	안강제일교회 전임전도사 부임
1950.5.26.	서울남산장로회신학교 졸업
1950.12.6.	제16회 경동노회 목사 안수, 안강제일교회 임시목사 장립식
1954.10.1.	대도교회 임시목사 시무
1956.4.1.	경동노회 경주성서학원 재직(학감, 교장)
1965.4.10.	경동노회 경주기독병원 원목
1970.11.1.	안강제일교회 담임목사 부임
1970.12.18.	안강제일교회 당회장 위임
1978.9.5.	제71회 경동노회 공로목사 추대
1978.12.28.	안강제일교회 정년퇴임

1979.	내남면 망성리 새마을교회 임시목사 재직
1981.	새마을교회 임시목사 은퇴
1981.7. 27.	16시 7분 인천 세광병원 별세(78세), 경동노회장
	안강제일교회 묘지 안장
	자녀 2남 5녀

제6장
부례문과 부마리아 선교사

부례문 선교사(Provost, Raymond Clair Jr., 1919.6.1.~1997.2.20.)

부례문은 미국 북장로교 선교사로 1948년부터 1963년까지 한국에서 활동하였다. 정식으로 한국선교사로 활동한 것은 1953년부터 1963년간 10년간 대구와 경주, 안강, 영천지역에서 사역하였다. 그는 1919년 미국에서 출생하여 펜셀베니아주의 워싱턴앤제퍼슨대학을 다닐 때에 처음으로 선교사의 소명을 받았다.

한국과의 인연은 2차대전 참전에서 시작되었다. 부례문은 미국 육군 병사로 일본 오키나와에서 근무하다가 종전이 되자 1945년에 미군정 사령관 하지(John Reed Hodge)를 따라 한국 인천으로 와서 1년간 통신부에서 근무히였다. 당시 인천 제물포교회에서 예배를 드렸으며 한국의 선교사가 되기를 확신하였다.

선교사 부례문

부례문은 군복무를 마치고 1946년에 미국으로 돌아가 프린스턴 신학교에 입학하였고 1948년 9월 18일 미국 북장로회 단기선교사로 한국에 내한하여 연희전문학교에 배정되었다. 연희전문학교에서는 화학과 영어를 가르쳤다.

그는 자신이 최초로 비행기로 온 선교사라고 기억한다. 부례문이 항공편으로 한국에 입국한 날, 언더우드 선교사 부부가 마중을 나왔다. 바로 그날, 언더우드 선교사 부부는 이승만 대통령과 만남이 약속되어 있어 부례문과 함께 동행하였다. 언더우드 선교사는 그에게 한국의 학생들을 위해 장학사업을 권유하였고 이 일은 후에 부례문의 선교사업에 핵심이 된다.

그는 한국전쟁이 발발하자 피난민사역에 투입되었다. 구제품을 전달하는 역할을 맡았으며 1950년 12월, 중공군이 남하할 때는 미군 트럭을 운전하여 목회자가족 수송하는 일을 맡았다. 부례문과 그의 동료는 1950년 12월 말에 약 2,200명 이상의 기독교인을 북한군

으로부터 구해내었다. 이 일로 그는 대한예수교장로회 서울노회로 부터 감사장을 받았다.[1]

1951년 9월에 단기선교사 계약기간이 만료되어 부례문은 귀국한 후 프린스턴신학교로 돌아갔다. 부례문은 1952년 5월 노스캐롤라이나주에서 미국 남장로교 2세 선교사인 마리엘라 텔리지와 결혼하였다. 그는 부상으로 전주예수병원에 입원하였다가 간호사인 마리엘라를 만났다. 결혼 후 곧 한국으로 내한하여 부부가 모두 미국 북장로교 선교사로 활동하기 시작하였다.

부례문은 1952년 12월에 한국전도집회에 참여하였다. 당시 유명한 부흥사인 빌리 그래함(William Franklin Graham Jr., 1918~2018)과 월드비전의 밥 피어스(Robert Willard Pierce, 1914~1978) 목사의 전도집회에서 그는 가이드 겸 사진사로 활동하였다.

한국과의 인연이 쌓여 부례문은 한국선교사가 되기로 결심하였다. 1953년 프린스턴신학교를 졸업하고 장로교 목사안수를 받아 선교사로 한국에 입국한 그는 대구선교부에 배정되었다. 그의 사역은 한국전쟁 후의 교회를 복구하는 일과 전도활동, 동산기독병원 아동병원의 고아를 돕는 일이었다. 특히 미국의 잉여물자를 전쟁피폐 국가에 지원하는 주한미군지원사업(AFAK)에 전념하여 고아원, 교회 등 공공건물을 재건하는 데 활동하였다.

부례문은 선교회로부터 경동노회를 배정받았다. 경동노회는 대구와 인접한 경주, 안강, 영천지역이었으며 부례문은 교회방문과 전

---

1 문화학원 60년사 편찬위원회, 『문화학원60년사』(경주: 학교법인 문화학원 문화 중·고등학교, 2009), 172.

도, 경주성서학원 강의, 구제사역 등을 담당하였다.

1960년에는 경동노회가 경주문화학교 재단을 인수하여 부례문이 경주문화중고등학교 학장으로 부임하였고 1961년 12월에는 초대 교장으로 취임하였다. 당시 학교는 정치적 변화와 부정부패로 황폐화되어 문을 닫기 직전이었다. 경동노회와 부례문 선교사는 기독교 학교로 탈바꿈하기 위해 노력하였고 특히 부례문 선교사는 미국 교회후원을 연결하여 학교를 재정비하고 정상화하는데 공헌하였다. 후원은 계속 이어져 학생들의 장학금을 지원하는 사역을 시작하였다. 또한 1962년에는 경주기독병원 건축을 위한 후원사업을 전개하여 지역병원을 설립하였다.

부례문은 경동노회의 사역을 확장하는데 공헌하였다. 특히 학교와 병원을 설립하는데 핵심적 역할을 하여 지역사회에 기여하였다. 해방과 한국전쟁을 거치는 혼란한 사회정황에서 경주성서학원의 기틀을 세웠고 경주문화고등학교를 기독교학교로 재정비하고 장학사업을 오랫동안 후원하였다. 그리고 경주기독병원 설립후원을 주도하여 지역에 학교와 병원 설립을 이끌었다.

그는 1963년 휴가로 미국으로 돌아갔으며 1965년 선교사직을 사임하였다. 사임 후에는 미국 매키노시의 스트레이츠 교회에서 목회하였다. 은퇴 후에도 장학사업을 계속되어 1973년에 한국장학재단(The Korea Scholarship Fund)을 설립하여 많은 학생들이 학업을 계속할 수 있도록 후원하였다.

한국에 무한한 애정을 가졌던 그는 교육사업의 공로로 1982년 국민훈장 모란장을 수여받았다. 은퇴 후에도 그는 일년에 두 번 정도 2

부례문 묘소의 가족들

개월씩 한국을 방문하였다. 경주호텔학교에서 영어를 가르치며 노년을 보내다가 1987년 미국의 은퇴선교사들의 거주지역인 노스캐롤라이나주의 블랙마운틴에 부인과 함께 이주하였다. 그리고 1997년 2월 77세로 하나님께로 돌아갔다. 한국과 경동노회 지역을 사랑한 그의 묘는 자신이 후원한 많은 학생들이 있는 경주문화고등학교 교정에 묻혔다.

부마리아 선교사[2] (Provost, Mariella Talmage, 1923.2.~2014.4.15.)

부마리아는 1923년 2월 광주에서 출생하였다. 1901년 조선선교

---

2 "한국을 "한국을 사랑했던 부마리아 선교사 소천," <아멘넷>, 2014.04.16. https://usaamen.net/bbs/board.php?bo_table=data&wr_id=4906&sst=wr_datetime&sod=desc&sop=and&page=345 최종접속일 2024.01.26.

부마리아

사로 온 아버지 존 탈메이지와 어머니 엘리자 에머슨의 7남매 중 막
내로 태어났다. 부마리아의 할머니인 에머슨 여사는 광주 호남신학
대학교 선교사 묘지에 안장되었다. 존 탈메이지는 일제의 회유와 협
박을 이겨내고 선교사의 재산을 보존하는 일에 공헌하였다. 마리엘
라의 형제인 존 에드워드, 자넷 크레인도 남장로교 한국선교사로 활
동하였다.

부마리아는 평양외국인학교를 졸업하고 미국 노스캐롤라이나주
샬롯의 퀸즈대학에 입학하였다. 그녀는 이론교육과 병원실기를 합
하여 5년간 간호학 과정을 이수하였다. 이후 한국선교사로 파송받
기 위해 미국 남장로교 총회교육과정을 1년 이수하였다. 의사, 간호
사와 같은 직업인들이 선교사로 파송받기 위해서는 교단의 교육과
정을 이수해야 했기에 버지니아 리치몬드 유니온신학교에서 선교
사 교육을 받았다. 그리고 한국에 파송되어 전주예수병원에서 근무
하였고 언니인 자넷도 함께 근무하였다.

한국전쟁 중 그녀는 전주예수병원에 입원한 부례문을 처음 만나게 되었다. 부례문과 부마리아의 결혼은 노스캐롤라이나 몬트릿에서 아버지 존 탈메이지의 주례로 열렸다. 평소 검소했던 선교사들의 관행대로 소박하고 검소한 결혼식이 이루어져서 결혼식비용은 100불을 넘지 않았다.

부마리아는 결혼 후 남편과 함께 따라 미국 북장로교로 소속을 옮기고 대구에서 사역하게 되었다. 부마리아는 계명대학교에서 미래 간호사들을 가르치는 사역과 대구동산기독병원 간호사 근무를 했다. 또한 편모지원센터와 월드비전 병원, 고아원, 미망인 쉼터 봉사도 함께 하였다.

1960년 경동노회가 경주문화고등학교를 인수한 이후에 부례문과 부마리아 부부는 모두 학원 법인이사가 되었다. 가난으로 공부할 수 없는 학생들을 위해 부부는 학생들을 위한 장학후원사업을 활발하게 전개하였다. 이들은 미국교회와 지인들, 친구들을 총동원하여 한국의 상황을 알리고 교육사업에 함께 동참하도록 요청하였다. 이러한 노력의 결과로 많은 한국학생들의 학업후원이 이루어져서 배움의 길을 열어주었다.

부마리아는 활발하고 적극적인 사람이었다. 그리고 약한 자를 돕는 측은지심이 가득한 사람이었다. 그를 아는 사람들은 그녀의 밝은 웃음과 따뜻한 배려를 기억하였다. 부마리아의 일생은 이웃을 사랑하라는 하나님의 말씀대로 작은 자를 위한 삶을 이어갔다.

부마리아는 은퇴선교사들의 거주지인 블랙마운틴에 거주하면서도 코디네이터 역할을 계속하였다. 블랙마운틴의 방문객들과 한국 출신 선교사를 연결하였고 아프리카 말라위 웅코마 지역의 에벤에

경주문화학교 개교희년 기숙사추억모임(1996년 10월 19일)[3]

경주문화학교 개교기념 60주년 기념예배에서 회고사를 하는 부마리아(2005년 10월 14일)

---

3 첫 줄 가운데 부례문, 부마리아. 이 글의 사진은 다음의 자료를 참조하였습니다. 문
화학원 60년사 편찬위원회, 『문화학원60년사』(경주: 학교법인 문화학원 문화중·
고등학교, 2009).; 문화중고등학교 총동창회, 『문화동문육십년사』(대구: 신흥인
쇄, 2011).; 마리엘라 프로보스트, 『하나님께 바친 일생(미국 선교사 부부의 한국
선교 이야기)』(경주: 문화중·고등학교 출판부, 2014).

노래에 담긴 한국교회

셀학교를 후원하였다. 그녀는 죽기 전까지 뜨개질을 손에 놓지 않았다. 뜨개질은 아프리카의 아이들이 추위를 견디도록 모자를 만드는 일이었다.

2014년 4월 15일 부마리아가 하나님의 곁으로 돌아갔다. 장례는 노스캐롤라이나 블랙마운틴 장로교회에서 이루어졌다. 장례예배가 시작되기 전, 식장에는 부마리아가 가장 좋아한 한국민요 아리랑의 오르간 연주가 흘렀다. 장례예배에는 미국장로교 대표와 말라위 선교 대표자, 한인교회 성도 함께 참여하였다. 부마리아 선교사가 살면서 사역하고 도운 국가가 모두 참여하였다. 그의 유언은 세 가지였다.

1. 나는 남편 레이몬드 프로보스트(부례문)가 있는 경주문화고등학교에 함께 잠들고 싶습니다. 그러나 왕래하는 비용이 많이 드니 그렇게 하지 말고, 장례 비용을 아끼기 위해 간단히 화장하여 교회 납골당에 안치시켜 주세요.
2. 장례절차는 최대한 검소하게 하고 화환이나 선물 대신 말라위 에벤에셀 학교를 위한 헌금으로 드려주세요.
3. 내가 거주하던 집을 처분하여 전액을 말라위 학교에 기부해 주세요.
4. 내가 사용하던 전기자동차는 하이랜드 팜의 은퇴자들을 위해 기부해 주세요.[4]

그는 죽어서도 자신이 도울 수 있는 모든 것을 주고 떠났다. 아마 그의 인생 전체가 그러했을 것이다. 화장 후 유골함 앞에서 가족예

---

4 "마지막까지 모든 것을 주고 간 한국 선교의 어머니," <크리스찬저널> 2014. 05.01 https://www.kcjlogos.org/news/articleView.html?idxno=10352 최종접속일 2024.01.26.

배가 열렸다. 여기에 한국인 조동승 목사도 참석하였다. 조 목사는 한국전쟁 당시 입양된 아들이다. 그는 11세때 북한에서 내려와 부마리아와 부례문 부부를 만나 가족이 되었으며 현재 미국 플로리다에서 상담목회자로 활동하고 있다. 부마리아를 추모하는 가족들은 이렇게 기억한다.

> "내가 배고플 때 먹여주고, 추울 때 담요를 덮어주고, 고향이 그리울 때 하나님의 사랑을 가르쳐 주신 분입니다."(조동승 목사)

> "한국에서 태어난 어머니는 늘 하나님의 축복을 받지 못한 이들을 위해 사셨습니다. 처음엔 한국에서 시작해 미국에서 그리고 아프리카에서 선교활동을 하셨으며 늘 남에게 주는 것을 좋아하셨습니다. 어머니는 늘 소외된 이들을 위한 삶을 살았습니다. 생을 다하는 날까지, 뜨개질을 해 번 돈으로 아프리카 말라위의 어린이들을 도왔습니다."(아들 데이비드 프로보스트)[5]

부례문과 부마리아의 한국생활

프로보스트 부부는 선교보고서를 남겼다. 1953년 부례문이 정식 한국선교사로 파송받아 입국한 이후 어학공부를 위해 1년이 지난 후 1955년부터 1963년까지 선교보고서를 제출하였다. 부례문의 선

---

5 "부마리아 선교사, 하나님의 품으로," <CTS> 2014.05.14.
https://www.cts.tv/news/view?ncate=CATTV&dpid=170613 최종접속일 2024.
01.26.

교보고서는 1962년까지, 부마리아의 것은 1963년까지 남아있다.

선교보고서에는 프로보스트 부부의 한국생활이 나타난다. 그들의 가정생활, 자녀들, 한국에서의 경험, 가족과 떨어져 지내는 것의 어려움과 일과 사역을 양립하는 고단함도 보인다. 그들의 사역지인 대구와 경동노회의 일들과 함께 한국와 사역지에 대한 애정도 엿볼 수 있다.

1954년 겨울과 1955년 봄에 걸쳐 부례문은 언어공부에 열중하였다. 서울의 어학원에 다니느라 대구의 가족들과 떨어지는 것은 몹시 힘들었다. 부례문은 '서울에서의 한 해는 외로웠다'고 선교보고서에 쓰고 있다. 더구나 언어실력이 빨리 늘지 않아 낙담할 때도 종종 있었다. 그럼에도 불구하고 부례문은 즐겁게 공부하도록 노력하였다. 선교보고서를 통해 본 그는 낙천적이고 긍정적인 사람이라고 느껴졌다.

그의 어려움을 듣고 한 미국인 목사는 부례문의 교통비를 지원하였다. 덕분에 부례문은 한 달에 두 번 정도 대구와 서울을 오가면서 가족을 만날 수 있었다. 부례문은 한국어를 빨리 익히기 위해 한국인 가정에 입주하여 함께 1년 동안 생활하였다.

"한국인 가족과 함께한 1년"은 최근 몇 달간의 어학연수에 대한 제 보고서의 제목일 수도 있습니다. 작년 한 해 동안 한국인들과 생활하고, 자고, 생활하는 것은 저에게 풍부한 경험을 주었습니다. ……

내가 한국인 가정의 손님으로 이사 온 이유는 한국어를 흡수하는 위치에 있기 위해서였습니다. 여기서 "위치"란 바닥에 다리를 꼬고 몇

시간 동안 앉아 있는 것을 의미합니다. 이 자세를 몇 달 동안 연습하고 나니 이제 저는 온돌바닥의 온기를 느낍니다. 제가 한국어공부를 어떻게 했을까요? 몇 달 동안 연습했지만 진행이 너무 느린 것 같습니다. 언제 유창해질 수 있을지 궁금합니다. 간혹 작년 교과서를 복습할 때 이전보다는 쉽다는 점에서 스스로를 격려하기도 합니다. 문법연습할 때의 한 문장이 떠오릅니다. "열심히 공부해도 늘지 않는다." 그럼에도 불구하고 대화에서 한국어를 사용하는 행복한 순간들과 인터뷰가 더 자주 오기 때문에 너무 느리더라도 약간의 진전이 있을 것입니다.

한국 가정에서 사는 것에 대해서 말하자면, 낯선 식습관과 수면 습관은 쉽게 익숙해졌습니다. 한국의 식사는 하루가 다르게 변하진 않지만 계절에 따라 변합니다. 한국인의 식단은 일 년에 대여섯 번 바뀌며 다양합니다. 전기담요가 깔린 부드러운 침대는 추운 겨울 날씨에 따뜻한 한국 바닥과 비교할 수 없을 정도로 편안합니다.

저는 한국 친구들을 이해하려고 노력했고 그들도 저를 이해하려고 노력했다는 것을 압니다. 몇 달 동안 저는 같은 음식을 먹고, 같은 물을 마시고, 같은 방에서 잠을 자고, 같은 언어를 말하려고 노력했습니다. 제가 가족의 일원으로 받아들여지는 동안 그들은 여전히 한국인처럼 살고 싶어하는 미국인을 생각하면서 웃습니다. 이 한국인 친구들에 대해 이해하려고 노력했지만 실패했습니다. 여러 번 제 마음에 떠오른 한 가지 생각은 한국인은 태어나는 것이지 만들어지지 않는다는 것입니다.(Annual Report of Raymond C. Provost, Jr. June 1956)

부례문이 서울에서 언어공부를 하는 동안, 둘째 아들 조나단이 태어났다. 부마리아는 대구에서 아이들과 지냈다. 남편과 아빠가 없는 가운데 가족은 항상 아빠를 그리워했다.

1960년대 가정방문

　　일년 중 절반이상은 레이몬드가 집에 있지 않았습니다. 올해도 언어
공부 때문에 우리 가족은 떨어져 지냈습니다. 우리는 확실히 아빠가 곁
에 있을 때 집이 더 행복한 곳이라고 믿습니다. (Annual report of Mariella
T. Provost. May 1956)

　첫째 아들 데이빗은 아빠라고 부를 수 있는 기회가 생기기를 기대
하고 기다리는 생활이었다. 1958년에는 딸, 엘리자베스 앤이 태어나
부마리아는 세 자녀의 엄마가 되었다. 이 시기에 그녀는 일과 양육을
병행하는 지혜를 달라고 하나님께 기도하였다.

　　하루가 너무 짧습니다. 우리 아이들과 충분히 시간을 보내면서도
이 위대한 사역에 조금이라도 기여할 수 있는지 저는 계속 고민됩니
다. 아이들이 자라는 몇 년 동안 주님께서 이 두 가지 임무를 잘 수행하

도록 도우시기를 기도합니다. (Annual report of Mariella Provost Taegu, Korea, June 1955)

부마리아는 전주예수병원 간호사로 근무하다가 결혼 후에는 남편의 사역지인 대구로 옮겨왔다. 대구에서 그녀의 선교사역은 여러 방면에 걸쳐 있었다. 대구동산기독병원의 간호사이며 계명대학교 간호학과 학생들을 가르치는 한편, 고아원 방문, 과부와 아이들 구제 등 바쁜 사역일정을 지냈다. 1960년에 이르면 그녀가 참여하는 고아사업은 6개 기관에 500명에 이른다.

그러나 남편이 부재한 상황에서 가정생활과 자녀양육으로 사역에 차질이 생기기 시작하였다. 어머니이자 사역자인 부마리아는 자신의 상황에 대해 하나님께 간구하였다.

부례문은 어학공부를 마치고 대구로 돌아와서도 집을 자주 비웠다. 그의 선교사역지가 경동노회가 되었기 때문이다. 경동노회는 장로교의 지역모임으로 경주, 안강, 영천지역의 교회들의 연합모임이었다. 부례문은 경동노회 사역을 위해 일주일에 며칠은 대구의 집을 비웠다. 부마리아의 사역지는 대구였으며 아이들 교육을 위해서도 대구를 완전히 벗어나 이사하는 것은 불가능하였다.

경동노회가 대구에서 너무 멀고, 제가 가족과 함께 지내는 동안 레이가 성서학원에서 가르치고 교회를 방문하는 것처럼 우리 가족이 갈라져야 하는 것에 대해 유감스럽게 생각합니다. 우리는 이 기독교 친구들과 함께 한 가족이 되어 예배를 드릴 수 있는 시간을 갈망합니다. (Annual report Mariella T Provost. May 1957)

크리스마스 소포

　그 와중에도 부마리아는 다양한 사역을 이루었다. 그녀는 매일 어린이병원을 방문하였으며 30개가 넘는 고아원을 방문하고 간호사를 위한 수업을 진행하였다. 크리스마스에는 어린이들에게 보내기 위해 400개의 양말을 준비하고 그 안에 선물을 채웠다.

　한국 고아들을 위한 뜻밖의 크리스마스 선물이 도착했다. 미국의 한 소년이 한국의 고아들을 위한 편지를 보냈다. 캘리포니아에 사는 이 소년의 소식이 전해지자 많은 미국인들이 감동하여 여기에 동참하였다. 그래서 부마리아와 부례문의 집에는 천 개가 넘는 소포과 성탄카드가 도착하였다. 프로보스트 가족은 대구지역의 25개 이상의 고아원에 선물을 나눌 수 있었다. 1957년 성탄절에는 미국 전역에서 알래스카와 하와이까지 동참하여 5천개의 소포를 받았다. 많은 소포를 받고 고아원으로 보내는 작업은 어머어마한 일이었지만 즐거운 일이었다. 부마리아는 선교보고서에서 이것을 "크리스마스 작전"이라고 불렀다.

부례문은 사진과 영상사역에도 참여하였다. 그는 1952년 빌리 그래함과 밥 피어스 목사의 전도집회의 사진사로 활약하였다. 이때 부례문이 찍은 사진은 월드비전에서 사용되었고 빌리그래함과 이승만 대통령 사진이 US News and World Report에 게재되었다. 그리고 대구의 고아 컬러사진 2장이 포틀랜드 오리건주 신문의 일요일 부록에 실리기도 했다.

1955년에는 미국 장로교회의 외국인선교 영상촬영을 하던 아더 바이어스를 도왔다. 이 영상은 두 명의 태국선교사를 파송하는 한국 교회에 관한 것이었다. 아마 이 교회는 서울 영락교회일 것이다. 1955년 한국교회 단독파송으로는 최초로 태국으로 파송된 최찬영 선교사 부부이다. 부례문은 이 영상촬영이 미국교회에 한국교회를 알리는 기회가 되기를 희망하였다.

또 다른 영상사역은 미스 클라크 선교사가 대구성경학교 학생들과 함께 촬영한 성경드라마이다. 이것은 한국 최초의 종교영화 촬영이었다. 미스 클라크는 향후 다른 드라마를 제작하여 한국 전역에 상영할 계획을 품고 있었다.

선교보고서에는 1959년 한국을 강타한 태풍 사라의 소식도 있었다. 프로보스트 가족이 여름휴가에서 돌아오자마자 태풍피해 소식을 들었다. 경주지역에 수천 명의 이재민이 발생하고 교회가 파괴되었다.

구호활동을 위해 대구에서 메노나이트 선교사와 대구동산기독병원에서 안강지역에 도착하였다. 그리고 미국에서 도착한 구호품이 부산에 도착하여 이재민들에게 보급하였다. 태풍에 농작물이 피해를 입어 지역인들은 이듬해 봄까지 양식이 모자라 고통을 겪었다.

부례문은 한국에서 사역에 보람을 느끼고 있었다. 많은 이들이 복음을 듣기를 원했고 기쁘게 수용하였다. 교회는 성장하였고 선교사를 필요로 하는 많은 일들이 기다리고 있었다. 한국에서 사계절의 아름다움을 체감하였고 한국 사람들의 온순함에 매료되었다. 그렇게 부례문은 점점 한국을 사랑하는 선교사가 되어갔다.

> 몇 년 전 한국에서 인생의 대부분을 보낸 한 선교사는 한국의 아름다움이 얼마나 그를 계속해서 감동시켰는지 말해주었습니다. 그는 매년 같은 마을을 방문해도 변화무쌍한 한국 시골의 아름다움에 항상 신이 났다고 말했습니다. 그러나 그 당시 저는 한국에 주둔하고 있는 많은 미군들만큼 불안했습니다. 저는 제 자신의 편안함에 관심이 있었고 제 눈에는 아름답지 않은 것들만 볼 수 있었습니다. 보는 눈이 있는 사람은 어디에나 아름다움이 있습니다. 특히 한국에서는요. 하지만 한국에는 단순한 풍경 이상의 아름다움이 있습니다. 예수 그리스도 복음의 권능을 회복하고 구원받아 삶이 변화된 사람들 속에 더 아름다운 것이 있습니다. 사울이 바울이 되는 것, 이교도가 신자가 되는 것보다 더 아름다운 것이 어디 있겠습니까? 모든 사람을 밝히시는 진리의 빛이 한국에 와서 구원받은 이 온순한 사람들을 아름답게 만드셨습니다. 그리고 나는 신자들을 만나고 그들의 삶에서 하나님에 대한 증언을 들을 때마다 이것을 매일 발견합니다.(Annual report of Raymond C. Provost, Jr. June 1958)

경동노회 사역

부례문은 대구선교부의 경동노회지역을 사역하였다. 경동노회에는 1958년 당시 113개 교회가 있었고 교회 목사들과 전도사들은 모두 부례문을 자신의 교회에 초대하였다. 부례문은 모든 교회를 방문하기를 원했지만 시간이 부족했다. 그는 가족이 있는 대구와 경동지역을 오가면서 사역했기에 한주에 며칠만 경동노회에 머무를 수 있었다. 그래서 교회방문요청에 모두 응할 수 없었다.

아내 부마리아는 대구에서 사역하였다. 자녀들도 대구의 학교를 다녔기에 경주에 이사할 수도 없었다. 그러던 중 경주에 선교사 사택이 마련되어 부례문 가족은 시간이 허락되는대로 경주로 여행을 갔고 이전보다 좀 더 자주 경주에 머무를 수 있었다.

부례문과 부마리아는 경동노회의 성장에 공헌하였다. 경동노회의 주요사업인 경주성서학원의 기틀을 마련하고 평신도 사역자를 양성하였다. 경주문화고등학교를 인수하여 기독교학교로 세우고 학생장학후원사업을 몇 십년동안 전개하였다. 그리고 경주기독병원 설립을 위한 후원사업을 주도하였다. 부마리아의 1962년 선교보고서에는 경동노회의 성장이 잘 나타나 있다.

경동노회는 한국의 시골 장로교 중 하나로 여겨질 수 있습니다. 그럼에도 불구하고 140개의 교회와 110명의 학생이 있는 성경학교, 650명의 학생이 있는 중고등학교, 곧 20개의 침대가 있는 진료소를 통해 우리는 하나님이 그곳의 일을 축복하고 있음을 깨닫습니다. 밭은 수확하기에 정말 무르익었습니다. 우리는 그 시골 지역에서 그를 위해 그렇게

인수후 신축된 문화학교

인수후 처음 맞는 크리스마스

1960년대 경주문화학교 학생들과 대화하는 부례문 선교사

文化中學校 第十六回 卒業 記念

문화중학교 제16회 졸업기념

성실하게 일하는 사람들, 즉 목사들, 전도자들, 선생님들, 의사들, 간호사들과 그를 위해 매일 목격하는 다른 사람들에 대해 하나님을 찬양합니다. 우리 모두가 그리스도를 위해 더 많은 영혼을 얻기 위해 한마음 한뜻으로 계속 노력하기를 바랍니다.(Annual Report 1962 / Mariella T. Provost)

경동노회 사역을 위해 부례문과 부마리아 선교사 부부는 후원사업을 전개하였다. 그들은 미국교회와 미국의 기독교인에게 한국교회의 상황을 알리고 협력을 요청하였다. 특히 교육을 위한 후원이 많이 모여 1958년에는 학생 50명의 학비를 지원해 줄 수 있었다.

"하늘에 보물을 쌓아두라!" 프로보스트 부부가 선교보고서에서 강조한 말이다. 하늘에 보물을 쌓는 방법은 돈과 부동산, 보석이 아니라 바로 영혼구원을 위해 재물을 쓰는 것이다. 프로보스트 부부가 많은 이들을 후원에 동참하게 한 설득의 말이다. 그리고 이 말은 많은 한국학생들에게 배움의 기회를 열어준 기회를 만들었다.

3년 전에 우리는 집에 두 장의 사진을 보냈습니다. 하나는 새로운 층이 필요한 교회였습니다. 다른 사진은 학교 교육을 위해 도움이 필요한 학생의 사진입니다. 우리는 교회 층을 위해 친구들로부터 돈을 받지 못했지만, 그 학생의 사진은 몇몇 학생들을 도울 수 있는 충분한 후원을 가져왔습니다. 그렇게 개인적 후원을 시작하여, 지금까지 우리는 거의 50명의 학생들의 학비를 돕고 있습니다. 즉, 필요한 전액을 지원합니다. 절반 이하의 학생은 없습니다. 텍사스의 유명한 침례교 신자 팻 네프는 이렇게 말합니다.

"평생동안 설교자들이 회중들에게 하늘에 보물을 쌓아 두라고 하는 말을 들었지만, 내 보물을 어떻게 하늘로 들여보내는지는 아무도 알려주지 않았습니다. 저는 스스로 해결해야 했습니다. 우리의 보물을 천국

기독교학교 장학생들과 부례문 가족

가족과 함께 교정에서

국민훈장을 수여받은 부례문

으로 가져갈 수 있는 유일한 방법은 천국으로 가는 무언가에 넣는 것입니다. 소, 땅, 집, 주식과 채권, 석유, 석탄 등은 천국으로 가지 않습니다. 그러므로, 내 보물을 하늘에 묻으려면, 내 보물을 영혼을 구원하는 강력한 일에 넣어야 합니다."

마리엘라와 저는 우리의 보물이 우리가 함께 살고 일하는 사람들, 특히 우리가 돕고 지지하는 이 학생들에게 들어가기를 바랍니다. 우리는 하나님의 자녀 가운데 한 사람을 두고 기도합니다. 좋은 소식을 전하며 평화를 공포하며 복된 좋은 소식을 가져오며 구원을 공포하며 시온을 향하여 이르기를 네 하나님이 통치하신다 하는 자의 산을 넘는 발이 어찌 그리 아름다운가. 이사야 52장 7절(Annual Report 1958/Raymond C. Provost Jr.)

한국을 너무나 사랑한 두 사람은 은퇴 이후에도 학생후원을 계속하였다. 그리고 1966년 10월 한국학생장학재단을 설치하였다. 1973년에 한국장학재단(The Korea Scholarship Fund)을 설립하여 한국 학생들을

김창곤 경주시장으로부터 명예시민증(제1호)를 수여받은 부례문

계속 후원하였다. 그의 교육공로에 대하여 한국 정부는 1982년 국민 훈장 모란장을 수여하였다.

부례문과 부마리아 선교사의 학생후원은 1948년부터 1987년 동안 35년간 약 5천 명의 학생에게 약 1억 원의 장학금을 모금하였다. 이것은 한국선교사 중 모금 금액으로는 언더우드(Horace Grant Underwood, 1859~1916)와 하워드 마펫(Howard F. Moffett, 1917~2013)에 이어 3번째 규모이며 학생장학금으로서는 최다 금액이다. 특히 경동노회의 후원 활동 중 1969년 경주성서학원 건축에 4만불, 1964년 경주기독병원 설립에 5만불의 기금을 모금[6]하는데 활약하였다.

부례문은 너무나도 한국을 사랑하여 한국을 위한 사역을 죽기 전

---

6 영남교회사편찬위원회, 『한국영남교회사』, 317.

부례문 목사 환영식(경주문화학교)

까지 계속하였다. 그는 1982년 은퇴 이후에도 경주호텔학교에서 영어를 가르쳤다. 그리고 1987년 미국의 은퇴선교사 거주지역인 노스캐롤라이나 블랙마운틴에 거주하다가 1997년 2월 77세에 별세하였다. 부례문은 한국과 경동노회에 각별한 애정을 가지고 있었기에 한국에 묻히기를 원했다. 그리고 그의 유언대로 경주문화고등학교 교정에 안장되었다.

부례문의 사역 전반에는 부인 마리엘라 탈메이지가 있었다. 사실상 부마리아는 부례문의 사역을 도운 것이 아니라 한 사람의 독립 선교사로서 함께 사역하였다. 그는 남편 부례문이 먼저 세상을 떠난 후에도 학생후원활동을 계속 이어갔다.

경동노회는 선교사의 수고와 후원에 힘입어 성장하였다. 경동노회의 교회들도 협력하여 복음사역을 진행하였다. 경동노회의 교회

부마리아 여사 송별조회(경주문화학교)

들과 교인들은 협력하고 힘을 모아 한 마음으로 일했기에 교단분열
에 크게 영향을 받지 않았다.

1950년대는 한국장로교가 네 번의 분열이 일어난 시기였다. 그래
서 한국장로교는 고신과 기독교장로회, 대한예수교 합동측, 통합측
으로 분열되었다. 이 시기의 모든 한국교회는 교단분열에 따른 영향
을 받아 크고 작은 분열과 싸움을 경험해야만 했다.

그러나 놀랍게도 경동노회는 교단분열에 크게 영향을 받지 않았
다. 1960년 당시 경동노회의 145개 교회 중에 교단분열로 영향을
받은 곳은 5곳에 불과하였다. 그만큼 경동노회의 교회와 교인들은
한 마음으로 선한 일에 합력하였고 분열에 흔들리지 않았음을 보여
준다.

경주성서학원

경주성서학원은 경동노회의 핵심 사역이었다. 부례문은 경주성서학원에서 가르치고 경동노회 소속 교회들을 방문하였다. 그는 가족과 떨어져 경주성서학원에 며칠 머무는 생활이 힘들었지만 덕분에 그곳의 면면을 살펴볼 수 있었다.

경주성서학원의 학생들은 대부분 가난한 농촌집안 출신이었다. 그들은 대부분 믿지 않는 비기독교집안의 반대를 무릅쓰고 기독교인이 되었고 성경을 배워서 교회의 평신도 사역자가 되기 위해 성서학원을 다니고 있었다. 경주성서학원 학생들은 기숙사에 지내면서 숙식을 스스로 해결해야 했는데 이마저도 형편이 어려운 이들이 대부분이었다. 프로보스트 부부는 매주 2번 점심식사를 제공하고 성서학원 학생들과 함께 먹었다.

경동노회, 경주성서학원과 한 해 동안 더 가깝게 지내면서 그동안 몰랐던 농촌 학생들에 대한 것들을 알게 되었습니다. 많은 학생들이 비기독교 가정 출신입니다. 그들은 세례를 받기 전에 마을 주일학교와 성경 클럽에서 기독교 교육을 받았습니다. 적어도 한 명의 소년이 가족의 반대에도 불구하고 성서학원에 다니고 있습니다. 그들은 그가 성서학원에 가는 것을 거부했지만 그에게 고등학교에 갈 수 있는 돈을 제공했습니다. 그는 경주의 한 야간 고등학교에 다니고 있기 때문에 교복을 입습니다. 그의 부모님은 아들의 교복입은 모습을 자랑스러워합니다. 사실 그는 성서학원에서 풀타임으로 공부하고 있습니다. 그것은 이상적인 방법은 아니지만 그 소년은 그의 기독교를 따르기로 결심했습니다. 이것은 언젠가 부모인을 주님께 인도할 수 있는 통로일지도

모릅니다. 언젠가 부모님이 아들이 성경공부 했다는 것을 기뻐할 것입니다.

저는 수요일과 목요일에 성서학원에서 수업을 합니다. 그래서 선교회는 방 하나를 개조하여 서재 겸 침실로 사용하도록 했습니다. 저는 그 곳에서 생활하면서 시골 학생들이 얼마나 가난한지 알게 되었습니다. 그들은 제대로 된 옷이 없고 겨울에 따뜻하게 지내지 못할 만큼 가난했습니다. 연료와 음식은 학생들이 개인적으로 준비해야 했기에 나무를 살 여유가 없는 사람들은 난방이 되지 않는 방에서 공부하고 잠을 자야 했습니다. 나무를 준비못한 학생들은 보통 두 명이 하나의 군용 간이침대에서 반대쪽 끝에 머리를 모았습니다. 대부분은 점심식사도 하지 못합니다. 몇 명의 학생들만이 점심식사를 먹었는데 동료 학생들에게 점심먹은 것을 숨겼습니다. 정오의 자유시간은 점심시간이라고 할 수 없었습니다.

옛 일본 여관이었던 성서학원 건물은 수리 상태가 좋지 않습니다. 우리는 소년 소녀들을 위한 새로운 교실 건물과 기숙사를 짓는 5개년 계획을 총회에 건의하였습니다. 그리고 4만불을 지원받기를 고대하고 있습니다. 우리는 또한 경주에 곧 대구병원과 연결된 교회 후원 클리닉이 있기를 희망합니다.(Annual Report 1958 / Raymond C. Provost Jr.)

경주성서학원의 건물은 더 이상 수리가 불가능할 정도로 노후했다. 경동노회의 희망은 허물어져 가는 성서학원 건물을 새롭게 짓는 것입니다. 부례문 선교사는 해외교회와 국내교회 지도자들의 대표 협의체인 선교협의회에 지원을 요청하였다. 선교협의회는 한국선교사업을 일원화하여 복음화운동을 전개하는 단체였다. 경동노회는 경주성서학원 건물설립에 4만달러를 요청하였고 이 사업은 선교

부례문 선교사 환송기념(경주성서학원, 1958년 5월 29일)[7]

협의회로부터 최우선 순위의 사업으로 평가되어 희망이 보였다.

경동노회의 기독교인들은 이 일을 위해 기도하며 행동으로 옮겼다. 이들은 지원을 기다리기만 하지 않고 자체 모금한 결과 4천 달러의 헌금이 모였다. 가난한 시골교회 교인들에게는 엄청난 금액이었다.

경주성서학원은 비록 목사를 양성하는 정식 신학교는 아니지만 그 중요도는 매우 컸다. 각 교회에서 평신도 사역자를 애타게 필요로 했기에 반드시 있어야 했다. 농촌교회는 유급 사역자를 구하기 어렵기 때문에 각 교회의 평신도들이 리더의 소임을 다하기 위해 경주성서학원에서 공부하였다.

7 2째줄 왼쪽 4번째 부례문 선교사, 송은경 사모, 강도룡 목사

부례문 선교사는 1961년 선교보고서에서 경주성서학원에 대하여 상세히 설명하였다, 여기에는 경주성서학원의 역사와 더불어 한국교회에서 성서학원의 의미와 역사, 역할, 현황에 대해 길게 설명하고 있다. 성서학원은 미국에서도 유행하고 있었다.

부흥운동을 경험한 미국과 한국에는 복음전파의 열기가 불타오르고 있었다. 복음사역에는 목회자와 평신도의 구분이 없었다. 그렇기에 한국인 목사가 부족하다고 불평만 할 것이 아니라 평신도 사역자를 양성하는 일에 힘써야 했다. 시골의 교회에는 더욱 지도자가 부족하여 평신도들이 스스로 사명감을 가지고 평신도 사역자가 되기 위해 성서학원으로 모였다.

경동노회에 대한 주된 관심과 염려는 항상 경주성서학원에 있었고 지금도 계속되고 있습니다. 미국에서는 성경에 대한 새로운 연구가 인기 있는 운동이 되어, 특히 학생들과 젊은이들 사이에서 자리잡고 있습니다. 이러한 때에 한국교회가 오랫동안 성경공부에 평신도 참여를 강조해 왔고 이것이 한국교회의 핵심적인 특징이 된 것은 의미가 있습니다.

한국교회의 초창기에는 평신도이 성경을 읽고 쓰고, 성경을 공부할 수 있도록 성서학원이 설립되었습니다. 성서학원은 매년 특정기간동안 시골 교회의 평신도들이 성경공부를 위해 집중적인 기간동안 참여할 수 있었습니다. 이로 인해 매우 적극적이고 성경에 박식한 평신도들이 생겨났고, 강한 한국교회가 되었습니다.

경동노회의 경주성서학원은 한국의 시골교회를 위해 매우 필요합니다. 오래된 성서학원들이 한국교회의 초기 성장에 기여한 것처럼 여전히 그러합니다. 75여년 전 한국 최초 선교사들의 초창기에는 선교사들이 지금의 기독교 개종자들을 위한 성경공부 '수업'을 선교사의 집에서 시작했습니다. 이들은 복음을 간절히 찾는 친밀한 신자들이었습니다. 그 당시에는 한국인 목사가 없었기 때문에, 이러한 체계적인 그룹성경공부는 평신도들이 매일 만나는 사람들에게 현명하게 복음을 증언할 수 있도록 하였습니다. 이 성경공부 수업은 처음 교회들이 형성되면서 계속해서 모였습니다.

1907년 한국교회 부흥 이후에는 선교사가 방문하지 않은 마을에도 새로운 교회가 설립되었다고 합니다. 왜냐하면 성경공부에서 배운 그리스도인들이 다른 마을의 친척과 친구를 방문하여 성령의 임하심으로 예수 사랑의 증인이 되었습니다. 백성들은 듣고 믿었고 새로운 교회들이 생겨났고 그들과 함께 성경공부를 하게 되었습니다. 교회의 수가 증가함에 따라 성경공부는 점점 더 많은 지역에서 생겨났고 마침내 선교거점마다 하나씩 성서학원이 생겨났습니다.

첫 번째 성서학원은 농촌의 일이 가장 적었던 겨울 동안 약 두 달 동안 수업이 진행되었습니다. 농부들과 그들의 아내들은 와서 성경을 공부하는 데 모든 시간과 에너지를 바쳤습니다. 왜냐하면 성경 전체를 다루는 과정을 마치는데는 5년이 걸리지만 그들은 2달 동안만 머무를 수 있었기 때문에 더욱 집중적으로 공부했습니다.

해방이 끝난 후, 한국인들은 수년간 경험하지 못했던 자유를 얻었습니다. 이와 함께 교회에서는 전도에 대한 새로운 열정이 나타났습니다. 다시 한국교회가 급성장할 수 있도록 평신도를 복음화와 전도에 준비시키기 위해 체계적인 성경공부 프로그램이 절실하고도 급히 필요해졌습니다.

그러나 태평양전쟁이 끝난 뒤 한국의 성서학원의 성격은 달라졌습니다. 기존의 성서학원은 성경이외에도 특정 세속 과목을 가르치는 성경 '고등학교'에 가까워졌고, 학생들의 구성도 여러 면에서 변했습니다.

이것은 제2차 세계대전의 종식과 일본 식민주의의 추방, 그리고 한국 독립국가의 출현이 가져온 여러 가지 흥미로운 요인들의 결과입니다. 하나는 넓은 범위입니다. 이전의 성서학원 입학생들은 대부분 초등학교 교육이상 받지 못한 사람들이었습니다. 지금은 시골의 젊은이들도 그 이상의 것을 요구하고 있습니다.

그러므로 교회는 이러한 요구를 충족하기 위해 현재 성서학원을 성경 "고등학교"로 운영합니다. 게다가 전후 한국의 모든 지역에 교회가 엄청나게 확장된 것은 청년들이 성경을 공부하고 교회를 섬기고자 하는 진정한 열망을 가지고 있었기 때문입니다. 성서학원은 당연히 가야할 곳이었습니다. 그리고 동시에 교회의 증가는 훈련된 리더십을 필요로 했고, 성서학원은 봉사하고자 하는 사람들을 훈련시키는 최적의 장소였습니다.

성서학원을 설립하는 원래의 목적이 다소 변경되었지만 기본적으로 그대로 남아 있습니다. 즉, 한국교회에 성경 재단을 만드는 것입니다. 이 점에서 그것은 의심할 여지 없이 성공했습니다. 이 점에서 한국교회는 아마도 아시아 전체에서 독특한 사례입니다.

경주성서학원은 1947년 한국교회가 경동노회의 시골지역에서 시작했습니다. 이 성서학원은 교회나 선교회로부터 보조금을 받았지만, 재정적 도움보다는 순수한 성경교육의 필요성과 수요에 따라 설립되었습니다.

경주성서학원의 학생들은 농장과 시골 마을에서 왔습니다. 그들은 교회에서 이미 리더인 이들이며 교회의 추천으로 성서학원에 왔습니다. 그들의 가정은 공부를 충분히 지원받기 어려운 환경입니다. 학생들은 성서학원에 사는 3년 동안 자신의 침구, 옷, 음식을 마련하고 스스로 자신의 식사를 준비해야 합니다. 시설은 열악하고 불충분하며 음식은 대부분의 학생들이 하루에 한 끼 이상 먹기 힘듭니다. 점심식사를 먹는 학생들은 그것을 먹는 동안 당황해서 숨습니다. 한번은 이 학생들이 밀가루 반죽 남은 것을 물에 푸는 것을 저는 직접 보았습니다. 마리엘라와 저는 지금 매주 이틀, 모든 학생들에게 점심식사를 제공하고 있습니다.

한국의 징집 때문에 성서학원의 학생들은 예전보다 젊어졌습니다. 많은 소년들은 18세에서 21세입니다. 군대에 가기 전에 경주성서학원을 졸업한 소년들은 3년간의 성경공부를 바탕으로 강한 믿음을 가지고 군대에 들어갑니다. 그들은 군대에서 열정적인 전도사들이고, 많은 사람들이 목사들의 조수로 활동하거나 심지어 목사가 없는 곳에서는 전임 전도사들입니다.

한국에서 모든 기독교인은 "전임" 기독교인입니다. 거의 예외 없이 경동노회 성서학원의 졸업생들은 노회의 농촌 곳곳에서 불우한 자들을 끊임없이 살피고 예수 그리스도의 사랑으로 구원의 힘을 증언하는 것을 볼 수 있습니다. 성서학원 자체에서 비롯된 이런 복음주의 정신을 통해 한국교회가 '성장'하면서 경주성서학원의 필요성이 계속 커지고 있습니다.

헨리 리틀 박사의 최근 한국 방문은 성서학원을 방문하기 위해 경주로 특별한 여행을 했습니다. 그의 방문과 경동노회 교회 지도자들과의 토론은 우리 성서학원의 미래에 많은 격려와 희망을 주었습니다.

서울, 대구, 안동의 성서학원에 대한 우려는 도시 학교들이 경주 시골의 성서학원과 같은 독특한 사역을 더 이상 하지 않기 때문일 것입

니다. 경동노회의 경주성서학원은 협동사업부의 5개년 계획으로 새건
물에 필요한 4만달러를 지원받을 것이란 희망이 있습니다.(Annual
Personal Report 1961 / Raymond C. Provost Jr.)

부례문 선교사는 1962년 선교보고서에서 다시 한번 경주성서학
원에 대해 강조한다. 경주성서학원은 경동노회의 가장 중요한 사역
이다. 사실 사역자가 시골교회에 오는 것이 불가능했기 때문에 평신
도들이 경주성서학원에서 교육받아 평신도 사역자가 되었다.

1962년 당시 경주성서학원에는 48개 교회에서 온 107명의 학생
들이 공부하고 있었다. 이들은 경주성서학원에서 공부하고 주말에
는 마을교회로 돌아가 전도사, 교사로 봉사하였다. 경주성서학원이
있던 옛건물 자리에는 후에 경주기독병원이 세워졌다. 그리고 경주
성서학원은 지금의 경동노회 사무실 건물이 있는 자리에 새로 건립
되었다. 이 일은 미국 머릴랜드주 최초의 장로교회인 컴벌랜드 교회
의 헌금으로 가능하였다.

부례문 연혁

1919.6.1.	미국 출생, 펜실베니아주 워싱턴앤제퍼슨 대학 졸업
1945.	미국 육군으로 일본 오키나와 근무
1945.9.	한국 인천에서 1년간 통신부 근무
1946.9.	프린스턴신학교 입학
1948.9.18.	미국 북장로회 단기선교사 파송, 내한, 연희대학교 배정(화학, 영어 교수)
1951.9.	단기선교사 계약기간 만료로 귀국, 프린스턴신학교 복학
1952.5.31.	노스캐롤라이나주 몬트리트에서 마리엘라 탤리지와 결혼
1952.12.	빌리 그래함, 밥 피어스 목사 전도대의 한국전도집회 참여, 가이드 겸 사진사 활동
1953 가을.	프린스턴신학교 졸업. 장로교 목사안수, 입국, 대구 선교부 경동노회 배정
1954.	어학공부 주한미군지원사업(AFAK)에 참여하여 학교, 교회, 고아원, 공공건물 복원 경동노회 전도, 성경강의, 구제사역 담당, 계명대학교 교수
1960.	경동노회 경주문화학교 재단 인수, 경주문화중고등학교 학장 부임
1961.12.	경주문화학교 초대교장 취임

1962.	경주기독병원 건축 후원
1963.	휴가차 귀국
1965.	선교사직 사임, 미국 미시간주 매키노시의 스트레이츠 교회 목회
1973.	한국장학재단(The Korea Scholarship Fund) 설립
1982.	국민훈장 모란장 수여
1984.	은퇴, 경주호텔학교 영어 교수
1987.	은퇴선교사 거주지역, 노스캐롤라이나주 블랙마운틴 거주
1997.2.	77세 별세 경주문화고등학교 묘지 안장 자녀 2남 2녀 데이빗, 조나단, 엘리자베스 앤, 자넷

부마리아 연혁

1923.2.13.	광주 출생 평양외국인학교 졸업
1941.	노스캐롤라이나 샬럿 퀸즈대학 입학
1943.	버니지나의과대학 간호학과 입학
1946.	버지니아의과대학 간호학과 졸업
1947.	예일대 동아시아어학연구소 어학 공부
1948.10.	내한, 전주예수병원 간호사 근무
1950.	한국전쟁으로 일본 고베로 피난

1952.5.31.	노스캐롤라이나 몬트리트에서 결혼, 내한 미국북장로교 선교부로 소속 이동 대구동간기독병원 간호사 근무, 편모지원센터, 월드 비전 병원, 고아원, 미망인 쉼터 등 봉사
1960.	경주문화고등학교 법인이사, 후원활동
2014.4.15.	91세 별세 블랙마운틴장로교회 납골당에 안장

제7장
열아홉 과부가 경주성서학원에 가다

손혜옥 전도사

　손혜옥 전도사는 경주성경고등학교를 졸업한 여성 사역자이다. 전도사로 부름받은 교회마다 훌륭히 사역을 감당하여 교인들로부터 칭송을 받았다. 그리고 성경을 가르치고 아이들을 지도하는데 남다른 능력을 나타내며 기도처와 교회를 개척하였고 중견교회로 성장시켰다. 그러나 자신이 개척하고 성장시킨 교회를 스스로 물러나 평신도의 자리로 돌아가야 했다. 대한예수교장로회 통합교단에 여자 목사 안수가 허용되지 않은 시절이었다.

　손혜옥의 이야기는 1950년대 한국교회 여성 사역자를 대표하는 것같이 느껴진다. 경주성서학원에는 많은 여학생들이 있었다. 그들은 어떻게 학교에 입학했고 공부했을까? 어떻게 교회에서 사역했을

경주성경고등학교 앞에 선 손혜옥 전도사(1959년 3월 12일 졸업식, 권용근 목사 제공)

까? 그들에게는 어떤 사연과 이야기가 있을까? 손혜옥 전도사의 이
야기를 통해 그 시대의 여성 사역자에 대하여 살펴볼 수 있다.

손혜옥은 1956년 무렵에 경주성서학원에 입학하였고 1959년 졸
업하고 교회사역을 시작하였다. 손혜옥 전도사는 사역의 사람이었
다. 그는 호명교회에서 첫 사역을 시작하였다. 당시 호명교회의 목
사님은 은퇴한 노쇠한 분이었는데 손 전도사가 목사님을 도와 청소
년사역과 심방사역을 담당하였다. 손 전도사의 첫 사역은 교인들에
게 칭송이 자자할 정도로 훌륭히 감당하였다. 이후 손 전도사는 호명
교회에서 3년의 사역을 마무리하고 좀 더 큰 교회로 부름을 받았다.

손 전도사가 구룡포교회로 부임한 지 얼마되지 않아 결핵판정을
받고 사역을 그만두었다. 그리고 시댁이 있는 안강으로 돌아왔다.
그러나 그의 사역은 멈추지 않고 가정에서 사역을 시작하였다. 그의

집에는 동네 아이들이 모이는 사랑방이 되었고 그 사랑방에는 항상 성경말씀이 가득하였다.

1963년 그는 안강 노당리에서 다시 사역을 시작하였다. 누가 시킨 일은 아니었지만 당시 교회가 없던 노당리에 기도처를 세우고 사역자로 홀로 섰다. 주일학교를 부흥시켜 육통교회 노당기도처를 세우고 부흥시킨 세월이 10년이었다. 그리고 1974년에는 경동노회 안강시찰회의 승인으로 단구리 기도처 개척을 시작하여 10년간 교회를 부흥시켰다.

손혜옥 전도사는 총 23년의 교회사역을 전개하였다. 손혜옥 전도사는 가는 곳마다 교회를 부흥시켰다. 철저하고 엄격한 신앙생활을 했던 그는 인근에 부흥집회가 열리면 반드시 교인들과 함께 참석하였다. 그의 신앙생활은 끝없는 찬송읽기와 암송, 기도생활의 반복이었다. 특히 주일학교 학생들에게 엄격한 신앙생활을 가르쳐 그의 가르침을 받은 제자 중에 목사와 신앙있는 평신도들이 많이 배출되었다.

손혜옥 전도사는 끝내 목사가 되지 못했다. 훌륭한 사역자였지만 여자에게 목사안수가 허락되지 않은 시절, 그는 전도사로 남을 수밖에 없었다. 그는 자신이 개척한 단구교회가 중견교회로 성장하자 남자 목사에게 후임을 물려주고 스스로 떠났다. 그리고 아들이 있는 대구로 이사와서 달구벌교회 전도사로 섬기다가 갑작스럽게 하나님의 부르심을 받고 51세의 나이로 소천하였다.

손혜옥 전도사는 당시 여성 사역자의 삶을 대변한다. 남편을 여의고 홀로 자녀를 키우며 사역하는 여성 사역자의 삶이었다. 그는 누구보다 훌륭히 사역을 했지만 끝내 목사가 되지 못하고 전도사로 남았던 여성 사역자이다. 그리고 자신이 개척한 교회가 성장하자 남자 목사에게 자리를 넘겨주고 물러나야 했던 인물이다.

하나님의 관점에서는 목사이건 전도사이건 평신도이건 무슨 차이가 있을까. 하나님은 직책에 상관없이 복음전도자 손혜옥의 사역과 삶을 분명 귀히 여기셨을 것이다. 그리고 손혜옥 전도사도 그러한 하나님을 믿고 신뢰하며 평생 사역에 헌신하였을 것이다.

이 글을 읽고 손혜옥 전도사의 이야기를 접하는 우리는 그의 삶을 되짚어 본다. 그를 통해 당시 교회의 상황과 한 여성 사역자의 삶이 주는 여운을 느낄 수 있다. 손혜옥 전도사의 삶의 노고와 헌신을 되새기면서 우리의 신앙을 짚어 보는 교훈도 얻을 수 있을 것이다.

열아홉 과부가 경주성서학원에 입학하다

손혜옥은 1937년 1월 28일 충청남도 영동에서 태어났다. 그가 열여섯 되던 해인 1953년에 시집을 갔다. 혼례처는 경주시 안강읍에서도 전통적인 유교를 가풍으로 가진 권씨 집안이었다. 혼례 당사자들은 서로 얼굴도 보지 못한 채 부모님들간에 이야기가 오가고 양반 가문이라는 이유로 손혜옥의 혼사가 결정되었다.

그는 시집와서 일 년 만에 아들을 낳았다. 유교를 숭상하던 집안에 아들이 태어났으니 경사였다. 그러나 집안의 기쁜 소식이 얼마 되지 않아 비보가 닥친다. 손혜옥의 남편이 젊은 나이에 사고로 사망한 것이다. 아들이 돌이 되지 않은 1955년 무렵이었다.

경주성경고등학교 앞에서 학우들과 손혜옥 전도사(권용근 목사 제공)

손혜옥은 열여섯에 시집와서 열여덟에 남편을 잃고 한 살된 아들을 가진 홀어머니가 되었다. 그는 남편을 잃고 조용히 1년을 지냈다. 그리고 이듬해인 1956년에 경주성서학원에 입학하였다.

그의 삶은 경주성서학원에 입학하면서 이전과는 매우 달라졌다. 젊은 나이에 남편을 잃고 아들을 키우는 홀어머니는 전후시대 여자의 삶의 모습 중 하나였다. 그러나 손혜옥이 경주성서학원에 입학하는 순간, 평범하지 않은 삶이 되었다.

사람들은 그런 그를 두고 수군거렸다. 젊디젊은 여자가 그것도 과부가 경주성서학원에 간다니 의아하게 여겼다. 여자의 바깥 활동이 조신하지 못하게 여겨진 당대의 시선이 그러했다. 어떤 이는 손혜옥이 '새서방 찾으러 학교에 간다'고 못되게 말하기도 했다.

옛날 사진에 보이는 손혜옥은 앳되고 단아하다. 그도 그럴 것이 경주성서학원에 입학 당시 그의 나이는 고작 19살 무렵이었다. 오늘의 시간으로 보자면 고등학교 3학년 나이이거나 대학생 1학년인 나이에 외아들을 키우는 홀어머니라니 기가 막힐 노릇이다. 19살의 손혜옥은 과부, 홀어머니로 경주성서학원에 입학하여 새로운 삶을 시작하게 된다.

경주성경고등학교 7회 졸업식(1959년 3월 12일, 권용근 목사 제공) 1째줄 왼쪽 1번째 손혜옥 전도사

그는 1959년 3월 12일 경주성경고등학교의 7회 졸업생으로 졸업
하였다. 사진 속의 앳된 그는 당시 21세이다. 그리고 사역자의 삶이
시작되었다.

호명교회[1]에서 3년 사역

만약 손혜옥이 경주성서학원에 입학하지 않았으면 그의 기록이
남아있었을까 생각해 본다. 아마 대다수 여자들이 그렇듯이 그저 가

---

1 호명교회의 사진은 다음 자료에서 발췌하였습니다. 안백수, 『호명교회 80년사』
   (경주 대한예수교장로회 호명교회, 2010)

호명교회의 손혜옥 전도사　　　호명교회 성가대(1962년, 1줄 가운데 손혜옥 전도사)

족의 이야기로만 남았을 것이다. 그는 경주성서학원에서 공부하고 신앙으로 훈련받으면서 사역을 시작하였다. 그리고 그의 이야기가 조금씩 교회기록에 등장하기 시작하였다.

　손혜옥은 아마도 가정과 사역을 병행하는 생활이 녹록하지 않았던 것 같다. 그는 20대 초반에 결핵판정을 받았다. 당시 흔한 질병이었던 결핵은 과로와 쇠약, 영양부족 등이 원인이다. 외아들을 홀로 키우며 자신도 공부하면서 사역하는 노고가 어렴풋이 짐작될 뿐이다. 지금도 그렇지만 한부모이자 고학생의 삶이란 고달프고 쉽지 않다. 하물며 1950년대니 무슨 말이 필요할까!

　그는 첫 사역지로 1960년 8월 4일 호명교회에 부임하였다. 경주시 강동면의 호명교회는 당시 김형식 목사가 부임해 있었다. 김형식 목사는 군목이었는데 65세로 은퇴하면서 호명교회에 오게 되었다. 그리고 그를 도울 부교역자로 손혜옥 전도사를 청빙하였다. 손혜옥 전도사가 담당했던 사역은 심방, 청소년목회였다.

호명교회 김형식 목사 위임식(1962년), 손석구 장로 임직식(1962년 3월 2일)
두 사진 모두 1줄 왼쪽 1번째 손혜옥 전도사

　　손혜옥 전도사는 열정적인 사역자였다. 첫 사역지인 호명교회에
서도 열심히 사역하여 칭송이 자자하였다. 성품이 착하고 사랑과 정
이 많은 손혜옥 전도사는 교인 한 사람 한 사람을 정성을 다하여 심
방하고 살피며 보듬었다. 그러기에 그를 따르는 교인들이 많았다.

　　　손 전도사님은 천성이 착하고 애정이 남다른 분이어서 교인들을 돌
　　보는데 정성을 다하고 그냥 앉아있지 못했을 뿐 아니라 첫 목회지에서
　　노숙한 노인 목사님에게 목회의 가르침을 잘 받고 교인들로부터도 신
　　망이 두터웠다고 기억하는 이들이 많다. 이렇게 열의를 다해서 교회를
　　섬기니 그 소문이 잘 났던 것 같다. 그래서 1962년 12월 13일자로 사임
　　하고 호명교회보다 훨씬 큰 구룡포읍교회로 청빙을 받고 이임하셨다.[2]

　　첫 사역지인 호명교회를 3년 사역하고 난 후 손혜옥 전도사는 임
지를 옮겼다. 바닷가 마을인 구룡포읍교회였다. 호명교회 사역을 잘
한 것이 소문이 나서 더 큰 교회에서 청빙해 갔다. 1962년 12월 13일
호명교회를 사임한 후 1963년 연초에 구룡포읍교회에 부임하였다.

---

　2 『호명교회 80년사』, 178-179.

손혜옥 전도사 송별회

호명교회 두 번째 함석집 예배당
(1955–1973)

구룡포읍교회는 푸른 동해바다에 인접하였다. 바닷바람은 사시
사철 불었고 육지보다 거친 바닷바람이 사시사철 부는 날이 많았다.
그래서 손혜옥 전도사의 결핵은 더욱 악화되었다. 의사는 그가 3개
월을 넘기지 못할 것이라는 진단을 내렸다. 사역을 훌륭히 했지만
병에는 어쩔 도리가 없었다.

손혜옥과 아들은 사역을 접고 고향으로 돌아왔다. 고향이라고 해
도 지금은 없는 남편의 고향인 안강이었다. 달리 갈 곳이 없는 모자
는 시댁 근처에 자리 잡았다.

구룡포읍교회 시절의 손혜옥
전도사와 아들(1963년)

노당기도소에서 10년 사역

손혜옥은 남편의 고향인 안강으로 돌아와서도 사역을 이어갔다. 육통교회의 주일학교 사역과 심방사역을 시작하였다. 특히 그가 두각을 드러낸 사역은 주일학교 사역이었다.

그의 집은 노당이라는 마을이었는데 당시 교회가 없었다. 손혜옥의 집에는 마을의 아이들이 모여 성경이야기를 듣는 날이 많아졌다. 손혜옥 전도사는 아이들을 전도하여 집에서 성경이야기를 전하였다. 전도한 아이들을 신앙훈련하는 일도 같이 하였다.

손 전도사의 신앙훈련은 역동적이면서 엄격하였다. 그는 성경의 이야기를 전하고 요절을 암송하며 성경을 읽도록 가르쳤다. 당시 노당동네에서 손 전도사의 가르침을 받았던 이들 중에 손달익 목사는 회고하기를, 손 전도사님이 내준 요절암송을 못 외우면 밖에서 벌을 서도록 했다고 한다. 손달익 목사는 서울 서문교회 담임목사였으며 2012년 제97회 대한예수교장로회 통합교단의 총회장을 지냈다.

노당리에서 어린 시절에 성장한 신순자 사모(안동 오대교회)는 손 전도사님을 엄하지만 인자한 사람으로 기억한다. 손 전도사는 아이들의 흐트러진 행동은 일체 용납하지 않는 엄격함을 갖추었다. 그러나 아이들에게 무언가 어려움이나 문제가 생기면 함께 울며 기도하는 인자한 모습을 보이셨다고 한다.

손 전도사는 자녀교육도 역시 엄격하였다. 외아들인 권용근 목사는 신앙에 엄격했던 어머니를 기억한다. 어린 시절에 어머니는 매일 아침에 성경을 읽지 않으면 밥을 주지 않았다고 한다. 손 전도사는 자녀의 신앙교육에 엄격한 만큼 자신에게도 그러하였다.

권용근 목사는 어머니처럼 기도하는 사람을 본 적이 없다고 말한다. 어머니는 밤새 교회에서 기도하셨다. 어머니는 교회에서 기도하면서 때로는 잠이 들고, 또 깨면 기도하기를 반복하면서 밤을 보내는 날이 많았다. 어머니는 아침이 되어서야 아침식사를 준비할 시간에 맞추어 집으로 귀가하시곤 했다. 아들뿐 아니라 많은 이들이 손 전도사를 기도하는 사람으로 기억하였다.

또한 손 전도사는 성경에 열심인 사람이었다. 그는 성경읽기를 백독 이상 할 정도로 전념하였다. 신학박사인 권용근 목사는 성경에 관해서는 어머니를 이길 수 없었다고 한다. 그야말로 성경읽기와 기도하는 사람으로 살았다. 그러한 신앙의 열정으로 아이들의 신앙교육에도 열정을 다하는 사역자였다.

손 전도사는 총명하고 기억력이 뛰어났다. 그는 아들과 함께 시간을 보낼 때 무언가를 외우고 외운 내용을 주고받으며 대화하는 것을 즐겼다. 어느 날은 성경구절 암송을 서로 번갈아 외우기도 하였다. 성경뿐 아니라 찬송가나 시조, 옛날이야기, 역사 속 인물과 사건에 대해서도 아는 것을 대화하고 나누면서 아들과 시간을 보냈다. 손 전도사의 아들은 훗날 목사가 되었고 영남신학대학교의 총장이 되었다.

돌아보면 손 전도사의 교육방식은 시대를 앞서는 것이었다. 무조건 암기해서 머리에 넣기만 하는 방식이 아니라 대화하며 소통하는 방식으로 지적 호기심을 자극하였다. 오늘날 이상적 교육법으로 칭송받는 유대인의 교육방식이기도 하다. 어머니처럼 아들 권용근 목사도 평생 지적 호기심이 가득하다. 아들을 보며 그 어머니를 짐작하건대 손 전도사도 지적 호기심이 충만하고 정신이 나이들지 않은 청년의 마인드와 열정을 가지고 있었을 것이다.

날이 갈수록 손 전도사의 집모임에 참석하는 아이들이 늘어났다. 수요일과 주일 밤이 되면 50명에서 60명의 아이들이 손 전도사의 집에 옹기종기 모여들었다. 장소가 협소하여 나중에는 광을 헐어서 예배실을 만들었다.

노당기도소에서는 기적의 역사도 종종 일어났다. 병자들이 낫고 귀신들린 자가 온전해지는 기적들이 일어났다. 손 전도사의 결핵도 완치되었다. 나아가 예배인원이 많아지자 손 전도사는 살던 집을 팔아 교회를 건축하였는데 이곳이 바로 육통교회의 노당기도처이다.

당시 함께 예배드리던 이들 중에는 훗날 신앙인으로 자란 이들이 많았다. 황봉환 목사(대신대학교 교수), 손달익 목사(서문교회, 대한예수교장로회 통합교단 증경총회장), 권용근 목사(영남신학대학교 총장), 이동석 목사(안강 영광교회) 등이 있다. 비단 목회자 뿐 아니라 평신도들이 여기서 자랐으니 믿음의 일꾼들을 키우는 귀한 곳이었다.

손 전도사가 노당동에서 사역을 시작한 것은 1963년 후반 즈음이었다. 건강악화로 구룡포읍교회에서 안강으로 돌아와서 1973년까지 근 십 년간 육통교회의 노당기도소를 사역하였다. 그리고 하나님은 손 전도사를 통해 새로운 사역을 준비하고 계셨다.

교회개척을 시작하다

흔히 인생에 광야 같은 시기가 있다고 한다. 끝을 알 수 없는 광야에는 고난과 역경이 숨어있다. 광야 같은 시간을 보내는 이는 탈출구가 보이지 않는 암흑 같은 길에 서 있다. 그래서 광야는 온전히 내 뜻을 내려놓고 신을 바라고 구하는 곳이기도 하다.

손 전도사에게는 노당기도소에서 보낸 날이 광야 같은 시간이었다. 그는 열여덟에 남편을 잃고 외아들을 키우는 홀어머니로 경주성서학원에 입학하여 전도사가 되었다. 첫 사역지인 호명교회에서 3년을 훌륭히 사역하고 더 큰 교회인 구룡포읍교회로 청빙되어 갔지만 건강악화로 3개월 시한부선고를 받고 쓸쓸히 고향마을로 돌아왔다.

그러나 안강에서 보낸 10년간 손혜옥은 계속 전도사로 일했다. 그는 교회가 없던 노당마을에 기도처를 세우고 마을 아이들을 신앙으로 교육하였다. 그는 직책이 있든지 없든지 스스로 전도사로 살아갔고 하나님은 이런 손 전도사를 또 다른 현장으로 불러주셨다.

1974년 4월 14일, 경동노회의 안강시찰회는 단구와 다산지역에 교회개척을 하기로 결정하였다. 당시 교회가 없었던 단구리는 양동 이씨들이 많이 살던 곳이었다. 안강시찰회는 교회개척할 사람을 찾던 중 육통교회 노당기도처에 시무하던 손혜옥 전도사가 적임자라고 판단하였다. 그리고 손 전도사를 단구리의 교회개척 전도사로 임명하였다.

손 전도사는 부르심에 순종하여 일단 단구리에서 예배를 시작하였다. 자신이 살던 곳에서 이웃마을인 단구리에 교회가 없음을 안타까이 여겨 순종하였다. 단구리 사람들은 내단교회나 육통교회에 다

넸는데 이제 동네에 교회가 생겼다. 첫 예배장소는 단구리의 한 사랑방이었다. 내세댁이라 불리는 여인의 양해를 얻어 그 집 사랑방에서 1974년에 예배를 시작하였다. 창립예배에는 육통 내단교회 교인 9명이 참석하였다.

처음에 단구리 사람들은 손 전도사를 마냥 반기지 않았다. 사랑방 예배가 시작되자 방해하는 이들이 나타났다. 불신 청년들은 사랑방 예배를 드리는 마당에 돌을 던지기도 하고 툇마루에 앉아 지게 막대기로 마루를 두드리며 시끄럽다고 훼방을 놓았다. 그저 낯선 외부인에 대한 치기어린 방해였다.

당시 손 전도사는 마흔이 되지 않은 37세 무렵이었다. 젊은 여인이 그것도 과부가 교회개척을 위해 외지에 와서 사역을 시작하니 눈에 띄었다. 손 전도사는 안강 노당마을에서도 그랬던 것처럼 변함없이 꿋꿋하고 강단있게 사역에 전념하였다.

아이러니하게도 젊은 과부 전도사는 존경을 받았다. 손 전도사가 남편 없이 홀로 수절하며 외아들을 키우며 열심히 사역하는 모습이 마을 사람들에게 감화를 불러일으킨 것이다. 사랑방 예배를 방해하던 청년들은 후에 단구교회를 섬기는 중직자가 되었는데 바로 조문준 장로와 조정길 장로이다.

단구기도소의 성장

1975년 6월 1일에 단구기도소의 창립예배가 열렸다. 예배당은 경북 경주시 강동면 단구리의 이문안과 김경애의 가정집이었다. 단구리에는 교회가 없어 교인들이 이웃마을인 내단교회나 육통교회까지 가야 했다. 두 평 남짓한 조그만 초가집 예배당이었지만 이제 단구리에도 예배처가 생겨 교인들은 기쁨으로 신명나게 예배를 드렸다.

창립예배의 인도는 손혜옥 전도사이며 참례자는 김경애, 황선이, 김영란, 박순이, 최정자, 서말선 등이다. 첫 예배 후 교인은 곧 17명으로 증가하였다. 두 평되는 초가집 예배당이 감당할 수 없을 만큼 인원이 차자 이번에는 누에치는 잠실창고를 손질하여 예배공간으로 사용하였다. 그러고도 사람이 늘어나자 교회건축을 시작하였다.

단구리 기도처는 빠르게 성장하였다. 창립예배와 동시에 교회건축이 시작되었다. 일 년만에 장년 출석교인은 65명으로 증가하였다. 예배당이 꽉 차서 어서 빨리 더 넓은 예배당이 마련되어야 했다. 이윽고 단구2리 1119-3번지에 244평 대지와 잠실1동을 매입하여 예배당으로 개축을 시작하였다. 1976년 3월 28일에는 입당예배를 드렸다.

단구기도소가 기틀을 잡아가자 경동노회는 손혜옥 전도사를 정식으로 파송하였다. 1976년 3월 9일 제64회 정기노회에서 단구기도소의 초대 교역자로 손혜옥 전도사를 파송 승인하였다. 당시 단구기도소의 교인은 청장년이 32명으로 전체교인은 166명에 이르렀다.

한 해가 지난 후 단구기도소가 더욱 부흥하자 경동노회는 1977년 3월 8일 단구기도소를 위한 20평 예배당을 구입하였다. 그리고 같은 해 5월 14일에는 교역자 사택을 18평 규모로 건축하여 손혜옥 전도사가 입택하도록 하였다.

드디어 1977년 9월 6일, 경동노회 정기노회에서 안강 단구교회가
정식으로 승인되었다. 경동노회가 손 전도사를 단구에 파송한 이후
단구기도소는 빠르게 성장하여 교회의 기틀을 잡아갔다. 교회개척
을 시작한 지 3년만에 기도소에서 교회로 성장하였다.

교회가 성장하면 조직화되는 단계에 이른다. 단구교회는 정식교
회의 체계를 갖추어 경동노회 안강시찰회에 소속되었다. 1981년 3월,
경동노회는 소속 교회가 속한 시찰회를 5개로 재구성하였다. 경주
시찰, 경주동시찰, 영천시찰, 영천남시찰, 안강시찰로 편성하고 단
구교회는 안강시찰에 속하게 되었으며 오늘까지 이르고 있다.

단구교회[3]에서 10년 사역

단구교회는 계속 부흥하였다. 손 전도사가 부임하면서 더욱 부흥
하고 사람이 모이기 시작한 것이다. 단구교회에서는 특별한 기도의
능력이 나타나 병고침의 역사도 많이 일어났다. 이 소식이 알려지자
더 많은 사람들이 교회로 모였다.

손혜옥 전도사의 목회는 열심과 열정으로 가득하였다. 그는 인근
에서 열리는 부흥집회는 빠짐없이 참석하였고 성경읽기와 기도에
힘썼다. 손 전도사를 주축으로 교인들은 부흥집회와 성경읽기, 기도
에 함께 참여하였고 손 전도사를 따라 신앙생활에 열심을 올렸다. 사

---

3 단구교회의 내용과 사진은 다음의 책을 참조. 40주년 편찬위원회, 『단구교회 40년
사』(대구: 남신문화사, 2017).

1976년 심령대부흥회[4]   1977년 단구교회 교인들[5]

역에 뜨겁게 집중하면서 힘쓰자 손혜옥 전도사의 지병이었던 결핵도 완치되었다.

단구교회는 특히 주일학교가 부흥하였다. 단구교회 가까이 단구초등학교가 있어 아동부 인원이 많았다. 손 전도사는 지난 10년간 교회가 없던 노당동에서 홀로 아이들을 위해 사역했던 이력이 있다.

아동들의 신앙교육에 특화된 손 전도사의 특기가 발휘되었다. 단구교회 아동부는 매우 부흥하였다. 1982년 하기 성경학교에는 아동부 90명이 참여하였고 중고등부가 50명이 모일 정도였다. 단구교회는 본당보다 교육관이 더욱 붐비는 교회였다.

여름성경학교가 끝나면 교인들은 기도원 집회에 참석하였다. 권용근 목사[6]는 교인이 모는 경운기를 타고 교인들이 함께 노당 벧엘기도원 집회에 참석하여 은혜받았던 추억을 떠올린다.

단구교회는 청년 중심의 젊은 교회였다. 교회가 창립한 1976년부

---

4 1줄 오른쪽에서 4번째 손혜옥 전도사
5 1줄 왼쪽에서 4번째 손혜옥 전도사
6 권용근, "회고사," 『단구교회 40년사』, 12.

1982년 여름성경학교(뒷줄 가운데 손혜옥)　　1983년 성탄절(2째줄 가운데 손혜옥)

터 1986년까지 단구교회는 손혜옥 전도사가 단독으로 사역하였다. 청년들은 손혜옥 전도사의 방침에 따라 반드시 교회학교 교사로 봉사해야 했다.

　단구교회의 청년들 중에는 후에 목회자가 많이 배출되었다. 단구교회 출신 중 목사된 이는 김호현 목사(푸른초장교회), 권용표 목사, 정용식 목사(상송교회), 김동현 목사(푸른초장교회), 권성일 목사(청운교회), 이재걸 목사(대구제일교회), 김민현 목사(하늘꿈교회), 손유호 목사 등이다. 당시 함께 신앙생활했던 여자청년들은 최남순 권사(포항교회), 이희교 집사(포항중앙교회), 이위자 권사(창원서머나교회), 이태숙 권사(부곡중앙교회), 최태숙 권사(포항중앙교회) 등이다. 청년들은 결혼과 이직으로 각 지역별로 흩어져 살았으나 각자 사는 곳에서 교회의 일꾼들로 자리매김하였다.

　단구교회의 청년들은 교회의 초창기에 손 전도사와 함께 신앙의 열정을 나눈 이들이다. 이들은 자체적으로 샬롬선교회를 조직하여 각지에 흩어져도 모임을 한동안 이어갔다.

눈물의 송별예배

단구교회는 계속 부흥하였다. 그리고 단구교회의 세 번째 예배당 건축이 시작되었다. 1980년 3월 14일 예배당 신축 기공예배가 열렸다. 예배당은 1982년 2월 23일 준공하였고 1984년 4월 27일에는 부속건물 및 담장확장공사와 마당 전체를 시멘트로 포장하는 공사가 진행되었다. 그리고 성전봉헌예배는 1985년 3월 24일 이루어졌다.

단구교회의 초창기 역사에서 손혜옥 전도사의 역할은 지대하였다. 손 전도사는 경동노회의 결정에 순종하여 단구에 교회개척의 사명을 가지고 사역을 시작하였다. 7명으로 시작한 첫 예배는 교인 증가로 7년 만에 3번 예배당을 새로 건축하였다. 아이들의 신앙교육이 특화된 손 전도사는 주일학교를 부흥시켰고 나아가 청장년부를 부흥시켰다. 수명의 목회자를 배출하는 교회로 성장하고 자리매김하는데 손 전도사는 핵심인물이었다.

1985년 새성전이 봉헌되었다. 이제 단구교회는 그야말로 중견교회로 성자리매김하였다. 손 전도사가 단구에서 사역한지 10년 되는 해였다. 교회는 성장하고 자리잡혔는데 한 가지 문제가 남아있었다. 교회에 목사가 없었다. 손혜옥은 전도사이지 목사가 될 수 없었다. 여자 목사 안수가 되지 않던 시절 때문이었다.

그동안 단구교회 당회는 임시당회장이 맡았다. 장로교 제도는 각 교회의 당회가 구성된다. 그리고 교회의 협의체인 당회 대표는 당회장이 맡았는데 목사가 맡는다. 손 전도사가 목사가 아니었기에 당회장이 될 수 없었다.

예배당 헌당식(1985년 3월 24일, 당회장 장은수 목사가
올라있다)

단구교회의 제1회 당회는 1976년 4월 25일 열렸다. 손혜옥 전도
사는 자신이 세운 교회의 첫 당회가 열리는 순간에 방청인으로 참석
하였다. 그저 당회의 과정을 지켜보는 것만 가능하고 발언권이나 의
사결정권은 가지지 못했다.

그래서 단구교회의 당회는 경동노회의 다른 교회 목사들이 임시
당회장으로 이름을 올렸다. 그러나 단구교회가 중견교회로 성장하
자 더 이상 임시당회가 아니라 정식 당회를 구성해야 할 시점이 다가
온 것이다.

손혜옥의 목회자로서의 능력이야 전혀 부족한 바 없지만 문제는
그가 목사가 되지 못한 것이다. 여자 목사 안수가 허용되기 전이었으
니 손 전도사의 잘못도 아니었다. 그저 시절이 그랬을 뿐이다. 경동
노회가 속한 대한예수교장로회 통합교단에서 여자 목사 안수를 허
용한 것은 1997년에 와서이며 그로부터 12년 전의 단구교회의 상황

단구교회 1회 당회록(1976년 4월 25일, 방청인에 손혜옥 이름이 있다.)

이었다.

손 전도사는 스스로 물러나기로 결심하였다. 자신이 물러나고 새로운 남자 목사가 부임하면 교회가 정식 조직체로서 무리없이 당회가 구성될 것이었다. 교회가 없는 단구리에 교회를 개척하고 10년간 함께 신앙생활을 하고 손 전도사를 따랐던 교인들은 이제 교회가 안정되자 그를 떠나보내야 했다.

인간적으로는 슬프고 서운한 일이었다. 그러나 하나님의 관점에서는 이름 없이 빛도 없이 섬기고 떠나는 손 전도사의 모습은 여전히 영광스러운 사역자였다. 그럼에도 불구하고 교인들에게는 서운하고 서운한 일이었다.

손 전도사의 송별예배는 1985년 5월 14일 열렸다. 새성전 봉헌예배 후 두 달이 지난 후였다. 송별예배는 단구교회의 새로운 당회장 남삼용 목사의 부임과 함께 이루어졌다. 떠나가는 이와 고별하고 새로 오는 목사를 함께 환영하며 모두를 축복하는 자리였다. 안강시찰

손혜옥 전도사 송별예배(1985년 5월 14일)

장 손요나 목사가 손혜옥 전도사에게 그간의 노고를 치하하며 여교
역자연합회의 기념패를 전달하였다.

설교자 남상용 목사는 사도행전 20장으로 말씀을 전했다. 바울이
에베소교회의 장로들에게 고별설교한 내용의 성경말씀이다.

바울이 밀레도에서 사람을 에베소로 보내어 교회 장로들을 청하니
(17) 오매 그들에게 말하되 아시아에 들어온 첫날부터 지금까지 내가
항상 여러분 가운데서 어떻게 행하였는지를 여러분도 아는 바니(18)
곧 모든 겸손과 눈물이며 유대인의 간계로 말미암아 당한 시험을 참고
주를 섬긴 것과(19) 유익한 것은 무엇이든지 공중 앞에서나 각 집에서
나 거리낌이 없이 여러분에게 전하여 가르치고(20) 유대인과 헬라인들
에게 하나님께 대한 회개와 우리 주 예수 그리스도께 대한 믿음을 증언
한 것이라(21)

보라 이제 나는 성령에 매여 예루살렘으로 가는데 거기서 무슨 일을
당할는지 알지 못하노라(22) 오직 성령이 각 성에서 내게 증언하여 결
박과 환난이 나를 기다린다 하시나(23) 내가 달려갈 길과 주 예수께 받
은 사명 곧 하나님의 은혜의 복음을 증언하는 일을 마치려 함에는 나
의 생명조차 조금도 귀한 것으로 여기지 아니하노라(24)

손혜옥 전도사 송별예배(1985년 5월 14일)

> 보라 내가 여러분 중에 왕래하며 하나님의 나라를 전파하였으나 이
> 제는 여러분이 다 내 얼굴을 다시 보지 못할 줄 아노라(25) 그러므로 오
> 늘 여러분에게 증언하거니와 모든 사람의 피에 대하여 내가 깨끗하니
> (26) 이는 내가 꺼리지 않고 하나님의 뜻을 다 여러분에게 전하였음이
> 라(27)(사도행전 20장 17-27절)

성경본문은 바울의 고별설교이다. 바울은 복음을 증거하기 위해
마게도냐에서 드로아와 밀레도를 거쳐 예루살렘으로 가는 바쁜 여
정이었다. 예루살렘에 가면 감옥에 갇힐지도 모르는 비장한 순간에
에베소교회의 장로들에게 유언과도 같은 고별설교를 하는 장면이
다. 오로지 복음전하는 일에 사로잡힌 바울의 고별설교는 손 전도사
의 사역을 설명하는 것만 같다. 아이러니하게도 손 전도사는 단구교
회를 사임한 이후 3년이 채 못되어 하나님의 부르심을 받았다.

송별예배는 눈물바다가 되었다. 교인들은 교회 초창기부터 함께
고생하고 신앙으로 뭉쳤던 지난 날이 떠올라 마음 한편은 교회의 성
장에 감사하면서도 이별의 아쉬움을 감출 수가 없었다. 예배의 시작
과 끝까지 눈물을 흘리지 않는 이가 없었다.

손혜옥 전도사 송별예배(1985년 5월 14일)

그 와중에도 손 전도사는 온연하고도 담담히 예배에 참여하여 단구교회에서 마지막 설교 대신 답사를 전하였다. 그는 처음 단구교회에 개척의 사명을 가지고 부름받아 왔던 것처럼 또 다른 부르심으로 떠남을 받아들였다. 손혜옥 전도사는 1974년 단구리기도처에 부임해 와서 십 년 동안 지켜왔던 설교강단을 새로운 목사에게 넘겨주고 조용히 집으로 돌아왔다.

전도사로 남은 여자 사역자들

손혜옥 전도사는 당시 목사안수를 받을 수 없었다. 그가 속한 교단인 대한예수교장로회 통합교단이 여자 목사 안수를 허용한 것은 1997년에 와서이다.

손 전도사는 자신이 개척한 단구교회를 10년간 사역하면서 교회의 기틀을 세웠다. 그는 단구교회의 건축을 세 차례 주도하였고 아동부와 청장년부를 부흥시켰으며 여러 명의 목사를 배출하는 교회로 성장시킨 장본인이다. 그런 그가 정든 강단을 후임 남자 목사에게 물려주고 48세의 나이에 사임한 것이다. 그의 심정이 어떠했을지 그 복잡했을 마음을 짐작해 본다.

만약 그때에 여자 목사 안수가 가능했다면 손 전도사는 분명히 목사가 되었을 것이다. 그의 사역은 충분히 한 사람의 목회자 몫을 감당하고도 남음이 있었다. 다른 어떤 이보다 교회 개척과 전도, 신앙교육에 특출한 능력을 보여주었다. 그의 신앙과 사역에 대한 열정은 오늘날에도 신앙인의 귀감이 될 것이다.

그가 단구교회를 사임한 것은 오로지 목사가 아니었기 때문이다. 교회 초창기에 개척교회일 때는 여자전도사로서 가능했지만 중견교회로 성장한 다음에는 정식 목사가 당회장을 맡는 것이 관례였다.

당시 한국교회에는 수많은 여성 사역자들이 있었다. 손혜옥 전도사처럼 많은 여성 사역자들이 목사안수를 받지 못한 채 전도사로 머물며 사역하였을 것이다. 하나님의 사역에 직분이 반드시 필요한 것은 아닐 것이다. 그러나 현실 교회에서는 제도교회가 갖추어야 할 필수요건이 존재한다. 여자 목사 안수가 불가했던 시절, 손 전도사는 직분에 연연하지 않고 부르심을 받은 곳에서 사역하였다.

당시 여성 사역자들은 비록 목사안수는 받지 못했지만 각 지역의 교회를 섬겼다. 경주성서학원은 평신도를 단기간에 훈련시켜 교회에 파송했던 기관이었다. 목회자가 부족한 시절에 경주성서학원의 신학생들은 비록 학생이었지만 목회자의 부족과 공백을 메우고 일하여 평신도 사역자의 역할을 감당하였다.

실로 여성 사역자들은 산업예비군과 같은 존재였다. 목사가 부족한 시절에는 목사를 대신하여 사역자의 공백을 채웠고 후에 목사가 어느 정도 수급된 시절에는 다시 평신도의 자리로 돌아갔다. 경주성서학원의 남자 신학생들 중에는 후에 목사가 된 이가 상당히 많지만 대부분의 여자 신학생들은 사역자로 섬기다가 손 전도사처럼 평신도로 돌아갔다.

여성 사역자가 마주했던 또 다른 현실은 사회적 시선이었다. 여자이기에 어머니이기에 남편이 없기에 받아야만 했던 곱지 않은 시선이었다. 사역자라고 해서 집안살림과 자녀양육의 역할이 덜어지는 것도 아니기에 이들은 이중, 삼중의 부담을 온전히 감당해야 했다.

손혜옥 전도사는 기도의 사람이었다. 아들 권용근 목사는 어머니처럼 기도를 많이 하는 사람은 본 적이 없다고 한다. 손 전도사는 밤새 교회에서 기도하다가 새벽이 되어서야 아침밥을 짓기 위해 귀가했다.

어쩌면 그는 여자로서 사역자로서 어머니로서 가장으로서 감당해야 할 많은 무게를 기도로 감당하지 않았을까? 하나님은 이 착하고 충성된 기도하는 종에게 하나님의 위로와 평안을 주셨을 것이다. 기도시간은 손 전도사가 하나님과 대화하고 위로와 평안을 얻었던 시간이 아니었을까 상상해 본다.

손혜옥 전도사의 이야기를 통해 한국교회의 교훈을 되새겨본다. 먼저 평신도의 역할이다. 하나님의 성전인 교회를 위한 일에는 직분이 필수요건은 아닐 것이다. 목회자와 평신도는 각각 교회의 지체로

단구교회의 손혜옥 전도사

서 각자 맡은 역할과 직분에 충실해야 할 것이다. 손 전도사는 비록 목사가 되지 못하고 자신이 개척한 교회를 물려주어야 했지만 그것은 그저 인간적인 아쉬움에 불과하다. 그는 하나님이 필요한 곳에 쓰임받은 사역자이다.

또한 여자 목사 안수가 허용된 1997년 이전에 있었던 여성 사역자들의 수고와 헌신을 우리는 귀하게 여겨야 하겠다. 이들은 기록에도 거의 등장하지 않는 이들이다. 오늘날 한국교회의 뿌리에는 이름 없이 빛도 없이 영광도 없이 섬겼던 여성 사역자들이 있었음을 기억해야 할 것이다. 이들의 기도와 수고와 눈물이 훗날 한국교회의 모태가 되었음을 다시 한번 되새기기를 기대한다.

손혜옥 전도사를 기억하며

손혜옥 전도사는 교회를 물러나 대구로 이사왔다. 대구에는 외아들 권용근 목사가 있었다. 어머니는 하나님 앞에 놀고 있는 것이 죄스럽다고 하셨다. 사역을 손에 놓을 수 없었던 손 전도사는 대구의 달구벌교회에 전도사로 시무하였다. 그리고 1988년 1월 30일 갑자기 하나님의 부르심을 받고 소천하였다.

손 전도사의 갑작스런 별세는 뜻밖의 일이었다. 그의 나이 51세였고 여전히 젊은 나이였다. 오래전 걸렸던 결핵도 완치되었고 별다른 병세도 없었는데 하나님의 부르심은 너무나 갑작스러웠다. 손혜옥 전도사의 묘비에는 그가 좋아하던 성경구절이 새겨져 있다.

> 우리는 살아도 주를 위해 죽고 죽어도 주를 위해 죽습니다
> 그러므로 사나 죽으나 우리는 주의 것입니다.   로마서 14장 8절

권용근 목사는 어머니가 사역을 내려놓고 대구로 오시면서 생기를 잃으셨다고 회고하였다. 19살에 경주성서학원에 입학하여 22살 때부터 호명교회를 3년간 섬겼고 구룡포교회를 거쳐 육통교회 노당기도소를 10년간 섬기며 주일학교 사역을 하였다. 그리고 단구리 기도소를 개척하여 교회를 중견교회로 성장시킨 시간이 10년이었다. 대구에 와서도 전도사를 계속했지만 손 전도사는 예전과 같지 않았다. 권용근 목사는 어머니가 계속 단구교회에 계셨더라면 더 오래 사실 수 있지 않았을까 생각해 본다.

경주성경고등학교 제7회 졸업생 손혜옥
전도사(1958년 3월 12일, 권용근 목사 제공)

　젊은 날의 열정으로 섬긴 교회들이었다. 22살 때부터 30년간 교회
가 없는 곳에서 복음을 전하고 교회를 개척했던 여전도사 손혜옥!
그의 열정은 교회 현장을 떠났을 때 사그라들었다. 아마도 그는 일찍
하나님 나라로 가서 그곳에서 열정적인 기도와 찬송을 기쁘게 드리
고 있지 않을까 짐작해 본다.

　그는 사역의 사람이었다. 하나님 주신 사명을 복음전파라 믿으며
교회가 없는 곳, 목사가 없는 곳에서 자신의 열정을 불태워 드렸던
불꽃같은 사람이었다.

손혜옥 전도사 연혁

1937.1.28.	충청남도 영동 출생
1953.	경주 안강읍 권씨 가문에 시집가다
1954.	아들 권용근 출생
1955.	남편 사망
1956.	경주성경고등학교 입학
1959.3.12.	경주성경고등학교 졸업
1960.8.4.	호명교회 전도사 부임
1962.12.13.	호명교회 사임
1963.1.	구룡포교회 전도사 부임
1964.10.	건강악화로 사임, 육통교회 주일학교와 심방 사역 육통교회 노당기도소 개척, 사역
1974.	경동노회 교회 개척 파송받아 단구리 기도소 예배시작
1975.6.1.	단구기도소 창립예배, 교회 건축
1976.3.9.	경동노회 단구기도소 초대교역자 파송 승인
1976.3.20.	단구기도소 예배당 입당예배
1977.3.8.	경동노회 단구기도소 예배당 구입
1977.5.14.	교역자 사택 건축, 입택
1977.9.6.	경동노회 안강 단구교회 정식 승인
1980.3.14.	예배당 신축 기공예배
1985.3.24.	성전봉헌예배

1985.5.14.	송별예배, 새로운 당회장 부임
	대구 달구벌교회 전도사 부임
1988.1.30.	별세

제8장

유재헌 목사와 『복음성가』[*]
―한국적 부흥운동의 관점에서―

『백합화』와 유재헌 목사

『백합화』에는 유재헌 목사가 지은 노래가사 16개가 수록되었다. 그중 8곡은 유재헌 목사가 작사가로 표시되었고 나머지 8곡은 누가 작사했는지 표시되지 않았다. 필자가 『백합화』와 유재헌 목사가 쓴 『복음성가』, 두 책을 일일이 열람한 결과 『백합화』에 유재헌 목사의 노래가 모두 16곡임을 알게 되었다.

유재헌은 음악공부를 하지 않았다. 그는 노래가사를 지어 찬송가 곡

* 이 글은 필자의 논문을 재구성하였습니다. 이혜정, "유재헌 목사의 『복음성가』 연구―한국 부흥운동의 관점에서," 『신학과 목회』(2023), 281-307. 이글의 사진은 다음 자료를 참조하였습니다. 유재헌, 『예수 없는 천국은 내가 원치 않고 예수 있는 지옥도 나 싫지 않도다: 화단 유재헌 목사』(유재헌 목사 유족, 2017)

조에 맞추어 불렀다. 그리고 노래가사를 지은 날짜와 장소도 명시해 놓았다. 유재헌 목사가 쓴 노래는 1947년『복음성가』로 발간되었다.

유재헌 목사는 유명한 부흥사여서 전국 교회를 다니며 집회를 인도하였고 자신이 설립한 수도원에서 집회모임을 가졌다. 그가 부른 노래들이 집회를 통해 전국 교회에 전파되었다.『백합화』의 노래는 주로『합동찬송가』(1949) 곡조를 활용하였고 유재헌의『복음성가』에는『합동찬송가』와『개편찬송가』(1967) 곡조를 표시해 두었다.『합동찬송가』와『개편찬송가』의 곡조는 같은 곡조이다.

여기서『합동찬송가』는 1949년 찬송가합동위원회가 발행한 것으로 장로교와 감리교, 성결교가 함께 만든 찬송가이다.『개편찬송가』는 1967년 한국찬송가위원회가 발간되었는데 교단은 기독교감리회, 기독교대한성결교회, 대한예수교장로회 통합, 기독교장로회가 참여하였고 한국인이 작사하고 작곡한 찬송가가 대폭 포함된 특징이 있다.[1]

『백합화』와『복음성가』의 노래가 반드시 같은 곡조로 부르는 것은 아니다. 절반 정도는 같은 곡조를 쓰지만 5곡은 서로 다른 곡조를 사용하였다. 이것을 보면 노래가사는 같아도 부르는 사람에 따라 다른 곡조로 부른 것을 알 수 있다.

『백합화』 중 유재헌 작사가 명시된 노래

『백합화』			『복음성가』	
	번호·노래제목	곡조	번호·노래제목	곡 조
1	33. 환영찬송	6	58. 거룩하신 임재앞에	복의 근원 강림하사 합69, 개60 1947년 10월 10일 인천에서
2	34. 요일가	90	112. 오늘은 월요일	뒤에 악보있음, 날짜없음

---

1 한국찬송가공회 홈페이지 참조. https://hymnkorea.org/23 최종접속일 2024.02.09.

3	36. 낙심마라	75	50. 네 어깨에 맨 대사업	하늘가는 밝은 길이 합75 1947년 8월 송전에서
4	38. 기독소년가	118	41. 우리 소년들은	듣는 사람마다 복음전하여 합235, 개231 1947년 3월 25일 죽산에서
5	39. 낙원의 가정	269	49. 우리 주님을 호주로	주안에 있는 나에게 합269, 개343 1947년 5월 광주에서
6	40. 속죄함 받았다	170	46. 먹물보다도 더 검고	달고 오묘한 그 말씀 합170, 개189 1947년 4월 27일 대구 애락원에서
7	55. 헌신찬송	308	59. 나의 외식과 형식	저 새장에 새가 날 듯 합308 1947년 10월 20일 강화도 마니산 천제단에서
8	57. 공중의 새를 보라	65	61. 공중의 새들도	참 아름다워라 합65, 개74 1947년 11월 25일 강경에서

『백합화』 중 유재헌 이름이 없는 노래

	『백합화』		『복음성가』	
	번호·노래제목	곡조	번호·노래제목	곡조
1	5. 임마뉴엘	-	25. 육이 죽고 영이 살아	주의 피로 이룬 샘물 합214 1941년 7월 신호유치장에서
2	6. 나아가자 결사적으로	370	96. 주의 용사 일어나	주를 앙모하는 자 합370, 개352 1948년 서울 보광동에서
3	8. 주님과 못 바꾸네	526	90. 세상에는 눈물 뿐이오	황무지가 장미꽃같이 합526, 개495 1948년 9월 22일 대구 중부에서
4	37. 용사들아 올라가자	부흥 성가 255	74. 속된 세상 멀리 떠나	저 건너편 강언덕 합304, 개492 1948년 6월 25일 해운대 산중에서
5	49. 어머님 은혜	307	13. 나의 어머니 그 큰사랑	주의 친절한 합307, 개438 1946년 7월 용인에서
6	96. 주린 양떼 위하여	305	94. 목이 마른 주린 양떼	험한 시험물속에서 합249, 개340 1948년 10월 15일 대구 원대에서
7	98. 죄악의 삼팔선	310	68. 죄악의 삼팔선	저 높은 곳을 향하여 합310, 개501 1948년 3월 10일 청단에서 38선을 바라보면서
8	114. 아사셀 산양	456	60. 세상 죄를지고 가는	사랑하는 주님 앞에 합456, 개396 1947년 11월 1일 서울 남산에서

이쯤 되면 유재헌 목사가 누구인지 궁금하지 않은가? 『백합화』의 82곡 중에 1/4에 해당하는 16곡이 한 사람이 쓴 가사라니 말이다. 나아가 유재헌 목사가 편찬한 『복음성가』의 114곡의 노래가사는 모두 그가 작사하였다. 『복음성가』는 1947년 12월 10일에 발간되었고 노래 100편이 수록되었다. 그 이후 새로운 노래 14곡이 더하여 114편으로 1975년 20쇄나 재발행[2]되었다.

유재헌 목사는 어떤 사람인가? 그는 왜 이렇게 많은 노래가사를 작사하였을까? 그가 쓴 노래가사는 무엇을 말하고자 하는가? 이런 물음에 답하기 위해 필자는 유재헌 목사와 그의 노래가사에 관한 글을 썼다.

부흥운동가, 유재헌 목사

유재헌 목사(劉載獻, 1905~1950)[3]의 본명은 유은남(劉恩男)이다. 그는 하나님께 자신을 '잡아 바친다'는 뜻을 가진 재헌(載獻)으로 개명[4]하였다. 그의 아호는 화단(火檀)으로 기도의 불제단이라는 의미를 가진다.

---

2 유재헌, 『Gospel Hymns 복음성가』(서울: 기독교대한수도원, 1975). 20쇄.

3 유재헌 목사의 기존연구에 대해서는 다음을 참조. 이상규, "복음성가의 아버지 화단(火檀) 유재헌 목사," 『생명나무』(2008년 12월호); 이상규, "복음성가의 아버지 화단(火檀)," 『부경교회사연구』18(2009); 윤여민, "한국교회 초기 부흥성가 이성봉 목사와 유재헌 목사를 중심으로," 『부경교회사연구』27(2010);

4 이성헌, "이성헌 대구서문교회 원로목사가 체험한 순교자 유재헌 목사," 『예수 없는 천국은 내가 원치 않고 예수 있는 지옥도 나 싫지 않도다: 화단 유재헌 목사』, 304.

유재헌 목사

유재헌이라는 그의 이름은 매우 제사적 의미가 강하다. 자신을 제물로 바쳐 신에게 기도하고 구하는 것이다. 그는 신에게 무엇을 구했을까? 자신을 제물로 바쳐가면서까지 절실하게 원했던 것은 무엇이었을까?

그것은 그가 지은 『복음성가』의 노랫말에 나타나 있다. 유재헌 목사는 『복음성가』의 모든 노래가사를 직접 작사하였다. 그리고 이 노래들은 그가 설립한 대한수도원, 임마누엘수도원에서 주로 불렸다.

모든 노래가사는 한 방향을 가리키고 있는데, 그것은 한민족의 부흥운동이다. 그것은 단순한 신앙부흥이 아니라 한민족이 구원받기를 기도하는 신앙적 민족의식에서 나온 것이다. 일제강점기부터 해방 이후 1950년까지 활동했던 유재헌 목사의 노래가사에는 그 시대를 살았던 기독교인의 신앙과 민족의식이 담겨있다.

그러므로 노래가사를 통해 우리는 유재헌이 꿈꾸던 한국적인 부흥운동을 살펴볼 수 있다. 부흥운동은 신앙운동이다. 기독교인이 신앙적으로 더욱 열정적이고 강렬해지는 것을 의미한다. 내적으로는 신앙으로 충만해지고 외적으로는 하나님이 가르치신 대로 이웃사랑을 실천하도록 강렬한 사명감에 사로잡히는 것이다.

역사적으로 부흥운동은 한 사람의 영향력이나 소수의 기독교인들에 의해 시작되었다. 그 시작은 미약했지만 마치 작은 불이 번져 큰불이 되듯이 점차 강렬한 신앙운동으로 번져나갔다. 근대 부흥운동의 역사를 살펴보면 영국의 존 웨슬리(John Wesley, 1703~1791)를 떠올린다. 그리고 미국 부흥운동의 드와이트 무디(Dwight Lyman Moody, 1837~1899), 빌리 그래함(Billy Graham, 1918~2018) 등이 있다. 한국에도 길선주(吉善宙, 1869~1935), 김익두(金益斗, 1874~1950)를 비롯한 부흥운동의 주자들이 있었고 유재헌 목사가 그중 한 명이다.

부흥운동은 나라와 민족의 시대적 위기에서 발생하는 특징이 있다. 영국의 존 웨슬리는 당시 영국 국교회와 개신교가 제도화되고 경직화되어 가던 시대에 생생한 성령체험을 일으켰다. 웨슬리의 영향을 받은 미국 부흥운동은 남북전쟁으로 인해 영적인 무력감에 젖어있던 대중들에게 성령체험을 전하였고 그 결과 사람들에게 인격감화와 사회변화를 할 수 있는 동력을 불어넣었다. 유재헌 목사는 일제강점기와 해방 이후의 혼란기에 신앙적 민족의식을 일깨운 인물이다. 그의 기도와 노래에는 하나님이 조선을 구원하시리라는 희망에 차 있다.

그래서 필자는 유재한 목사의『복음성가』를 한국 부흥운동의 관점에서 바라본다. 그리고 그에 대한 입증을 세 가지로 분석하여 설명하였다. 첫째, 피어선성경학원이다. 피어선성경학원은 영국과 미국의 부흥운동 지도자들의 협력으로 설립되었고 설립목적은 한국의 부흥운동을 준비하기 위한 전도인력을 양성하는 것이었다.

둘째, 유재헌 목사는 한국 최초의 수도원운동을 시작하였다. 그는 1945년 대한수도원을 설립하여 그곳에서 한국의 부흥운동이 시작되기를 기도하며 기도원운동, 수도원운동을 이끌었다. 셋째는 조선인의 신앙고백과 가사창작운동이다. 유재헌 목사는 『복음성가』의 모든 노래가사를 직접 작사하였고 노랫말에 한국 부흥운동을 열망하는 내용을 담았다. 그의 노랫말을 통해 필자는 그 시대의 한국적 부흥운동을 살펴보려고 한다.

유재헌 목사[5]는 아버지 유흥렬 장로(劉興烈, 1863~1945)[6]과 어머니 김인대의 독자로 태어났다. 유흥렬 장로는 경기도 광주군 실촌면 장심리 출생으로 1894년 언더우드(H. G. Underwood)의 전도로 세례를 받고 신자가 되었다. 그리고 제중교회(현재 서울 남대문교회)의 조사와 초대 장로(1919년)가 되었다. 그의 어머니는 선교사가 설립한 제중병원의 간호사였다. 유재헌의 부모님은 한국교회 초기에 신앙을 받아들인 사람들이었다.

---

5 유재헌 목사의 연혁에 대해서는 다음을 참조. 안명준, "유재헌 목사의 생애," 공저, 『피어선의 사람들: 평택대 정체성 찾기』(서울: 퍼플, 2021), 258.

6 유흥렬 장로(1863-1945)는 경기도 광주, 용인, 안성, 평택 등 경성지방에 여러 교회를 설립했고 남대문교회 조사, 초대 장로가 되었으며 그의 부인은 제중병원의 간호사였다. 유광웅, "예수에 미쳐 순교한 나의 아버지," 공저, 『그리워지는 목회자들: 백향목처럼 아름다운 이야기』(인천: 아벨서원, 2020), 93.

유흥렬 장로[7]는 50여 년간 무급전도자로 봉사하였다. 그는 서상륜, 김홍경, 박태선 등과 함께 광주, 용인, 안성, 평택 등지의 순회전도자로 활동하였고 서울지역 여러 곳과 경기도 광주, 용인, 안성, 평택 등지에 교회를 설립하였다. 1902년 광주군 고산리교회, 1903년 광주군 송파교회, 1904년 광주군 심곡교회, 세곡교회, 둔전교회의 설립에 기여하였다. 1905년에는 광주군 고령교회, 용인군 금양교회, 원촌교회를 순회시무하였다. 1909년에는 용인군 대갈리교회를 시무하였다.

유재헌은 부모님으로부터 엄격한 기독교교육을 받았다. 그는 경신고등학교를 졸업했는데 이 학교는 1885년 선교사 언더우드(元杜尤, Horace Grant Underwood, 1859~1916)가 설립한 언더우드학당이 전신이다. 경신고등학교를 졸업하고 피어선성경학원, 고베 성서신학교를 수학하였다. 유재헌은 재일한국인을 위한 조선독립교회에서 목회하면서 애국활동을 하다가 투옥되어 한국으로 압송되었다.

귀국 후에 그는 대한수도원과 임마누엘수도원을 설립하였다. 그는 수도원에서 민족 구원과 민족부흥을 위한 수도원운동을 펼치는 한편 신한애국청년단을 조직하여 활동하였다. 한국전쟁이 발발하자 유재헌 목사는 피난하지 않고 수도원을 지키다가 납북되어 순교하였다.

그는 45세의 젊은 나이에 순교하였다. 그러나 노래는 많은 이들에

---

7 "한국 복음성가의 아버지 화단(火壇) 유재헌목사," 「예장뉴스」2015.10.15. http://www.pck-goodnews.com/news/articleView.html?idxno=1861 최종접속일 2024.02.15.

의해 불렸다. 수도원을 찾는 사람들은 그가 만든 노래를 함께 부르며 그의 정신에 공감하였다.

필자는 유재헌 목사가 일평생 민족 구원을 위한 부흥운동을 위해 살았다고 생각한다. 그에게 부흥운동이란 민족과 나라를 구원하는 유일한 희망이었다. 이러한 그의 생각은 『복음성가』의 114개 노래 가사에 잘 드러난다. 그의 노래가사는 조선인의 심성과 염원을 잘 드러내는 시가이다. 그의 노래들을 통해 우리는 1920년대부터 1950년까지 유재헌이 살았던 시대를 살펴볼 수 있다. 그리고 유재헌 목사가 일관되게 민족의 부흥운동을 꿈꾸며 살았음을 확인할 수 있을 것이다.

부흥운동을 준비하는 피어선성경학원

피어선성경학원은 1911년 설립되었다. 이때 한국교회는 부흥운동을 준비하고 있었다. 1903년 원산부흥운동, 1907년 평양 대부흥운동을 경험한 한국교회는 부흥을 이어가기 위해 전도운동을 기획하였다. 이것이 1909년 백만명구령운동이다. 조선의 백만명의 영혼을 하나님께로 인도하려는 부흥운동이다.

백만명구령운동은 교단을 초월하여 초교파적으로 전개되었다. 조선 선교사들의 초교파적 연합단체인 재한복음주의선교연합공의회(The General Council of Protestant Evangelical Missions in Korea)도 백만명구령운동에 적극 참여하기로 하였다.

피어선성경학원은 부흥운동을 위해 설립된 학교였다. 이 학교는 장차 한국교회의 부흥을 위한 전초기지가 되기 위해 설립되었다. 교육목적은 평신도 사역자를 양성하고 성경공부 지도자를 양성하는 것이다. 당시 조선에는 목회자를 양성하는 신학교는 있었지만 목회자가 되는 과정은 최소 3년 이상의 시간이 필요했다. 그러나 현장에는 당장 복음을 전하고 성경을 가르칠 수 있는 사역자가 필요했다. 목회자 양성도 중요했지만 성경을 가르치는 성경교사, 평신도 사역자를 양성할 수 있는 기관이 필요했다. 그 대안이 성경학원이었다.

피어선성경학원의 설립배경을 살펴보자. 1910년에 영국과 미국의 부흥운동가가 각각 한국을 방문하였다. 한 사람은 미국 뉴욕성경학원(New york Bible Teacher's Training School) 원장인 윌버트 화이트(Wilbert W. White, 1863~1944)이고 또 다른 사람은 미국 대학생 학생선교자원운동 (The Student Volunteer Movement for Foreign Missions)의 지도자인 아서 피어선(Arthur Tappan Pierson, 1837~1911) 박사[8]이다.

먼저 미국 뉴욕성경학원 원장 윌버트 화이트는 1910년 9월에 한국을 방문하였다. 그는 한국교회 상황을 파악하고 선교사들과 교류하였다. 그는 한국교회가 부흥운동을 이어갈 수 있도록 방안을 논의하였다. 그 결과 더 많은 토착전도자와 성경공부 인도자를 양성하기 위한 기관이 필요하다고 판단하여 성경학원 설립을 제안하였다. 이에 선교연합공의회는 미국의 뉴욕성경학원, 시카고성경학원과 같

---

8 조상열, "피어선기념성경학원 설립배경과 연합정신," 『복음과신학』12(2010), 379.

은 초교파적 성경학원 설립을 논의하기 시작[9]하였다.

윌버트 화이트 박사가 내한한 같은 해 12월에 아더 피어선이 내한하였다. 그는 미국 대학생 선교자원운동의 지도자였다. 미국 부흥운동의 영향으로 많은 대학생들이 해외선교를 자원하게 된 것이다. 한국에 온 초기 선교사들 중에 이러한 과정으로 한국선교를 오게 된 이들이 많았다.

아서 피어선은 한국교회 부흥에 깊은 감명을 받았다. 한국에도 미국과 같은 부흥운동이 일어난 것을 기뻐하며 이와 같은 부흥을 이어갈 방안이 필요하다고 생각했다. 피어선과 선교사들은 한국교회의 부흥을 이어가기 위한 방안을 논의하였다. 그 결과 전도사와 전도부인을 양성할 수 있는 성경훈련학교가 필요하다는데 공감하였다. 미국 북장로교선교부의 사무엘 마펫(Samuel Moffett) 선교사도 그들 중 하나[10]였다.

피어선은 한국방문 후 한국교회의 부흥과 열정을 세계교회에 알렸다. 그리고 한국에 성경훈련학교 설립지원에 동참해 줄 것을 호소하였다. 그러나 피어선의 열정에 비해 그의 건강은 그러하지 못했다. 1910년 12월, 피어선이 한국에 방문할 당시에 그는 73세였다. 고령의 나이에 오랜 여행은 피어선의 건강을 해치게 되었다. 그는 한국을 방문한 이후 일 년만인 1911년 6월에 별세하였다.

피어선의 한국선교요청은 유언과도 같았다. 이후 한국교회를 향

---

9 이덕주, "피어선기념성경학원 설립과 초기역사(1911~1945년)," 『복음과신학』 12(2010), 308-310.

10 조상열, "피어선기념성경학원 설립배경과 연합정신," 380.

한 세계교회의 지원금이 모이게 되었으며 이렇게 피어선성경학원의 설립기반이 마련되었다.[11]

드디어 1911년 9월 27일, 피어선성경학원이 서울 서대문 밖의 협성신학교(현 감리교신학대학교)에서 첫 수업을 시작하였다. 장로교와 감리교의 협력으로 설립된 피어선성경학원은 당시 한국에서 유일한 초교파적 신학교육 기관이었다. 초교파적 학교설립을 하는 데 미국 북장로교 선교사 일부의 반대가 있었다. 그러나 많은 선교사들은 피어선의 연합정신을 이어받아 초교파적 학교가 되어야 한다고 주장했다. 대표적인 인물은 미국 북장로교의 언더우드[12]였다.

윌버트 화이트와 아서 피어선의 협력으로 피어선성경학원이 설립될 수 있었다. 성경학원의 목표는 "한국교회 전도자 양성, 평신도 지도자 성경공부"[13]를 위함이었다. 한국의 부흥운동을 이어갈 한국교회의 지도자를 세우는 것이다. 그러므로 피어선성경학원의 설립은 그 시작부터 부흥운동에 깊은 관심을 두고 있었다.

피어선성경학원에서 가르치는 핵심은 성경이었다. 대부분의 교과목은 신학보다 성경에 집중되었다. 그리고 "음악"이 필수로 포함되었다. 교회지도자들이 지역교회에서 예배를 인도하고 성경과 찬송가를 가르치는 데에 필요한 실용적인 과목이었다.

피어선성경학원의 과목을 살펴보자. 시대에 따라 약간의 변화는 있지만 성경 중심의 과목과 음악이 필수로 포함[14]되었다. 1913년 1학

---

11 이덕주, "피어선기념성경학원 설립과 초기역사(1911~1945년)," 317-323.
12 조상열, "피어선기념성경학원 설립배경과 연합정신," 391.
13 이덕주, "피어선기념성경학원 설립과 초기역사(1911~1945년)," 323.
14 다른 기관의 성경학원의 경우에도 음악과목은 운영되고 있었다. 박명수, "경성성

년 과목을 살펴보면 "마태, 마가, 야고보, 잠언, 전도, 이사야, 데살로니가전후, 음악, 창세기, 신약총론"[15]이다. 1926년 본과 6년 과정 과목은 "신구약성경, 지지역사(地誌歷史), 조직신학, 주일학교법, 실용신학, 개인전도법, 강도학, 작문, 음악, 일어, 영어"[16]이다. 1936년은 "일반성경, 성경지리, 성경도리, 교회역사, 초등급 장년부 주일학교 교수법, 음악(찬송), 개인전도법, 위생학, 강연법, 산술, 조선어"[17] 등이었다. 과목을 살펴보면 전도와 교회운영에 관한 실용적 측면을 고려한 것을 알 수 있다.

이후 성경학원은 전국 각지에 세워졌다. 그러나 피어선성경학원처럼 초교파가 아니라 각 교단별 성경학원이 많았다. 한국교회의 초기 역사에서 성경학원은 평신도 사역자를 양산하는 기관으로 자리잡았다. 그러나 시간이 흐르면서 성경학원에 대한 수요가 점차 줄어들었다. 각 교단신학교가 설립되고 교단중심의 신학교육이 활성화되었기 때문이다.

한국인 목회자도 점차 증가하여 평신도 사역자에 대한 요청이 예전보다 줄어들었다. 성경학원(또는 성서학원)은 현재까지 여전히 존재하고 있다. 그러나 그 기능은 한국교회 초창기와는 다소 달라져서 평신도 재교육을 주로 담당하고 있다.

서학원의 초기 역사(1907~1921)," 『한국기독교와 역사』12(2000), 195.; 이혜정, "경주성서학원의 초기역사와 신학교육," 『신학과목회』53(2020), 74.

15 이덕주, "피어선기념성경학원 설립과 초기역사(1911~1945년)," 335.
16 이덕주, "피어선기념성경학원 설립과 초기역사(1911~1945년)," 365.
17 이덕주, "피어선기념성경학원 설립과 초기역사(1911~1945년)," 372.

유재헌의 애국계몽활동

유재헌은 1924년 경신고등학교를 졸업하고 1925년 3월에 피어선 성경학원에 입학하였다. 그리고 1926년 6월까지 수학하였다. 1926 년에는 학생회장을 맡았는데 피어선성경학원 임원명단은 <기독신 보>[18]에 기사화되었다.

피어선성경학원의 학우회는 사회적 활동을 전개하였다. 학우회 는 교내활동뿐 아니라 일반시민을 대상으로 한 강연회, 음악회도 개 최하였다. 피어선성경학원 학우회는 당시 유행하던 '브나로드운 동[19]'에도 참여하여 방학 중에 농촌마을에서 한글보급운동과 계몽 운동으로 민족의식을 고취하는 일에 참여하였다. 그야말로 사회와 함께 하는 신학도의 면모를 보여주었다.

피어선성경학원 학생들은 항일운동에도 참여하였다. 피어선성경 학원은 3·1운동 이후 폐쇄되었다. 피어선성경학원 학생들의 3·1운 동 참여에 대한 자세한 기록은 알 수 없지만 폐교될 정도로 모종의 영향이 있었음을 짐작할 수 있다. 다만 1920년 1월에는 '경성독립비 밀단 창가'를 배포한 사건으로 피어선 출신의 송창근이 투옥되었다.

---

18 <기독신보>1926.4.14. 이덕주, "피어선기념성경학원 설립과 초기역사(1911~
    1945년)," 367.

19 브나로드운동(v narod運動)은 제정러시아 말기, 소련의 지식인들이 민중계몽의 취
    지로 만든 '민중 속으로 가자'는 구호이다. 이 말은 개화기 조선에서 계몽운동의 또
    다른 이름으로 활용되었다. 『한국민족문화대백과사전』(최종접속일 2022.08.30.)
    http://encykorea.aks.ac.kr/Contents/SearchNavi?keyword=%EB%B8%8C%E
    B%82%98%EB%A1%9C%EB%93%9C%EC%9A%B4%EB%8F%99&ridx=
    0&tot=1545

박인석(朴仁錫 1899~1968)[20]

　'경성독립비밀단 창가'에 대해 알아보자. 이 노래는 1919년 당시
경신학교 4학년 박인석 학생이 지은 노래이다. 가사내용은 "서로서
로 조선독립운동을 원조하여 그 목적을 달성하지 않으면 안 된다"는
취지의 노래이다.

　박인석(朴仁錫, 1899~1968)은 1919년 3월 1일 오후 2시에 파고다공원
의 만세운동에 참여했다가 오후 6시경 귀가하였다. 또한 3월 5일 오
전 9시경 남대문역앞 만세시위에 참여하였다가 일본 경찰에 체포되
어 서대문형무소에 구류되었다.

　박인석은 서대문형무소 구류 중에 '경성독립비밀단 창가'를 지었
다. 집행유예로 출옥 후 그는 1920년 1월 말, 세브란스병원 내 등사

20　독립유공자 공훈록
　　https://e-gonghun.mpva.go.kr/user/ContribuReportDetail.do?goTocode=20002
　　&pageTitle=Merit&mngNo=34400

기를 이용하여 창가 600부를 인쇄하여 배포하였다. 창가는 경신학교, 배재학교, 이화학당, 정신학교 학생들을 통해 배포되었고 박인석은 100부를 중앙학교와 세브란스 간호부 등에 배포하였다.

박인석은 체포 후 1919년 11월 6일 보안법 및 출판법 위반으로 징역 6개월, 집행유예 3년을 선고받고 석방되었다. 그러나 집행유예 기간 중 창가배포가 발각되어 1920년 3월 19일 정치범죄처벌령 및 출판법 위반으로 징역 2년을 선고받고 1920년 4월 26일 금고 8개월을 선고받았다. 박인석은 2018년에 건국훈장 애족장을 추서하였다.

피어선성경학원 출신 송창근[21]도 '경성독립비밀단 창가'를 배포한 혐의로 구속되어 징역 6개월형을 받았다. 송창근은 1916년 피어선성경학원에 입학하여 1919년 졸업하였고 후에 남대문교회의 조사와 평양 산정현교회 목사가 되었다.

'경성독립비밀단 창가'사건은 노래의 힘을 보여주는 사례이다. 일제는 조선의 동요와 노래들을 단속하고 금지시켰다. 동요가 한낱 노래에 불과하다고 생각하지 않고 일제를 위협하는 도구로 여겼음이다. 오늘과 같은 인터넷이나 SNS같은 뉴스채널이 없던 시절에 노래는 여론을 조성하는 도구가 되기도 했다. 일제강점기에 애국계몽가가 유행한 것도 국권회복을 위한 저항의식이 표출된 것이다.

---

21 송창근은 일본유학, 미국유학, 목사안수를 거쳐 1932년 평양산정현교회 목회를 담당하였다. 이후 동우회사건으로 체포되어 가석방된 1938년부터 전향하여 친일행적을 하였고 1945년 조선신학교 교장이 되었다. 그는 한국전쟁때 납북되어 수용소에서 사망하였다. 한국민족문화대백과사전 참조,
https://encykorea.aks.ac.kr/Article/E0031081 최종접속일 2024.02.10.

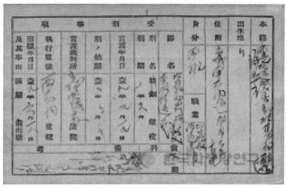

송창근의 인물카드(일제감시대상)

유재헌도 본래 나라와 민족을 생각하는 마음이 남달랐다. 그는 피어선성경학원에 입학하기 전 1924년 3월에 청년계몽단체인 갑성회를 조직하였다. 경기 용인지역의 청년단체인 갑성회는 민족계몽운동을 위한 단체였다. 갑성회는 1926년 7월 24일 '용인청년회'로 이름을 변경하고 야학활동, 계몽활동, 축구대회, 동화회 등의 활동을 전개하였다. 약 50명에서 60여명 회원을 가진 이 단체는 용인지역에서 가장 활발한 애국계몽운동 활동[22]을 펼쳤다.

1926년, 유재헌이 피어선성경학원 학생회장이 된 그해에 6·10 만세운동이 일어났다. 1926년 6월 10일에 순종황제가 승하하자 조선 민중들은 나라잃은 망국의 슬픔을 더욱 짙게 느꼈다. 왕의 죽음은 망국 백성들에게 슬픈 분노를 건드리고 만세운동으로 표출되었다. 지난 1919년 3·1운동이 고종의 승하 직후에 일어난 것도 이와 같은 맥락이다.

주권을 빼앗긴 나라의 힘없는 왕이지만 왕의 죽음은 망국 백성들에게 커다란 상실감을 안겨주었다. 나아가 나라잃은 백성의 자괴감과 슬픔을 극대화시켰다. 애국심에 불타는 청년들이 3·1운동처럼 6·10만세운동을 준비하였다. 각 학교 학생들이 참여한 이 운동은 일제에 의해 곧 진압되었다.

이에 굴하지 않고 학생들은 제2의 6.10만세운동을 준비하였다. 서울지역 시위에 참여한 각학교 학생들과 함께 피어선성경학원 학생들이 또 다른 거사인 제2의 6.10만세운동을 준비, 모의하였다. 여기에 참여한 유재헌은 주모자 20여명과 함께 1926년 6월 16일 일경에 체포되어 연행되었다. 유재헌은 종로경찰서에서 보름 동안 조사를 받고 6월 30일 기소유예 처분으로 석방[23]되었다.

출옥 후 유재헌은 일본으로 건너가 고베 성서신학교에 입학하였다. 고베신학교 신학생 시절부터 유재헌은 꾸준히 조선인교회를 사

---

22 안명준, "유재헌 목사의 생애," 공저, 『피어선의 사람들: 평택대 정체성 찾기』, 237-238.
23 이덕주, "피어선기념성경학원 설립과 초기역사(1911~1945년)," 369.

역하였다. 1928년 재일조선인교회인 다하라마찌(田原町)교회 전도
사, 1931년 5월부터 6월까지 미가와사마(三河島) 조선기독교회 임시
담임전도사, 1931년 11월 8일 요코하마 조선기독교회 담임전도사
로 시무하였다. 그는 1931년 12월 25일 삼하도조선기독교회에서 목
사안수를 받은 후 1941년까지 고베, 요코하마, 동경, 아까시 등에서
조선기독교독립교회를 설립하는데 기여[24]하였다.

　　이런 상황 속에서 어느날 그는 애국심이 고조되어 일본으로 가기로
새로운 결단을 내리게 된다. 그는 "이렇게 앉아서 당하고만 있을게 아
니라 차라리 적의 진지 한가운데 들어가 활동하는데 좋겠다"고 판단
하였다. 그래서 우국동지 셋과 함께 현해탄을 건너 오사카에 도착하여
고베로 향했다. 그곳에서 그는 노동자들과 함께 일하면서 자신이 직접
손수레를 개조하여 다다미를 깔고 아래는 구두수선 도구와 취사도구
를 넣어서 자신만의 이동가옥을 만들어 그 안에 거하면서 살았다. 고
국을 떠나 힘들었지만 그는 기쁨과 사명으로 일본에서의 삶을 의미있
게 보내었다. 또한 구두수선으로 생계를 유지하면서 손수레 위에다가
할렐루야와 파영유가(劉家, 영혼을 잡는 유씨의 집) 라는 문구를 써 붙이고
예수 그리스도의 복음을 전도하였다. 유재헌 목사의 맏사위인 대구 서
문교회 이성헌(제 73대 총회장, 아들 이상민 목사) 목사에 따르면 처음에는
낫또(청국장)와 평양의 밤을 주문하여 야마구리(밤)를 구워 팔았지만 수
입이 적어서 주로 구두닦이를 많이 하였다고 한다.[25]

　일본에서 유재헌은 가난한 고학생의 삶을 살았다. 신학공부를 하

24　안명준, "유재헌 목사의 생애," 공저, 『피어선의 사람들: 평택대 정체성 찾기』,
　　238-240.
25　안명준, "유재헌 목사의 생애," 공저, 『피어선의 사람들: 평택대 정체성 찾기』,
　　238.

조선기독교횡빈독립교회 교회당건축노동봉사대(1933년 2월 2일)

면서 생계를 위해 직접 노동현장에서 일했다. 위 사진은 1933년 2월
2일 일본 요코하마에서 찍은 사진이다. 사진 하단에 '조선기독교횡
빈독립교회 교회당건축노동봉사대'라고 적혀 있다. 28세의 청년 유
재헌 목사는 오른쪽에 앉아 띠를 두르고 안경을 쓴 모습이다. 그의
옆에는 구두수선 장비가 담긴 상자가 있고 상자에는 삽자가 모양안
에 사방으로 '봉사'가 쓰여있으며 좌우에 '경천애인(敬天愛人)', '하늘
을 공경하고 사람을 사랑하다'라고 쓰여있다. 그리고 하단에는 십자
가 글자가 있고 가장 하단에는 '양화수리'가 있다.

당시 일본의 조선 유학생들은 어려운 형편의 고학생들이 많았다.
그들은 스스로 학비를 조달하였는데 사진에서처럼 구두닦이, 노점
행상을 하기도 했다. 사진에서 유재헌 목사는 구두수선을 하고 있고

유재헌 목사

다섯 명의 조선인이 단밤을 팔고 있다. 사진 상단의 팻말에는 '건축
을 위해 단밤 한 봉지를 사주세요'라고 적혀 있다.

유재헌 목사는 일본목회 활동 시절, 설교와 부흥회를 하면서 늘 민
족의식을 전하기 위해 애썼다. 그는 조선인교회를 목회하면서 항일운
동을 전개하고 있었다. 그 일로 유재헌은 1941년 항일운동의 죄목으
로 고베(神戸) 감옥에 투옥되었다. 그리고 한국으로 강제추방되었다.

한국 최초 수도원운동을 시작

대한수도원은 한국 최초의 수도원이다. 유재헌은 1945년 12월
에 대한수도원을 설립하였고 초대원장을 역임하였다. 해방 이전에
도 다양한 산상기도회가 있었다. 대표적으로 금강산기도회, 백두

산기도회, 경주약수기도회, 서울삼각산기도회 등이 유명했으나 대한수도원처럼 건물을 지어 집회를 열지는 않았다. 대한수도원이 설립되고 나서 유사한 수도원운동, 기도원운동이 따라서 일어났다. 대한수도원은 한국 최초의 개신교 수도원이며 한국기도원의 시작[26]이다.

교회역사를 살펴보면 기도원과 유사한 수도원이 있었다. 최초의 수도원은 4세기 초반에 나타났다. 때는 313년 로마황제는 밀라노칙령을 내려 기독교에 대한 탄압을 거두고 종교에 대한 중립적 입장을 취하겠다고 서명하였다. 이로써 기독교는 공인종교로 승인받아 박해받는 종교에서 제도종교로 자리 잡은 때이다. 그러나 제도화된 기독교는 시간이 흘러 점차 물질적 풍요와 세속권력에 타락되어 가고 교권투쟁, 교리논쟁이 시작되었다. 이에 순수한 신앙으로의 회복을 주장하는 이들이 시작한 것이 수도원운동이다.

이덕주 교수[27]는 수도원운동은 제도교회와 견제와 보완의 긴장관계를 유지해 왔다고 설명한다. 맞는 말이다. 한때 수도원조차 타락한 적도 있었다. 역사고금을 막론하고 항상 본질과 순수를 유지하는 것은 얼마나 어려운가. 그럼에도 불구하고 영적쇄신과 영적갱신을 위한 수도원운동은 꾸준히 존재했다. 1930년대 한국에서도 제도교회의 교권화와 세속화에 반발하여 수도원운동과 유사한 소종파들이 출발하였다.

---

26 안명준, "유재헌 목사의 생애," 공저, 『피어선의 사람들: 평택대 정체성 찾기』, 248.

27 이덕주, "한국 개신교 수도원 운동의 역사적 기원과 맥락," 『기독교사상』(2015. 3), 30-38.

1930년대 한국교회는 다툼과 갈등의 시기였다. 제도교회를 비판하고 교회갱신을 주장한 이들은 제도교회로부터 이단, 불법으로 단정되었다. 이에 제도교회를 떠나 그들만의 작은 신앙공동체를 형성한 이들이 나타났다. 이른바 무교회주의의 김교신, 최태용의 복음교회, 동석기와 최상현의 환원운동, 이용도의 예수교회, 송태용과 변남성의 하나님의 교회 등이다.

이러한 상황에서 기도원이 등장하였다. 기도원은 한국교회의 신앙을 대표하는 특징 중 하나이다. 기도원은 개교회와 교파를 초월하여 오로지 기도만을 위한 공간이다. 여기서는 개인의 기도뿐 아니라 한국교회와 민족을 위한 공동의 기도를 함께 간구하는 곳으로 자리매김해 왔다. 이러한 기도원운동의 효시로서 수도원을 처음 시작한 이가 바로 유재헌 목사이다.

유재헌은 일제강점기 말기에 금강산에서 기도 중 은혜를 체험하였다. 이후 박경룡 목사와 함께 강원도 철원군 한탄강 골짜기에 대한수도원을 설립하였다. 유명한 부흥사였던 유재헌 목사는 전국교회의 집회를 초청받아 다니면서 대한수도원을 알리고 후원을 호소하였다.

유재헌 목사는 1946년 4월 "수도원 노래"를 작사하였다. 『복음성가』의 40장인 이 노래는 합동찬송가 461장(믿는 사람들아, 개편찬송가 381장) 곡조에 맞춰 부를 것을 명시하고 있다. 노래가사에는 수도원의 설립 목적이 분명히 드러나 있다.

40. 수도원 노래

一,   강물로써 둘러운 제이 에덴은
      원수 사탄이가 범접 못 하네
      도처마다 바위 굴이 있으니
      철야 기도하는 겟세마네라

후렴,   제단에 불이 타고 오르니
        단상에 임재는 빛나고 있다

二,   원근 각처 성도 이 동산에 와
      군데군데 자리 잡고 앉아서
      갈한 심령 상태 주께 고하면
      말씀과 성령을 채워 주시네

三,   면목일신 해진 주의 종들은
      겟세마네에서 피땀 흘리며
      세계인류 구원 얻기 위하여
      마음 꿇어 도고(禱告)하고 있도다

四,   내게 있는 모든 것 주께 드리고
      대한수도원에 헌신하였네
      선조들이 못한 위대한 사업
      수도원은 나의 사명이로다

五,   도고의 제단에 이몸 바치고
      원망없이 절대 복종 하겠네
      은총중에 있어 생활을 하니

우리 주님으로 만족 하도나

六,　　이웃사람 내몸같이 사랑해
　　　　의지굳게 세워 나가 일하자
　　　　한 영혼이 세계보다 귀하니
　　　　제일 좋은 업은 전도 업이라

七,　　단의 붙은 불을 꺼치지 말라
　　　　이 제단에 피를 쏟을 때까지
　　　　노심초사 정성 묶어 바치어
　　　　다 하자 이 사업 완성하도록

'민족 구원', 바로 유재헌 목사가 수도원을 설립한 이유이다. 유재헌 목사는 도고(禱告)라는 용어를 자주 사용하였다. 도고란 '빌고 알리다'는 의미로서 기도하는 바를 하나님께 알린다는 뜻이다. 또한 그는 '도고찬송(1949)', '도고자의 무리(1948)', '도고자의 사명(1950)'이란 제목으로 복음성가 가사를 작사하였다.

대한수도원은 그에게 기도의 제단이었다. 민족을 구원하기 위해 하나님께 구하며 기도의 불을 꺼지지 않게 지키는 구별된 장소이다. 그에게 수도원은 신앙의 처소요 민족 구원을 위한 기도의 처소였다. 즉 민족 구원을 위해서는 기도밖에 없다는 절박함이 "수도원의 노래"에 나타나 있다.

유재헌 목사는 일평생 세 번 수도원을 설립하였다. 첫 번째는 1940년 10월 24일 일본에서 설립한 조선수도원이다. 조선수도원에 대한 자세한 내용은 현재 밝혀진 바가 없다. 그는 일본에서 조선인

독립교회를 설립하고 운영하였는데, 조선수도원은 아마 조선인들을 위한 기도의 처소였을 것이다.

유재헌이 두 번째로 세운 수도원은 1945년 12월에 설립한 대한수도원이다. 유재헌 목사는 수도원에 거점을 두고 구국기도단을 모집하였다. 구국기도단이란 일명 기도의 용사들이었다. 이들은 한국교회부흥, 민족 구원, 기독교국가를 세우는 사명에 동참하며 초교파 신도들로 구성된 기도의 용사들이다.

유재헌 목사는 "구국기도단 선언문[28]"을 통하여 먼저 나라를 위한 기도운동을 일으키자는 취지를 밝혀 놓았다. 강원도 철원군 갈말면에 위치한 대한수도원은 구국기도단의 신도들을 중심으로 설립되었지만 곧 누구나 참여할 수 있는 기도 처소가 되어갔다.

> 보라, 현하 우리 삼천리강산은 죄악의 소굴로 화하여 의와 진리는 매몰되고 윤리 도덕은 끊어지고 사탄의 유물사상 공산주의는 팽창하여 살인, 폭동, 절도, 사치, 음란이 걷잡을 수 없이 조수가 밀리듯 하여 삼천만 겨레가 다 멸망을 받게 되었으니 이 어찌 불쌍하지 않으며 그냥 보고만 있을 수 있으랴. 그러면 이 난문제를 누가 해결 지을 것이냐? 오직 조물주이신 하나님 한 분뿐이시다. 그 방법에 있어서는 꺼져가는 등불도 끄지 않고 상하여진 갈대도 꺾지 않으시는 긍휼과 자비가 많으신 우리 하나님께 호소하고 애통하는 기도를 올리는 것이 가장 급선무이요 최대의 운동이다.
>
> 이 한 일이 우리나라와 민족을 살리는 유일의 방법임을 알고 이제 도고(禱告)의 제단을 쌓는다. 해방을 하나님께 받아 가지고 기독교가 인간적 수단 방법 열심노력으로 모든 일을 하여 보았으나 결국은 당파

---

28 유재헌, "구국기도단 선언문," 『Gospel Hymns 복음성가』, 페이지 미기재.

분열싸움밖에 남긴 것은 아무것도 없다. 인간적으로 나라를 사랑하고 교회를 위한다는 일이 도리어 망치어 놓은 것밖에 없다. 인간은 동하면 할수록 죄악밖에 짓는 것이 없다. 고로 우리는 인간의 활동을 의존치 말고 다만 하나님께 절대로 귀의하고 신종(從)하고 도고함으로 우리나라와 겨레를 구하고자 한다.[29]

유재헌 목사에게 수도원 활동은 신앙운동이자 애국운동을 의미한다. 이러한 인식은 일제강점기의 기독교 지도자들에게 나타나고 있는데 신앙과 애국정신이 구분하기 어려울 정도로 결합된 형태로 나타나게 된다. 유재헌 목사에게 신앙과 애국정신은 긴밀히 연결되어 있다. 신앙과 애국심은 따로 있지 않았다.

그는 기도운동이야말로 조선민족을 살리고 회복하는 최선의 방법이라고 생각했다. 대한수도원의 역할은 기도운동과 기독교문화운동이었다. 그는 수도원의 역할을 다섯 가지로 구분하여 설명하였다. 즉 각계각처의 요청을 위해 24시간 기도하는 곳, 영적 성경연구, 기독교문서운동, 순회전도대, 자유로운 수양기관[30]이다.

유재헌 목사가 세 번째로 설립한 수도원은 임마누엘 수도원이다. 해방 이후 설립한 대한수도원이 있었지만 38선으로 남북왕래가 어려워지자 새로운 수도원을 설립하였다. 이에 새로운 부지를 확보하여 1950년 5월 서울시 종로구 구기동 삼각산 아래에 임마누엘 수도원을 마련[31]하였다.

---

29 유재헌 "대한 임마누엘 수도원 선언문," 『Gospel Hymns 복음성가』, 페이지 미기재.
30 유재헌, "대한 임마누엘 수도원 선언문," 『Gospel Hymns 복음성가』, 페이지 미기재.
31 유광웅, "예수에 미쳐 순교한 나의 아버지 유재헌 목사," 『예수 없는 천국은 내가 원치 않고 예수있는 지옥도 나 싫지 않도다』, 317.

임마누엘 수도원 1

임마누엘 수도원 2 유재헌

임마누엘 수도원 3

　세 번째 사진에 임마누엘수도원이라고 쓰여 있다. 수도원의 한자는 본래 '修道院'이라고 쓰는데 유재헌은 길 '도(道)'자 대신 빌 '도(禱)'자를 쓰고 있다. '기도(祈禱)하다'의 '도'자를 쓰고 있어 그의 뜻을 짐작할 수 있다. 본래 수도원(修道院)의 의미가 '도를 닦는 곳'이라는 의미인데, 유재헌의 수도원은 '도를 닦고 기도하는 곳'이라는 의미를 가진다.

　그러나 임마누엘수도원 설립 한 달 뒤 한국전쟁이 발발하였다. 유재헌 목사는 피난하지 않고 신도들과 함께 수도원을 지켰다. 세운 지한 달밖에 되지 않은 수도원에 남는다면 공산당에 목숨을 잃을 수도 있다고 예상됐지만 기도의 제단을 떠날 수 없었다.

　유재헌 목사는 공산당에 납북되어 8월 15일 순교하였다. 그의 아들인 유광웅 교수(아세아연합신학대학교, 서울성경신학대학원)는 아버지가 납북 중 총살당했을 것이라 짐작[32]하고 있다. 그는 죽음을 예견하면서도 피난하지 않았다. 그가 수도원을 떠날 수 없었던 것은 그곳이 민족 구원의 처소이자 기도의 제단이기 때문일 것이다. 그의 아호, 화단(火壇)처럼 그는 살아있는 불의 제단 속으로 자신을 바친 것이다.

조선인의 신앙고백이 노래가사로

부흥운동에는 항상 노래가 있다. 부흥운동과 노래는 매우 밀접한 관련이 있다. 근대 부흥운동의 출발이라 할 수 있는 존 웨슬리가 활동할 당시 영국에는 회중찬송이 있었다. 회중찬송을 대표하는 이는 영국찬송의 아버지라 일컬어지는 아이작 와츠(Issac Watts, 1674~1748)와 존 웨슬리 형제이다.

회중찬송은 영국 회중이 쉽게 부를 수 있는 노래였다. 이 노래들은 거듭남과 구원, 회개를 강조하는 비교적 단순한 가사와 반복되는 곡조로 구성되었다. 그리고 회중찬송은 미국 부흥운동에도 이어졌[33]다.

부흥운동은 군중이 한 장소에 집결한 집회 형태로 이루어진다. 그러므로 많은 사람들이 함께 부를 수 있는 노래가 어울렸다. 가사가 어렵거나 복잡한 내용은 적절하지 않았고 되도록 가사와 곡조가 쉽고 단순한 내용이 반복되는 노래가 유용하였다.

---

32 유광웅, "예수에 미쳐 순교한 나의 아버지 유재헌 목사," 공저, 『그리워지는 목회자들: 백향목처럼 아름다운 이야기』, 111.
33 문성모, "아더 피어선의 찬송가 연구," 『피어선신학논단』5(1)(2016), 13-14

노래는 익숙한 곡조에 새로운 가사를 지어서 부르는 형태가 유행하였다. 이러한 형태를 일컬어 콘트라팍타(Contrafacta)[34]라고 하는데 일찍이 종교개혁가 마틴 루터도 독일곡조에 가사를 새로 붙여 활용하였다.

한국의 부흥운동에도 이러한 현상이 자리잡히기 시작하였다. 한국에 온 선교사들은 미국 부흥운동으로 일어난 학생자원운동의 결과로 조선선교에 자원한 이들이 많았다. 이들은 한국교회에 찬송가를 번역하여 보급하였다. 처음에는 서양의 찬송가를 그대로 번역하였으나 조선인들에게 뭔가 어색하였다. 시간이 지나고 점차 조선인들에게 맞는 곡조와 가사가 나타났다.

피어선성경학원도 노래와 관련이 깊었다. 피어선성경학원 설립에 관여한 아더 피어선은 24개의 찬송가사를 쓴 작사가[35]이다. 그리고 피어선성경학원의 필수 학제 중에는 음악이 항상 포함되어 있었다.

유재헌 목사는 그야말로 음악을 적극 활용하였다. 그는 자신이 직접 많은 노래가사를 창작하여 『복음성가』를 편찬하였다. 그리고 자신이 설립한 수도원에서 불러 노래를 전국교회와 기독교인들에게 보급시켰다. 그의 노래가사에는 민족의식과 신앙이 뚜렷이 나타나 있다. 유재헌 목사는 1947년 12월 10일 첫 출판된 이 책의 '저자의 말'에서 그는 겸손하게 출판소감을 밝히고 있다.

---

34 문성모, "'콘트라팍타'로 만들어진 기념비적 찬송가들," 『기독교사상』제691호 (2016), 120.
35 "아더 피어선의 찬송가 연구," 34-35.

저자의 말

이 복음성가는 교제가 일본가서 목회생활 십여상에 입산 기도중이
나 혹은 철창속에서 영감에 울려지는 대로 하나씩 둘씩 지어 부르던
것이 시작되어 귀국 후 주님이 이끄시는 대로 부족한 봉사이나마 전
신 각 교회 부흥집회를 인도하러 다니는 중 주의 말씀을 전하는 때에
빛을 받아 금전에 울려지는 대로 지어 부른 것인데 여러 믿음의 식구
들의 간절한 요청으로 부족한 소품임에도 불구하고 나오게 된 것입니
다. 이 성가는 교제의 기도요 찬송이요 설교입니다. 즉 저의 신앙고백
입니다. 그러므로 시적(詩的) 가치로 보아서는 유치하다기 보담도 문
제가 되지도 못합니다. 다만 이 성가는 둔탁한 저자의 심령속에서 움
직이는 신앙의 맥박 그대로 이고 화장하지 못하고 나온 피의 노래뿐
입니다.

주후 1947년 12월 10일 유재헌 씀[36]

그는 자신이 쓴 노래가사가 '시적가치가 없는 글이지만 신앙의 영
감으로 쓴 기도, 찬송, 설교, 신앙고백'임을 밝히고 있다. "이 성가는
둔탁한 저자의 심령 속에서 움직이는 신앙의 맥박 그대로이고 화장
하지 못하고 나온 피의 노래뿐입니다." 그의 고백은 『복음성가』의
노래가사가 자신의 창작 시가임을 밝히고 있다. 그리고 꾸미지 않은
순수한 신앙고백이라고 말하고 있다.

한국교회 초기 찬송가역사에서 조선어 가사창작운동은 매우 중요
하다. 여기서 조선인의 신앙고백이 나타나기 때문이다. 초기 선교사
들은 처음에 그들에게 익숙한 서구교회음악을 소개하였는데 곧 번
역찬송의 한계를 느꼈다. 외국 찬송가를 번역한 가사로는 조선인의

---

36 유재헌, "저자의 말," 『Gospel Hymns 복음성가』, 1.

심성과 영혼에 울리는 효과를 기대하기는 어려웠다. 선교사들은 조선인들이 스스로 그들의 심성에 맞는 찬송가 가사를 창작해야 한다는 것을 절감하였다. 그리고 조선어 가사 창작을 적극 권장하였다.

> 이 두 번째 인출하는 찬미가를 이 예배 동안에 발간할터이오 우리 교우들이 새책 발간 하기를 위하야 수삭 기다렸으니 다시 한권씩 사보기를 즐거하겠소 이화학당 학도들과 배재학당 학도 중에서 이러한 찬미가를 지어 문세가 넉넉하고 도리가 분명하야 가히 이 찬미가 속에 박혀 널만하게 되니 우리가 매우 기쁘고 고맙게 생각하노라 제 팔십구장은 이화학당 여학도 수인이 지은 것이라 이전에 간출한 찬미가 한권씩 가진 교우들은 목사에게 말하면 새로 지은 찬미가를 값없이 줄터이요 이 책 값은 매권 석냥닷돈씩이니 다 즉시 한권씩 사셔 보시기를 바라오[37]

조선어찬송의 가사창작운동은 누구나 참여할 수 있었다. 초기 기독교언론에는 남녀노소가 지은 찬송가사가 게재되고 소개되었다. 작사가로는 배재학당과 이화학당의 학생, 무명의 제보자, 평신도, 목회자 등 누구든지 창작가사를 실을 수 있었다. 가사내용도 어렵거나 복잡하지 않고 누구나 이해할 수 있는 쉽고 친숙한 표현을 사용하였다. 이러한 과정을 거쳐 점차 조선의 찬송가들이 자리매김해갔다.

『복음성가』의 전 곡은 유재헌 목사의 창작가사이다. 그의 노래가사가 담는 표현과 내용은 조선적이다. 그리고 민족 구원을 향한 목적이 잘 나타난다. 그러므로 우리는 그의 노래가사를 통해 1930년대에

---

37 "찬미가,"『대한그리스도인회보』1987.3.31.(홍정수,『한국 교회음악 사료집』제1권(장로회신학대학 교회음악연구원, 1992), 21. 재인용)

서 1950년대 당대 한국인들의 신앙적 민족의식을 목도할 수 있다.

13. 사랑하는 어머님

一, 나의 어머님 그 큰 사랑은
    백두산보다 더 높으고
    날 기르시기에 그 큰 수고는
    동해수보다 더 깊도다

후렴, 그 큰 사랑 가슴속에 깊이 묻히고
    그 큰 은혜 영원토록 기념하겠네

二, 뜨거운 여름 추운 겨울도
    괴로움을 불고하시고
    단잠을 깨어 가려 누이신
    그 공로를 잊으오리까

三, 좋은것 생기면 생각 하시고
    먼 곳에서 갖다 주시고
    내가 병들어 누운 때에는
    밤 새워 간호해 주시네

四, 무릎에 놓고 가르치시던
    성경말씀 기억이 나고
    나의 이름을 불러 가면서
    기도하심 쟁쟁합니다

五, 사랑하옵신 어머님이여

안심하시기 바랍니다.
열심으로써 공부하여서
좋은 인물 되겠읍니다

六,　『이몸이 죽고 일백번 죽어
　　　백골이 진토가 되어도
　　　임 향한 일편 그 단심이야
　　　변할 리가 있겠읍니까』(鄭夢周作詩抄)

七,　주님이시여 내 어머님께
　　　복을 내려 주시옵소서
　　　세상에서나 천국에서나
　　　주님 같이하여 주소서

『복음성가』의 13장 "사랑하는 어머님"이라는 노래는 유재헌 목사가 1946년 7월 용인에서 작사한 곡이다. 곡조는 합동찬송가 307장(주의 친절한 팔에 안기세, 개편찬송가 438장)에 부른다. 기독교인이라면 친숙한 찬송가 곡조에 맞추어 흥얼거릴 수 있다. 어머니에 관한 노래는 개화기 당시 일반적으로 유행하던 형식으로 민요, 잡가, 대중가요의 영향을 받은 노래이다.

가사내용을 보면 신앙을 가진 한국적 어머니상을 발견할 수 있다. 자녀와 가족을 위해 희생하는 어머니를 그리고 있다. 어머니의 공로와 사랑을 백두산, 동해수에 비유하고 있으며 화자는 열심히 공부해서 어머니 은혜에 보답하겠다고 결심하고 있다. 또한 어머니를 향한 주님의 축복을 비는 결론으로 마무리된다.

이 노래에는 기독교신앙이 많이 드러나지 않는다. 4절과 7절을 제

유재헌 목사와 가족들[38]

외하면 기독교신앙과 상관없는 내용들이다. 사실상 찬송가라기보다 민요나 대중가요에 가깝다. 그래서 이 노래는 조선적이고 토속적이다. 신앙의 여부를 떠나 한국인이 거부감없이 편하게 부를 수 있는 특징을 갖추고 있다.

재미있는 부분은 6절에 전통시조가 포함된 점이다. 정몽주의 '단심가(丹心歌)'의 전문을 그대로 한 절에 삽입해 놓았다. 한국인이면 누구나 아는 시조를 인용한 것도 흥미롭지만 찬송가 한 절에 자연스럽게 녹아들어 어색하지 않은 점에서 재미 요소를 담아 놓았다.

---

38 뒷줄 왼쪽부터 유흥렬 장로, 유재헌 목사, 앞줄 왼쪽 1번째 서정의 사모, 3번째 어머니 김인대.

유재헌 목사와 막내딸 유정심(오른쪽)

41. 기독소년가

一,　　우리 소년들은 대한 싹이니
　　　　봄 바람을 만난 우리나라에
　　　　아름답게 자라 열매를 맺어

에덴동산 만들자

후렴,   대한 아이야 기독 소년아
           십자가를 높이 들고 나가자
           삼천만의 마음밭을 갈고서
           사랑의 씨를 붓자

   二,   새벽 별과 같은 기독 소년아
           어두움을 쫓고 빛을 비추자
           여명기(黎明期)는 우리 무대이로다
           독립(의의) 태양을 받자

   三,   십자깃발 아래 한데 뭉치자
           대장 예수님의 호령소리에
           하나 둘 셋의 발을 맞춰서
           용감하게 나가자

   四,   소년이 로하고 학난성이니
           늙기전에 배우고 힘써 일하자
           우리가 놀면은 나라 망한다
           일하기 위해 살자

   五,   작은 예수되어 순간 순간을
           생명의 향기를 발산 하여라
           하늘나라 땅에 건설해 놓고
           평화 속에서 살자

『복음성가』의 41장 "기독소년가"는 합동찬송가 235장(듣는 사람마다 복음전하여, 개편찬송가 231장) 곡조에 붙여서 부르는 노래이다. 유재헌 목사가 1947년 3월 25일 죽산에서 작사하였다. 해방을 맞은 기독소년들의 희망찬 미래를 노래하고 있다. 조국의 미래를 이끌어갈 소년들에게 용기와 희망을 주면서 제 본분을 잊지 말라는 당부의 노래가사이다.

노래는 밝고 희망차다. 마치 소년들에게 유재헌 목사 자신처럼 나라와 민족을 위해 살라는 교훈을 주는 것 같다. 유재헌 목사가 청년시절에 애국계몽운동과 항일운동에 열정적으로 참여한 것처럼 소년들에게도 나라사랑을 가르치는 듯하다. 화자는 기독소년이 사랑과 평화를 이끌어갈 주체임을 노래한다.

유재헌 목사의 『복음성가』에는 "기독소년가(41장)" 이외에 또 한 곡의 "기독소년가(42장)"가 있으며 "기독부인가(43장)", "기독농민가(44)"가 함께 수록되었다. 유사한 제목에 담긴 공통적인 가사내용은 모든 국민 구성원이 저마다 자신의 영역과 위치에서 민족 구원의 사명을 다하자는 내용이다. 특히 기독교인에게 나라와 민족의 운명을 개척할 의무가 있음을 일깨운다.

특히 41장 "기독소년가"는 미래세대인 소년들에게 작은 예수의 사명을 가지고 독립을 이루어가라고 격려하고 있다. 4절 가사의 '소년이로학난성(少年易老學難成)'은 소년은 늙기 쉬우나 학문은 어렵다는 뜻으로 주자(朱子) 주문공문집(朱文公文集)의 어구이다. 조선 전통 유교의 가르침을 노래에 적절히 융합시켰다. 유재헌 목사는 소년들에게 '우리가 놀면은 나라 망한다 일하기 위해 살자'는 강력한 독려를 던진다.

51. 통일기원가

一, 우리 대한 배달 민족 굽어 살피시사
    남북통일 시키시고 합심케 합서

후렴, 사랑의 하나님 우리 대한
    통일시켜 주옵시기 간절히 빕니다

二, 이 민족의 반역죄를 용서해 주시고
    악한 신의 불의(不義)세력 물리쳐 줍소서

三, 하나님을 사랑하고 동족 사랑하며
    국토 국산 사랑하는 사상(思想)을 줍소서

四, 독립 못한 노예 생활 다시는 원찮고
    죽더라도 통일만은 보고 싶습니다

五, 충신 열사 고혼들의 전통(傳統)을 밟아서
    나라 위해 우리 생명 달게 바칩니다

51장 "통일기원가"는 합동찬송가 262장(천부여 의지 없어서) 곡조에 부른다. 유재헌 목사가 1947년 6월 10일 용인에서 작사하였다. 가사에서 그는 분단의 원인을 죄의 결과로 인지하고 있다. 분단은 민족 반역죄의 결과이므로 하나님께 죄용서를 구하고 악한 세력을 척결해 달라고 기도하고 있다. 민족이 죄를 회개하면 하나님이 통일을 이루어 주시리라는 희망을 담았다.

후렴구는 하나님께 통일을 기도하고 있다. 3절에서는 하나님 사

유재헌 목사 전별기념(1951년 5월 23일)

랑, 동족사랑, 국토사랑을 기원하며 4절에서는 독립을 유지하고 통일을 이루도록 간구하고 있다. 마지막 5절에서는 충신열사들의 전통을 따라 나라를 위해 자신을 희생한다는 결단을 담고 있다.

즉 한국역사 속 충신열사의 전통과 신앙을 연결하였다. 나라와 민족을 위해 목숨을 바치는 행위가 곧 신앙과 무관하지 않다는 인식이 나타난다. 신앙과 애국이 노래가사 속에서 하나로 연결된다. 당대 기독교인들에게 이 둘은 각기 따로가 아니라 하나로 연결되었다.

52. 구국기도단가

一,　구하여라 또한 주실 것이요
　　찾아를 보아라 만날 것이며

문을 두드려라 열릴 것이니
나라 구키 위해 기도를 하자

후렴,　대한의 제사장 우리 동지들
기도의 제단에 향을 올리자

二,　삼천만의 동족 죄를 업고서
겟세마네 동산 나가 엎디자
한발 앞선 주님과 함께 깨어
피땀 흘리면서 도고(禱告)를 하자

三,　삼천리 강산에 기도 용사들
기도 봉화(烽火)들고 일어 나거라
적룡(赤龍)사탄이를 몰아내고서
하나님 나라를 세우게 하자

四,　우리 동지들의 기도소리에
하나님의 팔은 움직여지고
지옥터 흔들려 무너지리니
기도 용사들아 간절히 빌자

五,　구국기도단의 사명은 크다
기도로써 나라 구원해 놓며
기독교국으로 세계 빛내고
영세 무궁토록 잘 살아 보자

52장 "구국기도단가"는 합동찬송가 461장(믿는 사람들아, 개편판송가 381장) 곡조에 부르는 노래이다. 유재헌 목사는 1947년 8월 감오일(卄

五日[39]) 용인 은덕굴에서 가사를 지었다. 구국기도단은 유재헌 목사가 1945년 12월 대한수도원을 설립할 때에 동참한 기도의 동지들이다.

구국기도단은 남녀노소, 초교파적으로 구성되었다. 민족 구원과 기독교국가 세우기에 유재헌 목사와 함께 뜻을 모아 동참하는 이들이다. 『복음성가』 후반부에 수록된 "구국기도단 선언문"에 보면 유재헌 목사가 당시 사회를 어떻게 바라보고 있었는지 잘 나타나 있다. 그는 해방 이후 혼란스러운 정국에 악의 세력이 있다고 인식하였고 나라를 구하기 위해 기도운동으로 내홍과 분열을 극복하고자 했다. 그는 기도운동이 악의 세력을 척결하는 요인이라고 믿었다.

> 우리 한국은 지금 정치적으로 위기에 처하여 있으며 도덕적으로 파괴를 당하며 종교적으로 위협을 당하고 있는 현상에 있다. 이것을 단도직입적으로 말하면 이것은 전부 제때 얼마 남지 않음을 알고 최후로 발악하는 적룡(赤龍) 사탄의 단말마적 활동임을 우리는 간파한다. 간교한 사탄이는 우리 민족에게 유물사상 무신론 공산주의를 통해 가지고 개인양심을 마비시키고 가정의 평화를 교란하여 사회질서를 유린하고 국가의 민족성을 파괴하여 폭동과 살육을 감행하여 영원한 멸망의 굴혈로 삼천만 민족을 끌고 들어가는 위급 실로 존망지추에 직면하고 있다. 정치는 정치가의 힘으로 해결할 것이고 교육은 교육가의 힘으로 해결을 지을 수 있으나 사탄이를 퇴치하는 일에 있어서는 저들은 너무도 무력한 것이다. 사탄이의 세력을 이 땅에서 축출하는 사명을 가진 자는 담대하게 말하노니 다만 우리 기독교 신자뿐이로다.
> 그러나 현금 한국교회는 내외적으로 악한 사탄이와 싸워 이겨 민족

---

39 『복음성가』에는 본 곡의 작사일자가 감오일(廿五日)로 표시되어 있다. 즉 25일을 의미한다. 유재헌, 『Gospel Hymns 복음성가』, 52.

을 구원하며 하나님께로 부터 오는 의의 나라를 건설하여야 할 중대한 사명이 있음에도 불구하고 내홍과 분열을 일삼고 있으니 어찌 양심있고 애국심을 가진 신자로써 탄식을 금할 수 있으리요.

우리는 지금 교회의 리바이발(부흥)을 통하여 민족을 구원하며 나라를 기독교국으로 세우기 위한 최대의 사명을 하나님께 받아 가지고 구국기도단을 결성하게 되었다. 우리는 교파를 초월하고 남녀노유를 물론하고 삼천리 방방곡곡의 숨은 기도 용사들을 규합하여 한국의 한 제단을 쌓고 한 목적으로 한몸 한뜻 되어 조국의 운명을 책임지고 각자 있는 곳에서 기도의 봉화를 들고자 하는 것이다.

우리는 사람을 움직이기 전에 먼저 하나님을 움직이자. 전도운동을 일으키기 전에 먼저 기도운동을 일으키자. 이것이 순서이오 진리이다. 먼저 기도하고 다음 회개하고 다음 성신 받고 다음 나가 외치고 다음 건국하자. 기도없는 인간의 일체의 운동은 실패에 돌아감을 우리는 목도한다. 애국의 불타는 신자들아! 천국혼의 불타는 기도 용사들아! 한국의 한 제단인 구국 기도단에 한데 뭉치자! 한 제물이 되자! 한줄기 기도의 향불이 되자! 우리의 기도운동을 통하여 하나님의 성신의 역사가 이 강산에 나타나 적룡사탄은 몰려 나가고 자주독립과 아울러 삼천만 겨레는 구원받고 영원한 그리스도의 나라가 임할 것을 믿고 선언한다.[40]

'구국기도단 선언문'의 분위기는 다소 비장하다. 나라 위기의 원인이 '적룡 사탄'에 있다는 것이다. 적룡 사탄을 물리칠 이는 대한의 기독교인뿐이니 기도와 회개로 물리칠 수밖에 없다고 한다. 적룡 사탄이 물리치면 삼천만 겨레가 자주독립을 이루고 구원받게 될 것이라 선언하고 있다. 여기서 적룡 사탄은 바로 요한계시록에 등장하는 '붉은 용'이며 악마, 사탄을 상징한다.

---

40 "구국기도단 선언문," 유재헌, 『Gospel Hymns 복음성가』, 페이지 기재없음, 책 후반부.

구국기도단은 바로 적룡 사탄에 맞서는 기도의 용사들이다. 이들에게는 적룡을 물리쳐 민족을 구원하고 기독교국가를 세우는 과업이 있다. 유재헌 목사는 이 과업에 함께 할 이들을 모으고 수도원에서 구국기도를 함께 하였다.

68. 죄악의 삼팔선

一, 　죄악의 三八선으로 하나님 뵈올 수 없고
　　　천국과 인연 끊어 슬픔 고적 뿐입니다

후렴, 　주님은 십자가로써 성전 휘장 찢으셨네
　　　오늘도 이 三八선을 무너뜨려 주옵소서

二, 　내맘에 三八선 놓여 일편단심 우리 주님
　　　사랑하지 못 하오니 이를 어찌 하오리까

三, 　오늘 교회 신자 중에 三八선이 가로 놓여
　　　시기 원망 분열되고 통일이 없사옵니다

四, 　우리 민족 사상에도 三八선이 횡단하여
　　　좌우 충돌 피를 흘려 자멸하고 있읍니다

五, 　금수강산 우리 대한 三八선이 허리 잘라
　　　남북이 양단 되어서 도탄에 빠졌읍니다

68장 "죄악의 삼팔선"은 합동찬송가 310장(저 높은 곳을 향하여, 개편찬송가 501장) 곡조에 부르는 노래이며 유재헌 목사는 이 곡의 가사를 1948년 3월 10일 청단에서 삼팔선을 바라보면서 지었다고 명기하고 있다.

역시 이 가사에서도 유재헌은 분단이 죄악의 결과임을 드러내고 있다. 삼팔선을 없애지 않으면 천국도 통일도 없다고 가슴 아파하고 있다. 이러한 노래가사는 한국 기독교인이 아니면 쓸 수 없는 가사일 것이다.

여기서 유재헌 목사의 종교적 해석이 드러난다. 첫째, 현실의 상황을 종교적으로 환원하는 신앙적 관점이다. 정치와 경제, 사회, 문화를 포함한 시대해석을 종교적 관점으로 바라보고 해석하는 것이다. 그러므로 현실문제를 해결하기 위해서는 다른 어떤 것보다 죄의 문제를 해결해야 한다는 논리가 가능한 것이다.

유재헌 목사의 종교적 해석, 두 번째는 민족이 신앙으로 부흥하면 현실문제를 하나님이 해결해 주시리라는 믿음이다. 한민족의 신앙의 부흥하면 하나님이 통일을 이루어주고, 자주독립과 민족번영과 평화와 사랑의 하나님 나라를 이루어 주시리라는 믿음이다.

사실 첫 번째와 두 번째 해석은 연결된다. 모든 현실문제를 죄의 문제로 바라보고 죄를 해결하고 하나님 뜻에 따르면 모든 현실문제가 신에 의해 해결되리라는 믿음이다. 일제강점기부터 해방 후 혼란스러운 정국에서 한국 기독교인들을 사로잡은 믿음의 모습이다. 그래서 이들은 나라의 운명과 개인의 운명이 하나라고 믿으며 간절히 기도하였다. 조국의 서글픈 현실을 기도 속에 녹여내었을 것이다.

종교적 해석은 때로는 비이성적이고 비과학적이다. 원인과 결과가 논리적이지 않을 수도 있다. 그래서 종교적 해석은 가장 강력한 권위를 가지기도 한다. 모든 논리와 이성을 뛰어넘기 때문이다.

유재헌 목사의 종교적 해석은 한국 기독교인들에게 강력한 희망을 제시해 주었다. 그 점에서 유재헌 목사는 해방 직후의 혼란한 상황에서 한국 기독교인들에게 뚜렷한 목적의식을 심어준 멘토적 존재이다. 희망을 보기 어려웠던 시대에 높은 이상을 심어주었고 명확한 적의식을 심어준 민중의 멘토라고 할 수 있겠다.

한국의 부흥을 꿈꾸다!

이상규 교수는 유재헌 목사를 일컬어 "한국교회의 아이작 와츠"[41]라고 불렀다. 아이작 와츠(Issac Watts, 1674~1748)는 영국 부흥운동의 주역인 존 웨슬리의 형제 찰스 웨슬리와 더불어 영국 찬송의 대표인물이다.

아이작 와츠는 영국독립교회를 믿는 부모님에게서 태어났다. 와츠의 아버지는 철저한 신앙을 지키려는 자였다. 그는 영국 국교회를 반대하는 입장에 있었는데 자신의 양심이 편하기 위해 두 번의 감옥생활을 할 정도로 신앙에 민감하였다. 어머니는 어린 와츠를 안고 감옥의 남편을 방문하여 그 앞에서 찬송을 불러 남편을 격려하였다.

와츠는 어린 시절부터 부모의 신앙에 영향받아 신앙을 키웠다. 그리고 찬송에 남다른 감각이 있었다. 와츠가 15세 때 아버지와 함께 독립교회 예배를 드리고 있었다. 예배에 적절하지 않은 찬송을 듣고 와츠는 불만을 표하며 투덜거렸다. 이를 들은 아버지는 와츠에게

---

41 이상규, "복음성가의 아버지, 화단(火壇) 유재헌 목사," 『월간 고신』(2008, 12월).

'더 좋은 찬송을 만들어 보면 어떨까'하고 요청하자 와츠는 그 자리에서 여러 개의 찬송을 작사하였다고 한다.

21세의 와츠는 런던 마크래인 독립교회에서 첫 설교를 하였다. 그 설교에 큰 감동이 있어 젊은 와츠가 그 교회를 담임하게 되었다. 그리고 1708년 건강이 쇠약해질 때까지 13년 동안 같은 교회에서 시무하였다. 와츠는 찬송가집을 두 권 발표하였는데, 1707년 『Hymns and Spiritual Songs』, 1719년 『The Palm: of David Imitated in the Language of the new Testament』[42]이다.

'한국의 아이작 와츠'라 불리는 유재헌 목사는 많은 찬송가사를 지었다. 아이작 와츠가 쓴 노래가사는 영국 부흥운동 당시 불렸다. 영국 국교회의 권위에 저항하여 순수한 복음을 믿고 성령을 체험한 이들이 아이작 와츠의 노래를 불렀다. 노래를 듣고 더 많은 사람들이 은혜와 성령체험을 원하고 사모하게 되었다. 찬송에는 전파의 힘이 있기 때문이다.

이처럼 유재헌 목사도 한국의 부흥운동을 일으키기 위해 노래하였다. 그리고 노래가사에 그의 신념과 신앙을 실어 전파하였다. 그는 한국에 "리바이벌(부흥, revival)"[43]이 일어나기를 부르짖어 기도하며 노래하였다. 한국에도 이러한 리바이벌이 일어나기를 간절히 구했다.

---

42 김기호, "기쁘다 구주 오셨네: 아이작 왓즈 박사편," 『새가정』7(12)(1960.12), 32-33.

43 『복음성가』 28장 "리바이발을(부흥) 주옵소서"는 1939년 봄 일본 明石에서 작사한 곡으로 『복음성가』책 뒤쪽에 따로 악보를 명시해 놓았다. 유재헌, "리바이발을(부흥) 주옵소서," 『Gospel Hymns 복음성가』, 28.

28. 리바이발을(부흥) 주옵소서

1939년 봄 일본 明石에서

볼지어다 지금 내가 한가지의 새 일을 행하여 곧 나타내리니 이사야
43장 19

1. 볼 수 없다 오늘에 죄가 관영함으로
   지옥의 무리들이 늘어
   어디든지 고통의 탄식 소리 뿐이라
   다 멸망한다 저 영혼들

후렴　리바이발을 일으켜 줍소서
　　　버린 인생을 다 찾아 줍소서
　　　이 우주를 속량코 신천신지 만들어
　　　밝은 세상 살게 합소서

2. 지금 우리 신자는 일할 때가 왔도다
   금년의 큰 부흥을 믿고
   내 것 모두 바치고 주만 따라나가자
   가까웁도다 주의 나라

3. 한 지체가 됩시다 주의 교회 신자들
   갖은 핍박 있을 지라도
   지위주신 교회의 큰 사명을 위하여
   의지 굳게 세워 싸우자

4. 새 일을 하신다는 그 약속을 믿고서
   일심으로 기도를 하자
   얼마든지 주실 것을 의심하지 말아라
   행하자 우리 믿음대로

5. 하나님의 복음을 널리 전파 합시다
   야외에나 시장거리나
   곳곳마다 나가서 열심히 외치고
   나죽여 동족을 살리자

6. 타락하고 무능한 현대교회 위하여
   내눈물 피와 땀을 쏟자
   리바이발 도화선은 나의 자체에 있다
   니느웨성 요나와 같이

7. 원합니다 아버지 모든 약속 경륜이
   함께 이루어 지이다
   내 평생의 소원은 주의 재림이 오니
   다시 주를 뵙게 합소서

새벽이 오기 전이 가장 어둡다고 한다. 가장 어두운 때에 유재헌 목사는 역설적으로 부흥을 꿈꾸었다. 유재헌 목사가 이 곡을 작사한 1939년은 일제강점기이다. 해방이 오기 전 일제핍박이 가장 극에 달할 때였다. 민족의 암담한 현실은 죄의 결과이므로 죄를 회개하고 하나님께 돌이키면 구약의 선지자들을 통해 하나님이 그랬던 것처럼 한민족을 구원해 주시리라 믿었다. 민족 구원을 위해 그가 제시하는 방법은 나를 희생하여 동족을 살리고 기도하고 신앙을 지키는 것이다. 먼저 신앙이 바로 설 때에 민족 구원이 오리라 노래하고 있다.

즉 민족의 구원은 신앙에 달려 있다. 유재헌 목사가 외치는 '리바이발(부흥)'은 신앙의 부흥이다. 영적 부흥이 있어야 민족 구원, 해방, 독립, 주권, 번영이 있는 것이다. 신앙이 먼저 선 후에 정치가 바로

유재헌 목사

서고, 국방이 튼튼하여 외세침입이 없는 나라, 부강한 나라, 강건한 나라가 되는 것이라고 믿었다.

유재헌 목사는 부흥운동을 위한 목회자였다. 민족 구원을 위한 부흥운동을 준비하고 예비하고 이루기 위해 일평생을 일관되게 살았던 목회자이다. 그에게는 민족 현실을 신앙으로 극복하고 구현하려는 열망이 있었다. 필자는 유재헌 목사를 통해 오늘날의 한국교회를 비추어 보게 된다. 오늘날의 한국민족의 현실을 우리는 신앙으로 어떻게 구현할 것인가를 생각해 보게 한다.

유재헌 목사 연혁

1905.3.21.	유흥렬 장로와 김인대의 독자로 서울 출생
1924.	경신고등학교 졸업
1924.3.	청년계몽단체 갑성회 조직
1925.	피어선성경학원 입학, 서정의 사모와 결혼
1926.4.	피어선성경학원 학생회장
1926.6.10.	제2의 6.10만세운동 모의혐의로 체포, 15일 조사받고 기소유예 판결로 석방
1928.3.	일본 고베 성서신학교 입학
1928.	재일조선인교회인 다하라마찌(田原町)교회 전도사
1931.5~6.	조선기독교회 임시 담임전도사
1931.11.8.	요코하마 조선기독교회 담임전도사 시무
1931.12.25.	삼하도조선기독교회에서 목사안수
1940.10.24.	일본 조선수도원 설립
1941.	항일운동으로 고베감옥 투옥 고베, 요코하마, 동경, 아까시 등 조선기독교독립교회 설립 기여
1945.12.	강원도 철원군 대한기독교수도원 설립 초대원장
1946.5.15.	신한애국청년회 조직
1947.	『복음성가』 발행
1950.5.	서울 종로구 구기동 삼각산 아래 임마누엘기도원 설립
1950.8.15.	납북 후 순교(총살 짐작)

부록

『백합화』 원문

〈머릿말〉

　우리 교계내에 제성가들이 돌고 있었으나 그것이 하나의 책자로서 되여 나오지 못함을 유감으로 생각하던 차 다행히도 부흥 성가집과 복음성가집 이 나와서 여러 교인들의 기대에 다소도움이 되었으나 역시 그 성가집도 개 인의 저작임으로 편벽된 점과 일반 통용성가들이 기재되여 있지 않았음으 로 좀더 완만한 성가집을 요하던차 이번 우리 학우회에서 위의 몇몇 성가들 중 발취하고 다른 일반적으로 부르는 성가와 본교 목사임들과 학우들의 작 품을 수집하여 백합 성가집 제일집을 우선 여러분들 앞에 내여 놓게됨을 무 한히 기쁘게 생각하는 바입니다. 본집에 기재된 성가는 시적이나 문학적으 로 보다 순수한 신앙에서 울어난 것이오니 이 성가들이 당도하는 곳마다 여 러분의 신앙생활에 도움이 된다면 큰 영광으로 생각하는 바입니다

1957年 7月 편집부 白

목 차

27. 낙심마라(유재헌 목사 작사, 75장)

28. 용사들아 올라가자(부흥성가 255장)

29. 기독소년가(유재헌 목사 작사, 118장)

30. 낙원의 가정(유재헌 목사 작사, 269장)

31. 속죄함 받았다(유재헌 목사 작사, 170장)

32. 성신의 능력(162장)

33. 초군가(양성은 목사 작사, 456장)

34. 성신의 경고(163장)

35. 회개와 신앙(이성봉 목사 작사)

36. 전도가(양성은 목사 작사, 90장)

37. 싀집살이가

38. 어머님은혜(307장)

39. 항상찬송

40. 오직 나는 여호와를 앙망하리라(454장)

41. 인생가(435장)

42. 어머님은혜가(오동나무곡)

43. 헌신찬송(유재헌 목사 작사, 308장)

44. 금주가

45. 공중의 새를 보라(유재헌 목사 작사, 65장)

46. 신앙의 사절기

47. 미신타파가

48. 六·二五 동란가(권성조 작사, 오동나무곡)

49. 자모풀이(아리랑곡)

50. 효도가(권성조 작사, 80장)

51. 탕자회개가

52. 감사가(권성조 작사, 90장)

53. 성학가(聖學歌)(신시주 작사, 313장)

54. 절개가

55. 예배당으로 가는 길

56. 나일강의 모세

57. 룻가

58. 자모푸리(양성은 목사 작사)

59. 묵시록 대지가(344장)

60. 천로역정 노래(456장)

61. 베드로후서가(김용진 작사, 90장)

62. 고대하는 그날(200장)

63. 베드로가

64. 주님고란가(권성조 작사, 오동나무곡)

65. 주님고통 생각하고(성불사곡)

66. 사도행전가

67. 천성에 이를가(344장)

68. 주린 양떼 위하여(305장)

69. 언제나 오시려나

70. 추모가(362장)

71. 죄악의 三八선(310장)

72. 예수고난가

73. 청년행로가(靑年行路歌)(권성조 작사, 543장)

74. 에스더노래(90장)

75. 낙원세계(이영수 작사, 479장)

76. 주 나를 부르네(이영수 작사, 196장)

77. 내 갈 곳은 하늘나라(이영수 작사, 507장)

78. 전도가

79. 주앞에 갑니다(이영수 작사, 475장)

80. 유대지리 공부

81. 신자의 병명가(유리바다 곡)

82. 아사셀 산양(456장)

1. 예수의 탄생과 고란가

1) 독생자 예수 우리 구주님 천당영광 다버리고
   온천하 백성 우리 위하야 벨레헴에 나셨네

후렴 품에 안고서 복을 비러신 인애하신 우리구주
   나도 그품에 편히 앉히고 보배손을 앉지소서

2) 무죄하옵신 귀하신 몸이 해롯왕의 모해입어
   마상수천리 애급피란은 만고없는 고생일세

3) 열두살 때에 나이어리나 주의성전 올라가서
   육법박사와 진리문답은 선생표준이 아닌가

4) 백옥같은 몸 홍포입히고 죄인같이 희롱하며
   수정같으신 머리위에다 가시관이 웬말이냐

5) 골고다위에 십자가형틀 주님피로 적셨건만
   무도하도다 로마 병정아 우리주님 왜 찔럿나

6) 돌무덤 속에 깊이 묻힌 주 삼일 만에 부활하사
   구름타시고 백일 승천은 할렐루야 영광일세

7) 천천만 성도 거나리시고 천사라팔 선봉세워
   영광 영광 주 재림하실 때 우리성도 환영하세

2. 권면가 (클레멘트곡)

1) 잠깨시요 잠깨시요 권면할 때 잠깨오
   삼천만의 우리동포 잠안든 자 누군가
   말 잘하고 법 아는자 변호사에 잠자고
   양반자랑 하는 자는 족보가척 잠든다.

2) 문필깨나 하는 자는 시골 품에 잠들고
   관청사무 하는 자는 월급 중에 잠든다
   구구십수 넉넉한 자 유장군에 잠들고
   지각없고 욕심장이 훔치기에 잠든다

3) 존비귀천 잃은 자는 공산중에 잠들고
   엇털붓털 부랑자는 감옥 속에 잠든다
   주초가에 자식들은 살지 못해 잠들고
   지화금전 찾는 자는 연락선에 잠든다

4) 생각없고 게으른 자 서북간에 잠들고
   배고프고 주린 자는 입버리에 잠든다
   이와 같이 잠든 자를 무엇으로 깨울가
   산이 울고 두려울 때 그 잠깰 줄 모른다.

5) 전에없던 신작로에 바위깨는 남포소리
   산천진동 하는데도 그 잠깰줄 몰랐다.
   만호성중 집집마다 전기등불 돗 달고
   하기융청 하는데도 그 잠깰줄 몰랐구나

6) 우리구주 예수님이 그 말씀하기를

죄악많은 이 세상에 지식발달 되거던
끝날 심판 되겠다고 성경중에 있을뿐
세상만사 다 버리고 구원길로 나오라

3. 방앗간직이 노래

1)   세상사람 나를 부러 아니하여도
      나도 역시 세상사람 부럽지 않네
      하나님의 은혜를 생각해보니
      할렐루야 찬송이 저절로 난다.

2)   세상사람 나를 부러 아니하여도
      영국황제 제임쓰는 부러워하네
      하나님의 은혜를 생각해보니
      할렐루야 찬송이 저절로 난다.

4. 영문 밖의 길

1)   서쪽하늘 붉은 노을 영문밖에 비치누나
      연약하신 두 어깨에 십자가를 생각하니
      머리에는 가시관 몸에는 붉은 옷
      힘이 없이 거러가신 영문밖에 길이라네

2)   한 발자욱 두발자욱 임거러신 자욱마다
      뜨건 눈물 붉으신 피 가득하게 고엿구나
      간악한 저 유대병정 포학한 저 로마병정

거름마다 자욱마다 가진 포학 지셨구나

3)   눈물없이 못가는길 피없이도 못가는길
      영문밖에 좁은 길이 골고다의 길이라네
      영생복락 얻으려면 이 길만은 걸어야해
      배곯아도 올라가고 죽더라도 올라가세

4)   십자가의 고개턱이 제아무리 어려워도
      주님가신 길이오매 내가오니 가오리까
      주님제자 베드로는 꺼꾸로도 갔사오니
      고생이라 못가오며 죽음이라 못가오랴

5. 임마뉴엘

1)   육이 죽고 영이 살아 천국생활이요
      나는 죽고 주님 살아 최고 영광이라

후렴   오 기쁘다 찬미하라 임마뉴엘 그 은혜를
      주 동하면 나 동하고 주 정하면 나 정하네

2)   거룩하신 주님 앞에 내가 항상 살아
      그 빛이 나의 얼굴에 항상 비치이세

3)   주님을 주고 바꿀 것 세상에는 없네
      부귀와 지위 그것이 무슨 가치 있나

4)   순간순간 주님으로 함께 호흡하고

일보일보 주님으로 동행케 합소서

5) 주님과 함께 사는 것 참만족 이로다
헐벗거나 굶주려도 항상 기쁘도다

6) 주십자가 나도 지고 함께 가렵니다
주님의 탄식 내게도 나누어 줍소서

7) 주님과 나의 사이를 끊을 자 없도다
환란 기근 총과 칼이 감히 못 끊어리

6. 목자가

1) 저 목자여 깊은 잠을 깨어 일어나
밤은 벌써 살아지고 먼동이 터 온다.
희미하던 지평선도 완연 하오니
목자들아 羊을 몰아가야 하리라

2) 금빛같은 새벽놀이 비긴 저 언덕
신기하게 이슬맺힌 푸른 저 초원
신기하고 거룩하다 내 목장이니
목자들아 양을 모라 가야 하리라

3) 비탈길을 싸고돌제 다리 아프고
산마루를 올라갈제 숨이 막혀도
주린 양떼 생각하여 따라 갈지니
양을 치는 한 목자여 장한 뜻이라

7. 나아가자 결사적으로

1) 주의 용사 이러나 나가자 결사적으로
   복음들고 나가서 회개하라 외치며
   구하자 살리자 삼천만 동족

후렴　성신의 불이여 성신의 불이여.
　　　성신의 불이여 강림 하옵소서

2) 주의 용사 일어나 나가자 나가자 결사적으로
   남은 때가 없으니 한가히 놀지 말고
   일터로 나가서 힘써 일하자

3) 주의 용사 일어나 나가자 나가자 결사적으로
   세상 염려 걱정과 헛된 영화 버리고
   주님만 따라가 승리를 하자.

4) 주의 용사 일어나 나가자 나가자 결사적으로
   물러가지 말고서 앞만 향해 전진해
   최후의 승리로 면류관 쓰자

5) 주의 용사 일어나 나가자 나가자 결사적으로
   원수 마귀 떼들은 최후 발악하는데
   어찌해 가만히 보고 있으랴.

6) 주의 용사 일어나 나가자 나가자 결사적으로
   이때 죽지 못하고 언제 피를 솓으랴
   순교의 피흘려 천국 세우자

8. 주님과 못바꾸네 (526곡)

1) 세상에는 눈물뿐이요 고통만 닥쳐와도
   내 심령은 예수님으로 기쁜 찬송 부르네

후렴 나는 예수님으로 참만족을 누리네
   천하영광 다 준다해도 주님과 못바꾸네

2) 한숨 쉬던 不幸이 변해 기쁜 찬송이 되고
   괴로움을 주던 환경이 천국으로 화하네

3) 은금보화 좋다하여도 예수만은 못하고
   명예지위 훌륭하여도 주님만은 못하네

4) 속지말아 세상허영에 마음 빼끼지 말라
   세상은 일장의 춘몽 물거품과 같도다.

5) 부귀공명 꿈을 꾼 것도 벌서 옛날이요
   오늘에는 예수님으로 전 소유물 삼었네

6) 노래하는 모든 새들아 너의 기쁨 그것이
   내가 기쁨 받은 그것은 당하지는 못하네

7) 아름답다 웃는 새들아 너가 암만 고와도
   세마포로 단정하여진 나와 비교 못하네

9. 인생4시절

1) 이팔청춘 소년들아 희망의 양춘이 왔구나
    좋은 시절 허송말고 조물주를 기억해
    네 일생을 주께 바쳐 향기롭게 살아라
    생명새벽 어릴 때가 살과 같이 지낸다

2) 혈기방장 장년들아 근로에 하절이 왔구나
    땀 흘리며 애를 쓰는 그대 사업 어떤가
    예수없는 그 사업은 성공같은 실패라
    예수위한 수고밖에 영원한 것 없구나

3) 사오십에 중년들아 수확에 추절이 왔구나
    알곡이냐 쭉정이냐 심판날이 가깝다
    선한 행실 천국복락 악한 행실 지옥은
    금생내세 따라오는 원리 원칙이로다

4) 백발노인 부모들아 어둠의 설한이 왔구나
    인생향락 좋다해도 바람잡이 뿐이요
    험한 세월 고란풍파 일장춘몽이로다
    예수생명 소유한자 영원무궁 살리라

10. 인생모경가

1) 꿈결같은 이 세상에 산다면 늘 살까
    인생향락 좋다해도 바람을 잡누나
    험한 세월 고란 풍파 일장의 춘몽아닌가

슬프도다 인생들아 어데로 달려가느냐

2)   이팔청춘 그 꽃다운 시절도 지나가고
안개구름 담뿍끼어 캄캄해지누나
모든 정욕 다 패하고 아무낙도 없어지니
땅에 있는 이장막이 무너질 때가 되누나

3)   해와 달과 별같이도 총명하던 정신
혈기 방장 그 장년도 옛날이 되누나
성공 실패 꿈꾸면서 웃고 우는 그 순간에
원치 않는 그 백발이 눈서리 휘날리누나

4)   인삼녹용 좋다해도 늙는길 못 막고
진시왕의 불사약도 죽는데 허사라
인생한번 죽는 길을 누가 감히 피할소냐
분명하다 이 큰 사실 너무나도 다 당하네

5)   꽃이 떨어진 후에는 열매를 맺고요
엄동설한 지나가면 양춘이 오누나
어둔 밤이 지나가면 빛난 아침이 오리니
이 세상을 다 지난 후 영원한 천국 오리라

6)   근심마라 너희들은 하나님 믿으니
또한 나를 믿으라고 주 말씀 하신다
내 아버지 그 집에는 있을 곳이 많다지요
기쁘도다 주님 함께 영원히 같이 살리라

7)   강 건너편에 종소리 내 귀에 쟁쟁코

보석성에 그 광채는 눈앞에 찬란타
앞에 가신 성도들이 주님 함께 기다린다
어서가자 내 고향에 할렐루야 아멘

11. 배드로의 실패가 (클레멘트曲)

1) 새벽공기 희미할때 가야바의 궁전에
    무죄하신 예수께서 잡혀들어 가셨네
    창생들아 창생들아 너위하여 죽는다
    십자가를 등에지고 골고다로 가노나

2) 3년 동안 주와 함께 온갖 고생 다하여
    생명까지 허락하는 베드로의 뒷모양
    내 사랑아 내 사랑아 나의 사랑 시몬아
    내 사랑아 내 사랑아 나의 사랑 시몬아

3) 사랑하는 자기 선생 잡혀감을 볼때에
    공포심에 끌리여서 나는 예수 모르오
    내 사랑아 내 사랑아 나의 사랑 시몬아
    일평생을 쫓으려던 너 결심이 변했나

4) 주여 주여 나의 주여 닭 울기전 세 번에
    세상 사람 무서워서 모른다고 했어요
    내 사랑아 내 사랑아 나의 사랑 시몬아
    날버리고 너가 가면 괴로웁다 내 마음

5) 주의 말에 가슴아파 통곡하는 울음은

온 세상을 울음속에 파묻히고 말았네
내 사랑아 내 사랑아 나의 사랑 시몬아
십자가를 등에지고 나를 따라 오너라

6) 우리예수 교우들도 主의 가슴 아프게
다시 배반 하지 말고 결심해서 나가세
내 사랑아 내 사랑아 나의 사랑 시몬아
영원무궁 할 때까지 결심해서 나가세

12. 유리바다

1) 수정같이 맑고 맑은 저 유리 바다
하나님의 보좌 앞이 그 곳이로다
유리바다 건너편에 있는 성도들
그가 또한 유리같이 맑고 맑구나

2) 나의 영이 갈 고향이 그 곳이로다
영된 내가 그 바다에 비추어 볼 때
세상에서 행한 일을 숨길수 없어
선악간에 참형상이 나타나리라

3) 세상에서 형식으로 속여왔으나
여기에선 일호라도 숨길수 없네
육체상과 심령상에 범죄한 죄가
참아못볼 그 형상이 거기 비치리

4) 눈을 들어 건너편에 천당을 보니

어린양이 시온성에 높이 섰고나
오라오라 부르시나 못들어 감은
내 일생에 행한 죄가 거기 비치네

5) 천당경치 찬란하여 눈에 희안타
    생명나무 생명과는 먹음직하다
    못 들어갈 나의 몸은 한이로구나
    가기 싫은 저 지옥은 어이 갈까요

6) 세상에서 형식으로 속여왔으나
    와서 보니 그가 모두 죄 뿐이로다
    이런 줄을 알았으면 나 죽기전에
    경건 생활 진심으로 하였으리라

7) 주일마다 강도할 때 귀넘어 듣고
    부흥회에 자복할 죄 숨겨온 죄가
    소리치며 달려나와 호령을 하니
    기회 잃은 이 영혼은 지옥뿐일세

8) 부끄러운 이 영혼이 도망을 하여
    지옥문에 다달으니 무서운 불이
    단쇠같이 나의 몸을 활석 태우니
    죽음조차 그 곳에는 용납지 않네

9) 오기전에 지옥지옥 비웃었더니
    와서보니 천만고생 이곳이로다
    불철주야 유황불이 꺼지잖으니
    잠시라도 안락생활 해볼수없네

10)   저 건너편 천당에는 즐거운 나라
       평안하게 노래하는 자유의 나라
       이 눈으로 안보인들 좋았을 것을
       보고 못갈 나의 몸은 절로 녹누나

11)   여보시오 성도들아 정신차리오
       그대 갈길 어데인지 알고 있나요
       죄악세상 못 이겨서 죄짓지 말고
       경건생활 진심으로 힘써 행하세

13. 길가의 무화과   313장曲

1)   길가에 있는 무화과 서있는 곳이 좋아도
      열매를 맺지 못하여 주님께 책망 받았네

후렴   무화과 나무된 우리 열매를 많이 맺히세
      열매를 많이 맺히세

2)   길가에 있는 무화과 열매 맺힐때 되어도
      열매를 맺지 못하여 주님께 책망 받았네

3)   길가에 있는 무화과 그 잎은 무성하여도
      열매를 맺지 못하여 주님께 책망 받았네

4)   길가에 있는 무화과 그 책임 귀중하건만
      열매를 맺지 못하여 주님께 책망 받았네

14. 천국 사모가 (오동나무곡)

1) 구름타고 하늘위로 올라가신 주
　　성도 위해 있을 곳을 예비하셨네
　　황금보석 가지시고 꾸며 노신곳
　　주님계신 저 천국에 가고 싶어요

2) 수정같은 맑은 강물 흘러나리고
　　생명나무 달달이 열매를 맺네
　　햇빛 달빛 쓸일없고 눈물없는 곳
　　주님예수 계신 곳에 있고 싶어요

3) 흰옷입은 성도들이 면류관 쓰고
　　천군 천사 화답하며 찬양드리네
　　세상에서 당한고초 위로해 주는
　　내주 예수 품안에서 살고싶어요

15. 고국강산 느헤미야 (오동나무곡)

1) 수산궁 넓은들에 홀로 앉아서
　　고국소식 듣고져 기다립니다
　　내동무 세사람이 오는 인편에
　　고국소식 들으니 눈물 납니다

2) 고국도성 원수 손에 함락이 되고
　　기근의 울음은 거리 거리에
　　이 소식 듣고서 피가 끓으니

내 동포도 한 가지 통곡합니다

   3)   원수의 총소리가 산을 울리니
        내 동족의 죽음은 쌓을 곳 없네
        사천년의 고토를 이별을 하고
        철사줄에 묶인 내 몸 떠나갑니다

   4)   오 주여 굽어보사 이 江山을
        원수손에 빼앗아서 자유강토로
        포로된 우리민족 손뼉을 치며
        호산나라 부르면서 오게 합소서

16. 고난의 주

   1)   내 주님 세상계실 때 받은 고생은
        내 맘속 깊이 쌓였네 예수 나의 주님

후렴   갈보리산의 어린양 죄인괴수 이 몸위해
        참 귀한 생명주시려 고난당하셨네

   2)   저 겟세마네 동산에 예수 나의 구주
        뜨거운 눈물 피땀은 나를 위함일세

   3)   빌라도에 뜰에선 예수 나의 주님
        채찍과 가시관으로 악형 당하셨네

   4)   골고다 상의 십자가 예수 나의 구주

원수를 위해 축복은 절대 사랑일세

5)   이 벌레 같은 죄인도 예수 그 사랑에
     감격한 몸과 맘으로 주께 드립니다

17. 보은가   (찬송가 566장곡)

1)   내 어려서 자란 곳은 어머님의 가슴속
     이 내 몸은 안기워서 춥지않고 자랐다

후렴   나를 업고 안아 기른 어머님의 큰 은혜
      너무 넓고 높고 깊어 측량할수 없도다

2)   내 어머님 앞가슴에 나의양식 생명샘
     간단없이 흘러나와 나를 먹여 주셨네

3)   내 어머님 무릎위에 고단해서 누우면
     비단솜과 같은 곳에 단잠들어 꿈꾼다

4)   내 어머님 나를 안고 애지중지 기를 때
     맛이 있는 음식으로 국걸 걸어 먹였다

5)   내 어머님 나를 길러 학교 교육시킬 때
     밤낮으로 수고하신 은공 심히 크셔라

6)   내 어머님 품안에서 잘 자라난 우리는
     잠시라도 잊지말고 은공 보답합시다

18. 이처럼 사랑하사

1)　하나님은 독생자를 주시기까지 원수죄인 사랑하여 희생하셨네
　　주홍같은 붉은죄 눈같이 씻고 너는 내 것이라 인처주셨네

2)　성자예수 그 머리에 가시관 쓰고 못박히어 돌아가셨네
　　할렐루야 부활승천 성부우편에 나 위하여 대신기도 항상하시네

3)　신령하신 성신님은 내안에 계셔 중생성결 각양은사 모두주시네
　　하나님의 자녀로서 부끄럽잖고 그리스도 신부로서 단장하시네

4)　이와 같이 넓고 깊은 크신 사랑에 아직 감복않는 자여 사람이랄까
　　죄인괴수 이사랑에 녹아지어서 이 몸드려 이 사랑을 전하렵니다

19. God의 권능가　　　　　　　　　　　(룻가곡)

1)　노아방주 나리든날 여덟 식구는 기뻐했네
　　노아가 보낸 비닭이는 소식을 전했네
　　누추하고 음란하든 아 - 아 이세상 웬일인가
　　사십주 사십야 홍수나려 정결케 되었네

2)　소돔성에 롯을 보소 뒤를 돌아다 보지않고
　　천사따라 바삐가서 피할 곳 찾았네
　　누추하고 음란하던 소돔고모라 형벌받아
　　유황불 속히 내리어서 사해가 되었네

3)　이스라엘 백성 육십만명 인도하는 모세로다.

권능많은 지팽이는 홍해를 갈랐네
바로압박 벗어나서 가나안 복지를 향할 때
뒤따라오던 애급병정 홍해에 장사했네

4) 아브라함은 믿음으로 독자아들 제사할 때
난데없는 양의 살기 대신 죽었네
모범하세 모범하세 아브라함의 충성자취
백세 얻은 귀한 아들 제물로 들었네

5) 부름받은 요나선지 위내성으로 가라할 때
다시스로 항해갈 때 풍랑을 맞났네
정금하세 정금하세 회개한 요나를 정금하세
악하고 악하던 웨네성이 하나님 찾게되네

6) 사자입이 무서워도 다니엘을 못삼키고
풀무불이 뜨거워도 세 청년을 못태웠네
남아있네 남아있네 주님의 권능이 남아있네
윈마와 총칼이 들어와도 걱정이 없도다

20. 조심歌   (작사 권성조 곡 90)

1) 창세후로 지금까지 살피여 보니
타락한 인생들의 흔적뿐일세
타락흔적 찾아보니 분명하고나
방종생활 조심없이 죄지었도다

2) 에덴동산 해와가 유혹당함은
주의 말씀 불순종에 조심없었고

해와남편 아담은 여자유혹에
조심없이 넘어가서 죄지었도다

3) 노아시대 들어가니 가인 셋자손
    조심없이 불신혼인 마구했으며
    선지노아 비웃기를 조심없더니
    수중고혼 왠말이뇨 죄진 백성아

4) 소돔성을 찾아서 살피여보니
    눈뻘겋게 돈벌이에 조심없었고
    연락과 음란에 취한 소돔성
    뜨거워라 소돔성민 유황불웬말

5) 발람선지 찾아서 알아보니까
    발락회물 조심없이 크게 눈댓어
    선민저주 할랴고 애를 썻으나
    결국선민 축복하고 죽임당했네

6) 유다지파 아간이를 찾아가보니
    조심없이 불의재물 마구취타가
    아이성에 유대선민 패전패사요
    가족멸망 저도멸망 모두가 멸망

7) 다윗왕을 찾아서 내용을 본적
    안락에 조심없이 칠계명범죄
    죄값으로 임한고통 기억되나요?
    웬말이뇨 아달반역 궁중에 음광

8) 조심하세 남자들아 이것 조심해
    주색잡기 인생들의 망본의 원천
    여자보고 음욕을 품지도 말고
    기분좋다 그 술한잔 마시지 말라

9) 조심하세 여자들아 이것 조심해
    허영심에 날뜀을 조심하고저
    질투시기 여성들의 잠재성죄악
    이것전부 버리기를 노력하세요

10) 조심하세 세상사람 세월 조심해
    세상부귀 좋다해도 광풍의 안개
    시계침은 짤깍짤깍 가고 또 가니
    어떻하면 살것인가 주의해보세

11) 조심하세 신자들아 지금은 말세
    도적같이 오실 예수 맞을 준비와
    나의등불 믿음에 기름있는가
    조심하여 살펴어라 말세 교인아

12) 조심하여 성도들아 귀 기울이세
    문밖에서 신랑예수 기다리는데
    신랑예수 노-크소리 들리는 가를
    자지말고 귀 기울여 듣고있거라

13) 조심하여 선민들아 눈조심하세
    눈아픈 이 안약준비 하고있나뇨
    천국예수 신랑예수 나려오는가

건전한눈 영안떠서 우러러보라

14)   조심하여 신부들아 입조심하세
더러운입 가졌거든 찌지고 씻으라
신랑예수 나려와서 키-쓰 할때에
더러운입 가졌으면 불행이로다

15)   조심하여 신유들아 손조심하세
하나님껫 도적한손 갖고 있나뇨
친구예수 나려와서 악수할때에
부정한손 미안치만 헛방이로다.

16)   조심하세 성도들아 돈조심하세
여기두면 좀과동록 도적해친다.
영원한 그 나라에 보관해두면
할렐루야 영원토록 나의것되네

17)   조심하여 신부들아 옷조심하세
세마포로 흰옷단장 준비됐나뇨
때묻은 옷 성신물에 세탁했나뇨
신랑오면 더러운 옷 한탄하리라

18)   조심하세 말세교인 모다 조심해
주님 앞에 설 때에 주님맞으셔
천년동안 주와 함께 왕노릇하며
할렐루야 영원토록 즐기여보세.

21. 노아방주가

(나아가자 동무들아曲)

1) 태자연에 크신경륜 이제 이르켜
    높은 산상 지은 배는 둥실 떳고나
    을릉출릉 물결파도 곡조마추어
    하나님께 찬송하며 영광돌린다

후렴 가련하다 만민들은 어데로 가나
    부귀영화 저를 삼켜 멸망당했네

2) 오랜 세상 충성하던 노아식속들
    만경창파 뜬배위에 찬송부른다
    성낸 파도 모진 바람 불어날 때에
    노아방주 용기내어 잘도 떠난다

3) 사랑으로 닻을 감아 영생복으로
    십자가를 휫날리며 요단강 건너
    풍파요란 이 세상에 우리 신자들
    영원무궁 복락지민 바라다보자

4) 고해같은 이세상에 우리 신자들
    믿음에 배를 타고 건너갑시다
    우리주님 사공되여 운전하리니
    의심말고 이 배안에 들어갑시다.

22. 전도가 (일이로다)

작사 양성은 목사
곡 90장곡

1)　一이로다 一天之下 万民들이여
　　一位이신 하나님을 공경합시다.
　　一生一死 인생들의 公道 아닌가
　　日求月尋 하나님을 찾아나오소

2)　二로구나 二神奉位 큰 죄악이니
　　異邦神도 이런 것은 원치않는다
　　이 세상에 살고있는 형제들이여
　　이와 같은 큰 죄악을 회개하시요

3)　三이로다 三位一体 우리하나님
　　三千方을 求하려고 전도자 보내
　　三千里의 금수江山 방방곡곡에
　　三千餘의 재단들을 세웠답니다.

4)　四로구나 四方에서 울리는 소리
　　사람들을 부르시는 종소리로다
　　사신우상 다버리고 주앞에 오면
　　사회복락 국가행복 우리 받겠네

5)　오로구나 오랜동안 죄악에 빠져
　　오죽이나 가진 고생 다했던 가요
　　오날에도 회개하고 주께 나오면
　　오주예수 기쁨으로 맞어준다오

6) 六이로다 六大洲에 사는 만민들
    六十六권 하나님의 말씀보세요
    육신입고 세상오신 하나님 아들
    육과 영을 구원하려 오신 주라오

7) 七이로다 七轉八起 애쓰는 이여
    七十年이 우리인생 壽限아닌가
    七十平生 수고하다 멸망할턴가
    七日中에 主日날을 직혀보세요

8) 八이로다 팔만여리 지구상에서
    八字打령 하지말고 예수믿어요
    八成청신 전세계의 죄인 위하여
    팔리워서 十字架를 지셨답니다.

9) 九로구나 구로하는 죄인들이여
    구주예수 바라보고 나아오세요
    九方長天 그보다도 더 높은 곳은
    구주예수 십자가의 피공로라오

10) 십이로다 十字架는 우리의 자랑
    十字架가 아니면은 멸망이로다
    十二사도 七十문도 모다 힘다해
    十字架를 자랑하며 天國 갔다오

23. 농촌가

1) 하나님이 우리에게 주신동산은
    기름져서 농사짓기 적당하고나
    밭도 갈고 논도 푸러 오곡백과를
    풍성하게 심고 메고 거두어보세

2) 앞뒤산에 수목과목 우럴창창코
    넓은 들에 화축들이 소리치누나
    남녀노소 물론하고 우리농촌은
    젓과 꿀이 흐르도록 만들어보세

3) 삼천리의 강산 안에 아들 딸들아
    네가 할일 네가 하고 굳게 나가라
    힘쓰는 자 하나님이 복주시나니
    이 네몸을 모두 바쳐 힘써 일하세

24. 청년경계가

1) 이 풍진 세상을 맞났으니 나의희망이 무엇인가
    부귀와 영화를 누렸으니 희망이 족할까
    공산명월 둥근달아래 곰곰이 앉아서 생각하니
    세상만사가 춘몽중에 또다시 꿈같다.

2) 담속희락에 엄펑덤펑 주색잡기에 침범하야
    저청년 사업을 몰랐으니 희망이 족할까
    푸른하늘 둥근달아래 갈 길을 모르는 저 청년아

무심연유로 이때까지 꿈속에 갔더냐

3)　나의 할 일은 태산같고 가는 세월은 살같으니
　　어난 누가 도와주면 희망이 족할까
　　돋는 달과 지는 해야 바쁜일 없거든 가지말라
　　저 청년 사업을 개량토록 인도합소서

4)　밝고 밝은 이 세상을 혼돈천지로 아는 자야
　　무삼 연유로 이때까지 꿈속에 자느냐
　　이제부터 힘을 내여 원수의 장막을 져버리고
　　구주예수 뵈옵기를 분발 하여라.

25. 환영찬송

작사 유재헌 목사
曲 (합동) 6장

1)　거룩하신 임재앞에 우리다시 맞나니
　　기쁘고도 즐거워서 찬송밖에 없도다
　　영혼 육신 강건하여 은혜중에 맞나니
　　하나님의 크신 사랑 감사찬송 뿐이라.

2)　사랑하는 우리식구 고생얼마 하였나
　　십자가를 달게지면 부한생명이 오네
　　주를 위해 수고한 것 없어지지 않나니
　　주님축복 풍성하게 영원토록 내리네

3)　환난많은 풍파중에 주님보호 하시고
　　슬픈 때와 괴로운 때 주님위로 하셨네

내가 잘나 이와 같이 무사함이 아니오
전부주님 은혜로서 매일승리 하였네

4) 주님피로 통하여진 우리형제 자매들
    주님 맥박에 통하여 함께 움직이도다
    떠날 때나 만날 때나 주의뜻만 이루위
    이 강산에 주의나라 속히 이루어 놓세

5) 낮과 낮이 마주칠 때 기쁜 웃음이 나고
    영과 영이 부디칠 때 사랑의 불 붙도다
    공중에서 주님만나 혼인예식할 때에
    그 기쁨과 그 즐거움 무엇에다 비하리

26. 요일가

작가 유재헌 목사
曲 90장

1) 오늘은 월요일 달같은 신앙
    변치말고 주님만 따라 갑시다
    저달이 해빛을 반사함 같이
    생활로 예수님 증거합시다

2) 오늘은 화요일 불의 날이니
    성신불을 우리들은 받아가지고
    어름같은 가정과 사회 속에서
    불던지어 죄악을 모두 태우자

3) 오늘은 水요일밤 기도화로다

목마른 자 샘에 와서 물을 마시라
이 샘이 뱃속에서 강같이 흘러
흐르는 곳곳에서 소생 식히네

4) 오늘은 木요일날 나무로구나
    예수님은 포도나무 우리는 가지
    예수의 피진액을 마셔야 산다.
    예수의 성만찬을 기억하리라

5) 오늘은 金요일날 금같은 신앙
    변치말고 십자가 지고나가자
    주님은 날 위해 이날 죽었네
    우리도 남을 위해 몸을 바치자

6) 오늘은 토요일날 흙의 날이니
    흙에서만 살겠다고 애쓰지 말고
    불상한 영들을 방문하다가
    목욕하고 주일을 마지합시다.

7) 오늘은 일요일 주의 날이니
    온집식구 성전에서 모두 나가서
    신령과 진리로서 예배드리세
    이 몸을 제물로 드리어 놓자.

27. 낙심마라

작가 유재헌 목사
曲 75장

1) 네 어깨에 맨 대사업 이루기 前에는

사람들의 중상받고 원망이 生겨도
절대로 낙심말고 담대히 나가거라
하나님은 네 편되여 도와주심 믿으라

2) 동지들이 다 떠나고 황막한 광야에
    너홀로 버림받아도 낙심하지 말라
    십자가 바라보며 용감히 나가거라
    하나님은 날개펴사 너를 품어 주신다.

3) 가시밭에 백합화는 찔리움을 받고
    웃고있는 장미에는 폭풍 불어온다
    웃음에 향기뿌려 태풍에 날리여라
    하나님은 흠향하사 너를 칭찬 하신다.

4) 십자가를 진후에야 부활 축복 오며
    밀한톨은 썩은 후에 열매 맺나니라
    난관역경 뚫고가 백절불글 싸우며
    하나님은 승리관을 네게 씌어 주신다.

28. 용사들아 올라가자   부흥성가 255곡

1) 속된 세상 멀리 떠나 믿음으로 걸어가니
    거름거름 흥미있고 기쁘다.
    눈물고통 밝고 가며 마귀세상도 무인지경이다.

후렴 올라가자 용사들아 은혜의 높은 봉에
      십자가를 등에지고 올라가자

주와 함께 마주앉아 피차 흉금 털어놓고
승리 개가를 높이 불러보자

2) 근심걱정 다 버리고 죄의짐을 벗어놓고
    믿음의 지팽이만을 가지고
    활발하게 발을 맞춰 씩씩하게 걸어가니
    통쾌한 기쁨 비할 때 없도다.

3) 검정구름 저편짝은 명랑하고 상쾌하다
    구름덮인 골짝이를 지나서
    낙심말고 전진하면 결국에는 도달한다
    우리소망은 더욱 새롭도다.

4) 우리주님 함께 가는 십자군에 패북 없다.
    환란궁핍 박해 모다 오너라
    나는 너를 맞으다가 은혜재료 만들리라
    믿는 자에게 능치못함 없도다

5) 초대장관 예수님과 천천만만 천군들과
    우리 십자군대 총동원 하여
    불 병거를 전부타고 의기있게 진군하니
    마귀 적군은 떨고 도망간다

29. 기독소년가

화단 작 유재헌 목사
118장곡

1) 우리소년들은 대한싹이니, 봄바람을 만난 우리나라에

아름답게 자라 열매를 맺어, 에덴동산 만들자

후렴　대한아이야 기독소년아, 십자가를 높이 들고 나가자
　　　삼천만의 마음밭을 갖고서, 사랑의 씨를 붓자

2)　새벽별과 같은 기독소년아 어두움을 쫓고 빛을 비추자
　　예명기는 우리 무대이로다 독립의 태양을 받자

3)　십자깃발아래 한테 뭉치자 대장 예수님의 호령소리에
　　하나 둘 셋의 발을 맞춰서 용감하게 나가자

4)　소년이로하고 학난성이니, 늙기 전에 배우고 힘써 일하자.
　　우리가 놀면은 나라망한다.　일하기 위해 살자.

5)　작은 예수되어 순간순간을 생명의 향기를 발산하여라
　　하늘나라 땅에 건설해놓고 평화 속에서 살자.

30. 낙원의 가정

작가 유재헌
曲 269장

1)　우리 주님을 호주로 상석에 모시고
　　대소사 모든 일들을 었쭈어 행하네

후렴　주님과 식구한방에 감사찬송 기도하니
　　　젓과 꿀 홀러 넘치는 가나안 복지 천당일세

2)　성경말씀 돌려보고 감화를 받으니

모든 식구 불평없이 서로 사랑하네

3) 웃음으로 아버지는 직장에 가시고
    학교가는 어린동생 찬송하며 가네

4) 어머님 골방제단에 기도향 올리고
    오빠 언니 마주앉아 성경토론하네

5) 하루의 일을 마치고 단란한 식탁에
    둘러앉아 담의하니 에덴 낙원이라.

31. 속죄함 받았다

작가 유재헌목사
曲 170장

1) 먹물보다도 더 검고 주홍보다 진한 말로 못할 내 죄를
    하나 남김없이 눈과 같이 희고 양털같이 정케
    =: 예수님의 귀한 피가 씻어 주시었네 :=

2) 천근만근의 무거운 나의 중한 죄를 깊은 바다에 던져서
    다시 못나오게 깊이 잠거주신 크신 그 은혜는
    =: 예수님의 귀한 피의 공로로 되었네 :=

3) 뼈속살속에 가득차 뗄 수 없는 죄를 동이 서에서 거리가
    먼 것과 같이도 나에게서 죄를 이별케 하시니
    =: 예수님의 귀한피의 능력이로 도다 :=

4) 속죄보혈을 보시는 하나님 말씀이 평생 지어온 내 죄를

다시는 기억도 아니 하리라고 선언해 주시니
=: 기쁘도다 주님피를 힘껏 찬송하세 :=

5) 부모처자와 친구도 내 죄를 위하여 대신 속죄를 못하고
죽을수 없건만 내주 예수님은 십자가 위에서
=: 속죄하여 주셨으니 감사치 않으랴 :=

32. 성신의 능력   162장곡

1) 어제나 오늘에 변치않은 주님의 약속을 믿습니다.
말세에 만민께 허락한 성신을 내게도 충만히 주옵소서

2) 오순절 강림한 이슬비로 성신의 능력을 받음같이
이 시대 우리게 늦은비 부우사 주님이 영광을 받으소서

3) 호랩산 올라간 모세에게 능력의 지팽이 들림같이
황폐한 이강산 내나라 위하여 내손에 주 권능주옵소서

4) 시내산 올라간 모세에게 언약의 돌비를 주심같이
흑암에 헤매는 내민족 위하여 내손에 주말씀 주옵서서

5) 불뱀에 물린자 살리려고 모세께 구리뱀 들림같이
죄중에 멸망할 내겨레 위하여 내손에 십자가 들리소서

6) 선지야 엘리야 받은 성신 엘리사 갑절을 구하였네
혼란한 이사회 내교회 위하여 갑절의 성신을 주옵소서

7)　내친척 골육과 동포위해 내진정 애원을 들으소서
　　노하신중에도 자비를 베푸는 주님의 사랑을 믿습니다.

33. 초군가

작가 양성은
456장곡

1)　눈을 들어 밭을 보라 오곡백과 익었고나
　　농부들은 낫을 들고 익은 곡식 걷을 때
　　전답주인 주님오사 황금밭을 쳐다보며
　　일꾼찾어 탄식이니 주의 종아 어이할꼬

2)　눈을 들어 강을 보라 물고기떼 몰렸고나
　　어부들은 그물들고 몰린 고기 건질땔세
　　우리주님 오시어서 은빛 물결 바라보며
　　일꾼적어 한숨이니 주의 종아 어이할꼬

3)　눈을 들어 들을보라 어린양들 누었고나
　　목자들은 채찍들고 몰아드릴 이때일세
　　선한목자 주님오사 푸른 들을 돌아보며
　　일꾼없어 눈물이니 주의 종아 어이할꼬

4)　누른곡식 쳐다보며 몰린고기 바라보며
　　누은양떼 돌아보고 일꾼찾는 주앞에가
　　내가 여기 있사오니 연약하고 부족해도
　　나를 보내 주옵소서 명령대로 하오리다.

34. 성신의 경고

곡 163장

1) 처음사랑 내버린 예배소 교우들아
    어디에서 잃었는가 찾으라
    이기는자 낙원에 생명과를 주리라
    일곱별 가지신 주 말씀
      · 성신이 외친다 여러교회 하시는 말씀
      · 귀가 있어 들은자 누구던지 들어라
      · 때가 가까왔음이로라

2) 환란중에 성도들 서머나 교우들아
    너 죽도록 충성하라 주님께
    이기는자 생명의 면류관을 주리라
    죽었다가 사신 주 말씀

3) 진리를 잃어버린 버가모 교우들아
    발람이와 니골라를 버리라
    이기는자 감췄던 만나와 흰돌 주리
    날센검 잡으신 주말씀

4) 순결을 잃어버린 두아드라 교회여
    음행하는 여인같은 죄 회개
    이기는자 만국을 다스리는 권세와
    새벽별 주리란 주말씀

5) 살았으나 실상은 죽은 서머나 교회여
    너는 항상 깨여 일어나거라
    이기는자 흰옷입고 영원히 살리로라

풍성한 생명의 주말씀

6) 형제 사랑 불타는 빌라델비아 교회
    책망 없고 칭찬 받는 행위뿐
    이기는자 성전에 기둥되게 하리라
    거룩한 창세의 주말씀

7) 성신없는 가련한 라오디계야 교회
    칭찬없고 책망뿐이로구나
    회개하라 이기면 보좌에 같이 앉네
    신실한 약속의 주말씀

35. 회개와 신앙   작사 이성봉

1) 세계만방 인생들아 어둔밤은 깊어간다.
    길을잃고 방황하는 그대 신세 가련쿠나

후렴 아 회개하세요 그죄 아 예수믿어요 속히
      금생내세 복 받기는 이 길밖에 없나니라

2) 친애하는 내동포여 하나님께 돌아오라
    자비하신 아버지는 문에 서서 기다린다.

3) 죄의 값은 사망이요 주신은혜 영생이니
    그리스도 예수안에 모든 은혜 풍성하리

4) 환란풍에 성도들아 주의 징계 경시말고

겸손함과 통회로서 구원함을 받으시라

5)   그 기약이 이르럿고 하늘나라 가까웠다.
      외치시는 주의음성 기쁜 소식 아닌가.

36. 전도가

작가 양성은 목사
곡 90장

1)   하나로다 한국민족 배달의 자손
      하나님을 한이없이 섬기던 민족
      한마음과 한뜻으로 조상뜻 따라
      하나이신 참하나님 섬겨봅시다.

2)   둘이로다 두리둥둥 나의 동포여
      두루 두루 둘러바도 너는 내사랑
      두말 말고 두 신을랑 섬기지 말고
      둘도 없는 독생예수 믿어봅시다.

3)   셋이로다 세상형제 이것 보시요
      세세토록 세인에게 전해 내려온
      세력있는 세위이신 하나님 말씀
      세계상의 복된 말씀 믿으십시다.

4)   넷이로다 네아모리 뽑낼지라도
      네몸 내영 네뜻대로 구원 못얻네
      네가 이제 네몸 내맘 주께 바치고
      네힘 다해 예수믿어 구원얻겠네

5) 다섯이라 다정하신 우리 예수보
다른 사람 다 내놓고 우리 부르네
다시없는 다행한일 이것 아닌가
다아같이 구주예수 찬양합시다.

6) 여섯이라 여기있는 나의 형제여
여러분은 여러분의 영생위하여
여러분의 여러가지 잘못된 것을
여지없이 주님앞에 고백하시오

7) 일곱이라 일을 하세 주님의 길을
일일이일 일단정성 힘을 다하여
잃어버린 일양 일분 찾아내면은
일치월장 하오리라 주님의 사업

8) 여덟이라 여보시오 우리주님이
여덟가지 여러 복을 가르쳤다오
여러분도 여덟 복을 받아가지고
여러 복을 여러 사람 받아봅시다

9) 아홉이라 앞에가신 우리 주님은
아모때나 아량으로 너 맞어주며
아직까지 아르킴을 못받었으면
아무쪼록 귀한말씀 지금 배우세

10) 열이구나 열심히 주를 섬기자
열조들이 열중해서 봉사함같이
열열하게 열매맺이 소원하면은

열리리라 성신열매 많이 열리라.

37. 싀집사리가

1) 뜬 구름이 무정한들 싀어미 같으며
   앞남산이 높다한들 싀아비 같으랴
   외나무다리 어렵단들 싀형 같으며
   갈매잎이 푸르단들 맞동서 같으랴

2) 더 배 콩단이 껜다한들 싀동생 같으며
   보름달이 밝다한들 싀누이 눈같으랴
   감옥사리 괴롭단들 내싀집 같으며
   압록강수 많다한들 내 눈물 같으랴

3) 금강석이 귀하단들 내남편 같으며
   황금보석 중한단들 내아들 같으랴
   월계꽃이 곱다한들 내딸 같으며
   에덴동산이 좋다한들 내잠자리 같으랴

38. 어머님은혜   곡 307

1) 나의 어머님 그 큰사랑은 백두산 보다 더 높고
   날 기르기에 그 큰 수고는 동해수보다 더 깊고나

후렴 그 큰사랑 가슴속에 깊이 간직코
     그 큰은혜 영원토록 기념하겠네

2) 뜨거운 여름 차운 겨울도 괴로움 불고하시고
   단잠을 깨여 가려뉘이신 그 공노를 어찌 잊으랴

3) 좋은 것 생기면 생각하시고 먼곳에서도 염려해주며
   내가 병들어 누은 때는 밤새워서 간호하셨네

4) 무릎에 놓고 가라치시던 성경말씀 기억이 나고
   나의 이름을 불러가면서 기도하심 쟁쟁합니다.

5) 사랑하시는 어머님이여 안심하시기를 바랍니다.
   열심히 공부 잘하여 좋은 일군 되겠습니다.

6) 이몸이 죽어 일백번 죽어 백골이 진토가 되어도
   주님향한 일편단심 변할 리가 있겠읍니까

7) 주님이시여 내어머님께 복을 나려 주시옵소서
   세상에서나 천국에서나 주님같이 하여줍소서

39. 항상찬송

1) 하나님의 구원하심 항상 즐겨 찬송합니다.
   나의 죄와 허물로서 일찍 죽을 자로되
   은혜로서 구원하사 참생명을 주셨네
   크신 구원 감사하며 항상 찬송합니다.

2) 하나님의 보호하심 즐겨 찬송합니다.
   악한마귀 시험풍파 항상 계속하여도

권능으로 보호하사 승리롭게 하시니
절대보호 굳게 믿고 항상 찬송합니다.

3) 하나님의 보호하심 즐겨 찬송 합니다.
    나는 갈길 알지못해 모든 염려 많으나
    진리로서 인도하사 빛가운데 다니니
    주의진리 기쁘하며 항상 찬송합니다.

4) 하나님의 도우심을 즐겨 찬송합니다.
    주뜻대로 간구하면 못이길 것 없나니
    몸과 마음 다 바치여 믿고 기도 하리라
    주를 아는 이내마음 항상 찬송하리라.

40. 오직 나는 여호와를 앙망하리라 　　　　454장곡

1) 온세상이 캄캄하고 나의 갈길 몰라도
    여호와는 광명한 빛 나를 인도하시네

후렴 오직 나는 여호와를 앙망하고 의지해
      구원의 주 하나님을 즐겨 찬송 하리라

2) 마귀시험 지독하고 사람단련 많으나
    여호와의 크신 사랑 내승리가 되시네

3) 속에 근심 밖에 걱정 항상 흔들지라도
    주님주신 참 평안은 빼앗을 자 없도다

4) 내맘에는 원이로되 이 육신이 약하여
    때를 따라 스러져도 주님 나를 블르네

5) 살었으나 실상 죽은 굴러있는 해골 때
    이 해골이 살겠느냐 주여 당신 알리라

41. 인생가   곡 435

1) 인생의 일장은 역여와 같도다
    칠팔십년 지나감이 하로밤 꿈같다.

2) 일평생 한일은 헛수고뿐이요
    가고 보니 빈손이요 분함도 많도다.

3) 수부귀 다남자 유익이 무언가
    다만 왔던 표적이요 떠날 때 분할뿐

4) 반성해 보면은 사해와 같도다
    마음만은 허송코 한일은 한덴다

5) 북망산 향할 때 할 일이 있을까
    만재하신 부형매님 한일이 무언가

6) 어둔밤 오기전 주의일 합시다
    인생본분 다 못하고 빈손들고 갈 길

42. 어머님은혜가 (오동나무곡)

1) 엄마 엄마 우리엄마 고마운 엄마
   나를 길러 주시려고 고생하셨지
   우리엄마 날 기루신 수많은 고생
   태산도 부족이요 황해도부족

2) 마른자리 가려서는 나를 눕히고
   진자리는 엄마자리 언제나 눕고
   한번이나 싫어하고 불평도 없이
   고이고이 길러주신 어머님은혜

3) 누워 울때 앉으라고 힘을 쓰시고
   서게되면 거러라고 손목을 잡고
   한싹두싹 키우려고 수많은 고생
   다키워서 두시고는 또 걱정했소

4) 없는 살림 살아가며 공부시키려
   새벽잠을 못 자가며 아침밥해서
   없는 돈을 구하려고 이집저집에
   부끄러움 많은 거름 하서셨지요

5) 아.... 어머님 원통합니다
   애탕바탕 키워놓고 어데로 갔소.
   나를 키워 주시려든 많은 고생을
   남모르게 하셨음을 내가 압니다.

6) 반달같은 예쁜 얼굴 나를 키우려

주름살이 찾아와서 늙으셨지요
백옥같은 그 입빨도 다들 빠지고
거믄 머리 백옥같이 늙었읍니다.

7)   아..... 어머님 원통합니다.
애탕가탕 키워놓고 어디로 갓소
천당에 가기 전에 언제나 한번
다시 만나 뵈올 때가 없겠읍니다.

8)   어머님 안심해요 유언한대로
목회사업 충성하여 남을 여생을
어서어서 다마치고 천당에 가서
우리모자 길이길이 살아봅시다.

43. 헌신찬송

작사 유재헌 목사
곡 308장

1)   나의 의식과 형식을 가죽을 벗기오며
정과 육의 각을 떠서 육과 성별하옵고
주님피로 내장씻어 단위에 놓습니다.

후렴   태워 연기 되게하사 흠양하며 주옵소서
흠양하여 주옵소서

2)   교만하고 냉정하며 불의한 이 마음을
심판대에 올려놓고 여지없이 죽이여
산제물로 제단위에 번제로 바칩니다.

3)   영혼육체 재주기능 물질도 바치오며
      살을 찢고 피를 쏟고 뼈를 모다 갈아서
      십자가의 제단위에 지금 바치옵니다.

4)   주님명령 내리시면 아멘하고 갑니다.
      사자굴과 풀무불도 요단강물 속에나
      갈보리산 십자가도 기쁨으로 갑니다.

5)   반만년전 단군께서 하나님께 나아가
      제단쌓고 기도하여 이 나라 세웠으니
      조선제단 이 몸드려 기도향 올립니다.

44. 금주가

1)   우리나라 동포여 이말 들어보오
      술을 먹는 사람은 자세 들어보오
      개인이나 나라가 망하는 것은
      술을 인해 그렇다. 하는 말일세

2)   보기좋고 맛좋은 술일지라도
      마쉬는 자 얼굴은 홍동주로다
      제아무리 점잖다 하는 자라도
      비틀비틀 하는꼴 못보겠도다

3)   여보시오 동포여 내말 들어보오
      술을 먹고 성공한 사람 없도다
      우리민족 구하는 길이 있으니

여보시오 동포여 금주합시다.

45. 공중의 새를 보라

작사 유재헌 목사
곡 65장

1) 공중의 새들도 주님은 먹이며
    저들의 백합까지도 골고루 입히니
    하물며 자녀된 우리 성도 들을
    그어찌 버리실리가 어디에 있을까

2) 적수공헌으로 이세상 왔다가
    이세상 떠날 때에도 적수로 갈지라
    내하루 생활에 밥 세 그릇으로
    참 만족하니 어찌해 욕심으로 살까

3) 헤어져 구멍난 그갈피 속에서
    나의주 예수향기가 숨어저 나오며
    한 덩이 맥박이 주님의 살되고
    한 모금 먹는 국물은 주님의 피되네.

4) 부자가 되어서 교만함 보다
    가난한 살림 속에서 겸손한 생활로
    주님을 극도로 높이며 찬송해
    영광과 존귀감사를 돌리게 합소서

5) 너무 가난하여 도적질 할가봐
    두렵고 떨며 주앞에 간절이 비오니

옛날 광야에서 만나 내림같이
일용할 양식으로서 살게 해줍소서

6)   먹을게 없어서 문제가 아니오
     예수님이 내가슴에 없어서 문제요
     입을게 없어서 큰일이 아니라
     예수를 입지 못하여 큰일이 낫도다.

7)   내가슴 속에서 욕심 뽑으시고
     허영의 두루마기와 사치의 저고리
     모조리 태우사 성별해 주시고
     주님으로 만족하며 옷입게 합소서

46. 신앙의 사절기

1)   광야에 잘 있느냐 우리주님이
     몇번이나 시험에서 이기였드냐
     아- 나는 주와 함께 광야로 가리
     신앙의 첫 걸음은 쓸쓸한 광야

2)   갈릴리야 잘 있드냐 우리주님이
     몇번이나 오고가고 하셨다드냐
     오- 나는 주와 함께 다녀보리라
     믿음의 봄꽃이 곱게 필 때에

3)   예루살렘아 잘 있드냐 우리 주님이
     몇번이나 울고울고 하셨다 드냐

오 나는 주와 함께 다녀보리라
신앙의 여름녹음 시원할 때에

4) 겟세마네 잘 있드냐 우리주님이
    몇번이나 피땀흘려 기도하드냐
    오 나는 주와함께 힘써보리라
    신앙의 가을단풍 곱게 들때에

5) 갈보리야 잘있드냐 우리주님이
    몇번이나 가상하여 말씀하더냐
    오나는 주와 함께 죽어보리라
    신앙의 겨울눈이 펄펄 날거든

6) 믿는자여 잘 있드냐 우리주님이
    신앙의 사철통해 인내함 같이
    승리의 남긴 자취 바라보면서
    주님의 발자취를 따라 가리라

47. 미신타파가

1) 밥달라고 우는 애기 품에 안고 울면서
    이집저집 다니면서 애걸복걸 하건만
    한술밥도 아까워서 바들바들 떨면서
    길가에는 푸닥거리 하얀 쌀밥 버리네

2) 말못하는 생나무에 왠색기를 느리고
    만반진수 다해놓고 복달라고 비노나

정관제복 입은 선비 꼬박꼬박 절하나
달라는복 주지못해 나무속만 다썩네

3) 복달라고 할머니도 쌱쌱빌며 절하고
    양반이란 할아버지도 굽실굽실 절하네
    달란 복을 주지못해 왠색기에 결박된
    저돌바위 검버슷이 다닥다닥 돋았네

4) 하얀 눈알 부릅뜨고 손도발도 다없는
    말못하는 몽두깨비 웃뚝세워 놓고서
    유일무이 천하지상 대장군을 삼으니
    이것이다 우리민족 부끄러움 아닌가

5) 산재고사 다지내고 성주단지 해놓고
    굿도점도 다 이르고 좋단 노릇 다했네
    이러고도 한가지의 소원성취 못하고
    한번한번 하는 것이 오늘까지 속았네

6) 여보시오 내동포여 이러고도 우리가
    반만년의 역사가진 문화민족 이랄가
    우리들의 복받을 길 한길밖에 없으니
    생사화복 좌우하는 하나님 믿읍시다.

48. 六·二五 동란가

작사 권성조
(오동나무곡)

1) 칠년전에 六 · 二五를 생각해 볼 때

우리들의 역사상에 피어린 상처
한 피받은 동족들의 골육상쟁이
웬말이뇨 형제들아 한숨나누나

2) 북한 땅에 내동포를 생각할 때에
    공산당의 마수안에 살이 찢기고
    철의장막 학정아래 뼈녹는 고통
    우리들은 이 참상을 보기만 하리

3) 어머니와 동생들이 폭탄에 맞고
    정던 그 집 화염속에 불타는 광경
    고향산천 떠나면서 울던 그 참상
    지금 와서 그 참상을 기억합니까

4) 한술밥과 단벌옷을 얻지 못하여
    길거리에 방황하는 고아 보세요
    남편 잃은 청춘과부 한숨짓는 것
    이것모두 무슨 죄로 일어났나요

5) 우리 동족 못된 사상 살펴보세요
    북쪽하늘 적기아래 있는 형제들
    하나님의 우로지택 받고 살면서
    무신론의 역천죄로 동란은 발생

6) 우리 동족 못된 추행 살펴보세요
    경재도탄 빠진 우리 사치만하고
    술집창녀 이곳저곳 가득히 차서
    청년들의 음탕죄로 六 · 二五폭발

7) 길거리에 남녀학생 방탕한 모양
   신사들은 계집끼고 술집만 찾고
   정객들은 정권싸움 양민을 착취
   도적때와 모리배로 동란은 발생

8) 원수아닌 형제끼리 원수가 되여
   원치않은 총뿌리를 형제를 겨눠
   형제피가 산을 적셔 강을 이뤘고
   꽃과 같은 청년시대 산이란 웬말

9) 이땅위에 벌어진주 이것모두가
   하나님께 덕죄한 징계이니까
   통일성업 삼팔선을 없이하려면
   죄에 장벽 쳐부시고 예수께 갑세

10) 앞으로도 이런 전쟁 없이하려면
    하나님의 사랑으로 동족들 보고
    총검뿌서 농구하야 산업발전코
    무기대신 복음탄만 준비해두세

49. 자모풀이   (아리랑곡)

1) 가갸갸 거겨겨 가슴우에, 거룩한 십자가 삭여보세
   고교교 구규규 고락간에, 구원의 복음을 전파하세

2) 나냐냐 너녀녀 나아갈 길, 너무나 멀다고 염려말라
   노뇨뇨 누뉴뉴 노아방주, 누구나 비방을 아니했나

3) 다댜댜 더뎌뎌 다름박질 더디게 하면은 떨어진다
   도됴됴 두듀듀 도를 듣고 두말을 말고서 따라오라

4) 라랴랴 러려려 나팔소리 리루렁 러루렁 들려오네
   로료료 루류류 롯의 안해 루가만 재산에 못살었네

5) 마먀먀 머며며 마귀진에 머물지 말고서 빨리가세
   모묘묘 무뮤뮤 모진광중 무서워 말고서 어서가세

6) 바뱌뱌 버벼벼 바라보니 버러지 형상인 우리이나
   보뵤뵤 부뷰뷰 보배피와 부활의 주님을 의지하세

7) 사샤샤 서셔셔 사랑하세 서양과 동양이 서로서로
   소쇼쇼 수슈슈 소나무는 수절이 세상의 제일이라

8) 아야야 어여여 아이들아 어려서 예수를 굳게 믿자
   오요요 어여여 오랑조랑 우리의 친목을 이뤄보세

9) 자쟈쟈 저져져 자랑하세 저십자 공로를 자랑하고
   조죠죠 주쥬쥬 졸지말고 주예수 붙들고 구원얻네

10) 차챠챠 처쳐쳐 차세상에 처하여 살기가 어렵구나
    초쵸쵸 추츄츄 초로인생 추풍에 낙엽이 가련하다

11) 카캬캬 커켜켜 카인이 아벨 컥찔러 당장에 죽였고나
    코쿄쿄 쿠큐큐 코를 골며 쿨쿨쿨 잠일랑 자지마라

12) 타탸탸 터텨텨 타락말고 터닦은 우에다 집을 짓고

토툐툐 투튜튜 토색질과 투기와 간사는 장비물들

13)   파퍄퍄 퍼펴펴 파도같이 퍼저서 나가는 십자가에
포표표 푸퓨퓨 포로죄인 풀어서 놓아줘 자유하세

14)   하햐햐 허혀혀 하나님의 허락한 천당에 들어가서
호효효 후휴휴 호호탕탕 후세의 복락을 누리겠네

50. 효도가

작사 권성조
곡 80

1)   아들 딸된 자들아 들어보세 자세히
우리들의 할 일은 효도밖에 없도다
부모은혜 입어서 이세상에 왔으니
이세상살 동안은 효도함이 옳도다.

2)   날 낳으사 기르신 부모대접 하기를
원수같이 여기는 자 그수 또한 얼만가
부모학대 하면서 잘되기를 바란자
어리석고 미련한 그 수 또한 한없네

3)   하나님의 십계중 인간상대 첫계명
부모께효 하라고 분명말씀 했으며
부모께효 하면은 장수한다 했으나
효도하지 못한자 결코 장수못하리

4)   노아아들 셈 야벳 부모님께 효하여

영육간에 대 축복 자손까지 받았고
효도못한 함이는 축복대신 저주로
후손까지 형제의 종의종이 되었네

5) 이방여인 효부룻 싀모님께 효하여
부모형제 친척과 고향산천 떠나서
걸인생활 하면서 싀모봉양 함으로
하나님이 돌보사 다윗조상 되었네

6) 효순자는 반다시 환생효순 자하고
불효자는 반다시 불효자식 낳아서
부모에게 한대로 자식에게 받으니
자기뒤를 보아도 효도하고 살리라

7) 부모님 살았을제 섬기여서 다하라
어버이 이별후는 봉양치를 못하네
다른 모든 일들은 다시할 수 있으되
부모님 떠난후는 섬기지도 못하네

8) 본받으세 본받아 예수님의 그효를
십자가상 쓰라림 고중에도 주님은
어머니를 제자께 부탁하신 그효를
본받아서 우리도 부모님께 효하세

51. 탕자회개가

1) 금가락지 끼던손에 돼지채찍 웬말이며

깃도구두 신던발에 볏짚신발 웬말이냐

2) 고급모자 쓰던머리 삼베수건 웬말이며
    승리주단 입던몸에 꼴잠뱅이 웬말이냐

3) 풍악소리 듣던귀에 꿀꿀소리 웬말이며
    남석안경 끼던눈에 쌍줄눈물 웬말이냐

4) 고량진미 먹던입이 핏껍질이 웬말이며
    향내맡던 코구멍이 돼지냄새 웬말이냐

5) 원앙벼개 베던머리 돼지방울 웬말이며
    양단이불 덥던몸이 짚북덕이 웬말이냐

6) 남산처럼 높은배가 홀쭉배가 웬말이며
    월색미인 간곳없고 돼지친구 웬말이냐

7) 지은 죄를 생각하면 돌아갈수 없지마는
    부끄러움 무릅쓰고 아버지를 찾아가니

8) 죄를 짓고 돌아온 놈 친절환영 웬말이며
    패가망신 하고온놈 입맞춤이 웬말인가

9) 손을 찍어 마땅한 놈 금지환이 웬말이며
    발을 찍어 마땅한 놈 깃도구두 웬말인가

10) 누덕옷도 아까운 놈 비단옷이 웬말이며
    순경불러 잡아갈 놈 사랑잔치 웬말인가

52. 감사가

1) 권능의 말씀으로 천지창조코
에덴동산 복된 자리 우리게 주신
하나님과 벗삼아 잘 알았으나
죄를 범한 우리인생 쫓겨났도다.

2) 사랑이신 하나님의 자비무한해
쫓김받은 우리게도 태양을 비춰
오곡백화 풍성하게 길러주시고
각종실과 주심으로 우리 살도다

3) 악인선인 분별없이 우로내려서
논에 벼와 밭에 잡곡 잘들 길러서
죄인 괴수 우리게도 거겨 주시는
하나님의 크신 은혜 감사합니다.

4) 구원성인 주님교회 새워주시고
연약한 저를 통해 일하게하니
우리죄인 생각할 때 기쁨뿐이고
주의은혜 생각할 때 감사뿐일세

5) 감사하세 참신도여 주의은혜를
우리영육 길러주신 주님은혜를
모다 같이 일심으로 찬송부르며
주님앞에 감사찬송 높이 부르세

53. 성학가(聖學歌)

辛視主 作詞
曲 313장

1) 진리의 동산 학도는 은혜가 더욱 충만해
   복음의 말씀 배워 세상의 소금 되리라

후렴 열심히 배워 나가서 세상을 구원하리라
   세상을 구원하리라

2) 종소리 시간 알리면 성경책 펴쳐 배우니
   여호와 경외하는것 자식의 근본이로다.

3) 말세를 당한 이민족 그 누가 구원하리요
   하나님 파수 우리들 그 직책 담당하리라

4) 세상의 도를 더 깊이 배우고 실행하면서
   광야와 해골 된 세상 生命水 먹여 주리라

54. 절개가

1) 꿈을 깨어라 동포여 지금이 어느 때라 술먹나
   개인과 민족 멸망케 하는자 그 이름 알콜이라

후렴 술잔을 깨치라 담배대를 꺽어버리라
   삼천만 민족 살길은 절개운동 만만세

2) 입에 더러운 담배대를 왜 물이 담대하라 형제여

몸과 정신을 마비케하는자 담배란 독약이라

55. 예배당으로 가는 길

1) 우리는 예배당으로 지금 갑니다.
   만물을 창조하신 하나님 은혜
   세상죄를 지고가신 독생자 예수
   우리를 품에 안고 어루만져요

2) 우리는 영생복을 거두려 갑니다
   진주기둥 채색구름 하나님 성전
   만-나를 받아 먹으려 예수를 찾어
   손목잡고 기쁜 노래 부르며 가네

56. 나일강가의 모세

1) 물결치는 나일강변 인적은 적적
   욱어진 갈대밭을 해치고 나가
   애닯다 어린애를 던져버릴려
   애닯다 어린애를 던져버리려

2) 버리려 가는 나를 무정타 마라
   바로의 命令이라 할수없구나
   ‖:이스라엘 하나님께 오직 부탁코:‖

3) 애기누은 갈대상자 노아두고서

뒤에 숨어 눈물흘려 기도합니다
‖:오 주여 우리 애기 살려 주서요:‖

4) 바로王의 공주님이 시녀와 함께
    목욕하려 강가으로 다가오누나
    ‖:이 일이 어찌될까 도와주소서:‖

5) 애기담긴 갈대상자 찾은 공주는
    귀여워서 양자삼아 기르러하네
    ‖:공주시여 제가유모 알려드리죠:‖

57. 룻가

1) 벨레헴 흉년을 당코보니 생명보존을 어이할꼬
    영감과 마누라 두아들이 고향을 떠나나
    일가문중 친척들은 눈물로 작별을 하고보니
    人生의 화복을 누가 알랴 앞길이 막막해

2) 모압땅 근처에 다달으니 인심이 좋기는 별천지라
    영감과 두아들이 꾸친집 풀고서 살아가네
    장막살림 차려놓니 깻내가 나도록 즐겁건만
    人生의 화복을 누가 알랴 영감이 별세해.

3) 홀엄마 모시고 사는 형제 밤낮을 쉬잖고 수고하니
    모압땅 사람이 칭찬하여 사위를 삼으니
    룻이란이 맞동서요 오르바는 적은 동서
    人生의 화복을 누가 알랴 두아들 또죽어

4) 설상에 가상 참혹하다 다만 세식구 모다 과부
    동고와 동락을 할지라도 생활이 곤난해
    먹고 입고 살 방책이 눈앞을 가리워 캄캄하다
    人生의 화복을 누가 알랴 또 다시 힘들어

5) 시어미 며나리 동정키를 아가 내 딸들 말들어라
    나혼자 본국에 돌아가서 죽던지 살던지
    너희는 각각 자유하여 본국에 돌아가 평안하리
    人生의 화복을 누가 알랴 변통을 해야지

6) 청년의 두과부 마조앉어 이 말을 듣고서 통곡하다
    죽어서 이별이 되기 전에는 막무가내하라
    싀어미 며느리를 편하게 살 것을 권유하니
    人生의 화복을 누가 알랴 인생이 불쌍해

7) 세상을 생각한 오르바는 자기본가로 돌아가고
    철석과 같은 룻의 마음 변할수 없어서
    싀어미를 붙들고서 벨레헴 본가로 돌아오니
    人生의 화복을 누가 알랴 앞길이 막막해

8) 이튿날 새벽에 일어나서 보리이삭을 주으려한다
    바구니 끼고서 어정어정 점적도 하지만
    묵상으로 기도하기를 어느집 동족의 밭에 갈까
    人生의 화복을 누가 알랴 앞길을 여소서

9) 하나님 굽여서 살피심으로 동족 보아스 밭에 가서
    아침에 시작해 저녁까지 부지런히 주어서
    서말곡식 기쁜 듯이 싀모에 돌아오니

人生의 화복을 누가 알랴 소망 있고나

10)   하로는 싀모와 며누리가 기업상속을 의논한다
       인륜과 천륜을 직힐 작정을 가지고 산후에
       수아상에 죽은 발로 싀모의 명령을 순종하네
       人生의 화복을 누가 알랴 다윗의 증조모

58. 자모푸리   작사 양성은 목사

1)   가슴속에 거룩하신 약속지니고
      고락간에 구주예수 전파합시다
      그 보다도 기쁨될 것 전혀 없으니
      가갸거겨 고교구규 그기야로다

2)   나아갈 때 너무나 두려워말라
      노아방주 누구아니 비방않했나
      느릿느릿 느리면은 기회지나리
      나냐너녀 노뇨누뉴 느니나로다

3)   다름박질 더디하면 지고말찌니
      도를듣고 두말말고 예배당가자
      들어서서 디디는 날 복 받으리니
      다댜더뎌 도됴두듀 드디다로다

4)   라팔소리 러루렁렁 들려오누나
      롯의 때를 루차생각 하여보세요
      르닷없이 리별하고 속히 나오라

라랴러려 로료루류 르리로로다

5)   마귀진에 머물다간 종이되리니
      모진박해 무섭다고 떨지 말어라
      므롯주를 믿는 자는 주도와주리
      마먀머며 모묘무뮤 므미마로다

6)   바라보니 버러지와 같은 자라도
      보배피와 부활능력 받어가지고
      부지런히 빌고빌면 변화하리니
      바뱌버벼 보뵤부뷰 브비바로다

7)   사랑하세 서로서로 주말씀따라
      소군소군 수천만의 정다운 성도
      스승말씀 시행하면 복받으리니
      사샤서셔 소쇼수슈 스시사로다

8)   아이들아 어렸을 때 예수를 믿자
      오늘날에 우리들이 주님따르면
      으즛하게 이세상에 빛이 되리라
      아야어여 오요우유 으이아로다

9)   자랑하세 저십자가 자랑만 하면
      좋은 복락 주님께서 우리게 주리
      즉시즉각 지체말고 주님따르자
      자쟈저져 조죠주쥬 즈지자로다

10)   차세상에 처하여서 살아가보니

초로인생 추풍낙엽 쓸쓸하고나
츠렁추렁 치말리는 정욕버리자
차챠처쳐 초쵸추츄 츠치차로다

11) 칼을 들고 컹컹짖는 개를 쫓아라
코를 골며 쿨쿨 자는 자를 깨우자
크신 날에 키를 들고 주님오리니
카캬커켜 코쿄큐큐 크키카로다.

12) 타락말고 터우에다 집을 잘짓고
토색질과 투기분쟁 밀어내치면
트적트적 티기는 일 없어지리니
타탸터텨 토툐투튜 트티타로다

13) 파도같이 퍼져가는 십자가 능력
포로죄인 푸러놓아 자유를 주고
프르튼 죄 피공로로 맑앗게되니
파퍄퍼펴 포표푸퓨 프피파로다

14) 하나님의 허락하신 약속지키고
호호탕탕 후세의복 내가 받어서
흐뭇하게 희락생활 즐겨히 되니
하햐허혀 호효후휴 흐히하로다

59. 묵시록 대지가   344곡

1) 밧모섬 축복에 주의 날 요한이 묵시를 보았네

읽고듣고 행하는 자들 주앞에 복있는 자로다

후렴   주님이 오신다 흰예복 입고서 맞으라
          주님이 오신다 등불을 켜들고 맞으라

2)   에배소 사랑을 버렸고 서머나 환난을 당했네
       버가모 세속화 되었고 두아디라 이세벨 용납

3)   사데는 실상이 죽었고 빌라델비아 문열었네
       라오디게아 미지근해 회개문 열고 주영접해

4)   영광에 하날문 열렸네 찬란한 그보좌 열린다
       비영물 이십사 장노들 찬송과 경배드리네

5)   죽임을 당하신 어린양 인봉한 일곱인 떼셨네
       천사와 만물이 화답해 존귀와 영광을 돌리네

6)   흰말과 붉은말 검은말 청황색 말들이 나온다
       순교자 수효가 다찬후 진노의 큰날이 오도다

7)   십사만 사천명 인친후 보좌앞 큰무리 찬송해
       큰환란 中에서 보혈로 그옷을 씻은자 뿐일세

8)   칠나팔 큰소리 들리네 땅에도 바다도 큰셈도
       해에도 달에도 별에도 하날로 큰재앙 나리네

9)   황충과 마병대 나오니 사망도 피하여 없겠네
       하나님께 인친자되어 우상과 죄악을 이기라

10)   힘있는 큰천사 나려와 남은때 없다고 고하네
　　　　요한이 적은 책 먹은 후 예언할 새사명 받었네

11)   두증인 증거를 필하고 부활해 하날로 올린후
　　　　일곱째 나팔을 불으니 영광의 나라가 오도다.

12)   아해로 보좌로 올린후 마귀는 땅으로 쫓았네
　　　　사단이 큰분을 발하여 땅위에 큰환란 있도다

13)   바다와 땅에서 나아온 두즘생 큰천세 얻었네
　　　　믿음과 인내를 가지고 즘생과 우상을 이기라

14)   시온산 십사만 사천명 어린양 뫼시고 노래해
　　　　믿음의 정조를 지키고 흠이 없는자들 뿐일세

후렴   세 천사 경고를 발하니 주를 높이다 죽을지라
　　　　리한낫 땅에 휘둘려서 곡식과 포도를 걷우네

15)   불석긴 유리바다가에 승리자 개가를 부르네
　　　　진노의 금대접 받은후 성전에 연기가 차도다

16)   칠대접 재앙이 나리네 깨여서 제 옷을 직히고
　　　　벗고 다니지 않은 자들 주앞에 복있는 자로다

17)   대음에 심판을 받는다 즘생과 나라도 망한다
　　　　어린양 승천하시려네 만왕왕 만주의 주로다

18)　죄악성 바벨론 망한다 주님의 백성들 나오라
　　　더 죄에 참예치 말고서 그 받을 재앙을 면하라

19)　어린양 혼인이 열리니 신부는 세마포 입었네
　　　만왕왕 큰군대 다리고 원수를 세워서 멸하네

20)　마귀를 무저항 가둔후 천연왕국 이루어지네
　　　첫째부활에 참예한자 복있고 거룩한 자로다
　　　마귀를 지옥에 던진후 최후의 대심판 받는다
　　　생명책 기록 못된 자들 불구렁 텅이에 던진다

21)　새하늘 새땅이 보인다 눈물과 사랑이 없는곳
　　　둘째사망을 이긴 자들 하나님 장막에 거하네
　　　황금보석으로 꾸민집 해와 달이 쓸대 없는 곳
　　　만국영광 존귀가지고 주백성 기업을 얻겠네

22)　보좌앞 생명강 흐르고 생명과 다달이 맺히네
　　　보혈로 그옷을 씻는자 영생복락을 누리겠네
　　　영광의 묵시가 끝난후 예수친히 증거한 말씀
　　　진실로 속히 오리로다 아멘주여 예수여 옵소서

60. 천로역정 노 래　　　　　　　　　　456장곡

1)　장망객을 떠난객이 천성향해 가는길에
　　　갈래길이 많음으로 그롯들기 쉬웁다
　　　그러하나 우리구주 천성가는 길이되고
　　　성신우리 인도하니 안심하고 따라가세

2)   장망성에 살던죄인 도망하여 나왔구나
      좁은문을 두다리며 사는길을 바라도다
      구세주의 인휼하심 사는길로 인도하네
      그큰사랑 찬송하니 노래소리 높았도다

3)   일읍가지 신기한일 여기와서 보았구나
      이내몸을 인도하여 좁은길을 가게하네
      여러 가지 보배의 말 분명하게 가라치니
      시시각각 생각하여 명심불망 하리로다

4)   큰 구원의 담모퉁이 십자가에 나아가세
      오래동안 지고다닌 중한 죄짐 풀리었네
      너는 내것이라 하는 세천사의 증표받아
      나마음에 이세상도 천국같이 감각되네

5)   간난산이 높다마는 어려운줄 모르겠네
      이리가세 저리가세 생명길이 여기로다
      왼편길로 가는이야 멸망함을 면할소냐
      천신만고 한연후에 무진복락 누리리라

6)   평안방이 있다는말 들은지가 오랬드니
      연약하온 죄인몸이 여기와서 즐기도다
      미궁이야 높고높다 주의 은혜 아니런가
      걱정근심 다버리니 작은 천국 여기로다

7)   이 당장에 보는 일이 참 진실로 이상하다
      혁혁히온 성도앞에 악한마귀 당할손가
      성신검은 다시배여 아 불레온 패망하네

우리주님 크신 능력 이기고도 남음있네

8)   친애하는 진충위해 슲어할 것 전혀 없네
     순교자인 진충형은 주의영광 얻었도다
     우리성도 해하는자 제가 저를 행함일세
     누가 너를 죽였느냐 너는 다시 살아난다

9)   네 사람의 마음보소 금을 보고 딸아가네
     세상에는 취하다가 노상절명 하였고나
     온천하를 다 얻고도 제 생명을 잃으면은
     무슨 유익 있으리요 모든 탐심 물리치요

10) 생명강수 맑은 물에 노다가세 우리행인
     기화요초 만발하여 나의 마음 즐겁도다
     생명과와 생명수로 피곤한 몸 새힘주네
     성신복락 받은 자가 오직 우리뿐이런가

11) 천국가는 행민들아 왼편길로 드지마소
     무지하다 저 절망이 가두어서 죽이려네
     불행중에 다행이라 구사일생 하였구나
     후세사람 경계코져 이 돌비를 세우노라

12) 낙산청경 깊은 곳에 양먹이는 저 목자야
     옛적일을 거울삼아 오는 사람 가라치네
     장래평안 얻으려면 저를 따라 본을 삼고
     지식경험 근심성을 네 생활에 장식하라

13) 노정기를 품에 품고 흑한자를 따라가서

자만따에 그물쓰고 고난중에 들었드니
광명하온 저 채찍이 주의사랑 아니런가
간사한자 칭찬보다 성도충고 잘받어라

14) 인생최후 사라감은 뉘나건너 가야한다
늠실늠실 푸른 물결 사정없이 엄습한다
영혼육신 가르는 밤 틸컥하고 끊어지니
육신벗어 사라감에 영혼날아 천국가네

15) 다달았네 다달았네 멀리뵈든 하늘나라
이제와서 목도하니 화려하고 찬란하다
천국천사 호위로서 주님보좌 같은 안자
천국낙원 평화생애 영원무궁 누리도다.

61. 베드로 후서가

작사 김용진
곡 90장

1) 베드로가 쓰신 책이 베드로 전후
둘째번의 쓰신 책이 베드로 후서라
쓰신 목적 살펴보니 분명하고나
정통신앙 주장하고 이단을 경계

2) 일一장을 들고보니 신앙론인데
보배중에 참 보배는 믿음이로다
믿음에 덕을 딱고 지식과 절개
인내경건 화목사랑 날로 더하세

3) 사도들이 듣고본것 증거가 되고
    선지들의 예언서가 등불이 되네
    광명한 새벽별이 떠오를때까지
    기도하고 성경읽어 믿음지켜라

4) 이장으로 넘어가니 이단논인데
    거짓선생 거짓교훈 이러하도다
    예-수는 부인하고 색욕좇으며
    탐심위해 지어낸 말 가지가지라

5) 주관자를 멸시하고 영광자 훼방
    연-락과 음-난에 넘어졌도다
    허탄한 자랑으로 일을 삼어니
    즘생같고 발림같애 멸망에 자식

6) 생수없는 우물이요 광풍의 안개
    자유를 준다해도 자기는 멸망
    나종형편 처음보다 더욱 심하니
    개, 돼지에 비한다면 그만이로다

7) 삼-장에 다달으니 예수재림도
    믿음지킨 성도들의 유일한 소망
    우리주님 더디온다 의심말어라
    하루같은 천년이요 천년이 하루

8) 낡은천지 없어져도 걱정 말어라
    신천신지 의의세계 나타나도다
    잠시후에 오실이가 오실것이니

신랑맞을 신부처름 준비하여라

9) 도적같이 오실예수 어이 맞으랴
    맘조리며 등불켜고 기다리어라
    마귀유혹 거짓증거 물리치면서
    끝날까지 기리참어 믿음 지켜라

10) 신천신지 드러가니 무궁한 세계
    성도위해 영광잔치 버러지누나
    세상고생 꿈과 같이 잊어버리고
    영원무궁 영생복락 누리리로다

62. 고대하는 그날   (200장곡)

1) 아주예수 속히 강림하신다
    아 진실로 우리 주님오신다
    주님당신 신부 영접하시어
    그 눈에 눈물씻어 위로 하시라
    ‖: 주 예수 내구주 우리를 위하여 :‖
    ‖: 저 구름 타고 영광중에 오시리 :‖

2) 철장으로 질그릇 쳐부시고
    不義와 罪 모두 때려부시고
    사탄마귀 잡어 결박하여서
    무저항 깊은 속에 가두리로다

3) 만물들이 고대하는 그날들은

황무지에 아름다운 꽃피고
열대사막 生水흘러 넘치고
천지가 진동하여 춤을 추리라

4)　선악간에 심판하시는 그날
각사람의 행한대로 갚도다
심판의 주손에 키를 들고서
알곡과 죽정이를 갈라노리라

5)　우리주님 주님 모든 권세가지고
지상천국 건설하실 그때에
만국백성 그 발아래 업대여
영광과 존귀찬송 부르네

63. 베드로歌

1)　배드로야 배드로야 어데로 가느냐
날생각 아니하고서 어데로 가느냐
환란과 핍박당하여 옥중에 가치어
그 모진 형벌 무서워 도망해 갑니다.

2)　주님이여 주님이여 어데로 갑니까
연약한 나를 버리고 어데로 갑니까
나는 너를 대신하여 로마로 드러가
미진한 고통받어서 죽으러 가노라

3)　주님이여 주님이여 용서해 주서요

제모든 잘못한 것을 용서해 주서요
나는 이길로 또다시 로마로 들어가
주님께 몸을 바치어 죽으려 합니다.

64. 주님고란가

작사 권성조
오동나무곡

1) 일천구백 육십년전 돌이켜보니
   우리주님 죄인위해 벨레헴성에
   고요한밤 말구유에 강보쌓인채
   우리주인 위하여서 탄생하셨네

2) 해롯왕의 악한 정책 배치고보니
   불상하다 두살아래 죽고 말았네
   우리구주 주예수도 마상위에서
   타향애급 수천리에 피란이 웬말

3) 삼십년간 가정살림 말도마세요
   쓰라리던 육적고통 누가 알리요
   구차하게 사는 가족 생애파란에
   우리주님 그 고생도 말도 못하리

4) 바리사이 모진학대 말을 하리요
   가지각색 시험핍박 무시당함도
   우리죄인 구속하기 위하여서
   천국복음 전함에서 고생하셨죠

5)	빌라도에 불법심판 말도마세요
	못박힌 가죽채찍 누구때문에
	헐문힐란 희롱조롱 뉘때문인가
	나와 당신 죄인위해 고욕당했네

6)	골고다로 향해가는 십자가짐에
	창든 군병 매든 군병 후려갈기며
	귀한 몸에 뚱땅소리 못망치 웬말
	여보세요 주님죽음 뉘때문인가

7)	罪인구속 하느라고 목이 갈하여
	목마릅다 하시니까 군병보세요
	쉰포도주 해융에 푹푹찍어서
	우리주님 롱략하심 뼈아픕니다

8)	세상만민 구속하려 오신예수는
	탄생부터 죽음까지 쓰라린 고생
	거처할 곳 하나없이 죄인위해서
	핍박조롱 당한것은 뉘때문인가

9)	아-주님 나의구주 고맙습니다
	죄인위한 주님고통 기억합니다.
	나-언제 잊으리까 주님은혜를
	어서 주를 천국가서 만나보리라

65. 주님고통 생각하고   (성불사곡)

1) 유월절 지키시며 세우신 언약의식
   살과 피 주신말씀 이제 더욱 새로워라
   언제나 잊지 못하리 주님몸과 그 피를

2) 감란산 깊은 밤에 만물은 고요한데
   쓴잔을 앞에 놓고 피땀흘려 비신주님
   이 몸도 주님따라서 무릎꿇고 업대리

3) 갈보리 비탈길에 잔듸물 속잎나고
   무거운 십자가를 등에지고 가신주님
   이제도 눈물없이는 바라볼수 없고나

4) 죄없이 내죄위해 죄인이 되시여서
   십자가 높이 말려 손과 발에 못을 박혀
   피흘린 주님고통을 내가 어찌 잊으랴

5) 오늘 또 이시간도 주님고통 생각하고
   눈물을 흘리면서 꿀어 엎대였나이다
   하늘에 계신주님 나를 굽어봅소서.

66. 사도행전가

1) 예수승천 하신 후에 제자기도로
2) 성신받어 삼천명식 회개하였고
3) 그리스도 이름으로 안즌방 뛰니

4) 교회부흥 일어날 때 핍박이로다
5) 아나니아 삽비라는 벌받아 죽고
6) 일곱집사 택해세워 구제일하니
7) 처음으로 순교한다 스데반이요
8) 구스대신 빌립에게 세례받았네
9) 주의음성 들릴 때에 사도 회개코
10) 골렐료는 가정예배 힘서 지켰네
11) 예루살렘 공의회선 할례문제요
12) 헤롯핍박 할 때에는 합심기도라
13) 안디옥선 처음으로 선교사보내
14) 루스드라 안즌방이 고치어주고
15) 예루살렘 공의회선 안수직히고
16) 빌립보선 옥사장을 구원하였네
17) 아덴에선 참된 신을 가라쳐주고
18) 고린도선 일년반을 전도하니라
19) 에배소에 성신나려 교회 흥망코
20) 드르아선 바울송별 눈물흘렸네
21) 예루살렘 올라와서 바울잡히니
22) 층대에서 군중에게 발명을 하고
23) 공회앞에 심문받고 가이사샤가
24) 벨릭스앞 공정에서 변론하였네
25) 베스도께 상고하니 가이사랴에
26) 보내기로 작정하고 출발하였네
27) 풍파맞나 파선되나 주님보호로
28) 평안하게 로마성에 들어갔도다

67. 천성에 이를가

1) 자동차 타고 가는 길에 험산과 비탈이 많아도
   주님이 운전수 되시면 조곰도 염려할 것 없네
   언제나 언제나 행복에 자동차 타고서
   나갈길 다가서 영광에 천성에 이를가

2) 기차를 타고 가는 길에 철교와 굴들이 많아도
   주님이 기관주되시면 되시면 조금도 염려할 것 없네
   언제나 언제나 행복에 기차를 타고서
   나갈길 다가서 영광에 천성에 이를가

3) 기선을 타고 가는 길에 포도와 암초가 많아도
   주님이 선장이 되시면 조곰도 염려할 것 없네.
   언제나 언제나 행복에 기선을 타고서
   나갈길 다가서 영광에 천성에 이룰가

4) 비행기타고 가는 길에 운무와 높은산 많아도
   주님이 비행사되시면 조곰도 염려할 것 없네
   언제나 언제나 행복에 비행기 타고서
   나갈길 다가서 영광에 천성에 이룰가

5) 적진을 돌진해 갈때에 적탄이 비오듯하여도
   주님이 대장이 되시면 조곰도 염려할 것 없네
   언제나 언제나 행복에 돌진을 하고서
   나갈길 다가서 영광에 천성에 이룰가

부록 『백합화』 원문 483

68. 주린 양떼 위하여

305章

1) 목이말라 주린양떼 사막에서 해매고
   악한이리 물러오니 참으로 불쌍하다

후렴　주의심정 내게 주사 주린양떼 위하여
　　　십자가를 나도 지고 희생하게 합소서

2) 잃은 양을 찾기 위해 한벌옷은 찢기고
   살이 찢어 지드래도 사양찮고 나가리

3) 쫓아가다 엎더저도 나의 원하는 바요
   외치다가 목터져도 이것 나의 원이다

4) 내혈관에 끓는 피가 식어말라 붙기전
   굶주리고 헐벗은 양 찾아 다녀 구하리

5) 벌써 죽어 멸망할 것 은총으로 산 이 몸
   이상한번 죽을진대 양을 위해 죽으리

6) 욕을 먹고 친해저도 양을 위해 됨이요
   내가지금 미쳤어도 양을 위해 미쳤네

7) 죽음속에 생명있고 고생속에 기쁨은
   당한자만 아는 비밀 그누가 알리요

69. 언제나 오시려나

1) 사랑하는 나의주님 언제나 오시렵니까
   이천지는 변하여도 주님은 진실합니다

후렴 일구월심 오래도록 주님생각 간절하다
     사모하는 나의주님 언제나 오시렵니까

2) 성도들이 고대하고 만물이 탄식합니다
   택한 신부 맞으려고 언제나 오시렵니까

3) 능력많은 만왕의왕 마귀를 멸망시키고
   세계만물 통치하려 언제나 오시렵니까

4) 속히 강림 하신다는 약속을 굳게 붙잡고
   이 언제인가 그 언제인가 눈물로 기다립니다.

70. 추모가   362장곡

1) 삼팔선도 무너져서 할일많은 이 땅위에
   삼천만을 남겨두고 어이홀로 홀로 가셨나

후렴 평생소원 순교제물 순교제물 두아들을
     앞세우고 예수따라 예수따라 가셨나

2) 병자위해 이십오년 옥중생활도 여섯해
   두아들도 바쳤으니 그에 할일 할일 다했나

3)   칼과 총을 기쁨으로 매와 채찍 웃음으로
     원수에게 사랑으로 그의 갈길 갈길 다갔다

4)   게세마네 동산넘어 골고다에 골짝넘어
     갈보리 산상위에 예수따라 예수따라 가셨네

71. 죄악의 三八선   310장곡

1)   죄악의 三八선으로 하나님 뵈올수 없고
     천국과 인연끊어져 슬픔 고적뿐입니다.

후렴 주님은 십자가로서 성전휘장 찢으셨네
     오늘도 이 삼팔선을 무너뜨려 주옵소서

2)   내맘에 3·8선놓여 일편단심 우리주님
     사랑하지 못하오니 이를 어찌 하오리까

3)   오늘교회 신자중에 3·8선이 가로놓여
     시기원망 분열되고 통일이 없사옵니다.

4)   우리민족 사상에도 3·8선이 횡단하여
     좌우충돌 피를 흘려 자멸하고 있읍니다.

5)   금수강산 우리대한 3·8선이 허리잘라
     남북이 양단되여서 도탄에 빠졌읍니다.

72. 예수고난가

1) 예수께서 다니시며 전도하실때
    백만여명 유대인은 피박만했네
    해는 지고 어두워서 도라오실때
    고단하고 주린 사정 누가 알리요

2) 세월은 여류하여 잠간이로다.
    삼십삼년 사월이 당도하였네
    앞길을 생각하니 아득하고나
    태산같이 중한 짐은 십자가 형틀

3) 세제자를 다리시고 따르가심은
    한적한 곳 찾어가서 기도함일세
    겟세마네 동산에서 기도하실때
    피와 같이 붉은 땀이 자연 흐르네

4) 주님이 동산에서 돌아다본적
    사랑하는 세 제자는 잠만 자느냐
    평생에 노가 없는 우리주님이
    소래를 높이여서 통곡하였네

5) 주님을 잡으려고 오는 병정들
    창검을 빗겨들고 달려드느냐
    무죄한 우리주님 결박당한후
    빌라도 앞에서 수욕을 보시네

6) 십자가를 지고가는 그의 모양은

우리들은 참아서서 볼수없고나
주의모친 마리아와 믿는 성도들
애통함을 못이겨서 통곡하느나

7) 연연한 주의에 못박힌 후에
    아버지께 부르짖어 고하는 소리
    해와 달이 빛을 잃고 캄캄할 때에
    산천이 움직이며 진동하느냐

8) 종일토록 십자가에 달리셨으며
    오고가는 뭇사람의 침뱉음 받고
    주님 무삼 죄가 있어 참혹히 죽어
    나의 죄를 위하야 짊어지셨네

73. 청년행로가(靑年行路歌)

作 권성조
曲 543

1) 혈기방강 청년들아 너 가는 길 어덴가
    너가 가는 그 앞길이 절벽이냐 평지냐
    너의 앞에 놓인 길이 사막이냐 수로냐
    어떤길이 있드래도 너갈길을 살피세

2) 청년들의 걷는 길이 심히 험한 육로니
    罪樹욱어 밀림됐고 바라보니 절벽길
    물욕애욕 森林되고 色慾慶의 꼴작길
    쓸데없는 세상근심 청년들의 까실세

3)　청년들의 가는 길은 끝도 없는 사막길
　　희망크고 포부커도 우울하기 짝없네
　　생애갈증 선풍길의 모래매장 위험과
　　색마유혹 신기루가 너길앞에 춤춘다

4)　청년들의 가는 길이 요동하는 밤바다
　　세상폭풍 사회노파 가정근심 잔물결
　　어둔 바다 의심해운 일어나서 동심코
　　사정없는 거친 암초 나의 船路 막도다

5)　육로길에 청년들아 罪樹욱어 막힌길
　　聖神劍인 말씀들어 罪樹베어 버리세
　　색에 유혹 신기루와 우울갈증 사막길
　　오아씨스 생명의 샘 주만 보고 나가세

6)　요동하는 바다같은 변함많은 세상에
　　항해하려 나선청년 암초흑암 겁나도
　　청년생활 승리하신 예수등대 빛보고
　　갈릴리해 풍랑이긴 예수믿고 노져라.

74. 에스더노래　　　　　　　　　　　　90장곡

1)　파사왕에 육개월간 호화론잔치
　　비극이라 와스디 이혼당했네
　　연락 사랑하는자 죽은 자로다
　　흥진비래(興盡悲來) 헛되고 또 헛되도다

2) 모르드개 양녀로 고아 에스더
    파사왕에 황후로 택함받었네
    여호와를 경외하고 심령좇드니
    고진감래 영화로다 하나님 섭리

3) 왕에 충신 하만이 그 교만으로
    남자비가 저자비로 망하였구나
    모르드개 죽이려든 오십척 나무
    흥진비래 그 나무에 제가 달렸네

4) 우국지사 모르드개 금식기도로
    자기 민족 위하여 애통하였네
    에스더를 권장하여 모험적으로
    위기일발 자기 동포 구원하였네

5) 애국투사 에스더 희생적으로
    하만이와 싸워서 승리하였네
    그 지혜와 용감기도 하는 중에서
    진심으로 하나님을 신뢰합니다.

6) 아달월 십사일은 부림절이라
    성신승리 영원히 기념하는 날
    원수들을 진멸하니 고진감래라
    하나님의 섭리를 기뻐하도다

7) 백절불굴 모르드개 정치잡으니
    파사나라 평화시대 일우웠도다
    우리주님 세계를 통치하실 때

영원무궁 신천신지 태평시대라.

75. 낙원세계

曲479
作 李永守

1) 거룩하신 주님떠나 방탕생활 하여보니
   인간만은 다 같어서 지은 것은 죄뿐이라

후렴　오! 나의 주님 예수여 심령에 병든 이 몸을
　　　위로할 자 주뿐인줄 이제 진정 알었어요

2) 나의생명 주예수여 내 맘속에 오시여서
   나의 몸을 주관하사 영원토록 지키소서

3) 오늘이나 내일이나 육에 생활 저버리고
   내 본향을 사모하니 나를 기억하옵소서

4) 봄바람이 불어오듯 성신님이 오시어서
   과거생활 청산하니 내 갈 곳은 하늘나라

5) 죄를 짓던 그때에는 죄가 죈줄 몰랐더니
   주님 앞에 나아오니 전부가 다 죄였고나

6) 세상행복 좋다해도 쓸데없는 일장춘몽
   주님품에 안기워서 영원토록 행복하리

7) 나의 갈 곳 낙원세계 이름조차 아름다워

나쁜 것이 하나없어 낙원이라 하였구나

76. 主나를 부르네

曲 이영수
曲 196장

1) 내마음 괴롭고 내 비록 슬프나
    믿고서 구하면 主 나를 부르리

후렴 괴롭고 슬퍼 눈물 흘릴때
    主나의 팔 붙드사 사랑을 베푸네

2) 낙망이 될 때에 찬송과 기도로
    주께 호소하면 주 나를 부르리

3) 힘이 없을 때에 엎디려 구하면
    하늘에 소망이 나를 찾어오네

4) 나같은 죄인은 세상에 없건만
    주앞에 올때에 날 구원하시네

77. 내 갈 곳은 하늘나라

곡 李永守
곡 507장

1) 이 땅엔 평안한 길이 없어 가는 곳곳마다 신음소리
    인생아 서글피 울지를 마러라 영원한 천국이 찾어오리

2) 갈수록 허황해 가는 세상보담 더 천당복 더 좋으니
   사나운 폭풍이 몸부림치어도 내 갈곳 한길뿐 하늘나라

3) 세상엔 사랑이 하나없어 슬픔과 괴롬이 가득하여
   눈물도 서름도 슬픔도 없는 곳 그곳은 내고향 하늘나라

78. 전도가

1) 잠간왔다 잠간가는 이 세상에서
   무엇위해 밤낮으로 애를 쓰나요
   눈을 들어 세상형편 살펴보시고
   우리들의 깊이든 잠 바삐 깹시다.

2) 나도 가고 너도 가고 다 갈 세상에
   마음두고 정드릴것 무엇있나요
   나는 세상 사랑해도 세상은 나를
   모르듯이 작별하니 냉정하고나

3) 먹기위해 애를 쓰는 여러분이여
   공중나는 새들도 먹고 살아요
   의복위해 애를 쓰는 여러분이여
   가시밭에 백합꽃도 곱게 입지요

4) 집이 없어 애를 쓰는 여러분이여
   날아가는 새들도 깃이 있고요
   저 산속에 숨어사는 모든 즘생도
   자고 쉴 곳 다 있으니 걱정맙시다

5) 병이 나서 애를 쓰는 여러분이여
    명의명약 찾노라고 애쓰지말고
    만병의원 예수 손에 진맥보시고
    만병통치 신구약을 사서보세요

6) 자식없어 애를 쓰는 여러분이여
    삼천만의 모든 자식 내자식 삼고
    하나님의 말씀으로 교훈하여서
    믿음자식 많이 두면 행복이로다

7) 주예수님 나려오사 마귀멸코서
    거룩한 지상천국 완성하누나
    할렐루야 할렐루야 할렐루야
    우리의 기쁨과 사랑 충만타.

79. 주앞에 갑니다

作 李永守
曲 475장

1) 나 죄악 뿌리 뺄 때에 주내게 오시리
    내 몸도 주 앞에 가리 주 나를 부르리

후렴 주 나를 부르리 지금부터 영원까지
      주 나를 부르리 내이름 부르리

2) 괴로워 넘어질 때에 주 나를 일으켜
    험한 길 오갈때라도 주 나를 부르리

3) 주나를 부르실 때에 사랑으로 부르리
    부드러운 음성으로 주 나를 찾으리

4) 슬퍼서 눈물 흘릴때 주 나를 위로해
    주사랑 품에 거하리 주 나를 품으리

5) 인간의 설움받아도 오히려 행복해
    내 설움사정 잘 아신 주 앞에 가리라

6) 내주여 불러줍소서 주여 날 부르사
    낙원에 갈 때까지도 날 불러줍소서

7) 울어도 시원치않고 웃어도 또 그한
    한많은 세상 싫어서 주 앞에 갑니다.

80. 유대지리 공부

1) 옛일에는 그이름 가나안이오
    지금에는 그이름 팔레스타인

2) 북쪽에는 수리아 배니게지방
    남쪽에는 저멀리 유대땅있고
    동쪽에는 광막한 아라비아요
    서쪽에는 망망한 지중해라요

3) 남과 북의 기리는 백팔십키로
    동과 서의 기리는 칠십오키로

그 면적이 이만삼 천평방키로
강원도에 비하면 작은 셈일세

4) 요단강은 유대국 중앙에 있어
    북쪽에서 남으로 흘러나리니
    헐몬산은 북편에 솟아있는데
    강근원은 이곳서 시작하였네

5)

6) 요단강의 서북엔 갈릴리도요
    갈리리도 남편에 사마리아도
    그남쪽엔 유대도 놓여있으니
    광막무제 베리아 동편에 있네

7) 서해안엔 엘리야 갈멜산 있어
    사마리아 갈릴리 경계가 되고
    갈릴리엔 다볼산 사마리아엔
    그리심산 에발산 웃둑 솟았네

8) 예수님이 승천한 푸른감람산
    예루살렘 성전선 시온산들은
    유대도의 중앙에 솟아 있으며
    해브론의 산지가 남쪽에 있네

9) 갈릴리도 들어가 바라볼때에

10) 갈릴리해 근처에 가버나움은

예수님의 제2의 고향이고요
고라신과 마가단 듸베랴들은
갈릴리의 중요한 도시랍니다.

11) 갈릴리도 맞은편 뵈리아메는
가이사랴 빌립보 북쪽에 있고
오병이어 오천명 벳세다광야
군대사귀 가다랴 남쪽에 있네

12) 사마리아 지방은 오래전부터
통치않는 곳으로 알려졌으나
예수님의 발걸음 한번 지난후
수가성의 야곱우물 유명해졌네

13) 다정다한 유대도 들어와보니
예루살렘 성전이 눈부시고나
남쪽으로 이십리 벨레헴이요
북쪽으로 육십리 예리고로다

14) 예루살렘 동쪽에 벧아니아있고
서북쪽에 엠마오 촌이 있어요
겟세마네 기도원 동북에 있고
눈물겨운 갈보리 성밖에 있네

15) 곳곳마다 주님이 남겨놓으신
거룩하신 자취를 찾어봅니다.
우리들의 맘에도 주님오시사
거룩하신 자취를 남겨놉소서

81. 信者의 炳名歌

(곡 유리바다)

1) 우리 믿는 信者들의 믿음약한 병
    몇몇가지 소개하니 들어보세요
    첫째로는 예배당에 출석부웨다
    동그래미 그렸으니 흠석병이요

2) 둘째로는 성경찬송 선반 우에다
    올려놓고 못봤으니 게름병이요
    셋째로는 아침저녁 예배 못보니
    집안식구 영혼들이 굶은 병이요

3) 넷째로는 주일날을 기억못하고
    하나님께 예배안본 날병이고요
    다섯째로 예배당에 와서 앉아도
    설교할때 고개끄덕 졸음병이요

4) 여섯째로 믿는 자는 오래되여도
    힘이 없어 전도 못한 벙어리 병이요
    일곱째는 헛된말과 세상이야기
    재미있게 잘 들으니 귓병이고요

5) 여덟째로 야곱3장 기억 못하고
    말에 실수 많었으니 혀병이고요
    아홉째로 하나님께 드릴 연보를
    오환 한장 구했으니 인색병이요

6) 열째로는 특별연보 하게 될때에

땅만 보고 앉았으니 근심병이요
열한째는 자녀길러 불법혼인해
교회규측 어겼으니 혼인병이요

7)   열둘째로 실수많은 술과 담배를
몰래먹고 말었으니 입병이고요
열셋째로 신자끼리 화목 못하고
서로서로 미워하니 불목병이요

8)   몹신병에 빠져있는 우리 신자들
감각없어 아픈 줄도 모르십니까
만병의원 예수 손에 진맥보시고
이와 같은 추한 병을 고쳐서 사세

82. 아사셀 산양   곡456장

1)   세상 죄를 지고가는 하나님의 어린양아
해는 지고 침침한데 끝도 없는 황무지를
터벅터벅 걸어가니 기운빠져 머리숙고
등에 짐은 무거우나 쉴 곳조차 없었고나

2)   세상죄를 지고가는 하나님의 어린양아

저 자 약 력

이혜정 교수는 2006년 한국학중앙연구원 한국학대학원 종교학과 철학박사 학위(Ph. D)를 받고 2014년부터 영남신학대학교에서 교양 분야를 강의하고 있다. 주 연구 분야는 한국기독교 역사와 문화, 인물, 지역 교회사 연구 등이다.

주요 논저
『현대 한국의 종교와 정치(공저)』(2009)
『한경직의 기독교적 건국론』(2011)
『한경직의 시대와 설교』(2017)
『한국종교 교단연구 VI · XII(공저)』(2010 · 2020)
「신자유주의와 종교 관련 연구사 검토: 경제위기에 대한 종교계의 대응」(2020)
「1957년 개신교찬양집『백합화』연구: 교술성, 유동성, 접근성을 중심으로」(2022)

아시아종교연구원 총서 05
노래에 담긴 한국교회
－1957년『백합화』이야기－

초 판 인 쇄	2024년 05월 21일
초 판 발 행	2024년 05월 29일
저 자	이혜정
발 행 인	윤석현
발 행 처	박문사
책 임 편 집	최인노
등 록 번 호	제2009-11호
우 편 주 소	서울시 도봉구 우이천로 353
대 표 전 화	02) 992 / 3253
전 송	02) 991 / 1285
전 자 우 편	bakmunsa@hanmail.net

ⓒ 이혜정, 2024 Printed in KOREA.

ISBN 979-11-92365-59-6   93200   정가 33,000원